Lauber/Rothstein

Der 1. Mai unter dem Hakenkreuz

– Hitlers »Machtergreifung« in Arbeiterschaft und in Betrieben –

Augen- und Zeitzeugen,
Daten, Fakten, Dokumente,
Quellentexte, Thesen
und Bewertungen

Zur Benutzung:

Verlag und Verfasser sind der Auffassung, daß das Buch nicht nur zum einmaligen Lesen genutzt werden sollte. Das Nachschlagen und Nachlesen einzelner Kapitel ist wichtig. Deshalb erfolgt zu Beginn eines jeden Kapitels ein → Verweis auf das Sach- und Namensregister im lexikalischen Anhang – und auch dann wiederholt, wenn es vom Inhalt her an der betreffenden Stelle als orientierungswichtig erscheint.

CIP-Kurztitelaufnahme der Deutschen Bibliothek

Der 1. [Erste] Mai unter dem Hakenkreuz :
Hitlers „Machtergreifung“ in Arbeiterschaft u.
in Betrieben ; Augen- und Zeitzeugen, Daten,
Fakten, Dokumente, Quellentexte, Thesen u.
Bewertungen / Lauber ; Rothstein. – 1. Aufl. –
Gerlingen : Bleicher, 1983.
(Bleicher-Taschenbuch)
ISBN 3-88350-006-2
NE: Lauber, Heinz [Hrsg.]

1. Auflage

Gesamtherstellung: Maisch & Queck, D-7016 Gerlingen
Gestaltung: Jürgen Reichert, D-7000 Stuttgart
ISBN 3-88350-006-2

Inhalt

Vorwort

„Hört doch endlich auf damit – allmählich kann man es nicht mehr hören!“ Solche oder ähnliche Äußerungen sind 50 Jahre nach Hitlers „Machtergreifung“ (NS-Jargon) nicht selten. Dahinter steckt oft mehr als Bequemlichkeit und Oberflächlichkeit; die in diesen abwehrenden Bemerkungen enthaltenen Kritikpunkte dürfen nicht übergangen werden.
Daneben steht noch immer die Frage der jungen Generation: „Wie war das jetzt wirklich in der Nazi-Zeit? Welche Informationen stimmen, welche sind falsch oder schief? Wie war es möglich, daß eine Partei wie Hitlers NSDAP 1933 die Regierung übernehmen konnte und das Volk in den Krieg trieb? Wo waren die Gewerkschaften? Wo waren die Kirchen? Wie konnten unsere Mütter und Väter, unsere Großmütter und Großväter zulassen, daß der deutsche Name in aller Welt mit Holocaust belastet wird? Buchenwald unmittelbar neben Weimar, die „Goethe-Eiche“, die als einer der Lieblingsplätze des Dichterfürsten gezeigt wird – auf dem Terrain des Konzentrationslagers, wie in aller Welt war dies möglich? Haben alle ja und amen zu Hitler gesagt, Augen und Ohren verschlossen; wie viele haben aktiv mitgemacht?“ Jugend spürt: Wir können nicht aus unserer Geschichte aussteigen! Unsere Vergangenheit ist (noch? wieder?) gegenwärtig.
Diese drängenden Fragen riefen die Medien auf den Plan. Völlig legitim wurde von ihnen in verschiedenen Sparten Aufklärung über das schlimmste Kapitel deutscher Geschichte betrieben. Hier jedoch taucht die Gefahr auf: in der Überfülle des Angebotes verschwimmt die Grenze zwischen öffentlichem Auftrag der politischen Bildung und der Vermarktung billiger Sensationslust – mit Blick auf die Kasse.
Man kann nur hoffen, daß dennoch der befürchtete „overkill“ nicht stattfindet!
Überdies gibt es noch die Abwehrreaktion mancher Älterer, die dabeigewesen sind und sich nun gegen Schuldzuweisungen sträuben. Es gehört sich doch einfach nicht, daß Jüngere die Älteren gewissermaßen auf den Prüfstand bringen! Da kann Betroffenheit in Ablehnung, Abschottung umschlagen.
Abgesehen von solchen Positionen gibt es beängstigende politische Aktivitäten: Rechtsextremisten, Neonazis, ja NS-Terroristen, die den Führer und Reichskanzler Adolf Hitler als

das größte Genie Deutschlands verherrlichen, die sich den NS-Führerstaat als zukünftige politische Herrschaftsordnung herbeiwünschen – und dafür aktiv sind! Hier muß Einhalt geboten werden! Wer weiß, erfahren und erlebt hat, was der deutsche Faschismus uns Deutschen, Europa und nahezu der ganzen Welt angetan hat, ist hier in die Pflicht genommen. Demokratische Toleranz ist dort fehl am Platze, wo Extremisten Demokratie und Toleranz abschaffen könnten. An die Grenzen seiner Freiheit stößt der immer, der die Freiheit anderer tangiert. Wer die Entstehungsgeschichte der Bundesrepublik nachvollzieht und überdenkt, für den entspringen Kontroversen um Rechts- und Sozialstaat, um deutsch-deutsche Fragen aus ihrer freiheitlich demokratischen Verfassung, aus Menschenrechten, Grundrechten und Grundwerten, die nicht verfügbar, nicht veräußerlich, nicht preisgebbar sein dürfen. Darum allein geht es – und nicht um Schuldzuweisungen, die schon allein deshalb immer mehr an Bedeutung verlieren, weil immer weniger Mitbürger das Dritte Reich bewußt miterlebt haben; und Schuld empfinden kann nur der, der sich schuldig gemacht hat.

Die Autoren haben wiederholt das NS-Herrschaftssystem in Lehrveranstaltungen thematisiert. Dabei fiel auf, daß in der gesamten Diskussion um das Dritte Reich Arbeiterschaft und Arbeiterbewegung kaum auftauchen. Beim Thema „Widerstand gegen Hitlers Politik“ stehen Militärs stark im Vordergrund; mangelt es doch bereits an Materialien für Lehrende und Lernende, von didaktischer Aufbereitung ganz zu schweigen.

Es fehlte auch nicht an wohlwollend gemeinten Warnungen, „die Finger vom Thema Arbeiterbewegung und NS-Herrschaft zu lassen“. Die „Linke“ habe versagt, wer das noch zu dokumentieren suche, handle sich unweigerlich Prügel ein.

Kurzum: alles spricht dafür, gerade hier die Diskussion zu beleben. Tabuisierung und Sprachlosigkeit sind fehl am Platze. Von Ferdinand Lassalle stammt die Erkenntnis: „Alle politische Aktion besteht in dem Aussprechen dessen, was ist, und beginnt damit. Alle politische Kleingeisterei besteht aus dem Verschweigen und Bemänteln dessen, was ist.“

Unter diesen Vorzeichen haben wir uns an die Aufgabe gemacht. Dabei kann auf die historisch-politische Dimension nicht verzichtet werden, will man auf verhängnisvolle Irrtümer und folgenschwere Fehler hinweisen, die sich nicht wiederholen dürfen. Wer urteilen will, braucht Kenntnisse und Erkenntnisse. Sich auf diesen Grundlagen ein politisches Bekenntnis zu bilden, ist gerade dann von elementarer Bedeutung, wenn zeitliche Distanz oder auch zeitliche Nähe den klaren Blick zu trüben drohen.

Die Vorgänge um den 1. Mai unter Hitlers Hakenkreuz vermögen vor Augen zu führen, mit welcher Politik, mit welchen Strategien die Arbeiterschaft von den Nazis erobert werden konnte. Der Nationalsozialismus begann nicht mit Holocaust, NS-Ideologie und NS-Herrschaftspraxis führten aber dahin.

Die nachfolgende Inhaltsvermittlung beruht auf zwei Wegen der Präsentation:

Zum ersten: „Politik von oben". Zu diesem Ansatz gehören die Materialien des Führers und Reichskanzlers, der obersten Parteileitung und der Politiker, die sie repräsentieren, der Reichsregierung. Dazu gehören ebenso die zweite Reihe und noch weiter darunter liegende Führungsorgane im Führerstaat, soweit deren Befehle und ihre Auswirkungen von überregionalem Gewicht waren, also reichsweit wirkten.

Zweitens: „Politik von unten". Das bedeutet Politik, die in der Region vollzogen oder auch steckengeblieben ist, vor allem auf lokaler Ebene. Personen-Geschichte gehört dazu. Hier war es möglich, bisher unveröffentlichtes Archiv-Material auszugraben. (Allerdings ist den Verfassern bewußt, daß bei der Arbeit mit Dokumenten dort Lücken spürbar werden, wo kein Material existiert oder nicht aufgefunden werden konnte.)

Lokal- und Personen-Geschichte können, müssen jedoch nicht exemplarisch sein. Schon aus diesem Grunde bedarf „Kirchturmspolitik" der ergänzenden Einordnung in die große Linie der Reichspolitik. (Der umgekehrte Weg ist nicht ganz so zwingend.) Der Sturm auf einzelne Gewerkschaftshäuser darf nicht allein für sich betrachtet werden. Hierzu muß die Befehlsgebung der obersten Parteiführer, die auf die Zerschlagung der Gewerkschaften als Ganzes abzielte, verdeutlicht werden, obschon der 1. Mai am Heimatort größere Betroffenheit oder Ergriffenheit erzeugt haben mag als die befehlsgebende Hitlerrede in der Reichshauptstadt. Die Beschäftigung mit dem Führerstaat, der ja die eigenständige Politik auf regionaler Ebene durch Gleichschaltung abgeschafft hatte, fordert von der Sache her die Verbindung mit- und Einordnung in verkündete Führerpolitik in Berlin.

Wenn das Themenfeld 1. Mai unter dem Hakenkreuz zu Denkanstößen, zur Sensibilisierung in der Gegenwart aktiviert, wäre ein ideales Ergebnis erreicht. Als mögliche Fragestellungen seien skizziert:

- Könnten parallele Rahmenbedingungen zu ähnlichen Erscheinungen führen?
- Wo gibt es Signale von Rechtsextremismus, Neo-Nazismus und faschistischem Terror?
- Gibt es vergleichbare Erscheinungen in außerdeutschen Ländern?
- Wird die Identität der Gewerkschaften in Frage gestellt?
- Könnten sich die Gewerkschaften in der Bundesrepublik ihrem Selbstverständnis und ihrer Stärke nach neuerlichen Zerschlagungsversuchen wirkungsvoll entgegensetzen?

Diese Beispiele mögen genügen, um die Zielsetzung zu verdeutlichen. Übrigens sind sie nicht rein akademisch anzusehen; ist doch übersteigerter Nationalismus ebenso gegenwärtig wie Judenfeindschaft und Aggression gegen Ausländer. Es sei wiederholt: Hitlers Europafeldzug stand nicht am Beginn seiner Herrschaft, wurde aber durch sie ermöglicht. Seine Ziele waren bereits im NS-Programm von 1920 deutlich ausgewiesen.
Ob es wohl reiner Zufall ist, wenn ausgerechnet am 1. Mai (1981) ein Brandanschlag auf das Verwaltungsgebäude des Landkreises Peine mit zwei Molotowcocktails versucht wurde? In einem Bekennerschreiben heißt es: „Den Justizschweinen die Hütte angezündet. Ein Akt der Notwehr in der BRD-Besatzerrepublik. Gebt Meinungsfreiheit. Aufhebung des Verbots der NSDAP. Die Streichung repressiver Gesetze und Verordnungen. Die Besatzer raus. Raus mit den Ausländern. Schließung der Botschaft Israels. Verstaatlichung der Banken. Vergesellschaftung aller Betriebe. Freie Wahlen: ‚Heil Hitler'." (Das Hakenkreuz unter dem Text fehlte nicht – gleichsam als Siegel!)
Hier wird der 1. Mai in der Bundesrepublik benutzt, um NS-Hakenkreuz-Ideologie zu verbreiten, mit Terrormethoden, wie gehabt. NS-Feindbilder und NS-Selbstbilder wild durcheinandergerührt, ergeben jene explosive Mixtur, mit der der deutsche Faschismus, zwar nicht 1000 Jahre, wie er prophezeit hatte, aber 12 Jahre zu lang Deutschland, Europa und die ganze Welt bedrückte und veränderte.

Mit dem Resultat haben wir uns heute und sicher nicht nur morgen zu beschäftigen: Die Teilung Deutschlands, die Entwicklung der Atombombe, nur zwei Beispiele! Hitlers Politik schuf jeweils die Grundlagen.

Der Stellenwert des 1. Mai in Geschichte, Gegenwart und Zukunft ist viel zu bedeutsam, als daß Unaufgearbeitetes im Untergrund rumoren darf. Politische Bildung für jeden einzeln und für die Gemeinschaft, Lernbereitschaft und Lernfähigkeit sind gefragt. Nicht Sensationsmache. Nicht Schuldzuweisungen.

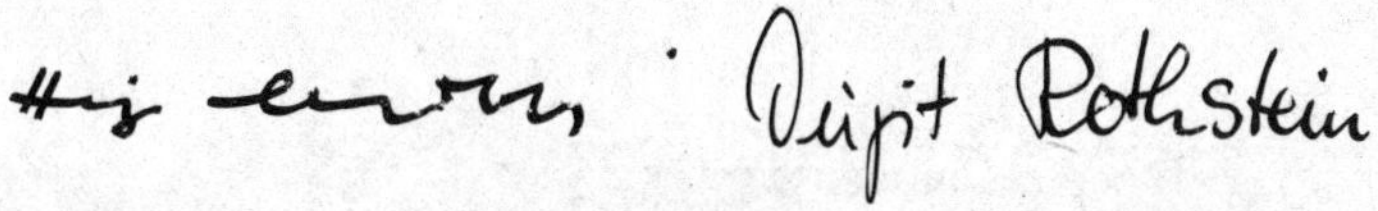

1. Abschnitt

Der 1. Mai im historisch-politischen Überblick

Vorinformation und Gesamtorientierung
Der folgende Überblick soll:
- eine rasche Groborientierung vermitteln;
- helfen, die zahlreichen Details in einen ganzheitlichen Zusammenhang einzuordnen;
- kontroverse Positionen und Bewertungen signalisieren:
  - Deutsche Nationalversammlung Weimar (1919)
  - NS-Staat (1933/34)
  - DDR (1978)
  - Bundesrepublik Deutschland/DGB 1982.

1. Mai: 1889 bis 1933

Vor und nach der NS-Herrschaft (1933 bis 1945, ab 1945) gilt der 1. Mai als internationaler Kampf- und Feiertag der Arbeiter.
Der Gründungskongreß der Zweiten → Sozialistischen Internationalen von 1889 beschloß, gleichzeitig in allen Ländern eine „große internationale Manifestation“ für die Erkämpfung des Achtstunden-Arbeitstages und für internationale Solidarität durchzuführen. Der Brüsseler Kongreß der Zweiten Internationalen 1891 beschloß, alljährlich den 1. Mai als gemeinsamen „Festtag der Arbeiter aller Länder, an dem die Arbeiter die Gemeinsamkeit ihrer Forderungen und ihre Solidarität bekunden sollen“, zu feiern. Damit war der Charakter des Maifeiertages festgelegt: Fest- und Demonstrationstag für internationale Solidarität, Kampftag für den Achtstunden-Arbeitstag.
Um die Ausgestaltung des 1. Mai – Arbeitsruhe oder nicht – gab es jahrelange Auseinandersetzungen, auch, wegen der schwierigen Wirtschaftslage, innerhalb der Arbeiterschaft. Arbeitsruhe am 1. Mai wurde von Arbeitgebern und Staat als Streik angesehen und gleichermaßen verfolgt und bestraft. Der Deutsche Reichstag (Weimarer Republik) erklärte den 1. Mai 1919 schließlich zum allgemeinen Feiertag für das Jahr 1919, ... „der dem Gedanken des Weltfriedens, des Völker-

bundes und des internationalen Arbeiterschutzes geweiht ist und für den der Charakter eines Weltfeiertags erstrebt wird. Seine endgültige Festlegung erfolgt nach Friedensschluß und Verabschiedung der Verfassung". (Aus § 1 des Gesetzes über einen allgemeinen Feiertag; RGBl. 1919, Nr. 82, S. 393)

1. Mai: 1933 bis 1945

Der Maifeiertag wird von den Nationalsozialisten nach der „Machtergreifung" (30. Januar 1933) durch Gesetz vom 10. April 1933 als Staatsfeiertag „Feiertag der nationalen Arbeit" eingeführt – zur Überraschung von Arbeiterschaft/Gewerkschaften, die lange um die staatliche Anerkennung des 1. Mai mit Lohnfortzahlung gekämpft hatten.
Bereits im Jahre 1934 verfälscht die NS-Reichsregierung den Arbeiterfeiertag vollends: Der 1. Mai wird zum „Nationalfeiertag des deutschen Volkes" erklärt und dabei wird zugleich der Begriff der „Arbeit" aus dem Gesetz vom 10. April 1933 eliminiert. Der NS-Maifeiertag wird benutzt zur Selbstdarstellung der → NSDAP, speziell zur Einschwörung von Arbeitnehmern und Arbeitgebern auf die NS-Volksgemeinschaft, auf Treue zum Führer, auf wirtschaftliche Leistungsoptimierung, die in Rüstungs- und Kriegswirtschaft einmündet. Auf machtvollen NS-Maikundgebungen werden Internationalität und marxistisch-jüdischer Klassenkampf verteufelt.

1. Mai: Bundesrepublik Deutschland

Nach dem Untergang des deutschen Faschismus/Nationalsozialismus und der Gründung der Bundesrepublik Deutschland ist der 1. Mai als gesetzlicher Feiertag in den Verfassungen der Bundesländer verankert. Er dient dem Bekenntnis zu sozialer Gerechtigkeit und Freiheit, zu Frieden und Völkerverständigung.
Aus dem Mai-Aufruf des Deutschen Gewerkschaftsbundes (DGB)* zum 1. Mai 1982:

* Die Erfahrungen der Gewerkschafter in der Weimarer Republik, bei Hitlers-„Machtergreifung" 1933 und im gemeinsamen Widerstand gegen die NS-Herrschaft im Dritten Reich bildeten nach dem Zweiten Weltkrieg 1945 die Voraussetzungen für den Neuaufbau einheitlicher Einzelgewerkschaften unter dem Dach des Deutschen Gewerkschaftsbundes (DGB).

Der DGB ruft alle Arbeitnehmer auf, sich an den Kundgebungen zum 1. Mai 1982 zu beteiligen und in internationaler Solidarität mit Millionen von Arbeitnehmern in aller Welt für die großen Ziele der Gewerkschaftsbewegung einzutreten: Für Fortschritt, für Demokratie und für den Frieden in Freiheit.

1. Mai: DDR-Bewertung:

1. Mai: internationaler Kampf- und Feiertag der Arbeiterklasse. ...* Die Bourgeoisie versuchte von Anfang an, unterstützt von den rechten Führungen der sozialdemokratischen Parteien und Gewerkschaften, mit allen Mitteln, den 1. Mai als Kampftag zu verhindern oder ihn seines revolutionären Inhalts zu berauben. Der Charakter der Manifestationen am 1. Mai ist bestimmt durch den Charakter der Gesellschaftsordnung. In den kapitalistischen Ländern wird der 1. Mai weiterhin größtenteils als Kampftag gegen Ausbeutung und Unterdrückung begangen. In den sozialistischen Ländern bekunden die Werktätigen am 1. Mai mit Demonstrationen ihren Willen, den sozialistischen Staat allseitig zu stärken, die sozialistische Staatengemeinschaft weiter zu festigen, für die Sicherung des Friedens zu kämpfen sowie ihre Solidarität mit den um ihre nationale und soziale Befreiung ringenden Völkern und den Werktätigen in den kapitalistischen Ländern. (Quelle: Kollektiv des Dietz Verlages (Hrsg.), Kleines politisches Wörterbuch, Berlin 1978, S. 219f.)

---

* Der Freie Deutsche Gewerkschaftsbund (FDGB) in der DDR ist eine nach dem demokratischen Zentralismus organisierte Einheitsgewerkschaft, die 16 Industriegewerkschaften und Gewerkschaften (z. B. Kunst) vereinigt. Der FDGB interpretiert sich: als einheitliche, auf der Grundlage des → Marxismus-Leninismus tätige gewerkschaftliche Organisation der in der DDR herrschenden Arbeiterklasse, und er anerkennt die führende Rolle der Sozialistischen Einheitspartei Deutschlands (SED).

→ Marxismus

2. Abschnitt

Der 1. Mai als Beispiel für Herrschaftsübernahme in Deutschland: Die Zerschlagung der Gewerkschaften 1933. Die versuchte Ideologisierung der Arbeiterschaft.

Information und Kommentar

Zur Vorgeschichte 1933: Am 30. Januar beruft Reichspräsident → Paul von Hindenburg den Führer der NSDAP, → Adolf Hitler, zum Reichskanzler und beauftragt ihn mit der Regierungsbildung: Hitler – → von Papen, → Hugenberg: eine Koalition von → NSDAP* und → DNVP**.

Die nationalsozialistische Propaganda feierte die Kanzlerernennung als „Tag der Machtergreifung". Doch weder ergriff Hitler / die Nationalsozialistische Deutsche Arbeiterpartei am 30. Januar 1933 die Macht, noch verfügten die Nazis über Macht im Sinne uneingeschränkter Herrschaftsbefugnisse. (Außer Hitler gehörten der Regierung nur zwei Nationalsozialisten an, nämlich Dr. Wilhelm Frick als Innenminister und → Hermann Göring. Auch im Reichstag und im Reichsrat verfügte die NSDAP über keine Mehrheit.)

In Großstädten kommt es gegen Hitler und die neue Regierung zu Demonstrationen der Arbeiterschaft. Die Zahl: 6014000 Arbeitslose – 17% der erwerbstätigen Bevölkerung – charakterisiert die verheerende Situation der Arbeiterschaft. 46,7% der Gewerkschaftsmitglieder sind arbeitslos, 23,3% arbeiten kurz. Zum Vergleich: In den USA sind 25% = 13 Millionen ohne Arbeit. Die Wirtschaftskrise ist international. Freilich ist die deutsche Wirtschaft nach dem Ende des 1. Weltkrieges besonderen Belastungen ausgesetzt. (Der Frie-

* NSDAP: Abkürzung für → „Nationalsozialistische Deutsche Arbeiterpartei".
Über Nationalsozialismus sind unterschiedliche Interpretationen in der Diskussion. Für die politisch-historische Didaktik gilt: Wer mit den heutigen Begriffen „national" und „sozialistisch" an das Thema Nationalsozialismus herangeht, beginnt den Einstieg so schief, daß auch das Zielergebnis nicht stimmen kann. Denn: Die NS-Politik im Dritten Reich war weder national, noch war sie sozialistisch. Pragmatisch ist der deutsche → Nationalsozialismus so zu interpretieren, wie er sich selbst verstand. Daß dabei Selbstverständnis und propagandistische Außenwirkung nicht dasselbe waren, bedarf der Aufmerksamkeit.
NS...: in Zusammensetzungen, Nationalsozialistischer (-e, -es)

** DNVP: → „Deutschnationale Volkspartei".

densvertrag von Versailles zeigt das. Für Hitler dient der Vertrag zur Rechtfertigung seiner aggressiven Politik.)
Auf Vorschlag Hitlers löst Reichspräsident von Hindenburg am 1. Februar 1933 den Reichstag auf: Am 5. März sollen Neuwahlen stattfinden. Hitler hoffte auf die Mehrheit im Reichstag.
Zwischen dem 2. und dem 18. Februar werden zahlreiche SPD-Zeitungen und Zentrumsblätter verboten. Die Versammlungsfreiheit wird eingeschränkt.
SPD und KPD streiten über Formen der Zusammenarbeit. Nur zu berechtigt erscheint das Mißtrauen sozialdemokratischer Gewerkschafter gegen die KPD, Sektion der Kommunistischen Internationale (Komintern): Die kommunistische Führung machte immer wieder gemeinsame Sache mit der radikalen Rechten.
Das Zentralkommitee der KPD beschimpft die Freien Gewerkschaften als „sozialfaschistische Gewerkschaftsbürokratie". Im Mai 1933 erklärt das Zentralkommitee der KPD: „Die völlige Ausschaltung der Sozialfaschisten aus dem Staatsapparat, die brutale Unterdrückung auch der sozialdemokratischen Organisation und ihrer Presse ändern nichts an der Tatsache, daß sie nach wie vor die soziale Hauptstütze der Kapitalsdiktatur darstellen."* In Deutschland ist die kommunistisch ausgerichtete → „Revolutionäre Gewerkschaftsopposition" (→ RGO) aktiv. In ihrer widersprüchlichen Taktik zielt sie auf die Spaltung der Gewerkschaften. In der politischen Wirkung schaukeln sich extreme Rechte und extreme Linke gegenseitig höher.
Im → KZ trafen sie sich dann wieder, die feindlichen Brüder von KPD und SPD. Man erinnere sich: Die an der Jahreswende 1918/19 gegründete KPD war während des 1. Weltkrieges aus dem radikalen Flügel der deutschen Sozialdemokratie gebildet worden, war also Teil der sozialistischen Arbeiterbewegung.
Während die Linken untereinander zerstritten sind, bringt Hitler eine Rede vor Industriellen am 20. Februar 1933 3 Millionen RM als Wahlhilfe für → NSDAP und → DNVP. → SA/NSDAP und → SS/NSDAP werden inzwischen als Hilfspolizei eingesetzt.

---

* Quelle: Richard Löwenthal, Patrick von zur Mühlen, Widerstand und Verweigerung in Deutschland 1933–1945, Bonn 1982. S. 86.

Am 27. Februar 1933 brennt der Reichstag. Die → NSDAP beschuldigt Kommunisten und Sozialdemokraten der Brandstiftung. Verfolgungen der Linksparteien, von Gewerkschaften und bürgerlichen Demokraten schließen sich an.
Die Reichstagsneuwahl am 5. März zeigt folgendes Ergebnis:

NSDAP	43,7%	=	288 Mandate	insgesamt 647 Sitze im Reichstag
DNVP	8,0%	=	52 Mandate	
SPD	18,3%	=	120 Mandate	
KPD	12,3%	=	81 Mandate	
Zentrum	11,2%	=	74 Mandate	
BVP	2,9%	=	18 Mandate	
Sonstige	3,6%	=	14 Mandate	

Und so respektierten die Nazis Wahlentscheidungen, wenn sie nicht nach ihren Vorstellungen ausfielen, denn ihr Wahlziel, die absolute Mehrheit, hatten sie verfehlt (43,7%)*.
Sogleich nach der Wahl wird der Terror gegen die Linke verstärkt: Verbot von → „Reichsbanner Schwarz-Rot-Gold" und → „Eisener Front" in Thüringen (6. März), später in anderen Ländern. → SA und → SS stürmen (8. 3./9. 3.) u. a. das Gewerkschaftshaus in München; Besetzungen in Berlin, Breslau, Dresden, Kassel, Kiel sowie der → ADGB-Bundesschule charakterisieren den Terror gegen die Arbeiterbewegung.
Um den März 1933 sind rund 40 Verwaltungsgebäude und Büros durch → SA, → SS oder durch Polizei im Reich besetzt, wie der → ADGB mit einem hilfesuchenden Schreiben an den Herrn Reichspräsidenten von Hindenburg mitteilt. Nicht genug damit: Aus den Gewerkschaftsbüros wurden Möbel und Bürogeräte (Vervielfältigungsapparate, Aktenmaterialien etc.) entwendet oder zertrümmert. „Im Hause verblieb eine Wache der SA und des Stahlhelms", heißt es beispielsweise lapidar in dem Bericht aus Solingen an den ADGB-Bundesvorstand in Berlin.** Gestohlenes Inventar wurde von den Nazis kassiert, es wanderte in SA-Heime.
Auch personell führt die Lage des Allgemeinen Deutschen Gewerkschaftsbundes zur Schwächung seiner Handlungsfähigkeit. Viele der Funktionäre fallen aus, weil in → „Schutzhaft"; zu viele sind durch NS-Terror eingeschüchtert. Ganze Familien stehen unter Druck, weil die Väter vorübergehend

* Nach 5 Wochen Kanzlerschaft Hitlers und trotz riesiger Propagandaaktionen keine Mehrheit für die NSDAP.
** Quelle: Gerhard Beier, Das Lehrstück vom 1. und 2. Mai 1933, Frankfurt/Main 1975, S. 54ff.

verhaftet, in Polizeilokale verschleppt und dort mißhandelt worden sind. Wer um sein Leben fürchten muß, ist nicht mehr frei in seinem Denken und Handeln. Wer materielle Not (weil arbeitslos), ideelle Not (weil geistig verunsichert), psychischen Druck (weil Angst vor Entlassung und/oder Mißhandlung) real erlitten hat, weiß, daß dadurch eine Betroffenheit für politische Handlungen und Unterlassungen wirkt, die niemand echt nachvollziehen kann: Ergriffenheit ja, aber nicht Betroffenheit. Sie setzt reales soziales Erleben voraus. Die Situation der Gewerkschaften in Deutschland ist nach Hitlers Machtübernahme mehr von unten her (vom notleidenden Gewerkschafter) als von oben, also der Gewerkschaftsleitung verständlich.

Schwächung der Gewerkschaften, Machterweiterung der NSDAP – darauf lief die Entwicklung hinaus. Wie aber mußte es auf die arbeitslosen Gewerkschaftsmitglieder wirken, wenn ihre Interessenvertretung nicht mehr in der Lage war, (satzungsgemäß) zu helfen?

Dazu gehört, daß die Auszahlung von Unterstützungsgeldern an Hunderttausende arbeitslose, an kranke und invalide Mitglieder gestört war.

Während das Selbstbild der „erfolgreichen“ NSDAP immer mehr glänzte, erhielt das Vertrauen in die Gewerkschaften zunehmend Risse, stellte sich ihr Bild negativ dar.

Am 18./19. März beschließt die Exekutive der → Sozialistischen Arbeiter-Internationale (SAJ) in Zürich: „Kampf dem Faschismus“.

Nachdem der neue Reichskanzler Adolf Hitler die Reichstags-Mandate der → KPD annulliert hat, besitzt die → NSDAP dadurch (!) die absolute Mehrheit im Parlament. Am 23. März d. J. wird im Reichstag von der NSDAP mit den Stimmen der bürgerlichen Parteien – dagegen stimmt allein die → SPD! – das „Gesetz zur Behebung der Not von Volk und Reich“ (Ermächtigungsgesetz) angenommen. Mit diesem Gesetz und seiner die Macht und die Absicht verschleiernden Benennung erhält der Kanzler Hitler die Ermächtigung, Gesetze zu erlassen – gegen die Reichsverfassung, ohne Zustimmung des Reichstags und ohne Gegenzeichnung durch den Reichspräsidenten. Im Gegensatz zur „Machtergreifung“, wie die Nazis zu ihrer Selbsterhöhung propagieren, – tatsächlich handelten die Beteiligten verfassungsgemäß – wird die Weimarer Verfassung manipuliert, ja suspendiert. „Recht ist, was der NS-

Bewegung nützt“, lautet von nun an der Leitsatz im Hitler-Deutschland. Von dieser Leitformel abgeleitet konnten Hoheitsträger der Partei immer wieder einmal Ausnahmen auf allen möglichen Politikgebieten durchsetzen, gleichgültig, wie die Rechtslage/Gesetzeslage war. Deutschland hatte aufgehört, ein Rechtsstaat zu sein.
Die NS-Machthaber bekommen so die gesamte Gesetzgebungsgewalt in den Griff. Die Nationalsozialisten kennen nur ein Ziel: die erreichte Herrschaftsgewalt auszubauen und zu sichern.
Was konnte die Arbeiterbewegung diesem unaufhaltsamen Marsch der NSDAP zur totalen Macht in Deutschland und Herrschaft über Deutschland entgegensetzen? War der Führer-Staat mit Adolf Hitler noch aufzuhalten?
Als eine grundlegende Schwächung der Arbeitnehmerschaft erwies sich deren Aufsplitterung in mehrere Gewerkschaftsgruppierungen, unter deren Dach über 200 Organisationen konkurrierten. Als Größte konkurrierten bei Wahlen: Der → Allgemeine Deutsche Gewerkschaftsbund (ADGB), auch „Freie Gewerkschaften“ genannt – sie waren eng verbunden mit der SPD – die → Christlichen Gewerkschaften, die → Hirsch-Duncker'schen Gewerkvereine (HD), die kommunistisch ausgerichtete → Rote Gewerkschaftsopposition (RGO)*.
Überdies: sie alle waren keine Parteien, die in den Parlamenten agieren konnten, auch wenn sie, wie der ADGB, personell mit den Arbeiterparteien, insbesondere der SPD, verflochten waren. Die persönlichen Appelle von leitenden Gewerkschaftern, die die Bildung eines „Führerkreises der vereinigten Gewerkschaften“ ermöglichen sollten, mit dem Ziel der „Umformung und Vereinheitlichung der Gewerkschaften“, kamen ebenso zu spät wie der Vorschlag des Vorsitzenden des kleinen Hirsch-Dunker'schen Gewerkvereins Deutscher Metallarbeiter, → Anton Erkelenz (SPD): endlich die Einheitsgewerkschaft zu bilden.
Mit dem „Gesetz zur Gleichschaltung der Länder“ (31. März 1933) wurden in den Ländern die Landtage, mit Ausnahme des Landtags von Preußen, wo Adolf Hitler Reichsstatthalter

* → RGO. Hier sei ein aktueller Gegenwartsbezug vermerkt: 1978 gründete sich wieder eine „Revolutionäre Gewerkschaftsopposition“ (RGO). Nach Angabe des KPD-Zentralorgans „Roter Morgen“ soll sich die RGO im Juni 1981 allein in Baden-Württemberg in mehr als 120 Betrieben mit eigenen oder der RGO nahestehenden Listen an Betriebsratswahlen beteiligt haben.

wurde, aufgelöst. Die Länder werden damit gleichgeschaltet, das heißt: unter nationalsozialistische Kontrolle gebracht. Dazu setzt die NS-Reichsregierung am 7. April 1933 → „Reichsstatthalter" ein. Begleitet werden diese NS-Aktionen gegen die Parteien und Gewerkschaften durch Judenboykotte (1. 4. 1933). Bei der haßerfüllten Judenfeindschaft wirkte sich die NS-Feinbild-Propaganda besonders aggressiv aus.
Mit Reichsgesetz über „Betriebsvertretungen und über wirtschaftliche Vereinigungen"* eröffnet die Reichsregierung das Unterbrechen von Betriebsratswahlen. „Öffentliche Sicherheit und Ordnung" werden als Gründe vorgeschoben. Das Gesetz enthält noch andere Verfolgungsmaßnahmen. „Das Erlöschen der Mitgliedschaft solcher Betriebsvertretungsmitglieder, die in staats- oder wirtschaftsfeindlichem Sinne eingestellt sind" ergänzt den NS-Terror gegen die Gewerkschaften. Nimmt man noch die Überfälle auf Gewerkschaftshäuser durch SA-Truppen hinzu – Verhaftung von Funktionären, Besetzung und Verwüstung der Büros u. a. – die Verbote von → Reichsbanner und → Eiserner Front, dann war die Stoßrichtung der neuen Machthaber in Deutschland offenkundig: Zerschlagung der Arbeiterbewegung! Die Freie Gewerkschaftsjugend Berlin behandelt auf dem Gruppen-Abend das Thema: „Wie verhalte ich mich vor Polizei und vor Gericht?"**
Gegenüber der Propaganda des vom 13. März 1933 ernannten Reichsministers für Volksaufklärung und Propaganda, des Gauleiters von Berlin, → Dr. Joseph Goebbels, – Agitator und Rhetoriker par excellence – gerieten die demokratischen Parteien schrittweise immer mehr in die Defensive – dies nicht zuletzt deshalb, weil der NS-Diktatur mittels beeindruckender Organisation und Einbindung in paramilitärische Parteigliederungen die Verführung der Massen gelang. Den ideellen und beruflichen Interessen der Intellektuellen und Arbeiter angemessen entsprachen die NS-Organisationen. Das disziplinierte Marschieren, das Fahnentragen der überwiegend braun uniformierten NS-Organisationen emotionalisierte die Menschen: „Mit uns zieht die neue Zeit...", gegen diese braunen Bataillone mußte schließlich der Widerstand zerbröckeln. Viele in Deutschland resignierten. Energie und Bereitschaft

* RGBl. I Nr. 31/1933 vom 5. April 1933, S. 161
** Vorwärts vom 25. Februar 1933, zweite Beilage, Anzeigen-Teil.

zum Kampf erlahmten. Nicht selten war aber auch die Meinung vertreten und verbreitet, der „Nazi-Spuk“ sei bald vorbei: Zur Regierung unfähig, würden die Nazis nach wenigen Wochen Regierungspraxis in politischer Bedeutungslosigkeit versinken und von der Bildfläche verschwinden. Andere gaben Hitler vier Jahre. Der sozialdemokratische Reichstagsabgeordnete → Dr. Kurt Schumacher sprach nach seiner Inhaftierung von 10 Jahren Hitlerherrschaft. Meinungen und Bewertungen standen nebeneinander und gegeneinander.

1. Mai / 2. Mai 1933

In den Dienst der politischen Verführung stellten die Nationalsozialisten sogleich nach ihrer Regierungsübernahme den internationalen Arbeiterfeiertag 1. Mai*. Auf einer Führerkonferenz der NSDAP auf dem Obersalzberg beschlossen sie Mitte April, daß Gewerkschaften nicht aufgelöst oder zerstört, sondern gewaltsam „übernommen“ werden sollen, um den Arbeiter „vor der parasitären Führung“ zu befreien. Die Nazis wußten um die Bedeutung der Gewerkschaften und der politischen Linken. „Es ist eine Lebensfrage des Nationalsozialismus, die gewerkschaftlich organisierten Massen der Arbeitnehmer zu gewinnen“, erklärte der Leiter der → Nationalsozialistischen Betriebszellen-Organisation (NSBO), Walther Schuhmann, in einem Vortrag. Er fügt hinzu: „Dies ist durch eine gewerkschaftsfreundliche Politik aber nicht möglich, da die Gewerkschaften den Nationalsozialismus ablehnen“.** Deshalb galt der Sturmangriff der → SA („Sturmabteilungen“) den demonstrierenden Arbeitern, deren Funktionäre immer häufiger durch KZ-Haft ausgeschaltet waren. Es gelang den Braununiformierten mit dem Hakenkreuz, zugleich mit den Freien Gewerkschaften die SPD tödlich zu treffen.

Der vor wenigen Wochen zum Reichsminister für Volksaufklärung und Propaganda ernannte Reichspropagandaleiter der NSDAP, Dr. Joseph Goebbels, beschäftigte sich wochenlang mit der von ihm inszenierten „grandiosen Demonstration

---

* Selbstredend suchten die Nazis auch in der „Kampfzeit“ (NS-Jargon) den 1. Mai der Arbeitnehmerschaft, den Gewerkschaften streitig zu machen und im Sinne der NS-Ideologie inhaltlich zu besetzen.

** → Dok. Nr. 46, S. 101f.

deutschen Volkswillens". Er verstand das Handwerk der Verführung wie kaum ein anderer. „Ich setze in der Errichtung des neuen Ministeriums für Volksaufklärung und Propaganda insofern eine revolutionäre Regierungstat, als die neue Regierung nicht mehr die Absicht hat, das Volk sich selbst zu überlassen"*, erläuterte der Propagandaminister am 15. März 1933 vor der Presse die Aufgabe seines neu geschaffenen Ministeriums für „Volksaufklärung und Propaganda".
Mit Hilfe von Staatsamt, Parteiamt, Apparat und Organisation machte Goebbels es sich zur Aufgabe, die Arbeiterschaft am 1. Mai in einen Rausch der Begeisterung zu versetzen: Der 1. Mai wird ein „Massenereignis, wie es die Welt noch nicht gesehen hat", erklärte der neue Minister. Das war dann auch die richtig einstimmende Atmosphäre zur Zerschlagung der Gewerkschaftsorganisation und Verhaftung der noch verbliebenen aktiven Funktionäre – exakt einen Tag nach dem Staatsfeiertag der nationalen Arbeit. Das Schauspiel in der Reichshauptstadt sollte dabei Vorbild und Beispiel sein für entsprechende Maifeiern auf lokaler Ebene, wobei im Zentrum die Ansprachen der obersten NS-Führer und deren Parolen zu stehen hatten. Das neue Medium Hörfunk stand auch hier im Dienst der NS-Propaganda.
Reichsminister Dr. Joseph Goebbels notierte zur Planung des 1. Mai 1933: ...„Eine grandiose Demonstration". Und in einem NS-Aufruf zum 1. Mai hieß es: „Der Marxismus liegt zertrümmert am Boden. Die Organisationen des Klassenkampfes sind zerschlagen... Ehret die Arbeit und achtet den Arbeiter".
Ein Schachzug der neuen NS-Regierung war in seiner werbepsychologischen Wirksamkeit geradezu genial: Die NS-Reichsregierung erklärte am 10. April den 1. Mai 1933 zum „gesetzlichen Feiertag der nationalen Arbeit", zum deutschen Volksfeiertag und zum bezahlten Feiertag! Wofür die Arbeiterschaft seit dem Leipziger Gewerkschaftskongreß 1923 Jahr für Jahr am 1. Mai demonstriert hatte, wurde ihr von der neuen Reichsregierung mit einem Federstrich gewährt**. Mit

* Zitiert nach: Gerd Albrecht, Der Film im 3. Reich, Karlsruhe 1979, S. 255.

** Freilich, ein Erstgeburtsrecht auf diesen Staatsfeiertag 1. Mai konnten die Nazis nicht beanspruchen: Die junge Weimarer Republik hatte 1919 einen allgemeinen Feiertag 1. Mai durch Gesetz vom 17. April 1919 festgesetzt – allerdings nur für den 1. Mai 1919. Die Idee, einen allgemeinen Feiertag 1. Mai in die Reichsverfassung aufzunehmen, setzte sich nicht durch. Lediglich in den Ländern Baden, Lippe-Detmold und Mecklenburg-Schwerin wurde der 1. Mai als Feiertag der Arbeit im Gedanken des Weltfriedens und der internationalen Arbeitersolidarität beschlossen.

dieser Inbesitznahme des 1. Mai als einem der ältesten, sinnenhaften Symbole der Arbeiterbewegung suchten die „nationalen“ (angeblichen) „Sozialisten“ den Eindruck zu erwekken, daß die „neue Bewegung“ keinesfalls arbeiterfeindlich sei. „Ehre den Arbeiter, so ehrst Du Dich selbst“ lautete eine raffinierte, werbewirksame Losung zum 1. Mai 1933. Mit dieser NS-Strategie kam die Arbeiterbewegung im allgemeinen und die Freien Gewerkschaften im besonderen in die Defensive. Sie wurden überrumpelt! Reichspropagandaminister Dr. Joseph Goebbels erklärte zur Umfunktionierung des 1. Mai: „Wir werden nicht eher Ruhe bekommen, bis sie (die Gewerkschaften) restlos in unserer Hand sind.“

Wohl wissend, wie dies auf die Arbeiterschaft wirken mußte, und die derzeitigen Grenzen gewerkschaftlicher Aktivitäten erkennend, reagierte der Bundesvorstand des → AGDB in einem Aufruf an die Mitglieder der Gewerkschaft zum 1. Mai 1933 in doppelter Weise:

1. Er begrüßte die Entscheidung der Regierung, daß sie „unseren Tag zum gesetzlichen Feiertag der nationalen Arbeit“ erklärt hat und
2. er forderte die „Kollegen und Kolleginnen in Stadt und Land“ auf, am 1. Mai „standesbewußt (zu) demonstrieren“, nachdem in „der amtlichen Ankündigung der deutsche Arbeiter im Mittelpunkt der Mai-Feier stehe“ und überdies, der deutsche Arbeiter „ein vollberechtigtes Mitglied der deutschen Volksgemeinschaft werden“ soll. → Dokument Nr. 12, S. 44f.

Welche andere Reaktion wäre auf die raffiniert durchdachte NS-Strategie sinnvoll, und, vor allem, noch wirkungsvoll möglich gewesen? „Generalstreik – Widerstand statt Anpassung?“, das war die Frage.

Die Christlichen Gewerkschaften erklärten NS-Propagandaminister Dr. Goebbels gegenüber ihre Gefolgschaft, sie würden am 1. Mai in der NS-Kundgebung mitmarschieren. Goebbels verspottete sie dafür als „harmlose Naivlinge“.

„Überleben durch Mitmachen“ – „Anpassung als Widerstand“, scheint die Situation der überwiegend resignierenden, immer ohnmächtigeren Arbeiterbewegung zum 1. Mai 1933 am besten zu charakterisieren. Die NS-Strategie bewährte sich in vollem Umfang. Mit dem 1. Mai 1933 schlug die NSDAP die ihr gegenüber argwöhnisch-oppositionell gestimmte Gewerkschaft mit deren eigener Waffe: der Massen-

demonstration! War jetzt der Zeitpunkt für einen Generalstreik* gegen die NS-Regierung gekommen?
Natürlich wurde der Einsatz dieser stärksten Gewerkschaftswaffe diskutiert. Die noch verbliebenen Gewerkschaftsorgane aber zögerten. Würde ein Aufruf zum Generalstreik noch wirksam sein? Was dann, wenn die Arbeiter dem Aufruf zum Generalstreik nicht folgen würden?
Die soziale Spaltung der Arbeiter in erwerbslose und erwerbstätige erschwerte eine gemeinsame Mobilisierung der gewerkschaftsorientierten Arbeiterschaft. Wer um seinen Arbeitsplatz bangen muß – Leidensdruck und Angst sind starke Waffen – ist zu politischen Aktionen nicht ohne weiteres bereit. Trägt die Frau, tragen die Kinder das Engagement des Vaters mit? Wäre ein Generalstreik den Nazis aus taktischen und politischen Gründen nicht gar sehr willkommen? Die Meinungen standen kontrovers, sowohl in der Bewertung der Nazis als auch über die gegen sie zu richtende Gegenpolitik. Hatte Hitler nicht auch zu erkennen gegeben, daß die Gewerkschaften ein wichtiger Faktor im Staat sein könnten? Man wollte das weitere Verhalten der NS-Regierung abwarten.
Mit Adolf Hitlers Ideologie von der Volksgemeinschaft vertrugen sich Gewerkschaften – als Interessenvertreter der Arbeiterschaft gegen Kapital – nicht. Er wollte ja die Klassen abschaffen; „Klassen versöhnend", gab er als Sinn seiner Politik lautstark an. Also mußten auch, folgerichtig, die Organisationen „die die Klassen bildeten" (Hitler) verschwinden. „Man kann", so Hitler im Originalton 1933, „aber nicht das Volk zugrunde gehen lassen, weil diese Organisationen leben wollen". Dies predigte der Führer aber erst nach der Zerschlagung der Gewerkschaften, nachträglich als Rechtfertigung und Schutzbehauptung für seine Weltanschauung: „daß das Volk sich zusammenfinden muß"**. Die Einheit und Einigkeit, nach der sich die Gewerkschaftsleitung sehnte, suchte die NSDAP durch nackten Terror zu erreichen.
Heute wissen wir: Regierungsgewalt und Parteimacht der NSDAP wurden von den Repräsentanten der Arbeiterschaft im Frühjahr 1933 falsch eingeschätzt.

---

* Am 30. Januar 1933, dem Tage der Vereidigung der Hitler-Regierung, appellierte das ZK (Zentralkommitee) der KPD an die SPD und an die Gewerkschaften, den NS-Machtantritt mit Generalstreik zu beantworten. Dieses wiederholte die KPD am 6. Februar 1933. Die SPD ihrerseits forderte: „Kommt zu uns und reicht uns die Hand" → Dokument Nr. 7, S. 35 →.

** Adolf Hitler vor den Arbeitern in Berlin-Siemensstadt zur Reichstagswahl am 12. Dezember 1933.

Es gehörte zur Ideologie der braunen Diktatur, jedwede Opposition gänzlich auszuschalten und zur Stabilisierung der eigenen Macht allein zu „diktieren". Die Demokratie war abgeschafft im Deutschen Reich.

Zwangsauflösung der Freien Gewerkschaften 1933

Einen Tag nach dem neu verfügten gesetzlichen Feiertag der nationalen Arbeit, also am Dienstag, dem 2. Mai 1933, vormittags 10 Uhr wurde die Gleichschaltungsaktion gegen die Freien Gewerkschaften vollstreckt. Nach dem Aktionsbefehl des NS-Reichsleiters* der Deutschen Arbeitsfront, Dr. Robert Ley, vom 21. April 1933, waren die Freien Gewerkschaften zum 2. Mai zu „übernehmen". → Dokument Nr. 25, S. 67f.

Die Aktion richtete sich gegen den → Allgemeinen Deutschen Gewerkschaftsbund (ADGB) und den Allgemeinen freien Angestelltenbund (→ AfA-Bund). „Was dann darüber hinaus von den Freien Gewerkschaften abhängig ist, ist dem Ermessen der Gauleiter anheim gestellt" lautete der Befehl zur Aktion*.

Träger der gewerkschaftszerstörenden Aktion war die → „Nationalsozialistische Betriebszellenorganisation (NSBO)". Als Verantwortliche in den einzelnen Gebieten des Deutschen Reiches fungierten die → Gauleiter der NSDAP**.

Die „Übernahme der Freien Gewerkschaften" wurde dergestalt praktiziert, daß befehlsgemäß SA- bzw. SS-Parteigliederungen die Gewerkschaftshäuser und deren Büros, die Parteihäuser der SPD, soweit dort Gewerkschaften untergebracht waren, ebenso besetzten wie Filialen und Zahlungsstellen der „Bank der Arbeiter, Angestellten und Beamten AG". Weitere Angriffsziele waren die Bezirksausschüsse des ADGB und des AfA-Bundes, die Ortsausschüsse des ADGB und des AfA-Bundes. Das Aus und Ende der Freien Gewerkschaftspresse war erreicht. Alle Gewerkschaftskassen und Konten wurden für zwei Tage gesperrt, die Vermögenswerte kassiert. Wurden Kassierer vorläufig im Amt belassen, so wurden ihnen Kommissare beigegeben bzw. übergeordnet. Um die

---

* → Reichsleiter, Reichsleitung

** → Gauleiter, Gaue.

Besetzung des Gewerkschaftshauses in München durch die SA am 2. Mai 1933 (Bundesarchiv).

Überrumpelung der Gewerkschaften vollständig zu machen und jeden etwaigen Widerstand im Keime zu ersticken, gehörte zur Aktion: die Verhaftung aller Verbandsvorsitzenden, Bezirkssekretäre, sowie die Filialleiter der „Bank der Arbeiter, Angestellten und Beamten AG". Angestellte mußten Mißhandlungen erleiden. Parallel zu den zerstörenden Angriffen auf die Gewerkschaften begannen die Attacken gegen die Konsumgenossenschaften und ihre Unternehmungen. Die Versorgungsphilosophie der Genossenschafter – erfolgreich praktizierte Mitbestimmung und Selbstverantwortung als Verbraucher – paßte natürlich nicht in die Weltanschauung des Führerstaats. (Siehe dazu → Dok. 74, S. 144 ff.) Zur Umdrehung und Verführung der Gewerkschaften gehörte – und das war Befehlsinhalt – die Aktion in der Form vorzunehmen, „daß dem Arbeiter und Angestellten das Gefühl gegeben wird, daß sich die Aktion nicht gegen ihn, sondern gegen ein überaltertes und mit den Interessen der deutschen Nation nicht übereinstimmendes System richtet". Wo sich allerdings Widerstand zeigte, scheuten die NS-„Sturm-Abteilungen" nicht nackte Gewalt anzuwenden. Schließlich erging Befehl: „In allen Städten sind möglichst bald Massenversammlungen für die Gewerkschaftsmitglieder bei freiem Ein-

Besetzung gewerkschaftseigener Banken durch SA am 2. Mai 1933.

tritt zu veranstalten." Mit Pathos verkündete NS-Reichsleiter Dr. Ley: „Arbeiter – ich schwöre dir, wir werden nicht nur alles erhalten ... wir werden Schutz und die Rechte des Arbeiters weiter ausbauen..."
Mit der propagandistischen Verleumdung der Gewerkschaftsführer – dem Vorwurf der unerlaubten Bereicherung – erhielt der NS-Terror durch das Bild vom „NS-Saubermann" noch eine Scheinlegalität.
Trotz der und gegen die NS-Großkundgebung am 1. Mai fanden in zahlreichen Orten illegale Mai-Feiern von Vertretern der Arbeiterbewegung statt, während nur wenige Gewerkschaftsfunktionäre an der NS-Maikundgebung teil-

nahmen. Viele verhielten sich resigniert. Die restlose Zerschlagung der Gewerkschaften konnte jedoch nicht mehr aufgehalten werden. Bei Nichtanpassung folgte Liquidation.
In der Gewerkschaftsidee besonders fest verankerte Arbeiterfunktionäre gaben den Widerstand jedoch nicht auf. Sie waren allerdings enttäuscht ob der Anpassung ihrer Kollegen an die neue politische Situation. Trotzdem:
Die Hoffnung auf „Freiheit, Gleichheit, Brüderlichkeit", der Glaube an eine internationale Solidarität der Arbeiter, die Idee von der Menschenwürde für alle – das waren ihre Grundwerte, aus denen sie die Welt interpretierten. Davon ließen sich gewachsene und gestandene Gewerkschafter nicht abbringen, auch nicht durch die braunen Faschisten. Freilich: die Zerstörung der Freien Gewerkschaften hatten sie nicht aufzuhalten vermocht. Dafür gab es Kritik und Tadel vom IGB*. Die NSDAP stabilisierte weiter ihre Regierungsmacht auf dem Weg in einen totalen NS-Staat.
Bereits ein Jahr später benötigten die neuen Machthaber das Wort „Arbeit" dann nicht mehr als Feigenblatt für ihre nationalistischen Spektakel. Das Bewußtsein der Massen war soweit umgedreht, daß der traditionelle Kampf- und Feiertag der internationalen Arbeiterbewegung, der 1. Mai 1933, verfälscht zum „Feiertag der nationalen Arbeit", schließlich als „Nationaler Feiertag des Deutschen Volkes" ad absurdum geführt werden konnte.
Aus dem „roten" Mai war nun ein ganz und gar „brauner" Mai geworden. Hitler-Deutschland feierte nur noch sich selbst, und das am 1. Mai, jetzt dem 1. Mai unter dem Hakenkreuz.

Noch eine Gleichschaltung: Auflösung der → Christlichen Gewerkschaften. Ächtung ihrer Führer.

Dr. Goebbels hatte in seinem Tagebuch die Christlichen Gewerkschaften als „Naivlinge" bezeichnet → Dokument Nr. 13, S. 45, als sie sich am 1. Mai zum Mitmachen angeboten hatten. Am 23. Juni war es dann soweit. Zusammen mit dem Verbot der SPD hatte auch die Stunde für die verbliebenen Christlichen Gewerkschaften geschlagen. Es war der „Wille des Führers, daß außer der Deutschen Arbeitsfront keinerlei Organisation mehr, weder der Arbeitnehmer noch der Arbeitgeber, existiere", erklärte Dr. Ley. Und er fuhr fort: „Alle

---

* → IGB: Abkürzung für → „Internationaler Gewerkschaftsbund".

übrigen Vereine, auch sogenannte katholische und evangelische Arbeitervereine, sind als Staatsfeinde zu betrachten..."

Quelle: „Hamburger Anzeiger" Nr. 141, Freitag, den 23. Juni 1933, S. 1.

Zeitzeugen und Augenzeugen, Dokumente, Quellentexte und Bewertungen

[1] Aus dem Parteiprogramm der NSDAP von 1920

Die → NSDAP veröffentlichte das Parteiprogramm – 25 Punkte – im Jahre 1920. Es enthält fünf Kernpunkte:

1. Gemeinnutz geht vor Eigennutz
2. Aufhebung des Friedensvertrages von Versailles
3. Ausschaltung des Judentums
4. Brechung der Zinsknechtschaft, Verstaatlichung/Kommunalisierung von Wirtschaftsunternehmen
5. Forderung nach Land und Boden.

Die NS-Führung bezog sich auf dem Wege zur Regierungsgewalt (1920–1933) und während ihrer Regierungsausübung (1933–1945) immer wieder auf das Parteiprogramm. Zusammen mit Hitlers Darlegungen in „Mein Kampf" und einigen grundlegenden NS-Gesetzen bildet es eine Art von Staatsverfassung.

> Grundsätzliches Programm
> der nationalsozialistischen
> Deutschen Arbeiter-Partei.
>
> Das Programm der Deutschen Arbeiter-Partei ist ein Zeit-Programm. Die Führer lehnen es ab, nach Erreichung der im Programm aufgestellten Ziele neue aufzustellen, nur zu dem Zweck, um durch künstlich gesteigerte Unzufriedenheit der Massen das Fortbestehen der Partei zu ermöglichen.
>
> ...
>
> 10. Erste Pflicht jedes Staatsbürgers muß sein, geistig oder körperlich zu schaffen. Die Tätigkeit des Einzelnen darf nicht gegen die Interessen der Allgemeinheit verstoßen, sondern muß im Rahmen des Gesamten u. zum Nutzen aller erfolgen.
>
> *Daher fordern wir:*
>
> 11. Abschaffung des arbeits- und mühelosen Einkommens,
>
> *Brechung der Zinsknechtschaft.*
>
> 12. Im Hinblick auf die ungeheuren Opfer an Gut und Blut, die jeder Krieg vom Volke fordert, muß die persönliche Bereicherung durch den Krieg als Verbrechen am Volke bezeichnet werden. Wir fordern daher *restlose Einziehung aller Kriegsgewinne.*

13. Wir fordern die Verstaatlichung aller bisher bereits vergesellschafteten (Trusts) Betriebe.

14. Wir fordern Gewinnbeteiligung an Großbetrieben.

15. Wir fordern einen großzügigen Ausbau der Alters-Versorgung.

16. Wir fordern die Schaffung eines gesunden Mittelstandes und seine Erhaltung. Sofortige *Kommunalisierung der Groß-Warenhäuser* und ihre Vermietung zu billigen Preisen an kleine Gewerbetreibende, schärfste Berücksichtigung aller kleinen Gewerbetreibenden bei Lieferung an den Staat, die Länder oder Gemeinden.

17. Wir fordern eine unseren nationalen Bedürfnissen angepaßte Bodenreform, Schaffung eines Gesetzes zur unentgeltlichen Enteignung von Boden für gemeinnützige Zwecke. Abschaffung des Bodenzinses und Verhinderung jeder Bodenspekulation.

19. Wir fordern den rücksichtslosen Kampf gegen diejenigen, die durch ihre Tätigkeit das Gemein-Interesse schädigen. Gemeine Volksverbrecher, *Wucherer, Schieber* usw. sind *mit dem Tode zu bestrafen,* ohne Rücksichtnahme auf Konfession und Rasse.

...

24. ... Die Partei bekämpft den jüdisch-materialistischen Geist in und außer uns und ist überzeugt, daß eine dauernde Genesung unseres Volkes nur erfolgen kann, von *innen* heraus auf der Grundlage:

Gemeinnutz vor Eigennutz.

25. Zur Durchführung alles dessen fordern wir die Schaffung einer starken Zentralgewalt des Reiches.
Unbedingte Autorität des politischen Zentralparlaments über das gesamte Reich u. seine Organisationen im allgemeinen. Die Bildung von Stände- und Berufskammern zur Durchführung der vom Reich erlassenen Rahmengesetze in den einzelnen Bundesstaaten.

Die Führer der Partei versprechen, wenn nötig unter Einsatz des eigenen Lebens, für die Durchführung der vorstehenden Punkte rücksichtslos einzutreten.

München, den 24. Februar 1920. Für die Partei: Anton Drexler

Quelle: Zitiert nach „Deutscher Bundestag“ (Hrsg.), Fragen an die deutsche Geschichte, Ausstellungskatalog, Berlin, 2. Bild VI/213.

[2] Gewerkschaften – ohne Juden. Hitlers Feindbild als Antisymbol.

In seiner während der Festungshaft verfaßten Schrift → „Mein Kampf", befaßte sich der NS-Partei-Führer ausführlich mit den Gewerkschaften.
Wie zentral Adolf Hitlers Feindbild vom Juden war, zeigt die Stellungnahme über die Gewerkschaften.

> Somit ist die Führung des Judentums in gewerkschaftlichen Dingen so lange eine unbestrittene, als nicht eine enorme Aufklärungsarbeit die breiten Massen beeinflußt, sie über ihr niemals endendes Elend eines Besseren belehrt, oder der Staat den Juden und seine Arbeit erledigt. Denn solange die Einsicht der Masse so gering bleibt wie jetzt und der Staat so gleichgültig wie heute, wird diese Masse stets dem am ersten folgen, der in wirtschaftlichen Dingen zunächst die unverschämtesten Versprechungen bietet. Darin aber ist der Jude Meister. Wird doch seine gesamte Tätigkeit durch keinerlei moralische Bedenken gehemmt!
> Tatsächlich zertrümmert der Jude mittels der Gewerkschaft, die ein Segen für die Nation sein könnte, die Grundlagen der nationalen Wirtschaft.

Quelle: Adolf Hitler, Mein Kampf, München 1933, S. 353–354.

[3] Sind Gewerkschaften notwendig?

Der Führer der verbotenen NSDAP, Adolf Hitler, analysiert und beurteilt die Gewerkschaften während seiner Festungshaft. Sein Ergebnis: Gewerkschaften sind wichtig; sie müssen aber umfunktioniert werden. Der Text ließ unterschiedliche Interpretationen zu. Wer wollte (und nicht wenige fielen darauf herein), konnte daraus 1933 eine Überlebenschance für die Gewerkschaften ableiten.

> ... Wie die Dinge heute liegen, können meiner Überzeugung nach die Gewerkschaften gar nicht entbehrt werden. Im Gegenteil, sie gehören zu den wichtigsten Einrichtungen des wirtschaftlichen Lebens der Nation. Ihre Bedeutung liegt aber nicht nur auf sozialpolitischem Gebiet, sondern noch viel mehr auf einem allgemeinen nationalpolitischen. Denn ein Volk, dessen breite Massen durch eine richtige Gewerkschaftsbewegung die Befriedigung ihrer Lebensbedürfnisse, zugleich aber auch eine Erziehung erhal-

ten, wird dadurch eine außerordentliche Stärkung seiner gesamten Widerstandskraft im Daseinskampf erlangen.
Die Gewerkschaften sind vor allem notwendig als Bausteine des künftigen Wirtschaftsparlaments beziehungsweise der Ständekammern. ...

Quelle: Adolf Hitler, Mein Kampf, München 1933, S. 672.

[4] Der Führer Adolf Hitler zur „Blüte der nationalen Wirtschaft"

Der nationalsozialistische Arbeiter muß wissen, daß die Blüte der nationalen Wirtschaft sein eigenes materielles Glück bedeutet. Der nationalsozialistische Arbeitgeber muß wissen, daß das Glück und die Zufriedenheit seiner Arbeitnehmer die Voraussetzung für die Existenz und Entwicklung seiner eigenen wirtschaftlichen Größe ist. Nationalsozialistische Arbeitnehmer und Arbeitgeber sind beide Beauftragte und Sachwalter der gesamten Volksgemeinschaft.

Quelle: Adolf Hitler, Mein Kampf, 1924, S. 231.

[5] Der Parteiführer zum 1. Mai 1923. Das NS-Selbstbild.

Nach der Gründung der NSDAP 1920 suchte Hitlers Nationalsozialistische Deutsche Arbeiter-Partei in der konkurrierenden Konfrontation mit der Arbeiterbewegung ihr Selbstbild als Heilslehre aufzubauen. Dazu mußte auch der 1. Mai, der Tag der internationalen Arbeitersolidarität herhalten.

„Wir wollen Nationalsozialisten sein, das heißt, nicht national im landläufigen Sinne des Wortes, so zur Hälfte. Für uns sind die drei Worte mehr als ein Schlagwort: Liebe, Glaube und Hoffnung. Wir wollen unser Vaterland ehrfürchtig lieben und keinen Götzen neben ihm dulden. Wir kennen nur ein Interesse, das unseres Volkes. Wir glauben daran, daß einmal der Himmel die Deutschen wieder zusammenführt in ein Reich, und zwar nicht unter dem Sowjetstern, sondern unter dem Symbol deutscher Arbeit, dem Hakenkreuz. Dann ist der erste Mai gekommen."

Quelle: Zitiert nach Wilfried Bade, Die deutsche Arbeitsfront, in: Deutschland erwacht, Hamburg 1933, S. 124.

[6] „Die Macht der Gewerkschaften" 1933.

Eine Bewertung durch das Zentralorgan der SPD „Vorwärts, Berliner Volksblatt" vom 28. Februar 1933 (Schlagzeile S. 1 – „Riesenbrand im Reichstag").
In einem Artikel mit der oben zitierten Überschrift über einen „Tarifvertrag in der Textilindustrie für 600000" lautet der letzte Satz:
„Die Macht der Gewerkschaften – das mögen sich gewisse Leute gesagt sein lassen – ist ungebrochen."

[7] „Spaltung der Arbeiterklasse (ist) Wahnsinn und Verbrechen".

Nachdem eine Gedenkfeier der Berliner Sozialdemokraten im überfüllten Berliner Sportpalast zum 50. Todestag von Karl Marx aufgelöst worden war, veröffentlichte das SPD-Zentralorgan vom 28. Februar 1933 die restlichen Ausführungen von Friedrich Stampfer im „Vollen Wortlaut: Was Stampfer noch sagen wollte". Die Schlußworte:
„Zeigt nicht jeder Tag mit neuer Deutlichkeit, daß Spaltung der Arbeiterklasse Wahnsinn und Verbrechen ist? Daß diese Spaltung die Arbeiterklasse lähmt und dem Gegner nützt? Und daß nur Einigkeit Kraft verleiht und zum Siege führt? Es ist keine Zeit mehr zu verlieren. Die ihr von uns gegangen seid, weil ihr meintet, einen besseren Weg zu wissen, kommt zu uns und reicht uns die Hand!
Proletarier aller Länder – und vor allem ihr –
Proletarier Deutschlands – vereinigt euch!

Quelle jeweils: Vorwärts, 28. Februar 1933, Morgen-Ausgabe Nr. 99 Berlin, S. 1 und 2.

Gewerkschaften. „Situationsbericht aus sämtlichen Wirtschaftsbezirken" des Gesamtverbandes der Arbeitnehmer der öffentlichen Betriebe und des Personen- und Warenverkehrs vom 25. März 1933.
Nachstehender Überblick über den NS-Terror gegen die Freien Gewerkschaften nach Hitlers „Machtergreifung" zeigt auch die Hoffnung der Gewerkschaftsleitung auf Überleben und Rettung der Gewerkschaftsorganisation. – Auszug –

Vor wenigen Tagen fand in Berlin eine Besprechung unserer Bezirksleiter mit dem Verbandsvorstand statt. Es handelte sich dabei in der Hauptsache darum, klar zu erkennen, wie nach den katastrophalen Vorgängen der letzten Wochen der Stand unserer Organisation zur Zeit ist. Wir können dabei, vom Gesamtbild ausgehend, feststellen, daß trotz aller Drangsalierungen und Schwierigkeiten im einzelnen, wie sie sich besonders im Freistaat Sachsen, in Ostpreußen, Breslau, München usw. ergeben haben, das Vertrauen unserer gesamten Mitgliedschaft nach wie vor in weitestgehendem Maße vorhanden ist. Gewiß gibt es besonders bei den Beamtengruppen und auch in Einzelfällen Fahnenflüchtige. Ein anderer Teil unserer Kollegenschaft will erst klar sehen, wie sich die Dinge in den nächsten Tagen gestalten, die große Masse unserer Mitgliedschaft in allen unseren Bezirken aber *steht treu zur Organisation!*

Das erscheint uns gegenwärtig auch nötiger denn je; denn Gewerkschaftsarbeit und gewerkschaftliches Wirken werden immer notwendig sein, in jedem Staat und bei jeder Regierung.

Wir werden nun versuchen, in knappesten Umrissen aus den ausführlichen Berichten unserer Bezirksleiter ein Bild wiederzugeben, wobei unsere Kollegen sich in Erinnerung bringen müssen, daß eine kritische Note über manche Vorgänge in gegenwärtiger Zeit nicht gemacht werden kann.

Vom Wirtschaftsbezirk *Berlin* läßt sich feststellen, daß die Organisation nach wie vor sehr gut zusammenhält. Das Ergebnis der Betriebsrätewahlen in den Werken haben wir in voriger Nummer bereits bekanntgegeben. Daraus ist ersichtlich, daß unsere Kollegen trotz aller Schwierigkeiten ihr Vertrauen zur Organisation beibehalten haben. Nur bei den Bezirksämtern ist infolge der politischen Umgestaltung ein Teil der Beamten zunächst zurückhaltend gegenüber der Organisation, auch im Gesundheitswesen zeigten sich einige besondere Erschwernisse sowie an einzelnen Stellen in der Straßenreinigung. Vorübergehend sind zwei Betriebsräte (Stadtbank und BDG) aufgehoben und deren Zimmer versiegelt worden. Allgemein ist, wie auch aus den Versammlungen der letzten Tage hervorgeht, die Stimmung bei den Gemeinde- und Staatsarbeitern durchaus nicht verzweifelt, man sieht die Situation als ernst, aber absolut nicht als hoffnungslos an. ...

Vom Bezirk *Hamburg* wurde mitgeteilt: Unsere Mitglieder haben durchweg erfaßt, daß für die Gewerkschaftsarbeit im Gesamt-Verband sich nichts Wesentliches geändert hat. Die notwendigen Verhandlungen mit den Kommissaren des Senats gehen geregelt vor sich. Die Betriebsräte arbeiten wie bisher, nur in Altona (Preußen) sind infolge Besetzung zunächst einige Schwierigkeiten entstanden. Das Hamburger Organ für die freien Gewerkschaften kommt jetzt zweimal wöchentlich heraus. In den Privatbetrieben ist, abgesehen von der Wirtschaftsmisere an sich, unsere Organisation noch in bester Verfassung.

Wesentlich anders sieht das Bild aus, das uns von *Ostpreußen* gezeichnet wird. Hier sind die Gewerkschaftshäuser zum Teil noch heute besetzt. Ein Teil der Kollegenschaft getraut sich nicht, in die Versammlungen zu gehen, die überwacht sind. Panikstimmung und falsche Nachrichten sind infolge des Nichterscheinens der Arbeiterpresse weit verbreitet. Das Gewerkschaftshaus in Königsberg soll jetzt freigegeben werden. Vom DBB. geht gerade jetzt ein indirekter Zwang aus, daß unsere Beamtenmitglieder übertreten sollen. Durch das Verbot der „Gewerkschaft" insbesondere ist eine große Unruhe und außerordentliche Mißstimmung in die Reihen der Mitglieder gekommen. Dabei ist festzustellen, daß in Betrieben, wo die RGO. und der Radikalismus stark waren, jetzt der größte Kleinmut und Mitgliederflucht zu finden sind. Insgesamt ist aber die Verbindung mit der Leitung in allen Orten des Wirtschaftsbezirks aufrechterhalten. ...

Es wurde auch ausführlich über die Binnenschiffahrt in Ostpreußen berichtet. So wurden u. a. in Elbing 50 Funktionäre aus den Betten geholt; das Gewerkschaftshaus wurde besetzt, ist aber jetzt wieder frei.

Schwer hat sich auch in *Schlesien* besonders die Besetzung des Breslauer Gewerkschaftshauses ausgewirkt, doch wurden diese Vorgänge bereits durch die Tagespresse bekannt. In den Provinzstädten Görlitz, Bunzlau, Liegnitz usw. steht die Mitgliedschaft fest zum Verband. Die Verbindung ist aufrechterhalten; die Funktionäre der ganzen schlesischen Bewegung bewähren sich recht tapfer.

Unser Bezirk *Brandenburg,* darunter auch die gut organisierte Reichsarbeitergruppe in Jüterbog, stehen fest zum Verband, während an einzelnen Stellen Kollegen bereits jetzt aus dem Verband ausgetreten sind. Wenn auch an manchen Orten eine gewisse Zurückhaltung zu beobachten ist bezüglich der Beitragszahlung, stehen doch Gemeinde- wie Privatarbeiter in ihrer Mehrzahl treu zur Organisation. Von den Funktionären unserer 93 Ortsverwaltungen wurden drei vorübergehend in Schutzhaft genommen. Die Kollegen wissen, daß auch in Zukunft unsere Gewerkschaft nicht verschwinden wird. ...

Unsere *Nordmark* hat für Organisationstreue einen ganz besonders empfänglichen Menschenschlag. Zwar dauern die Unruhen, Bauernrevolten usw. in Schleswig schon längere Zeit, aber es ist heute noch alles in guter Ordnung, trotz der Besetzung des Gewerkschaftshauses in Lübeck, dessen Betreten längere Zeit verboten war. Jetzt ist die Gewerkschaftsarbeit wieder im Gang, wenn auch nach wie vor eine Kontrolle im Hause geblieben ist.

Die Funktionäre unserer Organisation im ganzen Gau stehen fester denn je zusammen und sind entschlossen, den Gesamtverband über alle Fährnisse hinwegzubringen.

In ähnlicher Weise berichtet der Vertreter aus dem Bezirk *Bremen,* wo sich bis jetzt besondere Schwierigkeiten nicht gezeigt haben, abgesehen von einzelnen Stellen in Bremerhaven.

Im Bezirk *Hannover* ist zwar die Stimmung etwas gedrückt, aber nennenswerte Abwanderungen von Mitgliedern sind bisher nicht zu verzeichnen.

Eine eindrucksvolle Schilderung gibt der Vertreter von *Westfalen* über die Gesamtverhältnisse im Ruhrgebiet. Hier liegen die Dinge doch so, daß zu allen Zeiten, sowohl während der Besetzung als auch während der Inflation *die Gewerkschaften die Träger der Ordnung* waren, und daß eine wahre Anarchie eingerissen wäre mit unübersehbaren Auswirkungen, falls die Gewerkschaften nicht für geordnete Verhältnisse gewirkt hätten. Die Besetzung des Bergarbeiterhauses in Bochum hat zunächst ziemliche Unruhe hervorgerufen. Inzwischen ist das Haus wieder freigegeben, doch haben die Gewerkschaftsangestellten die Arbeit dort nicht aufgenommen, weil sie die Überwachung grundsätzlich ablehnen. Wenn die Gewerkschaften im Ruhrgebiet aufgehoben werden würden, käme man wohl zu uns, um diese Gewerkschaften wieder in Gang zu bringen. Die Besetzung der Warenhäuser und andere Dinge haben an manchen Orten die Unruhe schwer gesteigert, in einiger Zeit wird wohl auch hier wieder Ruhe und Sicherheit eintreten. Es heißt jetzt kameradschaftlich zusammenstehen!

Auch in *Baden* steht unsere Bewegung fest. Natürlich wollen die Kollegen wissen, wie die Dinge sich weiter entwickeln. In *Württemberg* ist bis jetzt keine Gewerkschaftshausbesetzung zu verzeichnen und auch kein Funktionär in Schutzhaft. Aber leider ist die Verbreitung unserer Zeitung vorläufig untersagt, da nach einer Auslegung die „Gewerkschaft" zu den Zeitschriften der Eisernen Front gerechnet wird, die verboten sind. Wir müssen die Agitation von Mund zu Mund jetzt besonders in den Vordergrund stellen.

Ein ausführlicher und interessanter Bericht wird auch von *Bayern* gegeben. Schwierig hat sich die Situation in München gestaltet durch die Besetzung des Gewerkschaftshauses. Während bei den Beamten bereits erhebliche Austritte zu verzeichnen sind, steht im Gesundheitswesen des Bezirks noch alles treu zu uns. Die Gewerkschaftshäuser in Augsburg und Regensburg sind von der Polizei zum Schutz besetzt. …

Quelle: Gewerkschaft. Organ des Gesamt-Verbandes der Arbeitnehmer der öffentlichen Betriebe und des Personen- und Warenverkehrs vom 25. März 1933, S. 2 u. 3.

[8] „Das Lebensrecht der Gewerkschaften auch in dem neuen Staat zu wahren" Der Bundesausschuß des → ADGB zur Lage am 5. April 1933

Der Bundesausschuß des ADGB hat sich am 5. April in eingehenden Beratungen mit der gegenwärtigen Lage und den aus ihr sich ergebenden Aufgaben der Gewerkschaften beschäftigt.

Leipart berichtete einleitend über die Entwicklung der letzten Wochen und die Maßnahmen des Bundesvorstandes. Die Diskussion über die Stellung der Gewerkschaften im neuen Staat ist in vollem Gange. Es besteht aber bisher noch keine Klarheit über die künftige Organisationsform der Gewerkschaften und die Abgrenzung ihrer Befugnisse. Der Bundesvorstand hat in seiner Erklärung vom 20. März und in wiederholten Mitteilungen gegenüber den Regierungsstellen zu erkennen gegeben, daß er nur eine Richtschnur seines Handelns kennt, die wirtschaftlichen und sozialen Interessen des arbeitenden Volkes zu fördern.

Trotzdem die Gewerkschaften, wie in den ganzen Jahrzehnten ihrer Wirksamkeit so auch in diesen Wochen, nur dieser Aufgabe sich widmeten, wurden in zahlreichen Fällen ihr Eigentum und ihre Einrichtungen Angriffen ausgesetzt und die Tätigkeit ihrer Funktionäre behindert. Die Gewerkschaften haben ein Recht auf den Schutz des Staates. Sie haben es um so mehr, als ihre politische Haltung und ihre Tätigkeit zu gewalttätigem Vorgehen gegen sie keinerlei Veranlassung bot. Sie haben daher in allen Fällen sich an die zuständigen Stellen gewandt, um zu erreichen, daß wieder geordnete Verhältnisse geschaffen und die Übergriffe unterbunden werden. Die Gewerkschaften sind des Glaubens, daß jede deutsche Regierung die nationale Wirksamkeit der Gewerkschaften anerkennen müßte, auf die wir unseren Stolz setzen. Ihre Geschichte ist die Mobilmachung bisher unerschlossener deutscher Volkskräfte für den Aufbau einer sozialen Lebensordnung, die die geistigen und rechtlichen Grundlagen schuf für die innere Geschlossenheit der Nation. Der Wert dieser nationalen Erziehungsarbeit trat besonders eindeutig in Erscheinung in den schicksalsschweren Zeiten des Weltkrieges. Aber auch in jeder Krise der Nachkriegszeit waren die Gewerkschaften ebenso die Träger und Vorkämpfer des Einheitswillens des deutschen Volkes wie des Kampfes um seine Unabhängigkeit. Unsere gesamte Tätigkeit bedeutete stets den freiwilligen Einsatz der Arbeiterschaft für das Ganze des Volkes.

In der Debatte wurde von *allen* Verbandsvertretern der Überzeugung Ausdruck gegeben, daß im Interesse der gedeihlichen Entwicklung der deutschen Wirtschaft die in jahrzehntelanger opfervoller Arbeit und mit großer Erfahrung aufgebauten Organisationen und Einrichtungen die Träger der deutschen Gewerkschafts-

bewegung bleiben müßten. Einer Vereinheitlichung des deutschen Gewerkschaftswesens würde der ADGB umso bereitwilliger zustimmen, als er selbst schon in früherer Zeit wie auch in den letzten Jahren dahingehende Bestrebungen unterstützt und selbst angeregt habe. Er würde jederzeit bereit sein, an dieser großen Aufgabe mitzuwirken.
Der Kampf für die Rechte der Arbeiterschaft im Staate, für die Steigerung ihres Anteils an dem gemeinsam erarbeiteten Ertrag der deutschen Wirtschaft, für die freie Selbstverwaltung der Arbeitskraft war niemals ein Kampf gegen die Lebensgrundlagen des Staates oder der Wirtschaft. Der Aufschwung der deutschen Wirtschaft in den Jahrzehnten vor dem Kriege, die reibungslose Organisation der Kriegswirtschaft, der Neuaufbau der Wirtschaft nach dem Kriege und die Sicherung ihres Bestandes vor unabsehbaren Katastrophen in der Krise der letzten Jahre wären undenkbar gewesen ohne die gewerkschaftliche Erziehung der deutschen Arbeiter zu geistiger Selbständigkeit, sozialem Verantwortungsgefühl und kameradschaftlicher Solidarität. Die Gewerkschaften glauben daher ein Anrecht darauf zu haben, daß ihre geschichtliche Leistung gerade von der Regierung anerkannt wird, die sich das große und auch von den Gewerkschaften anerkannte Ziel setzt, die innere und äußere Freizeit der Nation auf die schöpferischen Kräfte des ganzen Volkes zu gründen.
Diese Zeit der Unklarheit über die Zukunft der Gewerkschaften stellt an die Einsicht und Disziplin der organisierten Arbeiter außerordentliche Anforderungen. Aber die Gewerkschaften erwarten trotzdem von ihren Mitgliedern, daß sie der Organisation die Treue wahren und sich durch die Ungewißheit über die künftige Gestaltung des Gewerkschaftsrechts nicht beirren lassen. Die Arbeiter können darauf bauen, daß der Bundesvorstand und die Vorstände der Verbände nichts unversucht lassen, um die Rechte der Arbeiterschaft zu sichern.
Der Bundesausschuß sprach dem Bundesvorstand einmütig das Vertrauen aus und beauftragte ihn, seine Bemühungen fortzusetzen, das *Lebensrecht der Gewerkschaften auch in dem neuen Staat zu wahren,* weil es im Interesse der Arbeiterschaft und des ganzen Volkes eine soziale Notwendigkeit ist.

Quelle: Gewerkschaft. Organ des Gesamt-Verbandes der Arbeitnehmer der öffentlichen Betriebe und des Personen- und Warenverkehrs. Ausgabe A vom 15. April 1933.

[9] NS-Gesetz über die „Einführung eines Feiertags der nationalen Arbeit“

Am 30. Januar 1933 kam Adolf Hitler an die Regierungsmacht als Reichskanzler.
Bereits am 10. April 1933 – in Vorbereitung eines ersten 1. Mai unter nationalsozialistischer Regierungsherrschaft – verkündete die Reichsregierung ein von ihr beschlossenes Gesetz zum 1. Mai, dem „Feiertag der nationalen Arbeit“*:

Reichsgesetzblatt

Teil I

1933 Ausgegeben zu Berlin, den 11. April 1933 Nr. 37 –
Inhalt: Gesetz über die Einführung eines Feiertags der nationalen Arbeit. Vom 10. April 1933 . . . . S. 191

Gesetz über die Einführung eines Feiertags der nationalen Arbeit. Vom 10. April 1933.

Die Reichsregierung hat das folgende Gesetz beschlossen, das hiermit verkündet wird:

§ 1
Der 1. Mai ist der Feiertag der nationalen Arbeit.

---

* Die Weimarer Republik hatte bereits einmal einen Anlauf genommen, um einen allgemeinen Feiertag 1. Mai einzuführen. Es blieb dann der NS-Reichsregierung vorbehalten, die alljährliche Forderung der Arbeiterschaft aufzugreifen und die Idee für ihre Zwecke umzufunktionieren.
Die verfassungsgebende Deutsche Nationalversammlung hatte mit Wirkung vom 17. April 1919 folgendes Gesetz beschlossen:
§ 1
Es wird ein allgemeiner Feiertag eingeführt, der dem Gedanken des Weltfriedens, des Völkerbundes und des internationalen Arbeiterschutzes geweiht ist und für den der Charakter eines Weltfeiertags erstrebt wird.
Seine endgültige Festlegung erfolgt nach Friedensschluß und Verabschiedung der Verfassung.
In diesem Jahre wird er am 1. Mai gefeiert, zugleich als eine Volkskundgebung für politischen und sozialen Fortschritt, für einen gerechten Frieden, für sofortige Befreiung der Kriegsgefangenen, für Räumung der besetzten Gebiete und für volle Gleichberechtigung im Völkerbunde.
Der 1. Mai 1919 gilt im Sinne reichs- und landesgesetzlicher Vorschriften als allgemeiner Feiertag.
§ 2
Das Gesetz tritt mit dem Tage der Verkündung in Kraft.
Berlin, den 17. April 1919.

Der Reichspräsident	Der Reichsminister des Innern
Ebert	Dr. Preuß

Quelle: Reichs-Gesetzblatt Nr. 82/1919 vom 17. April 1919, S. 393.

§ 2
Für diesen Tag finden die für den Neujahrstag geltenden reichs- und landesgesetzlichen Bestimmungen Anwendung. Weitere Bestimmungen kann der Reichsminister des Innern im Einvernehmen mit dem Reichsminister für Volksaufklärung und Propaganda erlassen.

Berlin, den 10. April 1933.

Der Reichskanzler Adolf Hitler	Der Reichsminister des Innern Frick

Der Reichsminister für Volksaufklärung und Propaganda
Dr. Goebbels

[10] Lohnfortzahlung am NS-„Feiertag der nationalen Arbeit“.

Im Anschluß an die „Einführung eines Feiertags der nationalen Arbeit“/1. Mai gewährte die neue NS-Reichsregierung Lohnfortzahlung*. Damit war eine alte Forderung der Gewerkschaften erfüllt. In einer Zeit der Arbeitslosigkeit war diese Lohnfortzahlung an einem staatlichen Feiertag von nicht zu unterschätzender Bedeutung für den Geldbeutel des „kleinen Mannes“. Die Nazis wußten, wie beim Arbeiter Eindruck zu machen war. Auch diese Maßnahme, gezielt gegen die Gewerkschaften, stand im Dienste der Verführung.

Verordnung zur Durchführung des Gesetzes über die Einführung eines Feiertags der nationalen Arbeit*.
Vom 20. April 1933.

Auf Grund des § 2 des Gesetzes über die Einführung eines Feiertags der nationalen Arbeit vom 10. April 1933 (Reichsgesetzbl. I S. 191) wird verordnet:

Die infolge des Feiertags der nationalen Arbeit ausfallende Arbeitszeit wird, soweit Tarifverträge die Bezahlung ausfallender Arbeitszeiten an Wochenfeiertagen vorsehen, nach diesen Bestim-

* Siehe dazu auch: → Gesetz über die Lohnzahlung am nationalen Feiertag des deutschen Volkes vom 26. April 1934, Dokument Nr. 95, S. 191f.

mungen bezahlt. Im übrigen ist der regelmäßige Arbeitsverdienst für die ausfallende Arbeitszeit zu zahlen.

Berlin, den 20. April 1933.

Der Reichsminister des Innern
Frick

Der Reichsminister für Volksaufklärung und Propaganda
Dr. Goebbels

Quelle: Reichsgesetzblatt, Jahrgang 1933, Teil I, S. 212

[11] Nach der NS-Macht„ergreifung": Überwachung der Gewerkschaften, der Konsumvereine, der Arbeiterbanken und der Arbeitervereine

Schreiben des Leiters der → Nationalsozialistischen Betriebszellenorganisation (→ NSBO), Walter Schuhmann, an Ministerialdirektor Grauert vom Preußischen Innenministerium

Berlin W 57, den 14. März 1933
Bülowstr. 10/III.

I. Auf den Gewerkschaftsbüros werden zur Zeit schon Akten beseitigt. Wie wir hörten, sollen diese Akten in Privatwohnungen von Gewerkschaftsmitgliedern verwahrt werden. Wir sind davon überzeugt, daß mit sofortiger Wirkung die Gewerkschaften überwacht werden müssen, und zwar hinsichtlich des Geschäftsgebarens ihrer wirtschaftlichen Einrichtungen und ihrer Presse. Auch sollten so bald als möglich die Konsumvereine, Arbeiterbanken und Arbeiterbauvereine einer gründlichen Revision unterzogen werden. Wir befürchten, daß sowohl die Gewerkschaften als auch ihre Einrichtungen entweder schon Geld ins Ausland verschoben haben oder dies beabsichtigen. Wir schlagen daher vor, alsbald von der NSBO sachkundige Vertreter zur Überwachung und zur Untersuchung in die Verwaltung der Gewerkschaften zu entsenden.

II. Nachdem eine Reihe von Gewerkschaftshäusern geschlossen worden ist, in denen sich aber Unterstützungseinrichtungen mit fortlaufendem Auszahlungsverkehr befinden, sollten diese Zahlstellen im Falle der Notwendigkeit geöffnet werden. Für den Fall der Wiedereröffnung sollte ein sachkundiger Vertreter der NSBO zur Überwachung der Verwaltung, insbesondere des Geldverkehrs, entsandt werden; außerdem schlagen wir aber auch die Gestellung einer SA- oder SS-Wache für diese wiedergeöffneten Unterstützungskassen vor.

III. Die von der NSBO zu entsendenden Vertreter werden auf Anforderung von der Reichsleitung der NSBO ... entsandt.

Heil Hitler!
Schuhmann.

Quellen: Nach: Geheimes Staatsarchiv Berlin, Rep. 77 Nr. 10 (Staatssekretär Grauert).
Michaelis/Schraepler (Hrsg.), Ursachen und Folgen, Neunter Band, Das Dritte Reich, Berlin o. J., S. 622.

[12] Aufruf des Bundesvorstandes des → ADGB: zum 1. Mai 1933. An die Mitglieder der Gewerkschaften.

An die Mitglieder der Gewerkschaften!
In: Gewerkschafts-Zeitung. Organ des Allgemeinen Deutschen Gewerkschaftsbundes, 43. Jg. 1933, Nr. 16 (22. April 1933), S. 241.

Kollegen und Kolleginnen!

Im Zeichen des 1. Mai habt ihr alljährlich euch zu der großen Aufgabe bekannt, in der deutschen Arbeiterschaft den hohen Gedanken der gegenseitigen Hilfe durch Erziehung zu Standesbewußtsein, Gemeinschaftswillen und Kameradschaftsgeist unermüdlich zu wecken, zu pflegen und zu fördern, wie er in unseren Gewerkschaften seinen organisatorischen Ausdruck gefunden hat.
Am Tage des 1. Mai erglühte stets erneut das Bekenntnis der von leidenschaftlichem Kulturwillen beseelten deutschen Arbeiter, den werktätigen Menschen einem dumpfen Arbeitsdasein zu entreißen, und ihn als freie, selbstbewußte Persönlichkeit in die Gemeinschaft des Volkes einzuordnen.
So habt ihr im Zeichen des 1. Mai auch den gesetzlichen Achtstundentag, das Recht auf menschenwürdige Existenz erobert.
Wir begrüßen es, daß die Reichsregierung diesen unseren Tag zum gesetzlichen Feiertag der nationalen Arbeit, zum deutschen Volksfeiertag erklärt hat.
An diesem Tage soll nach der amtlichen Ankündigung der deutsche Arbeiter im Mittelpunkt der Feier stehen.
Der deutsche Arbeiter soll am 1. Mai standesbewußt demonstrieren, soll ein vollberechtigtes Mitglied der deutschen Volksgemein-

schaft werden. Das deutsche Volk soll an diesem Tag seine unbedingte Solidarität mit der Arbeiterschaft bekunden.
Kollegen und Kolleginnen in Stadt und Land! Ihr seid die Pioniere des Maigedankens. Denkt immer daran und seid stolz darauf.
In herzlicher Kameradschaft mit euch allen unerschütterlich verbunden, senden wir euch zu diesem Tage unseren gewerkschaftlichen Gruß.

Berlin, 15. April 1933.

Der Bundesvorstand
des Allgemeinen Deutschen Gewerkschaftsbundes

Quelle: Zitiert nach: Materialien – nicht nur zum Antikriegstag, Düsseldorf o. J., S. 19.

[13] NS-Reichsminister Dr. Joseph Goebbels:

Christliche Gewerkschaften werden mit uns marschieren – harmlose Naivlinge! –

Tagebuch – Auszug – 11. April 1933.

... Ich empfange die Vertreter der Christlichen Gewerkschaften, die in plumper Vertraulichkeit um gut Wetter bitten und dafür versprechen, daß ihre Gefolgschaft am 1. Mai mit uns marschieren werde. Harmlose Naivlinge! Als wenn wir bei unserem Appell an das deutsche Volk auf die Christlichen Gewerkschaften angewiesen wären. Sie scheinen noch gar nicht zu ahnen, was sich wirklich abspielt. Nicht ein halbes Jahr wird mehr ins Land gehen, und sie sind vollkommen ausgebootet und ohne Einfluß.
So was hat 14 Jahre lang Deutschland regiert!* ...

Quelle: Dr. Joseph Goebbels, Vom Kaiserhof zur Reichskanzlei, München 1934, S. 297ff.

[14] 1. Mai unter dem Hakenkreuz

Massenpropaganda, Massensuggestion waren für die NS-Führer wesentliche Instrumente zur Verführung. Zu diesem Zweck mußte auch die Architektur herhalten:
Des Führers Architekt Albert Speer erinnert sich:

---

* Siehe Dokument Nr. 41, S. 85, das die Ausschaltung der christlichen Gewerkschaften dokumentiert.

Hanke hatte sich im Ministerium die einflußreiche Stellung eines „Sekretärs des Ministers" gesichert und beherrschte dessen Vorzimmer mit durchgreifendem Geschick. Bei ihm sah ich in diesen Tagen den Entwurf der Stadt Berlin für die auf dem Tempelhofer Feld vorgesehene nächtliche Massenkundgebung zum 1. Mai. Der Plan empörte sowohl meine revolutionären, wie auch meine architektonischen Gefühle: „Das sieht aus wie die Dekoration zu einem Schützenfest." Hanke meinte: „Wenn Sie was Besseres machen können, nur los!"
In der gleichen Nacht entstand der Entwurf zu einer großen Tribüne, hinter der drei mächtige Fahnen, jede von ihnen höher als ein zehngeschossiges Haus, zwischen hölzernen Streben gespannt werden sollten, zwei davon schwarz-weiß-rot, in der Mitte die Hakenkreuzfahne. Statisch war das gewagt, denn bei kräftigem Wind mußten diese Fahnen wie Segel wirken. Sie sollten mit starken Scheinwerfern angestrahlt werden, um den Eindruck eines erhobenen Mittelpunktes wie auf einer Bühne noch intensiver herauszuarbeiten. Der Entwurf wurde sofort angenommen, und wieder war ich eine Etappe weiter.
Voller Stolz zeigte ich das vollendete Werk Tessenow; er blieb aber mit beiden Beinen im Solid-Handwerklichen stehen: „Glauben Sie, daß Sie da etwas geschaffen haben? Es macht Eindruck, das ist alles." Hitler dagegen war, wie mir Hanke erzählte, von der Anlage begeistert, allerdings habe Goebbels den Erfolg für sich in Anspruch genommen...

Quelle: Albert Speer: „Erinnerungen", Frankfurt a. M. 1969, S. 40.

[15] Aufruf des Reichsministers für Volksaufklärung und Propaganda, Dr. Goebbels, vom 24. April 1933 zum „Tag der nationalen Arbeit" (Auszug)

Die Regierung der nationalen Revolution hat den 1. Mai zum Feiertag der nationalen Arbeit erhoben. Sie will damit zum Ausdruck bringen, daß die Verbundenheit des ganzen deutschen Volkes mit der nationalen Arbeit, ihren Schöpfern und Trägern eine unlösliche und schicksalsgegebene ist. Zum ersten Male wieder seit Jahrzehnten innerer Zerklüftung und parteipolitischer Zerrissenheit erhebt sich über Zank und Hader der unsterbliche Geist deutschen Volkstums, verklärt und geläutert durch den Segen der schaffenden Arbeit.
Der Marxismus liegt zertrümmert am Boden. Die Organisationen des Klassenkampfes sind zerschlagen. Nicht aus reaktionären oder gar volks- und arbeiterfeindlichen Beweggründen haben wir den

Kampf gegen die kulturbedrohende Gefahr des Bolschewismus geführt. Der Marxismus mußte sterben, damit der deutschen Arbeit ein Weg zur Freiheit gebahnt werden konnte. Die Schranken von Klassenhaß und Standesdünkel wurden niedergerissen, auf daß Volk wieder zu Volk zurückfand. Nun stehen wir vor der schweren und verantwortungsvollen Aufgabe, nicht nur das deutsche Arbeitertum zum sozialen Frieden zurückzuführen, sondern es als vollberechtigtes Mitglied in den Staat und in die Volksgemeinschaft mit einzufügen.

Wo ehedem marxistische Haßgesänge ertönten, da werden wir uns nun zum Volke bekennen. Wo einst die Maschinengewehre der roten Weltbeglücker knatterten, da wollen wir dem nationalen Frieden der Stände die Bresche schlagen. Wo früher der Geist eines öden Materialismus triumphierte, da wollen wir, fußend auf das ewige Recht unseres Volkes, auf Freiheit, Arbeit und Brot, in einem neuen, glühenden Idealismus die nationale Verbundenheit aller Stände, Stämme und Berufe, zu einem einigen Deutschland vor unserem Volk und vor der ganzen Welt begründen.

Ehret die Arbeit und achtet den Arbeiter! Stirn und Faust sollen einen Bund schließen, der unlösbar ist. Der Bauer hinter dem Pflug, der Arbeiter am Amboß und Schraubstock, der Gelehrte in seiner Studierstube, der Arzt am Krankenbett, der Ingenieur bei seinen Entwürfen, sie alle werden sich am Tage der nationalen Arbeit bewußt werden, daß die Nation und ihre Zukunft über alles geht, und daß jeder an seinem Platz das gilt, was er dem Vaterland und damit dem allgemeinen Besten zu geben bereit ist...

Männer und Frauen! Wir rufen Euch auf in Stadt und Land! Deutsche Jugend! An Dich vor allem geht unser Appell! Der 1. Mai soll das deutsche Volk einig und geschlossen sehen und ein Zeichen sein für die ganze Welt, daß Deutschland erwacht ist und den Weg zu Freiheit und Brot sucht und findet.

Laßt an diesem Tage die Arbeit ruhen! Bekränzt Eure Häuser und die Straßen der Städte und Dörfer mit frischem Grün und mit den Farben des Reiches. An allen Last- und Personenautos sollen die Wimpel der nationalen Erhebung flattern. Kein Zug und keine Straßenbahn fährt durch Deutschland, die nicht mit Blumen und Grün geschmückt ist! Auf den Fabriktürmen und Bürohäusern werden feierlich die Fahnen des Reiches gehißt! Kein Kind ohne schwarz-weiß-roten oder Hakenkreuzwimpel! Die öffentlichen Gebäude, Bahnhöfe, Post- und Telegraphenämter werden im frischen Grün erstehen! Die Verkehrsmittel tragen Fahnenschmuck!

Wir sind ein armes Volk geworden, aber die freudige Lebensbejahung, den Mut zum Schaffen, den trotzigen Optimismus, der alle Hindernisse überwindet, lassen wir uns von niemandem nehmen. Das ganze Volk ehrt sich selbst, wenn es der Arbeit die Ehre gibt, die ihr gebührt. Deutsche aller Stände, Stämme und Berufe, reicht Euch die Hände! Geschlossen marschieren wir in die neue Zeit hinein! Es lebe unser Volk und unser Reich!

Quelle: Michaelis/Schraepler (Hrsg.), Ursachen und Folgen, Neunter Band: Das Dritte Reich, Berlin o. J., S. 630f.

[16] Umfunktionierung des 1. Mai und der Gewerkschaften

Vorbemerkung:
Bei der vom NS-Propagandachef (seit 1928) und Reichsminister für Volksaufklärung und Propaganda (seit 1933) veröffentlichten „Historischen Darstellung in Tagebuchblättern vom 1. 1. 1932 bis 1. 5. 1933", „Vom Kaiserhof zur Reichskanzlei", wird man davon ausgehen können, daß sie für die Nachwelt gezielt stilisiert sind. Gerade deshalb jedoch vermitteln sie einen deutlichen Eindruck vom NS-Selbstbild: Selbstverherrlichung von Nationalsozialismus, Partei, Parteiführer/Reichskanzler und von sich – Goebbels – selbst. Neben kaltblütigem Rationalismus ist dabei fast immer beabsichtigte und/oder unbewußte Irrationalität sichtbar: Hitler und seine Weltanschauung als Heilslehre.

Reichspropagandaminister Dr. Joseph Goebbels

17. April 1933.
Hier oben* habe ich mit dem Führer die schwebenden Fragen eingehend durchgesprochen. Den 1. Mai werden wir zu einer grandiosen Demonstration deutschen Volkswillens gestalten. Am 2. Mai werden dann die Gewerkschaftshäuser besetzt. Gleichschaltung auch auf diesem Gebiet. Es wird vielleicht ein paar Tage Krach geben, aber dann gehören sie uns. Man darf hier keine Rücksicht mehr kennen. Wir tun dem Arbeiter nur einen Dienst, wenn wir ihn von der parasitären Führung befreien, die ihm bisher nur das Leben sauer gemacht hat.
Sind die Gewerkschaften in unserer Hand, dann werden sich auch die anderen Parteien und Organisationen nicht mehr lange halten können. Jedenfalls ist der Entschluß gestern auf dem Obersalzberg gefaßt worden. Ein Zurück gibt es nicht mehr. Man muß den Dingen nur ihren Lauf lassen.
In einem Jahr wird ganz Deutschland in unserer Hand sein...

---

* Gemeint ist der Berghof Hitlers auf dem Obersalzberg (Berchtesgaden).

20. April 1933.
Ich rede mittags in der Städtischen Oper über Hitlers Geburtstag vor den Künstlern der Reichshauptstadt und halte am Nachmittag dem Reichspräsidenten Vortrag über den 1. Mai. Der Reichspräsident ist von einer fabelhaften Frische und geistigen Beweglichkeit. Möge das Schicksal ihn uns lange noch erhalten. ...

26. April 1933.
Der 1. Mai steht auf dem Papier fertig. Ich habe mich in einem großen Aufruf* an die Öffentlichkeit gewandt und den Sinn dieses nationalen Feiertages klargelegt.
Der Führer spricht vor den preußischen Gauleitern. Er ist hier wie immer der Führer.
Der Frühling ist in voller Blüte aufgebrochen.

28. April 1933.
Ich arbeite tagelang an der technischen Durchführung des 1. Mai. Es soll ein Meisterwerk der Organisation und Massendemonstration sein.
Das Kabinett nimmt für die S.A. ein Dienststrafgesetz an. Immer stärker dringt die Partei mit ihrer Organisation in den Staat ein.
Wir veranstalten im Lustgarten und auf dem großen Festplatz, dem Tempelhofer Feld, eine Art Generalprobe für den 1. Mai. Nach menschlichem Ermessen wird alles präzise und reibungslos verlaufen. In Tempelhof sind gigantische Anlagen gebaut worden. Sie bieten ein grandioses Bild nationalsozialistischen Gestaltungswillens. Der 1. Mai wird ein Massenereignis, wie es die Welt noch nicht gesehen hat. Das ganze Volk soll sich vereinigen in einem Willen und in einer Bereitschaft. Im ersten Jahre unserer Revolution wird der Arbeit ihre Ehre und dem Arbeitertum seine Geltung zurückgegeben.
Ein kompliziertes Räderwerk soll nun in Bewegung gesetzt werden. Jetzt kommt uns unsere vielfältige Erfahrung auf dem Gebiet der Massenführung zunutze. Keine andere Bewegung als die unsere, die Massen zu dirigieren versteht, wäre zu einer gleichen Riesendemonstration fähig.

30. April 1933.
Ich fahre den Sonntag über nach Potsdam und durch die Provinz. Alles steht schon in Flaggenschmuck. Ein ganzes Volk setzt sich in Bewegung. Es ist herrlich, an diesem Aufmarsch einer Nation mitwirken zu dürfen.
Aus dem ganzen Reich treffen schon die Arbeiterdelegationen in Berlin ein. Es soll ein Festtag des ganzen Volkes werden.

---

* Siehe → Dokument 15, S. 46–48.

Nach Tempelhof ergießt sich schon eine wahre Völkerwanderung. Gigantische Lautsprecher sind aufgestellt, die die Rede des Führers auf das Feld der Hunderttausende übertragen. Von hohem Kommandoturm überschaut man das phantastisch-flimmernde Gelände. Alles in fast schwindelnden Dimensionen aufgebaut und hergerichtet.
Ich nehme eine letzte Überprüfung vor, und nun steht der Erfolg in den Sternen.

1. Mai 1933.
Der große Tag des deutschen Volkes ist angebrochen. Gestern drohte noch Regen, heute strahlt die Sonne. Richtiges Hitlerwetter. Nun wird alles zum Besten verlaufen. Es kommt auch nicht mehr so sehr auf die Durchführung des Tages an; wichtig ist der Gehalt und Sinn, der hier zum Durchbruch kommt. ...
Vor ein paar Jahren noch knatterten in Berlin die Maschinengewehre.
Auf dem Flugplatz empfangen wir die Arbeiterdelegationen aus dem ganzen Reich, die im Flugzeug nach Berlin gekommen sind. Auf den Gesichtern dieser ernsten, harten Männer steht die reinste Freude. Mittags sind sie beim Führer zum Essen eingeladen und werden danach vom Reichspräsidenten empfangen. Dieser Empfang ist erschütternd in seiner monumentalen Einfachheit. Der große Soldat dreier Kriege, der getreue Ekkehard der deutschen Nation, steht unter den Ärmsten des Landes und reicht ihnen seine Hand zum Bunde.
Nun wälzen sich die Menschenmassen durch Berlin. Ein unendlicher, nie abreißender Strom von Männern, Frauen und Kindern ergießt sich zum Tempelhofer Feld. Abends gegen 7 Uhr kommt die Meldung, daß einundeinehalbe Million Menschen hier aufmarschiert sei. Ähnliches wird aus den Städten und Dörfern des Reiches durchgegeben.
Ich sitze hinten im Wagen des Führers, als er im Triumphzug durch die Arbeitermassen fährt, die von der Reichskanzlei aus bis zum Tempelhofer Feld die Straßen umsäumt halten. Es ist unbeschreiblich. Auf dem Tempelhofer Feld kann man dies ungeheure Menschenmeer gar nicht mehr überschauen. Blitzend und leuchtend fahren die Scheinwerfer darüber hinweg. Man sieht nur Kopf an Kopf die grauen Massen stehen.
Ich eröffne kurz und lasse eine Minute Schweigen eintreten für die in Essen am selben Tage verunglückten Bergleute. Nun steht die ganze Nation still. Die Lautsprecher tragen die Stille über Stadt und Land. Ein erschütternder Augenblick der Gemeinsamkeit und Verbundenheit aller Schichten und aller Stände.
Dann spricht der Führer. Noch einmal faßt er zusammen, was wir sind und was wir wollen. Er gibt der Arbeit ihr neues Ethos zurück. Das Arbeitertum umschließt jetzt alle guten Deutschen.

Die Nation hat wieder einen Sinn bekommen.
Nun wollen wir arbeiten und nicht verzweifeln.
Es geht um Deutschland, um seine Zukunft und um die Zukunft unserer Kinder.
Ein toller Rausch der Begeisterung hat die Menschen erfaßt. Gläubig und stark klingt Horst Wessels Lied in den ewigen Abendhimmel hinauf. Die Ätherwellen tragen die Stimmen der anderthalb Millionen Menschen, die hier in Berlin auf dem Tempelhofer Feld vereinigt stehen, über ganz Deutschland, durch Städte und Dörfer, und überall stimmen sie nun mit ein. Die Arbeiter im Ruhrgebiet, die Schiffer vom Hamburger Hafen, die Holzfäller aus Oberbayern und der einsame Bauer oben an Masurens Seen. Hier kann keiner sich ausschließen, hier gehören wir alle zusammen, und es ist keine Phrase mehr: wir sind ein einzig Volk von Brüdern geworden.
Und der uns den Weg dahin wies, der fährt nun, aufrecht im Auto stehend, zu seiner Arbeitsstätte in der Wilhelmstraße zurück, durch eine Via triumphalis, die sich rund um ihn herum aus lebenden Menschenleibern gebildet hat.
Morgen werden wir nun die Gewerkschaftshäuser besetzen. Widerstand ist nirgends zu erwarten. Der Kampf geht weiter!
Oben in der Reichskanzlei stehen wir in des Führers Wohnung mit ihm am Fenster. Von ferne klingen bis hier herauf die Gesänge und Heilrufe der vom Tempelhofer Feld abmarschierenden Massen.

Reichspräsident Paul von Hindenburg und Reichskanzler Adolf Hitler auf der Maikundgebung 1933 in Berlin.

Berlin will nicht schlafen gehen, und mit dieser Riesenstadt zittert noch das ganze Reich in seligem Erleben und wird sich der großen Stunde, die die Wende zweier Zeiten in sich schließt, bewußt. Eben biegt eine Marschkolonne von der Voßstraße in die Wilhelmstraße ein. Unten vor der Reichskanzlei leuchten die Hakenkreuzstandarten auf, die roten Fahnen verneigen sich vor dem Führer und grüßen stumm und voll Ehrfurcht ihn und sein Werk. Und aus den jungen Männerkehlen klingt Horst Wessels ewiges Lied:
„Nun flattern Hitlerfahnen über allen Straßen..."
Wir sitzen zusammen, bis der Morgen tagt.
Die lange Nacht ist zu Ende.
Die Sonne ist wieder aufgegangen über Deutschland!

Quelle: Dr. Joseph Goebbels, Vom Kaiserhof zur Reichskanzlei, München 1934, S. 303ff.

[17] Führer und Reichskanzler Adolf Hitler am 1. Mai 1933.

Am 1. Mai 1933 war Hitler seit 60 Tagen Reichskanzler in Deutschland.

– Redeauszug –
... Wir wissen, daß unsere Wirtschaft nicht emporkommen kann, wenn nicht eine Synthese gefunden wird zwischen der Freiheit des schöpferischen Geistes und der Verpflichtung dem Volksganzen gegenüber. Es wird daher auch unsere Aufgabe sein, den Verträgen die Bedeutung zu geben, die ihnen zukommt. Der Mensch lebt nicht für Verträge, sondern die Verträge sind da, das Leben der Menschen zu ermöglichen. Und endlich werden wir uns in diesem Jahre bemühen, die erste Etappe auf dem Weg einer organischen Wirtschaftsführung zurückzulegen, und werden dabei von der fundamentalen Erkenntnis ausgehen: Es gibt keinen Aufstieg, der nicht beginnt bei der Wurzel des nationalen, völkischen und wirtschaftlichen Lebens, beim Bauern. Von ihm führt der Weg zum Arbeiter und weiter endlich zur Intelligenz.
Wir werden daher beim Landmann beginnen und in erster Linie dessen Wirtschaft zur Gesundung führen. Wir wissen, daß dies die erste Voraussetzung für die Gesundung der ganzen übrigen Wirtschaft ist. 14 Jahre hindurch hat man das Gegenteil getan. Die Folgen sehen wir. Nicht dem Städter, nicht dem Arbeiter, nicht dem Mittelständler wurde geholfen – sie alle kamen der Vernichtung nahe.
Und damit ergibt sich eine weitere Aufgabe: die Beseitigung der Arbeitslosigkeit durch Arbeitsbeschaffung. Die Arbeitsbeschaffung teilen wir in zwei große Gruppen. Zunächst die private

Arbeitsbeschaffung. Hier wird noch in diesem Jahre ein großes Werk in Angriff genommen, ein Werk, das die deutschen Bauten, die Häuser wieder in Ordnung bringen und damit Hunderttausenden Arbeit geben wird. Wir wollen in diesem Augenblick und an dieser Stelle zum ersten Male den Appell an das ganze deutsche Volk richten: Deutsches Volk! Glaube nicht, daß das Problem der Arbeitsbeschaffung in den Sternen gelöst wird. Du selbst mußt mithelfen, es zu lösen. Du mußt aus Einsicht und Vertrauen alles tun, was Arbeit geben kann. Jeder einzelne hat die Pflicht, von sich aus nicht zu zögern mit der Beschaffung dessen, was er bedarf, nicht zu warten, um das herstellen zu lassen, was er einmal herstellen lassen muß. Jeder Unternehmer, jeder Hausbesitzer, jeder Geschäftsmann, jeder Private, er hat die Pflicht, sich der deutschen Arbeit zu erinnern. Wenn heute die Welt unwahre Behauptungen gegen uns verbreitet, wenn man die deutsche Arbeit verfemt, dann müssen wir erwarten, daß der Deutsche sich selbst seiner Arbeit annimmt. Dies ist ein Appell, der, an Millionen einzelner gerichtet, am ehesten auch Millionen Menschen Arbeit geben kann. Weiter werden wir uns bestreben, große öffentliche Arbeitsbeschaffungsmöglichkeiten noch in diesem Jahre zu verwirklichen. Wir stellen ein Programm auf, das wir nicht der Nachwelt überlassen wollen, das Programm unseres Straßenneubaues, eine gigantische Aufgabe, die Milliarden erfordert. Wir werden die Widerstände dagegen aus dem Wege räumen und die Aufgabe groß beginnen. Wir werden damit eine Serie öffentlicher Arbeiten einleiten, die mithelfen, die Arbeitslosenzahl immer weiter herunterzudrücken.

Wir wollen arbeiten und wir werden arbeiten! Allein, alles hängt letzten Endes am deutschen Volke selbst, an Euch, am Vertrauen, das Ihr uns schenkt, hängt ab von der Kraft, mit der Ihr Euch zum nationalen Staat bekennt. Nur wenn Ihr alle selbst eins werdet im Willen, Deutschland zu retten, kann in Deutschland auch der deutsche Mensch seine Rettung finden...

„Wir bitten nicht den Allmächtigen: Herr, mach uns frei! Wir wollen und müssen selbst arbeiten und kämpfen. Wir wollen brüderlich miteinander ringen, damit wir einmal vor den Herrn hintreten können und sagen: Herr, Du siehst, wir haben uns geändert. Das deutsche Volk ist nicht mehr das Volk der Ehrlosigkeit, der Selbstzerfleischung, der Kleinmütigkeit und der Kleingläubigkeit, nein, Herr, das deutsche Volk ist wieder stark geworden, stark im Willen, stark in der Beharrlichkeit, stark im Ertragen von Opfern, stark in seinem Geiste.

Nun, Herr, segne unseren Kampf um unsere Freiheit, und da ist unser deutsches Vaterland."

Quelle: Völkischer Beobachter Nr. 122, Berliner Ausgabe, vom 2. Mai 1933.

[18] Arbeiter marschieren am 1. Mai 1933

Das NS-Feindbild zum 1. Mai
Mit dem 1. Mai 1933 verfolgten die neuen NS-Machtinhaber ein doppeltes Ziel: die Arbeiter „umzudrehen“ und die Gewerkschaften abzuqualifizieren, um sie dann, einen Tag später, endgültig zu zerschlagen. In den Dienst dieser Ziele stellten sie auch die Besetzung der Sprache mit NS-Ideologie bis hin zur pseudoreligiösen Wortwahl. Die NS-Propaganda verstand es hervorragend, massenpsychologische Wirkungen durch die methodische Integration von Feindbild und Selbstbild zu erzielen, die Menschen zu faszinieren und dadurch zu verführen.
Beispiele:
Das Feindbild: die Internationalen, jüdische Agitatoren, Drahtzieher, Hetzer und Lügner; eingebildete, eitle, standesbewußte Existenzen:

Der deutsche Arbeiter marschiert mit Adolf Hitler.

Jahrzehntelang war der 1. Mai der Tag des Proletariats gewesen. Die verschiedenen Internationalen*, die erste, die zweite, die dritte, sie hatten es sich angelegen sein lassen, immer und immer wieder den Massen einzuhämmern, daß der 1. Mai vom lieben Gott einzig und allein dazu erschaffen worden sei, damit an diesem Tage der Klassenkampf gefeiert werde und damit das Proletariat auf Straßen und Plätzen mit roten Fahnen und Transparenten gegen die eigenen Volksgenossen demonstriere, sich von jüdischen Agitatoren aufhetzen und Minderwertigkeitskomplexe einimpfen lasse – mit einem Worte, damit sich die Arbeiterschaft aus dem Volksganzen herausreißen und ein jeder Arbeiter sich zu einem internationalen Proletarier stempeln, als Mensch minderer Klasse sich ansehen lasse und sich schließlich sogar selbst als minderwertig betrachte.

Und was diesen elenden Hetzern und Lügnern vielleicht nicht gelungen wäre, den anständigen Arbeiter zu all diesen Dingen zu verführen und ihm diese Dinge nicht nur von außen beizubringen, nein, ihn diesen Unfug schließlich selber glauben zu machen –, was diese Herren also vielleicht nicht erreicht hätten, allein und nur mit ihrer Hetze – das ließ sie das Bürgertum, der Kapitalismus aller Länder, überraschend mit eigener gütiger Mithilfe erreichen, um hinterher desto lauter gerade darüber zu jammern.

Denn der kapitalistische Bürger, überheblich und leicht indigniert vor dem, der mit seiner Hände Arbeit verdiente, der Herr aus den „besseren" Ständen, die „höhere" Tochter, – all diese eingebildeten, eitlen und standesbewußten Existenzen, sie zeigten dem Arbeiter, daß sie ihn verachteten, ihn als plebejisch, gemein und nur als Arbeitstier betrachteten – und so kam es dahin –, daß dieser ehrliche, anständige, deutsche oder englische oder französische oder russische oder italienische Mensch hinging – und einen Haß faßte gegen die Feinen, die Reichen, die Vornehmen, und daß er Degradierung mit Haß, und Verachtung mit Revolte beantwortete.

Und da er keinen Menschen fand, der ihm Bescheid gesagt hätte über das, was ihn anging und sich nur ausgeliefert sah diesen Hetzern der Internationale, diesen jüdischen „Aucharbeitern", die niemals einen Hammer oder einen Spaten in der Hand gehalten hatten, so ging er mit diesen Hetzern –, weil sie Erfüllung versprachen seinem Hasse und seinem Kampfe über die, die ihn verachteten.

Und so marschierte dann das Proletariat.

Und es marschierte nicht als Arbeiter, als freie Arbeiter, – sondern eben als Proleten, – gegen welche Bezeichnung sie sonst auf

* Goebbels spielt hier auf die Organisation der sozialistischen Parteien und Gewerkschaften an. → Erste Internationale, → Zweite Internationale.

das heftigste sich empörten. Die Drahtzieher der Internationale, sie freuten sich, daß der Arbeiter selbst zu glauben anfing, daß er kein Sohn seines Landes, kein Sohn seiner Heimat, seines Blutes und seiner Scholle sei, sondern ein Heimatloser, ein Ausgeschiedener, der nichts mehr zu verlieren habe als seine Ketten. Und mit diesen Menschenmassen machten die Drahtzieher nun Revolution. Sie hetzten die Arbeiter zu den Demonstrationen des ersten Mai.

Die Löhne wurden nicht höher davon, und die hungernden Frauen und Kinder erhielten keinen Bissen Brot mehr davon. Die kalten Keller wurden nicht wärmer und die feuchten Löcher nicht trokken davon.

Die Arbeitslosen erhielten keine Arbeit dadurch, und das Elend wurde nicht weniger.

Nur die Toten wurden mehr. Denn kein 1. Mai verging, an dem nicht irgendwo auf der Welt bei Zusammenstößen mit der Polizei, mit anderen politischen Parteien, mit Arbeitern selbst, Arbeiter auf dem Pflaster lagen, erschlagen, erschossen, getötet – und Frauen und Mütter weinten ... zu Ehren des internationalen Proletariats.

Bis wieder ein erster Mai kam und wieder die Löhne niedriger waren, und wieder mehr Arbeitslose auf der Straße herumlungerten, und wieder mehr Selbstmorde geschehen waren, und wieder mehr Elend da war, – und wieder Demonstrationen die Straßen füllten, – und wieder neuer Haß auflohte, und wieder neue Tote das Pflaster mit ihrem Blute rot färbten...

Und wieder der Bürgerkrieg einen Schritt näher auf ein Land zuschritt.

[19] Das NS-Selbstbild: Die NSDAP am 1. Mai 1933

... da kam ein 1. Mai, ein heller Frühlingstag, und in einem Lande der Welt marschierten die Arbeiter der Stirn und der Faust, und sie marschierten geradwegs in den Staat hinein und sangen hell und freudig stolze Lieder und marschierten zu Millionen und aber Millionen und alle Häuser waren bekränzt, und die Eisenbahnen trugen Fahnen und Kränze, und die Fenster waren alle beflaggt und siehe da, die Regierung und die Beamten und die staatlichen Stellen, sie marschierten mit ihnen, den Arbeitern, und die Bürger, die doch der Feind sein sollten, sie reihten sich ein, – Arbeiter wie alle, und die Studenten und die Angestellten und die Direktoren – und ein riesiges Fahnenmeer feierte in der Luft mit hellen Farben, und über den geschmückten Straßen liefen große, weiße Spruchbänder, auf denen zu lesen stand: es gibt nur noch einen Adel, den Adel der Arbeit!

... und sie (die Arbeiter, Anm. d. Verf.) gingen umher wie Sieger, die es noch nicht fassen konnten, wie ein solches Wunder möglich sei, – und sie wurden stolz und frei – und wurden Deutsche wieder, deutsche Arbeiter, stolz auf sich, stolz auf ihr Werk, stolz auf ihr Land...
Und sie jubelten millionenfach dem zu, der dieses Werk vollbrachte: dem Führer Adolf Hitler!
Denn solches begab sich im nationalsozialistischen Deutschland – im Lande der „Arbeitermörder" – und begab sich am 1. Mai. Dem Tage der nationalen Arbeit.
Sehr zum Kummer der Herren von den verschiedenen Internationalen. Sehr zur Freude des deutschen Volkes. Sehr zur Freude der deutschen Arbeiter. Sehr zur Freude Adolf Hitlers. Der selber einmal ein Arbeiter war auf einem Bauplatz und nun der erste Arbeiter des Reichs geworden war wieder auf einem Bauplatze, dem Bauplatze, auf dem der Neubau des Deutschen Reiches gezimmert wird.
Und so wurde aus dem 1. Mai der Straßenkämpfe und der Verhetzung und des Klassenkampfes ein 1. Mai der Freude und des Bekenntnisses und des Friedens.

[20] Adolf Hitler sprach vormittags auf der 1. Mai-„Kundgebung der Jugend"
Die Nationalsozialisten hatten den 1. Mai „rund um die Uhr" besetzt.

In aller Frühe marschiert die deutsche Jugend im Lustgarten auf. Auf ihr ruht die Zukunft Deutschlands. Sie soll einmal den Bau des Dritten Reiches vollenden, – der Nationalsozialismus rechnet nicht mit Wochen und Monaten, allerhöchstens mit einem oder zwei Jahren, wie die parlamentarischen Regierungen tun, – nein, der rechnet mit Jahrzehnten und vielleicht mit einem Jahrhundert, und so ist es nur recht und billig, wenn die Jugend diesen ersten Mai eröffnet.
Dann... Der Führer fährt in die Reichskanzlei zurück, wo er die Abgesandten der deutschen Arbeit, Arbeiter aus allen Teilen des Reiches, empfängt. Mit Flugzeugen hat das Reich sie abgeholt von ihren Arbeitsplätzen, und nun stehen sie hier vor dem Kanzler und Führer und schütteln ihm die Hand und bringen ihm den Gruß und den Dank der Millionen, daß er sie befreite aus Knechtschaft und Verhetzung, aus Lug und Trug und Verachtung und ihnen die Ehre und den Stolz wiedergab, Arbeiter zu sein, Arbeiter am

deutschen Vaterland, das sie erst durch ihn, durch Adolf Hitler, als ihnen eigen gewannen.
Währenddem marschieren die Millionen arbeitender Volksgenossen überall in der Riesenstadt, überall in Deutschland auf.
Zu unabsehbaren Kolonnen sammeln sie sich, alle Straßen und Plätze sind überschwemmt von einer fröhlichen Menschenmasse. Fahnen flattern und Banner, Transparente und Tafeln grüßen, riesige Spruchbänder wehen, Scherzworte fliegen hin und her, die Ortsgruppen, die Belegschaften, die Zellen sammeln sich, Partei, NSBO, NSBB, HJ, SA, SS, Frauenschaft, Stahlhelm, was es nur gibt an Organisationen, sie stehen auf der Straße – zu marschieren, zu marschieren für die Ehre der Arbeit.
Blumen über Blumen. Marschmusik, nicht endenwollende Heilrufe. Ganz Deutschland ehrt seine Helden der Arbeit.
Mächtig braust das Deutschlandlied empor. Anderthalb Millionen Arbeiter singen es, 50 Millionen hören es an ihren Lautsprechern.
Das diplomatische Korps hat sich erhoben.
So etwas habe ich noch nicht erlebt", flüstert einer der Gesandten seinem Nachbarn zu.
„Hätten wir einen Hitler", flüstert der zurück.
Und ein solches Volk!"
Ja und ein solches Volk und einen solchen Führer...
Beides gehört zusammen.
Untrennbar der Führer und sein Volk, das Volk und sein Führer.
...
Im Schein unzähliger Fackeln, unter dem Prasseln eines riesigen Feuerwerks geht der 1. Mai zu Ende.
Der Feiertag der nationalen Arbeit.
Die Maschinen laufen wieder an, die Räder sausen und singen, die Sirenen heulen, die Schlote dampfen und rauchen. Die Hämmer donnern, die Hochöfen leuchten rot und glühend, in den Gruben hämmern die Kumpel ... für Deutschland, für Deutschland, für Deutschland.
Jetzt endlich weiß der deutsche Arbeiter, wofür er arbeitet.
Seit diesem Tage hat er eine Heimat, ein Vaterland.

[21] „Stille wie in einer Kirche. Hitler spricht"

Zur beruflichen Qualifikation eines Berufsdiplomaten gehört die Fähigkeit zur kritischen Distanz gegenüber dem Lande, in dem er die diplomatische Vertretung seines Staates wahrzunehmen hat. Sachlich nüchtern, also so objektiv wie möglich, hat auch die Berichterstattung über politische Ereignisse zu sein.

Der französische Botschafter André-François Poncet war diplomatischer Ehrengast bei der Schlußveranstaltung am 1. Mai 1933 in Berlin auf dem Tempelhofer Feld:

> „Beim Hereinbrechen der Nacht durchziehen dichte Kolonnen die Straßen von Berlin in schöner Ordnung, im Gleichschritt, Bilder werden vorangetragen, Pfeifergruppen, Musikkapellen spielen, so zieht man zum Versammlungsort; ein Bild wie beim Einzug der Zünfte in den Meistersingern! Alle stellen sich an den ihnen zugewiesenen Plätzen auf dem weiten Feld auf... Ein rotschimmerndes Meer von Fahnen schließt im Hintergrund das Bild ab. Gleich dem Bug eines Schiffes erhebt sich vorn eine Tribüne, mit zahlreichen Mikrophonen besetzt, unter der die Menge brandet: Die Reihen der Reichswehreinheiten, dahinter eine Million Männer. SA und SS wachen über die strenge Ordnung bei diesem gewaltigen Treffen. Die Naziführer erscheinen einer nach dem anderen, von der Menge lebhaft begrüßt. Bayerische Bauern, Bergarbeiter, Fischer in ihrer Berufskleidung, österreichische Abordnungen, Abordnungen aus dem Saarland und aus Danzig besteigen die Tribüne. Sie sind Ehrengäste des Reiches. Alles atmet gute, frohe Stimmung, allgemeine Freude. Nichts erinnert an Zwang ...
> Um acht Uhr entsteht Bewegung. Hitler erscheint, aufrecht stehend in seinem Wagen, mit ausgestrecktem Arm, das Gesicht starr, etwas verkrampft. Er wird mit lang anhaltenden Rufen begrüßt, die machtvoll aus Tausenden von Kehlen aufbrausen. Inzwischen ist es Nacht geworden. Die Scheinwerfer flammen auf, in weiten Abständen aufgestellt, so daß zwischen ihren bläulichen Lichtkreisen Dunkelheit liegt. Ein Menschenmeer, aus dem hie und da in Lichtstreifen bewegte Gruppen auftauchen; ein eigenartiges Bild, diese atmende, wogende Menge, die man im Licht der Scheinwerfer sieht und im Dunkel errät.
> Nach einigen einführenden Worten von Goebbels besteigt Hitler die Rednertribüne. Die Scheinwerfer erlöschen, mit Ausnahme jener, die den Führer in strahlende Helle tauchen, so daß er wie in einem Märchenschiff über dem Gewoge der Massen zu stehen scheint. Es herrscht Stille wie in einer Kirche. Hitler spricht."

Quelle: Zitiert nach: Joachim Fest „Hitler, Eine Biographie", Frankfurt/M. 1973, S. 577–578.

*[22] Der 1. Mai 1933 draußen im Reich. Lokales Beispiel, Reutlingen/Württemberg**

Besonders bemerkenswert ist, daß die NS-Parteigliederungen uniformiert an einem Festgottesdienst teilnahmen. Die NSDAP präsentierte sich im ländlichen Gebiet kirchenfreundlich, national-konservativ.

Aufruf!
„Der 1. Mai, der ‚Feiertag der nationale Arbeit', muß auch in Reutlingen zu einer eindrucksvollen Riesenkundgebung gestaltet werden.
Wir appellieren an alle Berufsstände, sich geschlossen zu beteiligen, ob Arbeiter oder Handwerker, Bauer oder Student, ob Arbeitgeber, Beamter, Angestellter oder Vertreter der freien Berufe, alle finden sich an diesem Tage zusammen, um die Zugehörigkeit zur deutschen Volksgemeinschaft und Schicksalsgemeinschaft zu bekunden.
Dieser Tag wird in seinem grundsätzlichen Teil vom Geist des nationalen Sozialismus getragen sein und bringt das Bekenntnis des schaffenden Volkes zum nationalen Staat."

Aus dem Festprogramm
„6.45 Wecken durch Kapellen und Kirchenglocken; Flaggenhissung in den Reutlinger Betrieben durch drei SA-Kolonnen unter Begleitung von Musikkapellen;
8.30 Festgottesdienst. Die SA und andere Formationen nehmen in Uniform an den Gottesdiensten teil;
10.15 Marsch der uniformierten Verbände durch die Stadt zum Marktplatz;
11.00 Übertragung der Reichssendung vom Lustgarten in Berlin;
13.15 Sammeln der Betriebsangehörigen vor ihren Betrieben;
15.00 Großer Festzug unter Beteiligung aller nationalsozialistischen Formationen, des Stahlhelms, der Arbeiterschaft in den Industriebetrieben, der Handwerkerinnungen, Behörden usw.;
17.00 Riesenkundgebung auf dem Marktplatz;
19.00 Abendkundgebung auf dem Marktplatz mit großer Festbeleuchtung;
20.00 Marktplatz: Übertragung der Feier auf dem Tempelhofer Feld in Berlin. Manifest Hitlers: Verkündigung des 1. Jahresplans der deutschen Aufbauarbeit."

Quelle: H. D. Schmid, Die nationalsozialistische Machtergreifung in einer Kreisstadt, Frankfurt a. M. 1979, S. 21.

---

* Reutlingen/Württemberg hatte 1932/33 ca. 32000 Einwohner.

[23] Aufrufe zur Maikundgebung. Lokales Beispiel, Heilbronn/Neckar. Organisation und Organisieren als Instrumente der NS-Politik am 1. Mai

Aufruf an die gesamte Einwohnerschaft von Heilbronn, Böckingen, Neckargartach und Sontheim

Am 1. Mai, dem Tag und Fest der Deutschen Arbeit, sind die Häuser mit Fahnen, Girlanden und Grün zu schmücken.

Heilbronn und die oben genannten Orte müssen Festgewand tragen.

NSDAP
Kreisleitung Heilbronn.

Aufruf

Verschiedene Vereine und Verbände, die nicht namentlich bei der Aufstellung des Festzuges erwähnt wurden, haben an uns die Anfrage gerichtet, ob sie an diesem nicht teilnehmen sollen.

Hierzu erklären wir, daß wir nicht alle Organisationen namentlich aufführen konnten. Es wird deshalb angeordnet, daß sich alle diejenigen Organisationen, Vereine, Verbände, freie Berufe usw. an dem Zug „A" nach den sportlichen Organisationen eingliedern. Innungen, wie Schreinerinnung usw., die ebenfalls nicht genannt sind, gliedern sich dem Zug „B" an.

NSDAP
Kreisleitung Heilbronn.

Aufruf an alle Turn- und Sportvereine

Es ergeht an alle Turn- und Sportvereine die Aufforderung, daß sich alle Mitglieder dieser Vereine an dem Fest der Deutschen Arbeit beteiligen wollen. Entsprechend den Anordnungen über die Aufstellung des Festzuges marschieren die Turn- und Sportvereine in dem Zug „A". Diejenigen Turner u. Sportler, die in irgend einem Betrieb beschäftigt sind, marschieren bei ihren Belegschaften, sodaß nur Fahnenabordnungen, die in Gruppen zusammengefaßt werden, die Sportvereine präsentieren. Hinter diesen Fahnengruppen marschieren solche Sportler, die einem Betrieb nicht angehören in bunter Reihenfolge.

Sportkleidung wollen diejenigen Turner und Sportler tragen, die den Witterungsverhältnissen entsprechend geeignete Uniformen haben. Eventl. Festwagen sind erwünscht.

Reichsausschuß für Leibesübungen:
gez.: Drauz.

Aufruf an alle Erwerbslosen!

Um auch diesen Volksgenossen die Möglichkeit zu geben, den Tag der Arbeit sorgenlos zu begehen, erhält jeder Erwerbslose, der im Besitz einer Stempelkarte ist, eine Gabe auf dem Festplatz. Als Stichtag auf der Karte gilt der 20. 4. 33. Die Gutscheine sind Samstag Nachmittag zwischen 2 und 6 Uhr im Hafenmarktsge-

bäude, Milchkartenausgabestelle erhältlich. Für diejenigen, die einen Gutschein dort nicht erhalten haben, wird gegen Eintragung eines Stempels auf der Stempelkarte der Gutschein auf der Festwiese an einem dazu erkennbaren Stand abgegeben.
NSDAP
Kreisleitung Heilbronn.

Siehe auch: Aufruf an die Schulleitungen → Dok. Nr. 124, S. 229.

Vormittags 6 Uhr: Großes Wecken
Vormittags 8 Uhr: Antreten der Belegschaften in den Betrieben (Angestellte, Beamte, Arbeiter und Unternehmer).
Es wird darauf aufmerksam gemacht, daß dieser Tag von dem einzelnen Betrieb nur denjenigen bezahlt wird, die an ihrer Arbeitsstelle sich einfinden. Wer den Sinn dieses Tages noch nicht begriffen hat, stellt sich damit von selbst außerhalb der Volksgemeinschaft.
Anschließend feierliche Flaggenhissung mit einer kurzen Ansprache.
Vormittags 9.00 Uhr: Uebertragung der Lustgarten-Kundgebung in Berlin mit der dabei an das Deutsche Volk ergehenden Ansprache des Herrn Reichspräsidenten erfolgt durch die Lautsprecher am Marktplatz, Salzstraße (Umformerhaus), Harmoniegarten.
Vormittags 10.15 Uhr: Kirchgang in allen Kirchen.
Nachmittags 1.30 Uhr: Antreten zum Festzug.
Nachmittags 2.00 Uhr: Festmarsch durch die Straßen der Stadt und Festwiese.
Auf der Festwiese Uebertragung und Ansprachen hiesiger nat.-soz. Führer, Darbietungen der Männergesangvereine, daran anschließend Deutscher Tanz.
Während der Aufführung finden Platzkonzerte der SA-Standartenkapelle und anderer Kapellen statt.
Zum Abschluß Uebertragung der Riesenkundgebung auf dem Tempelhoferfeld; Empfang der Abordnungen der Deutschen Arbeiterschaft beim Reichskanzler und Bekanntgabe des ersten Teils des Vier-Jahres-Planes.

NSDAP. Kreisleitung Heilbronn.

Aufstellung des Festzugs Punkt 1.30 Uhr
Juden sind vom Zug ausgeschlossen!
Marschiert wird in 5er Reihen!
Der Zug ist in 2 Teile und zwar in Zug „A“ und Zug „B“ geteilt.
Zug A nimmt Aufstellung in der Oststraße und zwar mit der Spitze und Richtung Weinsbergerstraße.
Zug B nimmt Aufstellung in der Oststraße mit Richtung und Spitze zum Silcherplatz.
Demnach stellt sich der Zug „A“ in der Oststraße östlicher Teil, der Zug „B“ Oststraße westlicher Teil auf.

An dem Zug A nehmen folgende, in nachstehender Reihenfolge aufgeführte Formationen teil:
SA, SS, HJ, Polizei, Südstadtbetriebe, Innungen und zwar: Bäkker und Konditoren, Schneider, Schneiderinnen und Putz, Schmiede, Schlosser, Mechaniker, Dachdecker, Glaser, Maler, Elektriker; Reichsbetriebe wie Eisenbahn, Post, Finanzamt, Arbeitsamt, und sonstige Organisationen des Reiches, Sportverbände, sämtliche sportliche Organisationen, sämtl. Vereine, Verbände und Betriebe Sontheims.
An dem Zug B nehmen folgende Formationen teil:
Stahlhelm, Freiwilliger Arbeitsdienst, Nordstadtbetriebe, Bund Deutscher Techniker, DHB, Gewerkschaftsmitglieder sämtlicher Gewerkschaften, Innungen und zwar: Metzger, Küfer, Friseure, Schuhmacher, Flaschner, Zimmerer, Gipser, Pflasterer usw., Krieger- und Militärverbände, sämtl. Waffengattungen, vaterländische Verbände, Kommunal- und städtische Beamte, Arbeiter und Angestellte, außerdem sämtliche Vereine und Verbände und Betriebe von Böckingen und Neckargartach.

NSDAP
Kreisleitung Heilbronn.

Unter Südstadtbetriebe, die in dem Zug A marschieren, sind alle Betriebe, die südlich der Moltke-, Kaiser- und Bahnhofstraße liegen, verstanden.
Unter Nordstadtbetriebe, die in dem Zug B marschieren, sind alle Betriebe, die nördlich der Moltke-, Kaiser- und Bahnhofstraße liegen, verstanden.
Sammelplätze der zum Zug A gehörenden Innungen:
Um die Reihenfolge zu gewährleisten, stellen sich die zum Zug A gehörigen Innungen in der inneren Rosenbergstraße Spitze Braunes Haus auf. Um diesen Sammelplatz zu erreichen, müssen die Innungen mit ihren Festwagen die Allerheiligenstraße passieren. Antreten 1 Uhr, Abmarsch über Wilhelmstraße, Südstraße, Silcherplatz zur östlichen Hälfte der Oststraße.
Sammelplätze der zum Zug B gehörigen Innungen:
Um die Reihenfolge zu gewährleisten, stellen sich die zum Zug B gehörigen Innungen in der Turmstraße Spitze Sülmertorwaage auf. Um diesen Sammelplatz zu erreichen, müssen die Innungen mit ihren Festwagen die untere Neckarstraße zur Turmstraße passieren.
Antreten 1 Uhr, Abmarsch über Paulinenstraße, Weinsbergerstraße, westliche Hälfte der Oststraße mit Richtung Silcherplatz.

Abmarsch der Züge
Beide Züge setzen sich punkt 2 Uhr in Bewegung
Der Zug A über Weinsberger-, Paulinen-, Sülmerstraße zum Kiliansplatz.

Der Zug B über Silcherplatz, Süd-, Wilhelm-, Fleinerstraße, Kiliansplatz. Dort treffen sich beide Züge gleichzeitig und marschieren von hier aus in 10er Reihen durch die Kaiser-, Bahnhof-, West-, Frankfurter Straße zum Festplatz.

Marsch-Ordnung:
Während des Marsches ist äußerste Disziplin zu halten. Der neue Geist muß auch in der Straffheit der marschierenden Formationen äußerlich zum Ausdruck kommen. Während des Marsches ist das Rauchen untersagt. Es ist darauf zu achten, daß die entsprechenden Abstände der einzelnen Kolonnen eingehalten werden. Nach Ingangsetzung der Züge sollen möglichst bis zum Eintreffen auf der Festwiese deutsche Marschlieder gesungen werden.
Arbeits- und Kriegs-Invaliden. Diesen Volksgenossen gebührt an diesem Tag der Ehrenplatz. Sie werden dieserhalb mittels uns zur Verfügung gestellter Kraftwagen am Zugende mitfahren. Der Treffpunkt sämtlicher Invaliden ist um 1.30 auf dem Wollhausmarkt. Die uns zur Verfügung gestellten Kraftwagen haben sich rechtzeitig zur Unterbringung der Arbeitsinvaliden 1.15 Uhr ebenfalls auf dem Wollhausmarkt einzufinden. Die Wagen müssen mit Fahnen und Tannengrün geschmückt sein.

Betrifft Abzeichen
Zum 1. Mai ist ein neues Maiabzeichen eingeführt und zwar die Lieblingsblume unseres Führers Adolf Hitler, ein Edelweiß mit dem farbigen Hakenkreuz. Diese Abzeichen werden am Sonntag, den 30. April in den Straßen der Stadt Heilbronn-Böckingen, Sontheim und Neckargartach zum Stückpreis von 10 Pfg. durch den Bund Deutscher Mädchen verkauft.
Kein Festzugsteilnehmer marschiert am 1. Mai ohne Edelweiß.

Festwiese
Zum Ausschank kommen die Heilbronner Biere der Brauereien Clyß und Rosenaubrauerei. Ausgeschenkt wird der Krug 3/10 Liter Bier zu 35 Pfg. ohne Trinkgeld. Für die Bewirtung kommen in erster Linie erwerbslose Kellner zur Verwendung, die Anspruch auf 10%ige Ablösung haben. An Speisen werden ebenfalls zum Preis von 35 Pfg. entweder eine Maiwurst mit Brot oder 2 Extrawürste mit Brot abgegeben.
Die Speisen werden von den Innungen geliefert.
Um eine glatte, reibungslose Durchführung zu ermöglichen, sind ca. 20 Gutschein-Verkaufsstellen aufgestellt, die zur Entgegennahme von Trank und Speise an den aufgestellten Ständen berechtigen.

NSDAP
Kreisleitung Heilbronn.

[24] Lokales Beispiel: 1. Mai 1933: „Tag der Arbeit" in Heilbronn/Neckar

Der 1. Mai 1933 wird auch in Heilbronn erstmals als „Tag der nationalen Arbeit" mit einem großen Festzug im Zeichen des Hakenkreuzes gefeiert.
Hitler hat den Tag, der für die Gewerkschaften seit 1890 als internationaler Feiertag der Arbeitnehmer gilt, zum gesetzlichen Feiertag erklärt.
Die Bilder aus dem „roten Album" eines Heilbronner Bürgers lassen keine Zweifel: Die Bevölkerung strömt in hellen Scharen herbei, zahlreiche Arbeitnehmer, Firmen und Organisationen marschieren hinter dem Hakenkreuz im Festzug mit.
Die Schätzungen über die Zahl der Teilnehmer am Festzug schwanken.
Das „Rote Album" spricht vom „Festzug der 25000".
Dagegen berichtet das „Heilbronner Tagblatt" am 2. Mai 1933: „... ist mit 40000 kaum überschätzt."
Heilbronn hat damals ohne die späteren Stadtteile rund 60000 Einwohner.
Ein Zeitgenosse: „Die Massenpsychose des raffinierten Dr. Joseph Goebbels wirkte, man wollte den Anschluß nicht verpassen!"
Die Vorgeschichte des 1. Mai 1933 ist verwirrend. ...

Der Festzug

„... beschleichen mich Zweifel, ob unsere herrliche Muttersprache imstande ist, mir all die Worte anzubieten und zur Verfügung zu stellen, die nötig wären, um ein einmaliges wunderbares Geschehen aus dem inneren Erleben heraus zu einem vollwertigen Bilde zu gestalten."
Mit solchen Tönen beginnt der Bericht des „Heilbronner Tagblatts" über den „Feiertag der nationalen Arbeit" und den Festzug am 1. Mai 1933.
Morgens regnet es.
Böllerschüsse kündigen zahlreiche Betriebsfeiern an: „Überall, in Ämtern und Büros und Fabriken versammelten sich Vorgesetzte und Untergebene, Betriebsleiter, Fabrikanten, Beamte und Arbeiter zu großen Familien, überall wurde in würdigen Ansprachen der hohen idealen Bedeutung des Tages gedacht, überall hißten die Betriebsleute die Fahnen des neuen Reichs."

Nachmittags „lichtete sich der Himmel, die Wolken flohen vor dem Farbenschrei der Fahnen, die durch ganz Heilbronn flatterten“.
Zunächst formiert sich ein A-Zug mit der SA an der Spitze und ein B-Zug, angeführt vom Stahlhelm. Beide Züge marschieren um 14 Uhr los und vereinigen sich am Kiliansplatz.
Von der Stadtmitte aus marschiert der „Jubelzug“ hinaus zu den Böckinger Wiesen. Über Heilbronn kreist ein NS-Flugzeug, das Werbeplakate abwirft. Erstmals tritt auch ein kleiner Reitersturm der SA auf.
Unter den rund hundert Festwagen fallen dem Berichterstatter einige besonders auf: „Das Theater zeigte die Germania und Friedrich Barbarossa, die Post paradierte mit Postillonen in alter Tracht, mit einer biedermaierischen Postkutsche und mit einem modernen Omnibus, ein prächtiger Trachtenwagen der Heilbronner Weingärtner fiel auf, das Gut Neckarau zeigte eine altdeutsche Bauernstube; sehr wohlgelungen waren die Wagen der Bäckerinnung, der Konditoren, der Gastwirte, der Glaserinnung, der Firmen Brüggemann, Münzing u. Co., Hagenbucher Ölfabrik, Roth u. Co., Kaiser Kaffeegeschäft, Edeka, Tengelmann, Rosenau-Brauerei, Lichdi usw.“
Der Festzug bewegt sich etwa zwei Stunden lang durch Heilbronn. „Blumen und Zigaretten und Bonbons wurden aus den Fenstern geworfen, hochgereckte Arme grüßten alle Funktionäre der NSDAP, die heiligen Fahnen und die SA.“
162 Autos rattern hinter dem Festzug her.
Auf der Festwiese bietet sich „ein flutendes Meer von Körpern. Gezelte dazwischen, eilig gezimmerte Tische und Bänke, die Bevölkerung der ganzen Stadt, ohne Rangunterschiede, ohne ständische Trennung in herzlicher Einigkeit beisammen“.
Der „HT“*-Berichterstatter jubelt: „Die von Adolf Hitler ins Leben gerufene Bewegung“ habe „dem deutschen Vaterlande ein zur völligen Einigkeit zusammengeschweißtes Volk geschenkt, ein einig Volk von Brüdern und Schwestern“.
Weniger begeistert erinnert sich Emma Thoma an den Festzug. „Es war doch so“, schreibt sie im Juli 1981, „daß zu diesem Festzug befohlen wurde. Natürlich gingen viele frei-

* HT, Abkürzung für Heilbronner Tagblatt.

willig und begeistert mit. Aber praktisch war es so, daß befohlen wurde!“
Amt für Amt, Betrieb für Betrieb, Innung für Innung marschiert Heilbronn. ...

Quelle: Uwe Jacobi, Die vermißten Ratsprotokolle, Heilbronner Stimme 1981.

[25] Aktionsbefehl des NS-Reichsleiters der „Deutschen Arbeitsfront“, Dr. Robert Ley an die NSDAP/SA, SS zur Übernahme der Freien Gewerkschaften am 2. 5. 1933

Die Oberste Leitung der PO. München, den 21. 4. 1933
Der Stabsleiter.

Rundschreiben Nr. 6/33.

Dienstag, den 2. Mai 1933, vormittags 10 Uhr, beginnt die Gleichschaltungsaktion gegen die Freien Gewerkschaften.
Die Leitung der gesamten Aktion liegt in den Händen des Aktionskomitees. Das Aktionskomitee setzt sich folgendermaßen zusammen: Dr. Robert Ley, Vorsitzender, Rudolf Schmeer, Stellvertreter, Schuhmann, Kommissar für den ADGB, Peppler, Kommissar für den Afa-Bund, Muchow, Organisation, Bankdirektor Müller, Komm. Leiter der Bank der Arbeiter, Angestellten und Beamten, Brinkmann, Komm. Hauptkassierer, Biallas, Propaganda und Presse.
Zum erweiterten Aktionskomitee gehören sämtliche kommissarische Leiter der Verbände.
Im wesentlichen richtet sich die Aktion gegen den Allgemeinen Deutschen Gewerkschaftsbund (ADGB) und den Allgemeinen Freien Angestelltenbund (Afa-Bund). Was darüber hinaus von den Freien Gewerkschaften abhängig ist, ist dem Ermessen der Gauleiter anheimgestellt.
Verantwortlich für die Durchführung der Gleichschaltungsaktion in den einzelnen Gebieten sind die Gauleiter. Träger der Aktion soll die NSBO sein.
SA bzw. SS ist zur Besetzung der Gewerkschaftshäuser und der Inschutzhaftnahme der in Frage kommenden Persönlichkeiten einzusetzen.

[...]

Im Reich werden besetzt: Die Leitung der Verbände; die Gewerkschaftshäuser und Büros der Freien Gewerkschaften, die Partei-

häuser der SPD, soweit Gewerkschaften dort untergebracht sind; die Filialen und Zahlungsstellen der „Bank der Arbeiter, Angestellten und Beamten AG."; die Bezirksausschüsse des ADGB und des Afa-Bundes; die Ortsausschüsse des ADGB und des Afa-Bundes.
In Schutzhaft werden genommen: alle Verbandsvorsitzenden; die Bezirkssekretäre und die Filialleiter der „Bank der Arbeiter, Angestellten und Beamten AG.".
Die Ortsausschußvorsitzenden sowie die Angestellten der Verbände sind nicht in Schutzhaft zu nehmen, sondern zur Weiterarbeit zu veranlassen.
Ausnahmen sind nur mit Genehmigung des Gauleiters zulässig.
Die Übernahme der Freien Gewerkschaften muß in der Form vor sich gehen, daß dem Arbeiter und Angestellten das Gefühl gegeben wird, daß diese Aktion sich nicht gegen ihn, sondern gegen ein überaltertes und mit den Interessen der deutschen Nation nicht übereinstimmendes System richtet.
Die vorläufige örtliche Leitung des ADGB und des Afa-Bundes übernimmt ein Kommissar der NSBO.
Der Verkehr mit den Behörden und anderen Organisationen geht mit sofortiger Wirkung auf die eingesetzten Kommissare über.
Alle Kassen und Konten der Freien Gewerkschaften werden mit sofortiger Wirkung gesperrt bis Donnerstag nachmittags 18 Uhr. Soweit die bisherigen Kassierer im Amt gelassen werden, wird ihnen ein Kommissar beigegeben bzw. übergeordnet. Alle Zahlungsanweisungen müssen von dem Kommissar gegengezeichnet sein.
Nach Aufhebung der Sperre müssen die gewohnten Auszahlungen an Unterstützungen usw. unbedingt sichergestellt sein, um bei den Mitgliedern keine Beunruhigung aufkommen zu lassen.
In allen Städten sind möglichst bald Massenversammlungen für die Gewerkschaftsmitglieder bei freiem Eintritt zu veranstalten, in denen über den Sinn der Aktion gesprochen und dargetan wird, daß die Rechte der Arbeiter und Angestellten unbedingt gewahrt werden

[...]

Es ist selbstverständlich, daß die Aktion in größter Disziplin vor sich zu gehen hat. Die Gauleiter sind dafür verantwortlich, daß sie die Leitung der Aktion fest in der Hand behalten.

Heil Hitler!

gez.: Dr. Robert Ley.

Quelle: Zitiert nach: DGB-Bundesvorstand (Hrsg.), „Materialien – nicht nur zum Antikriegstag", Düsseldorf, S. 24ff.

[26] Die Aktion gegen die Gewerkschaftshäuser Weisung des Preußischen Innenministers über die Aktion der NSDAP gegen die freien Gewerkschaften, 2. Mai 1933

Polizeifunkdienst
SSD Berlin Nr. 7-31-2-0920.

An alle Oberpräs[identen], Landräte, Regierungspräs[identen].
Der um 10 Uhr beginnenden Aktion der NSDAP gegen die freien Gewerkschaften ist mit polizeilichen und sonstigen staatlichen Mitteln nicht entgegenzutreten.

Quelle: Michaelis/Schraepler (Hrsg.), Ursachen und Folgen, Neunter Band, Das Dritte Reich, Berlin, o. J. S. 632.

[27] „Adolf Hitler ist dein Freund! Adolf Hitler gibt dir Brot!" Gegen „teuflische Juden". Zweiter Abschnitt der „nationalsozialistischen Revolution"

Aufruf des Leiters des Aktionskomitees zum Schutze der deutschen Arbeit, Dr. Ley, an Arbeiterschaft und Öffentlichkeit vom 2. Mai 1933

Deutsche Arbeiter und Angestellte! Schaffendes Volk in Stadt und Land! Die Glocken zu Ehren der Arbeit sind verklungen. Mit nie dagewesener Wucht und Begeisterung hat das gesamte deutsche Volk das Hohelied vom schaffenden Menschen gesungen und damit sich und seinen hohen schöpferischen Geist geehrt. Die Räder standen still, der Amboß klang nicht mehr, der Bergmann kam aus seiner Grube: allüberall Feiertag!

Das, was die Gewerkschaften aller Richtungen, die Roten und Schwarzen, die Christlichen und „Freien", auch nicht annähernd zustande brachten, was selbst in den besten Jahren des Marxismus nur ein Schatten, ein elender erbärmlicher Abklatsch gegenüber dem gewaltig Großen des gestrigen Tages war, der Nationalsozialismus schafft es im ersten Anlauf.

Er stellt den Arbeiter und den Bauern, den Handwerker und den Angestellten, mit einem Wort, alle schaffenden Deutschen in den Mittelpunkt seines Denkens und Handelns und damit in den Mittelpunkt seines Staates, und den Raffenden und den Bonzen macht er unschädlich. Wer war nun der Kapitalistenknecht, wer war der Reaktionär, der dich unterdrücken und dich aller Rechte berauben wollte? Jene roten Verbrecher, die dich gutmütigen, ehrlichen und braven deutschen Arbeiter jahrzehntelang mißbrauchten, um dich und damit das ganze deutsche Volk entrechten

und enterben zu können, oder wir, die unter unsagbaren Opfern und Leiden gegen diesen Wahn- und Aberwitz teuflischer Juden und Judengenossen ankämpfen? Schon drei Monate nationalsozialistischer Regierung beweisen dir: Adolf Hitler ist dein Freund! Adolf Hitler ringt um deine Freiheit! Adolf Hitler gibt dir Brot!
Wir treten heute in den zweiten Abschnitt der nationalsozialistischen Revolution* ein. Ihr werdet sagen, was wollt ihr denn noch, ihr habt doch die absolute Macht. Gewiß, wir haben die Macht, aber wir haben noch nicht das ganze Volk, dich, Arbeiter, haben wir noch nicht hundertprozentig, und gerade dich wollen wir, wir lassen dich nicht, bis du in aufrichtiger Erkenntnis restlos zu uns stehst. Du sollst auch von den letzten marxistischen Fesseln befreit werden, damit du den Weg zu deinem Volke findest.
Denn das wissen wir: Ohne den deutschen Arbeiter gibt es kein deutsches Volk! Und vor allem müssen wir verhüten, daß dir dein Feind, der Marxismus, und seine Trabanten noch einmal in den Rücken fallen können.
Wenn auch die marxistischen Parteien restlos zerschlagen sind, wie die KPD, oder sich in heller Auflösung befinden, wie die SPD, wenn auch die Parteipäpste in elender Feigheit geflohen sind, oder jedem und allem abgeschworen haben und dich, Arbeiter, feige und erbärmlich verlassen haben, wie nie zuvor, so wissen wir doch: alles das ist nur Schein. Der Marxismus stellt sich tot, um sich bei günstiger Gelegenheit von neuem zu erheben und dir von neuem hinterhältig den Judasdolch in den Rücken zu stoßen. Genau wie 1914! Auch damals bewilligte er Kriegskredite und gebärdete sich übernational, um dich 1918 an den Imperialismus unserer damaligen Feinde zu verraten und damit an das Weltkapital zu verkaufen.
Uns täuscht der schlaue Fuchs nicht! Lieber geben wir ihm einen letzten Fangschuß, als daß wir jemals wieder dulden würden, daß er sich erhebe. Die Leiparts und Graßmänner mögen Hitler noch soviel Ergebenheit heucheln, es ist besser, sie befinden sich in Schutzhaft. Deshalb schlagen wir dem marxistischen Gesindel seine Hauptwaffe aus der Hand und nehmen ihm damit seine letzte Möglichkeit, um sich neu zu stärken. Die Teufelslehre des Juden Mardochai soll elendiglich auf dem Schlachtfelde der nationalsozialistischen Revolution krepieren.
Nicht als ob wir damit die Gewerkschaften an sich zerstören und zerschlagen wollten. Im Gegenteil, wir haben nie etwas zerstört, was überhaupt irgendwie Wert für unser Volk hat, und werden das auch in Zukunft nicht tun; das ist nationalsozialistischer Grundsatz. Das gilt ganz besonders für die Gewerkschaften, die mit soviel sauer verdienten und vom Munde abgesparten Arbeitergro-

* Zuerst sprach die NSDAP von „nationaler Erhebung“, dann von „nationalsozialistischer Revolution“.

schen aufgebaut wurden. Nein, Arbeiter, deine Institutionen sind uns Nationalsozialisten heilig und unantastbar. Ich selbst bin ein armer Bauernsohn und kenne die Not, ich selbst war sieben Jahre in einem der größten Betriebe Deutschlands und kenne die Ausbeutung durch das anonyme Finanzkapital und kenne vor allem dessen grundgemeine Handlungsweise, denn ich flog 1928 meiner Gesinnung wegen aus Beruf und Brot.
Arbeiter – ich schwöre dir, wir werden nicht nur alles erhalten, was sich vorfindet, wir werden Schutz und die Rechte des Arbeiters weiter aufbauen, damit er in den neuen nationalsozialistischen Staat als vollwertiges Glied des Volkes eingehe.
Arbeiter und Bauern in breiter Front zusammen mit den freien Berufen und dem Handwerk – so bauen wir ein neues Reich des Wohlstandes, der Ehre und Freiheit. Mit Hitler für Deutschland vorwärts!

Quelle: Michaelis/Schraepler (Hrsg.), Ursachen und Folgen, Neunter Band, Das Dritte Reich, Berlin, S. 632ff.

[28] 2. Mai 1933: „Was von der Nazipropaganda zu einem pathetischen historischen Weiheakt umgelogen und hochstilisiert wurde, war ein brutales, reichsweites Verbrechen gegen das Selbstbestimmungsrecht der organisierten deutschen Arbeiterschaft“:

Am Morgen des 2. Mai hatte sich der Bundesvorstand des ADGB im Gewerkschaftshaus zu einer friedlichen Sitzung getroffen. Gegen 10.00 Uhr wurde das Gebäude von braunen Trupps mit Revolvern und Schlagwerkzeugen gestürmt. Geschrei, Lärm, Schüsse. Feuer auf die Büste Carl Legiens, des Siegers in der Kapp-Abwehr. Alle Funktionäre werden in einen Raum im Erdgeschoß zusammengetrieben. Ley naht in der Pose des Herrschers. Mit schwerer Zunge verkündet er die Übernahme der Gewerkschaften und erklärt die Funktionäre für verhaftet. Eine Alkoholwolke umschwebt ihn.
Die Gewerkschafter werden auf einen Lastwagen gepfercht. Das umstehende Volk, für dessen Interessen sie gearbeitet haben, johlt. Die Verhafteten sollen in das KZ Oranienburg verbracht werden. Aber das Lager ist bereits überfüllt. Stattdessen sperrt man die Opfer in einen Keller in der Parochialstraße. Dort treibt die SA ihre rohen Streiche an den Wehrlo-

sen. Sie werden gezwungen, das „Horst-Wessel-Lied“ zu singen. Zwischendurch kommandieren die SA-Leute Liegestütze und Kniebeugen. Ein Mitgefangener wird mit dem Revolver bedroht, bis er Theodor Leipart das Kommando erteilt: „Auf – nieder, auf – nieder!“ Schließlich bricht der herzkranke und gehbehinderte Mann zusammen. Die Nacht verbringen die Opfer auf dem harten Boden, ohne jede Versorgung. Am 3. Mai werden sie zu Fuß ins Polizeipräsidium geleitet. Die kräftigeren Kollegen stützen ihre erschöpften Gefährten. Allein vierzig werden in eine einzige Sammelzelle gesperrt. Die Gesamtzahl der Gefangenen ist ungewiß. In Berlin sind es einige hundert. Die verängstigten Ehefrauen hetzen durch die Stadt, um Hilfe zu schaffen. Aber alle Männer, die Rechtsbeistand leisten könnten, sind verhaftet oder werden verfolgt. Allein Frau Leipart, die als Gattin des früheren Arbeitsministers durch die Behörden nicht einfach abzuweisen war, erhielt Zugang zum Polizeipräsidium. Entgegen den Presseberichten war ihr Mann in keinem Krankenhaus zu finden gewesen. Nun informierte sie ein Polizist alter Schule, „daß Leipart unten im Hof mit einigen andern ‚angetreten‘ stand, um verhört zu werden. Frau Leipart lief sofort hinunter und kam gerade zurecht, um zu sehen, wie die SA-Polizei die Gewerkschaftsvorstände die Treppen hinauf jagte. Leipart erlitt einen Schwächeanfall und fiel über die Treppe hinunter. Er blieb bewußtlos liegen, und erst nachdem seine Frau ihm zu Hilfe geeilt war und um ein Glas Wasser für ihren erschöpften Mann flehte, kümmerte man sich ein bißchen um ihn.“ Flüchtlinge berichteten darüber in der Auslandspresse, während die Berliner Zeitungen den „unblutigen“ Sieg der Nazis feierten. Am Freitag gingen die Quälereien zu Ende. Die preußische Polizei verhielt sich korrekter als die Schlägertrupps der SA. Während unbekanntere Funktionäre in den Folterkellern der SA und SS weiter gepeinigt wurden, war die NS-Führung noch darauf bedacht, zunächst keine prominenten Märtyrer zu schaffen. Leipart und sein Stellvertreter Peter Graßmann wurden nun tatsächlich – wie es hieß – mit „Herzleiden“ und „Gelenktuberkulose“ ins Staatskrankenhaus eingeliefert, und zwar in die geschlossene Abteilung. Graßmann ist seither verschollen.

Quelle: Gerhard Beier, Das Lehrstück vom 1. und 2. Mai 1933, Frankfurt a. M. 1975, S. 16.

Vor dem Hamburger Gewerkschaftshaus wird triumphierend von den Nazis die Schwarz-Rot-Goldene Fahne verbrannt.

[29] Besetzte Gewerkschaften, Verhaftungen. Direkte Weisung des Parteiführers Adolf Hitler

– Pressemeldung vom 3. Mai 1933 –

Berlin, den 2. Mai 1933.
Die Nationalsozialistische Partei hat heute vormittag völlig überraschend die gesamten Organisationen der freien Gewerkschaften im ganzen Reich durch eine große Aktion übernommen.
Um 10 Uhr vormittags wurden sowohl in Berlin wie im ganzen Reichsgebiet die Häuser der freien Gewerkschaften besetzt,

eine Anzahl der Funktionäre verhaftet und die Leitung des Gewerkschaftsapparates Nationalsozialisten in die Hände gelegt. Die Ausführung der Aktion liegt bei einem „Aktionskomitee zum Schutze der deutschen Arbeit“, an dessen Spitze der nationalsozialistische preußische Staatsratspräsident Dr. Ley steht, und zwar, wie er selbst betont, auf direkte weisung des Parteiführers Adolf Hitler...
Festgenommen wurden bei der Aktion in Berlin u. a. die Gewerkschaftsführer Leipart und Graßmann, ferner der frühere Reichsarbeitsminister Wissell.

Quelle: Frankfurter Zeitung Nr. 213 vom 3. Mai 1933.

[30] 2. Mai: verhaftet und auf eine SA-Wache gebracht; Überführung ins Polizeipräsidium. Wilhelm Keil berichtet im „Spiegel des Briefwechsels“.

Die Gewerkschaften waren bereits am 2. Mai erdrosselt und in die Arbeitsfront überführt worden. Über den Verlauf dieser Aktion erhielt ich von meinem Freund Michael Kayser, dem Redakteur der „Holzarbeiterzeitung“, den folgenden, vom 13. Mai datierten authentischen Briefbericht:
„...Bei uns Holzarbeitern ist die Aktion mit besonderer Rigorosität durchgeführt worden. Tarnow und ich wurden verhaftet und auf eine SA-Wache gebracht. Dort fanden wir die Kollegen vom ADGB bereits vor: Leipart, Graßmann, Leuschner, Eggert, Spliedt und noch eine größere Zahl sonstige Angestellte. Später wurden noch Direktor Bachem von der Arbeiterbank, der Leiter der hannoverschen Bodenkredit-Bank, Rechtsanwalt Schönbeck, der Assozier Otto Landsbergs u. a. gebracht. Wir blieben vierundzwanzig Stunden, dann wurden wir unter starker SA-Eskorte in die Wache des Polizeipräsidiums überführt. Für Leipart, den ich stützte, war das mit seinem gebrochenen Bein und seinen Herzbeschwerden eine fürchterliche Strapaze. Er kam dann ins Krankenhaus. Wegen Überfüllung kamen wir am nächsten Tag nach Plötzensee. Nach zehn Tagen wurden wir entlassen...“

Quelle: Wilhelm Keil, Erlebnisse eines Sozialdemokraten, II. Band, Stuttgart 1948, S. 614f.

[31] Lokales Beispiel „Heilbronn/Neckar" – SA überfällt und besetzt – vorgehaltener Revolver

Verbot

Als der Morgen nach den Mai-Feiern des „einig Volk von Brüdern und Schwestern" graut, sind die Gewerkschafter keine Geschwister mehr. Hitler verbietet am 2. Mai 1933 die Gewerkschaften.
In Heilbronn überfällt und besetzt die SA die Zentren des Gewerkschaftslebens: das sogenannte „Volkshaus"* in der ehemaligen Gaststätte „Linde" an der Ecke Weinsberger/Paulinenstraße, von den Gewerkschaften 1928 gepachtet und 1930 käuflich erworben, und das Haus des Metallarbeiterverbandes, auf dessen Gelände heute das DGB-Haus in der Gartenstraße steht.
Wilhelm Jaisle, der sich zum Zeitpunkt der Besetzung des Gewerkschaftshauses im Zimmer des Volksfürsorge-Geschäftsführers Fichte aufhält, erinnert sich im August 1981.
„Der rote Saustall wird jetzt von uns übernommen!" schreit NSB-Obmann R.** beim Betreten des Büros.
Das Treppenhaus des „Volkshauses" ist von oben bis unten mit SA-Männern besetzt. Jaisle und die anderen werden im Spießrutenlauf auf die Straße getrieben.
Alle hauptamtlichen Sekretäre der Gewerkschaften werden abgesetzt; mit vorgehaltenem Revolver wird die Unterzeichnung der Entlassungsurkunde erpreßt, wie es 1947 in der Spruchkammer-Verhandlung gegen R. heißt. Viele Heilbronner Funktionäre werden noch am gleichen Tag oder in der folgenden Zeit verhaftet und eingesperrt:
Carl Baßler, der führende Mann der Heilbronner Gewerkschaften, 1. Bevollmächtigter des Metallarbeiterverbandes und Heilbronner ADGB-Vorsitzender, Stadtrat. (Nach seiner Entlassung vom Heuberg fristet er sein Leben mit einer Pension bei Neulautern, wird von Heilbronner Freunden mit Lebensmitteln versorgt und zieht sich später in seinen Geburtsort bei Heidenheim zurück.)

---

* Ein erster Überfall durch die SA auf das Volkshaus, laut Heilbronner Tagblatt, erfolgte bereits am 12. März.

** → NSBO. Obmann war ein Funktionsträger der Nationalsozialistischen Betriebszellen-Organisation (NSBO).

Friedrich Reinhardt, ADGB-Geschäftsführer.
Wilhelm Schwan, Gesamtverband (heute ÖTV), Stadtrat.
Otto Vollmer (1894–1978), 2. Sekretär des Metallarbeiterverbandes. (Eisendreher, zuerst SPD, dann KPD, bis 1933 MdL, nach 1945 der erste Arbeitsrichter in Heilbronn.)
Hermann Gerstlauer, bis 1. Mai 1933 Betriebsrats-Vorsitzender der Firma Bruckmann. (Nach 1945 der 1. Bevollmächtigte der IG Metall, Neckarsulm.)
Adolf Herrmann. (Gefängnis Rottenburg und KZ Buchenwald, 1945 bis 1963 Heilbronner DGB-Vorsitzender.)
Nach dieser Verhaftungs-Welle sind die 23 Heilbronner Gewerkschaften mit insgesamt 12000 Mitgliedern offiziell zerschlagen; sie können nur noch im Untergrund wirken.
An ihre Stelle tritt zunächst die Nationalsozialistische Betriebszellenorganisation (NSBO), für die als Kommissar ein Schreibmaschinenhändler eingesetzt wird. Nach der Gründung der „Deutschen Arbeitsfront“ (DAF) übernimmt Karl Link die Leitung des Büros in der Sülmermühlstraße. Bis 1933 wächst die DAF im Kreis Heilbronn auf 38100 Mitglieder an.

Quelle: Uwe Jacobi, Die vermißten Ratsprotokolle, Heilbronner Stimme 1981, S. 45f.

[32] Besetzung der Gewerkschaften 1933–1947: „Unbeteiligt und unschuldig...“

Die Belegschaften der Betriebe waren zwar geschlossen auf die Straße und zu den Maiveranstaltungen geführt worden – alles unter dem Zeichen des Hakenkreuzes –, damit war aber auch der ADGB am Ende seines Bestehens angelangt. Widerwillig waren die Heilbronner Gewerkschaftsfunktionäre den gegebenen Weisungen gefolgt, soweit sie sich nicht davon freihalten konnten.
Wie in ganz Deutschland besetzte dann auch in Heilbronn die SA am 2. Mai 1933 schlagartig das Volkshaus und die Geschäftsstellen der verschiedenen Gewerkschaften in der Stadt, nahm deren Geschäftsführer, soweit man ihrer habhaft werden konnte, in Schutzhaft und beschlagnahmte das Vermögen der Verbände.

In Pressemeldungen am nächsten Tage wurden die Geschäftsführer der Verbände der Luderwirtschaft, des Mißbrauchs und der Unterschlagung von Gewerkschaftsgeldern beschuldigt, weil sie es wenigstens zum Teil fertiggebracht hatten, einige Vermögensteile dem Zugriff der Nationalsozialisten zu entziehen*.

Über diese Ereignisse machten später zahlreiche Beteiligte bei den zeitgeschichtlichen Gesprächen im Heilbronner Stadtarchiv übereinstimmende Aussagen, wie es nämlich tatsächlich bei der Besetzung der Häuser und den folgenden Maßnahmen zugegangen ist.

Über die Beteiligung bei der Besetzung des Gewerkschaftshauses kommt es dann am 19. Juni 1947 in der „Heilbronner Stimme" zu folgendem Bericht:

„Die einstige Heilbronner Nazigröße, der frühere Kreisamtsleiter der DAF Heilbronn und spätere Milchhändler Richard Ruoff, zur Zeit im Interniertenhospital in Karlsruhe, stand vor der Spruchkammer IV in Karlsruhe zur Aburteilung.

Als NSBO-Obmann war Ruoff der Leiter der Raubaktion bei den Heilbronner Gewerkschaften im Mai 1933. Bei der Verhandlung spielte er den Unbeteiligten und Unschuldigen. Nicht ein Stück Verantwortung wollte er für seine Handlungen auf sich nehmen. Ruoff will auf einmal weder bei der SA gewesen sein, noch gewußt haben, daß seine Beauftragten die Entlassungsunterschriften den Gewerkschaftsangestellten durch vorgehaltene Revolver erpreßt haben. Ebensowenig will er bei der Festnahme und der Einweisung Heilbronner Gewerkschaftsangestellter in das Konzentrationslager Heuberg mitgewirkt haben.

Das vorliegende Beweismaterial war erdrückend und wurde durch die Zeugenaussagen der Heilbronner Gewerkschaftsangestellten Jakob Graßer und Georg Zinnecker noch erhärtet. Der Betroffene wurde in die Gruppe der Hauptschuldigen eingereiht. Die → Spruchkammer verurteilte Ruoff zu fünf Jahren Arbeitslager und Einziehung des Vermögens. Die Internierungshaft von 1 Jahr und 9 Monaten wird angerechnet."

Quelle: Albert Großhans, Das nationalsozialistische Regime und seine Auswirkungen auf Heilbronn, Heilbronn 1982, S. 67f.

* Heilbronner Tagblatt 3. 5. 1933.

[33] Eskalation des Terrors. Der 2. Mai in Duisburg

In den späten Vormittagsstunden des 2. Mai 1933 hatten plötzlich SA- und SS-Kommandos vor den Wohnungen der Duisburger Gewerkschaftsfunktionäre gestanden. Sie wurden für verhaftet erklärt, in Lkws gepfercht und zum Gewerkschaftshaus in der Ruhrorter Straße gefahren. Hermann Müsken, damals Sekretär im Metallarbeiterverband, erinnerte sich an die darauffolgenden Stunden noch genau: „Wir wurden in die Kellerräume gestoßen, am Eingang standen der Kriminalkommissar Busch und der SS-Sturmbannführer Dr. Weyand. Wir waren verhaftet. Im Keller saßen schon einige. Es kamen dann noch mehrere durch die Tür gestolpert ... alles Gewerkschafter, die meisten Sozialdemokraten... Neben mir hockte Rodenstock ... Schlösser, Birk und Rentmeister waren auch da.“ Unter den Festgenommenen befand sich auch August Seeling, damals junger Geschäftsführer im Zentralverband der Angestellten. Er war am gleichen Morgen im Duisburger Büro des ZdA verhaftet worden. Die Verhafteten wurden mehrmals von SA-Leuten angeschnauzt, dann namentlich aufgerufen, über frühere Militärdienstzeit, Dienstgrad und Auszeichnung ausgefragt. Michael Rodenstock, Emil Rentmeister, Johann Schlösser und Julius Birk wurden plötzlich in einen separaten Raum abgeführt. Man sah sie nie wieder. Die übrigen mußten nach ein paar Stunden antreten. Zwei oder drei aus der tobenden SA-Horde sprangen hervor und klatschten einigen einen Stempel mit drei Pfeilen (dem Zeichen der Eisernen Front) auf die Stirn. Anderen wurde eine Tafel um den Hals gehängt, auf der in großer Schrift stand: „Wir haben die Arbeiter verraten.“ Auf einmal ertönten Kommandos „im Laufschritt, marsch, marsch!“ und dann wurden sie von Weyand und dem damals ebenso berüchtigten SA-Mann Balthes eineinhalb Stunden lang durch mehrere Straßen getrieben, die stellenweise von schweigenden Menschen gesäumt waren.

Wer nicht schnell genug laufen konnte, bekam Peitschenhiebe. Der SPD-Senior Horchler brach zusammen und mußte von zwei seiner Leidensgefährten getragen werden. Immer wieder mußte der Trupp die „Internationale“ anstimmen. Danach jagte die SA sie in den Hof des Polizeigefängnisses. Sie wurden in Zellen gesteckt und drei Tage in Arrest gehalten. Am 5. und 6. Mai wurden sie überraschend entlassen.

Um die Aktion aber perfekt zu machen, krönten die Nationalsozialisten sie mit Zynismus ohnegleichen. Am 17. Mai setzten sie eine Vermißtenanzeige nach Birk in die National-Zeitung.
Am 19. Mai schickten sie noch einen Brief des NSBO-Beauftragten Multhaupt an die Adresse des ermordeten Gewerkschaftsfunktionärs Johann Schlösser.
Der Brief hatte folgenden Wortlaut:

Deutscher Metallarbeiter-Verband
Duisburg, Ruhrorter Str. 11
Herrn Johann Schlösser in Duisburg, Freiligrathstr. 26

Duisburg, den 19. Mai 1933

Sehr geehrter Herr Schlösser!
Bedauerlicherweise sind Sie nach dem 2. Mai 1933 geflüchtet und nach den Unterlagen, die wir hier in Ihrem Schreibtisch gefunden haben, und auch nach den Mitteilungen seitens unserer Vertrauensleute haben Sie Ihren Aufenthalt in Belgien genommen. Wie wir nun weiter hören, sollen Sie in letzter Zeit hier gesehen worden sein. Wir verstehen nun nicht, warum Sie Ihre Diensttätigkeit nicht wieder aufnehmen.
Sollten Sie bis zum Montag, den 22. Mai 1933, hier nicht auf Ihrem Büro zwecks Ausübung Ihres Berufs erschienen sein, sehen wir uns veranlaßt, Sie fristlos zu entlassen. Ihre bereits bestehende Kündigung gilt selbstverständlich als noch in Kraft.

Heil Hitler!
der Beauftragte der N.S.B.O. der freien Gewerkschaften
gez. Unterschrift
Der Kommissar.

Quelle: Kuno Bludau, Gestapo – geheim! Widerstand und Verfolgung in Duisburg 1933–1945, Bonn-Bad Godesberg 1973.

[34] Zu spät – am 1. Mai 1933: Ein Führerkreis der vereinigten Gewerkschaften

Die Anstrengungen der zersplitterten Gewerkschaftsverbände der Weimarer Republik gegen Ende April 1933, solidarisch zu kooperieren, kamen zu spät.

Die Nazis mußten diese Konsensbestrebungen unter der Federführung christlicher Gewerkschafter wie → Theodor Brauer und → Jakob Kaiser als gefährlich für ihre Pläne einschätzen. Hier tat sich für sie ein weiterer Grund auf, die Gewerkschaften möglichst rasch auszuschalten.
Die Sprache des Vorspanns in der geplanten Vereinbarung zeigt deutlich, wie weit andererseits der Anpassungsprozeß an die neuen Regierungsinhaber doch schon gediehen war. Die Gewerkschaften handelten nur noch aus der Defensive:

Führerkreis der vereinigten Gewerkschaften
Die nationale Revolution hat einen neuen Staat geschaffen. Dieser Staat will die gesamte deutsche Volkskraft einheitlich zusammenfassen und machtvoll zur Geltung bringen. Aus diesem volklichen Einheits- und Machtwillen heraus kennt er weder klassenmäßige Trennung noch volksabgewandte Internationalität. Diese Tatsache stellt das gesamte deutsche Volk, jeden seiner Stände und jeden einzelnen vor die Notwendigkeit, seine Haltung zu diesem Staat festzulegen.
Die deutschen Gewerkschaften sind des Glaubens, daß sie der großen Aufgabe des neuen Staates, alle Kräfte des deutschen Volkes zu einer stärkeren Einheit zusammenzufassen, am besten dienen, wenn sie sich über alle Trennungen der Vergangenheit hinweg zu einer einzigen umfassenden, nationalen Organisation der Arbeit vereinigen.
Deshalb bekunden der Bundesvorstand des Allgemeinen Deutschen Gewerkschaftsbundes, der Hauptvorstand des Gesamtverbandes der christlichen Gewerkschaften Deutschlands und der Hauptvorstand des Verbandes der Deutschen Gewerkvereine (HD) die Absicht, die bestehenden Spitzen- und Berufsverbände mit dem Ziel der Umformung und Vereinheitlichung zusammenzuschließen.

Quelle: Gerhard Beier, Das Lehrstück vom 1. und 2. Mai 1933, Frankfurt/Main, S. 40f.

[35] „Eine sehr eindringliche Lehre...“
Reaktion der Wiener Arbeiterzeitung auf den 2. Mai in Deutschland

Es ist nutzlos, sich dem Faschismus zu beugen, aussichtslos, mit ihm zu paktieren. Er kann seinem Wesen nach keine freie, keine unabhängige Organisation der Arbeiter und Angestellten dulden, wie immer sie sich zu ihm stellt.

Quelle: Zitiert nach Gerhard Beier, Das Lehrstück vom 1. und 2. Mai 1933, Frankfurt a. M., 1975, S. 46.

[36] Schneller Handstreich gegen das letzte Bollwerk

Auf einer freiwilligen Ozeanfahrt von Portugiesisch-Westafrika nach Spanien mit einem Rettungsboot des deutschen Passagierdampfers „Windhuk" entsteht bei einem Skat des III. Offiziers mit vieren seiner Leute 1939 folgender Dialog (Auszug):

... „Hand vom Skat, du alter Freibeuter! Noch hast du ihn nicht! Du bist hier nicht im Lübecker Gewerkschaftshaus, Dicker! Hier wird nicht einfach erobert!" Das zielte auf des Dritten Erlebnisse anno 33, wo er mit einer Handvoll handfester Kameraden – fast alle Seeleute gleich ihm – das letzte Bollwerk der Systembonzen in der alten Hansestadt durch einen schnellen Handstreich genommen hatte.

„Tja, lieber Hans, schade, daß du damals nicht vor der Tür gestanden hast, da wären wir sicher allesamt ausgerissen! Aber nun sag': hast du vierzig? ...

Quelle: Fred Schmidt, Mit MR 12 über den Ozean, Berlin 1940, S. 133.

[37] Einschätzungen der NSDAP und der Gewerkschaften – Marsch unter Hakenkreuz und Gewerkschaftsfahnen am 1. Mai 1933 – Besetzung der Freien Gewerkschaften

Die politische Emigrantin Susanne Leonhard beschreibt und bewertet den 1. Mai 1933 in Berlin:

Ich war überzeugt, daß die Hitlerei sich gut mindestens vier Jahre lang werde halten können und nicht – wie die moskauhörige Kommunistische Partei verkündigte – „in vier Wochen wie eine Seifenblase zerplatzen" werde. Gerade deshalb aber war es nötig, sofort alle Kräfte zum Kampf zu sammeln.

Wenn ich auch die Stärke des politischen Gegners richtiger eingeschätzt hatte als die Linientreuen, so hatte ich mich doch

anderseits schwer getäuscht in der Abwehrkraft und der Widerstandsbereitschaft der Massen. Niemals hätte ich für möglich gehalten, daß die deutschen Arbeiter völlig kampflos ihre Machtpositionen aufgeben würden. Das niederschmetternde Schauspiel des Übergangs der Macht von den selbständigen Gewerkschaften an die nationalsozialistische Arbeitsfront fand seinen unwürdigen Anfang mit dem Volksfest am 1. Mai 1933. Zu den „Demonstrationen" am „Tag der Arbeit" wurde betriebsweise angetreten, unter Hakenkreuz- und Gewerkschaftsfahnen wurde marschiert. Die Massen schienen nicht beunruhigt. Durch das „Entgegenkommen" der neuen Machthaber war der Kampftag des Weltproletariats zum nationalen Feiertag geworden. Am Nachmittag strömten Tausende und Abertausende Berliner Arbeiter mit ihren Familien aufs Tempelhofer Feld, wo es Bier und Würstchen, Kinderballons, Fähnchen und patriotisch-nationalistische Ansprachen gab, und am Abend kamen sie ebenso beglückt und müde von diesem nazistischen Volksfestrummel zurück, wie sie früher von den proletarisch-sozialistischen Maifeiern heimgekehrt waren.
(ff: siehe Kapitel → „Widerstand", S. 252.)

Quelle: Susanne Leonhard, Gestohlenes Leben, Schicksal einer politischen Emigrantin in der Sowjetunion, Stuttgart 1959, S. 12.

[38] Der Faschismus wird die Erschütterungen – Krieg – nicht überleben.

→ Willy Brandt beurteilte den deutschen Faschismus nach seiner Flucht ins norwegische Exil am 1. Mai 1933:

Finn Moe* gehörte noch dem Vorstand der Jugendorganisation** an. Für das 14tägig erscheinende Blatt des Verbandes, in der Nummer zum 1. Mai 1933, schrieb ich meinen ersten norwegischen Artikel: natürlich radikal und von Illusionen ganz und gar nicht frei. Doch meine Einschätzung dessen, was kommen würde, war so abwegig nicht: Der Faschismus werde – so meinte ich – die Erschütterungen nicht überleben, die ein Krieg mit sich führe. Bald danach publizierte ich, zuerst

* Redakteur von „Arbeiterbladet" in Oslo.
** Arbeiterjugendverband.

bewußt nicht in der Parteipresse, Artikel, in denen nachgewiesen wurde, daß die Kriegsvorbereitungen rasch nach der Machtübernahme in Gang gekommen waren; ich stützte mich auf konkrete Informationen und begründete Annahmen.

Quelle: Willy Brandt, Links und frei, Hamburg 1982, S. 70–71.

[39] Die Deutsche Industrie erklärt sich –
– Auszug aus der Erklärung des Reichsverbandes der Deutschen Industrie vom 3. Mai 1933 –

In Übereinstimmung mit den Grundsätzen der nationalen Regierung und zugleich im Interesse einer – künftig jede Einzelaktion ausschaltenden – gleichmäßigen und straffen Durchführung der vor dem Reichsverband liegenden Aufgaben wird die Gesamtorganisation der Industriellen Verbände den Führergedanken in folgender Form verwirklichen:
Entsprechend dem Beschluß des Präsidiums vom 6. April, durch den der Vorsitzende, Dr. Krupp von Bohlen und Halbach, einstimmig zur Vorbereitung und Durchführung der Maßnahmen zur Vereinfachung und Umgestaltung industrieller Verbände ermächtigt worden ist, wird Herr von Bohlen die ihm übertragene außerordentliche Vollmacht dazu benutzen, um

1. auf dem Gebiet der industriellen Verbandsorganisation das wirtschaftlich Gegebene mit dem politisch Notwendigen abzustimmen,
2. die neue Organisation in Übereinstimmung mit den politischen Zielen der Reichsregierung zu bringen und sie zugleich so rationell und schlagkräftig zu gestalten, daß sie, der Bedeutung der Industrie entsprechend, ein wirksames Instrument der industriellen Wirtschaft im Rahmen des nationalen, sozialen und gesamtwirtschaftlichen Wiederaufbaus sein kann. ...

Vordringliches Ziel der Wirtschaft und der Industrie muß es hierbei sein, unter engster Anknüpfung an das Bestehende und unter Aufrechterhaltung des wertvollen Gutes der freien Selbstverwaltung jede Überorganisation auszumerzen und die Organisation so einfach und wirkungsvoll wie möglich zu gestalten. Die Verarmung unseres Volkes zwingt nicht nur zu einer äußersten Vereinfachung des Staatsapparates, sondern

auch zu der Beseitigung aller Überschneidungen im Verbandswesen, die aus der historischen Entwicklung mehr oder weniger zufällig entstanden sind und zu einer vielfach unorganisierten Gliederung geführt haben.
Der Vorsitzende des Reichsverbandes wird bei der praktischen Durchführung dieser Aufgaben, die bereits tatkräftig unter Mitwirkung der von dem Herrn Reichswirtschaftsminister ernannten Reichskommissare in Angriff genommen sind, anknüpfen an Wünsche und Gedankengänge, die er selbst seit langer Zeit gehegt und ausgesprochen hat. Für die einzelnen akuten Fragengebiete, z. B. die Organisation und die berufsständischen Gliederungen, die auch für das Wirtschaftsleben unentbehrlichen ethischen Grundlagen, die Währungs- und Kreditpolitik, die Steuerpolitik usw. werden besondere beratende Ausschüsse bestimmt werden.
In Anerkennung des Führerprinzips wird Herr von Bohlen in sämtlichen Ausschüssen selbst den Vorsitz unter dem Vorbehalt der Ernennung von Stellvertretern und die Verantwortung für die Entscheidung übernehmen. ...
Der Reichsverband ist sich darüber klar, daß das gesamte Reformwerk einerseits auf der Grundlage der schöpferischen Kräfte der Einzelpersönlichkeit in Unternehmertum und Arbeiterschaft und andererseits in Anerkennung des bindenden Grundsatzes der nationalen Idee und der nationalen Verantwortung durchgeführt werden muß, und daß die Entscheidung für das Gelingen nicht von den äußeren Organisationsformen an sich bedingt ist, sondern von dem Geiste, in dem die Synthese zwischen der politischen Führung und den wirtschaftlichen Notwendigkeiten zum Nutzen für Staat und Volkstum gefunden wird.

Quelle: Michaelis/Schraepler (Hrsg.), Ursachen und Folgen, Neunter Band, Das Dritte Reich, Berlin, S. 665f.

[40] Entschließung der Thüringer Landvolkführer. Weg mit → Hugenberg!

Meiningen, 14. Mai 1933.
Die Bauernführer aus allen Teilen Thüringens haben heute anläßlich ihres diesjährigen Bauernkongresses einmütig ein Treuebekenntnis zu der unter Adolf Hitler stehenden Regierung abgelegt.

Die Thüringer Bauern haben jedoch nicht das Vertrauen zu der von Reichsminister Hugenberg geführten Agrarpolitik. Sie fordern daher einmütig die Ersetzung des Reichsministers Hugenberg durch den nationalsozialistischen Bauernführer Darré.

Quelle: Deutsche Allgemeine Zeitung Nr. 225 vom 15. Mai 1933.

[41] Gleichschaltung der Christlichen Gewerkschaften. Ächtung ihrer Führer.

Am 23. Juni 1933 verfügte der Führer der Deutschen Arbeitsfront, Dr. Robert Ley, das Ende der Christlichen Gewerkschaften und die Ächtung ihrer Führung:

„... Alle Dienststellen der Christlichen Gewerkschaften und der Angestelltenverbände sind mit Nationalsozialisten zu besetzen. Die Mitglieder des Großen Arbeitskonvents der Deutschen Arbeitsfront: Bernhard Otte, Friedrich Baltrusch, Dr. Theodor Brauer, Franz Behrend sowie die bisherigen Führer der Christlichen Gewerkschaften (Stegerwald, Imbusch u. a.) werden von mir aus der Deutschen Arbeitsfront ausgestoßen. Sie dürfen selbstverständlich keinerlei Amt führen, und es ist hiermit allen Dienststellen der Deutschen Arbeitsfront verboten, irgendwelche Verhandlungen mit diesen Leuten zu führen. Hierdurch soll dokumentiert werden, daß jeder, der es wagt, den großen revolutionären Aufbau unserer Nation anzutasten, für alle Zeit geächtet wird.
gez. Dr. Robert Ley“

Quelle: Hamburger Anzeiger, Nr. 144, vom Freitag, den 23. Juni 1933, S. 1.

[42] Kampf gegen den Klassenkampf

Zum Auftakt des Wahlkampfes am 24. Oktober 1933 sprach Adolf Hitler im Berliner Sportpalast zum Wahltag 12. November und propagierte u. a. den Kampf gegen den Klassenkampf. Dabei suchte er die „Zerschlagung und Beseitigung“ der Arbeiterbewegung zu rechtfertigen. Hier wird NS-Ideologie aus erster Hand offengelegt.

– Redeauszug –

Wir haben ein Programm aufgestellt, das lautet: Nun müssen wir arbeiten und schaffen, um langsam das wieder gutzumachen, was zerstört war. Wir haben uns ein großes Programm aufgestellt mit dem ersten Ziel:

Kampf dem Marxismus, Kampf dem Kommunismus.

Denn wir sahen in ihm die Vernichtung des deutschen Volkes und sahen in ihm vor allem den Ruin des deutschen Arbeiters. Wenn ich mich gegen den Kommunismus wandte, dann nicht wegen der 100000 Bourgeois – das konnte gleichgültig sein, ob die zugrunde gehen oder nicht –, wir taten es, weil wir das ganze deutsche Volk hier vor dem Ruin sahen, die Millionen seiner schaffenden Menschen und die Arbeiter in erster Linie mit. Man wird nicht bestreiten können, daß wir diesen Kampf heroisch und mutig durchgeführt haben.

Als zweites nahmen wir uns vor, sofort den Kampf aufzunehmen gegen unseren latenten politischen Zerfall. Wir haben das Programm aufgestellt, daß wir nur eine Einheit kennen, und wer sich dagegen wendet, ist unser Feind und wird von uns bekämpft.

Aus dieser Gesinnung heraus faßten wir als weiteren Programmpunkt auf den Kampf gegen den Klassenkampf.

Und auch hier kann man nicht sagen: „Ihr habt Euch ja nur gegen die eine Seite gewendet." Wir haben sie alle zerschlagen und beseitigt, die auf ihre Klasse pochten und damit als politische Armee in die Erscheinung treten wollten. Wir sind genau so vor den Arbeiter hingetreten und haben ihm erklärt: „Volksgenosse, Du mußt zu Deinem Volk zurück, Du kannst Dich nicht als Klasse absondern von denen, die zu Dir gehören, mit denen Du leben mußt und ohne die auch Du zugrunde gehst." Wir sind aber genau so auch hingegangen zu unseren sogenannten Intellektuellen und haben ihnen nicht weniger gesagt: „Laßt Euren Standesdünkel, laßt Eure Partei der Vereinsamung! Bildet Euch nicht ein, daß Ihr besser seid!", und wir haben ihre Parteien genau so zerbrochen, wie wir die anderen zerbrochen hatten.

...

Und wir haben uns vor allem eine Riesenaufgabe gestellt, den deutschen Arbeiter in die deutsche Nation zurückzuführen. Wenn in der Zukunft die Frage an uns gerichtet wird: „Was schätzt Ihr denn als Eure größte Leistung ein?", dann kann ich nur sagen, daß es uns gelungen ist, den deutschen Arbeiter wieder in die Nation hineinzustellen und ihm klarzumachen: „Die Nation ist nicht ein Begriff, an dem Du keinen Anteil hast, sondern Du selbst bist Träger der Nation, Du gehörst zu ihr, Du kannst Dich nicht von ihr trennen: Dein Leben ist gebunden an das Leben Deines ganzen Volkes; das ist nicht nur die Wurzel auch für Deine Kraft, sondern auch die Wurzel für Dein Leben." Das macht uns stolz, daß wir unzählige Millionen Menschen, die seitwärts gingen, zum Teil neiderfüllt, zum Teil mit Haß auf den Teil sahen, der sich als national bezeichnete, nun wieder hineinführten in das Volk und damit zu Trägern des nationalen Gedankens machten. Millionen von ihnen waren doch nicht zufrieden mit dem Gedanken, daß sie Außenseiter sein sollten. Wir haben ihnen die Nation geöffnet und haben sie vereint mit all denen, die genau so wie sie in ihrem Volke, in der Nation ein hohes und höchstes Gut sehen, das von allen verteidigt werden muß, weil es für alle zugleich die Voraussetzung des Lebens überhaupt in sich birgt. ...

Quelle: Die Reden Hitlers für Gleichberechtigung und Frieden, München o. J., S. 35–36.

[43] Was heißt „internationale Solidarität" 1933?

Führer und Reichskanzler Adolf Hitler zum Abschluß des „großen Wahlkampfes für die deutsche Ehre und Gleichberechtigung" (12. November 1933) in Berlin vor den Arbeitern in Siemensstadt.
Adolf Hitler sucht in dieser Rede vor der Arbeiterschaft (nachträglich) die Zerschlagung der Gewerkschaften zu rechtfertigen. (Er hatte bei Stellungnahmen zu den Gewerkschaften widersprüchliche Erklärungen abgegeben. → Dok. Nr. 2 und Nr. 3, S. 33f.), Nr. 42, S. 85f. Gewerkschaften standen für die NSDAP im Widerspruch zur Ideologie der „Klassenversöhnenden Volksgemeinschaft", sowie dem Führer-Prinzip in Partei, Staat und Gesellschaft.

– Redeauszug –

...

Ich war damals im Innern überzeugt, daß über Klassen hinweg das Volk sich selbst zusammenfinden muß. Es war natürlich, daß sich dagegen viele Interessenten wenden würden. Es war verständlich, daß die Organisationen, die die Klassen bildeten, sich dagegen sträuben würden. Man kann aber nicht das Volk zugrunde gehen lassen, weil diese Organisationen leben wollen. Denn ein Volk lebt nicht für Theorien, nicht für Programme, auch nicht für Organisationen, sondern alle diese haben dem Leben eines Volkes zu dienen und heute erleben wir, daß auch der Völkerstreit untereinander gepflegt wird, von ganz bestimmten Interessenten. Es ist eine wurzellose internationale Clique, die die Völker gegeneinanderhetzt. Es sind das die Menschen, die überall und nir-

gendwo zu Hause sind, die nirgends einen Boden haben, auf dem sie gewachsen sind, sondern die heute in Berlin leben, morgen in Brüssel sein können, übermorgen in Paris und dann wieder in Prag oder in Wien oder in London, und die sich überall zu Hause fühlen.
...

Den Grundwert der internationalen Arbeiter-Solidarität bewertet Adolf Hitler im Wahlkampf so:

Was heißt heute internationale Solidarität der Klassen? Das sind bloße Theorien in einer Zeit, in der überall die Not schreit und die Völker schwer zu kämpfen haben um ihr Dasein. Die Kraft von uns allen liegt nicht in diesem internationalen Phantom, sie liegt in unserer Heimat...

Quelle: Die Reden Hitlers für Gleichberechtigung und Frieden, München o. J., S. 49.

[44] Schilderung, Einschätzung und Bewertung des Historikers Golo Mann zur Vernichtung der Gewerkschaften, zur Umfunktionierung des Maifeiertages und der Reaktion der Bevölkerung:

Vernichtung der Gewerkschaften. Ihnen hatten die Nazis ursprünglich einen gewissen Respekt entgegengebracht; sie waren geneigt gewesen, zwischen den großen Berufsorganisationen der Arbeiter und der sozialdemokratischen Partei zu unterscheiden. Man hatte von einem „Ständestaat" gesprochen, in dem die Gewerkschaften ihren Platz finden könnten. Aber solche romantischen Ideen waren nicht das, worauf die neuen Machthaber eigentlich hinauswollten. Auf die ganze Macht, auf die Unterwerfung und Kontrollierung der Massen wollten sie hinaus; ein Ziel, das mit Eigendasein und Würde mittelalterlicher Berufsstände sich nicht vertrug. Es wurde daher der Gedanke einer ständischen Gliederung rasch fallengelassen. Am 1. Mai, dem alten Feiertag des Sozialismus, gab es eine neue Volksbelustigung, den Aufmarsch aller Betriebe, privater wie staatlicher, zu Kundgebungen überall im Land, einschmeichelnde Reden zum Lob der Arbeit, Feuerwerke. Die neuen Herren verstanden sich auf die Kunst, große Massen zu bewegen, und auf den Zwang zur Freude. Mancher, der verärgert antrat, ging beeindruckt und amüsiert nach Hause; am Ende war doch etwas an H.s* Arbeiterfreundlichkeit? Der folgende Tag zeigte dann freilich, daß die Lustbarkeit des 1. Mai als Vorspiel für eine Aktion ganz anderer Art gemeint gewesen war. Alle Gewerkschaften, die christlichen wie die freien, wurden für aufgelöst erklärt, ihre Besitztümer, Häuser, Banken, Schulen, Erholungsheime, besetzt und geplündert, ihre Führer verhaftet. Es war das schon Gewohnte, der heimlich vorbereitete, „schlagartige" Überfall, und er gelang auch diesmal. Was kein Hohenzoller je gewagt hätte, was im Kaiserreich den Generalstreik, die furchtbarsten Unruhen unfehlbar hervorgerufen hätte, fand jetzt nahezu keinen Widerstand. Der Kampf wurde nur von einer Seite geführt, die Schläge, bildlich und buchstäblich gesprochen, trafen Menschen, die sich nicht wehrten. So weit war die Nation drei Monate nach dem 30. Januar; indem sie teils sich besiegt, widerlegt und ausgeschaltet, teils mitgerissen, befreit und endlich recht geführt fühlte. Man soll nicht sagen, daß dieser Gefühlszwiespalt sie in zwei Teile teilte, die Sieger und die Besiegten. Denn in vielen – unmöglich, ihre Zahl zu bestimmen, – lebten beide Gefühle nebeneinander oder gegeneinander. Anstelle der Gewerkschaften trat die „Arbeitsfront", eine Zwangsorganisation aller Arbeitnehmer und aller Arbeitgeber. Ihr Zweck war, die Arbeiter zu kontrollieren und im Sinne des Staates zu beeinflussen; wobei zu den Methoden der Beeinflussung auch mancher Vorteil, manche Annehmlichkeit gehörte, die man ihnen bot. Der Nazistaat war nicht „arbeiterfeindlich".

Ein Hinweis bei Golo Mann, welchem Zweck die „Arbeiterfreundlichkeit" der Nazis diente:

Der moderne Krieg hat etwas mit Demokratie zu tun, denn es sind die Massen, es sind vorwiegend Arbeiter, die ihn im Heer und in den Fabriken auskämpfen müssen, und wenn sie nicht mittun, dann ist er nicht zu führen.

Quelle: Golo Mann, Deutsche Geschichte des 19. und 20. Jahrhunderts, Frankfurt/Main 1958, S. 824ff, S. 613.

---

* Sic! Hitler ist bei Golo Mann stets mit „H." abgekürzt.

Teil-Zusammenfassung

1. 1. Mai 1933: Adolf Hitlers NSDAP verkündete durch Gesetz den 1. Mai zum „Feiertag der nationalen Arbeit". Die NSDAP mißbrauchte den Maifeiertag zur ideologisch orientierten Zerschlagung der sozialistischen Freien Gewerkschaften und damit zur Stabilisierung ihrer Regierungsherrschaft. Staatliche Polizei und NS-Parteigliederungen arbeiteten dabei eng zusammen.
2. Die Situation der Gewerkschaftsverbände in Deutschland war uneinheitlich. Die in Gruppierungen aufgesplitterten Gewerkschaften schwankten zwischen Widerstand und Anpassung – Widerstand statt Anpassung – Anpassung als Widerstand (um zu überleben), bis die Hoffnung auf Abwehr der NS-Partei zunichte geworden war. Linksparteien und Gewerkschaften hatten überdies die NSDAP mit dem Führer Adolf Hitler an der Spitze unterschätzt.
3. Mit der systematischen Ausschaltung der Gewerkschaften gelang eine fundamentale Schwächung der demokratischen Parteien in Deutschland. Die Zerschlagung der Gewerkschaften war Ausgangspunkt und Auftakt zum Parteiverbot. Dem Verbot der KPD folgte das der SPD (23. Juni 1933)*. Einzige Partei in Deutschland war die NSDAP. Noch vor Jahresende proklamierte die NS-Regierung die „Einheit von Partei und Staat"**. Die NSDAP hatte die totale Führungsgewalt in Deutschland übernommen.
4. Im Gegensatz zur Judenpolitik, in deren Rahmen den Juden bereits im NS-Programm von 1920 die Feindschaft mit dem Ziel der Ächtung und Vertreibung erklärt worden war, stand die Bestrebung der NS-Führung, die Massen der Arbeiterschaft für sich zu gewinnen. Sie „umzudrehen" lautete der Befehl. Die Arbeiterschaft sollte – möglichst rasch gleichgeschaltet – der NS-„Volksgemeinschaft" und einer nationalsozialistisch ausgerichteten Wirtschaftspolitik nützlich sein.

---

* SPD-Verbot durch Anordnung des Preußischen Ministers des Innern vom 23. Juni 1933.

** Gesetz zur „Sicherung der Einheit von Partei und Staat" vom 1. Dezember 1933 (Reichsgesetzblatt I S. 1016). Diese Einheit von Partei und Staat wird dann am 1. Dezember 1933 durch „Gesetz zur Sicherung der Einheit von Partei und Staat" unter besonderen Schutz gestellt. In § 1 ist bestimmt: Nach dem Sieg der nationalsozialistischen Revolution ist die NSDAP die Trägerin des deutschen Staatsgedankens und mit dem Staat unlöslich verbunden.

3. Abschnitt

Die nationalsozialistische „Deutsche Arbeitsfront" (DAF), einschließlich der NS-Gemeinschaft „Kraft durch Freude" (KdF): Zerstörung der Gewerkschaften, ideologische Ausrichtung und Gleichschaltung von Arbeitnehmer und Arbeitgeber. Ideologie, Programm und NS-Handlungspraxis.

Information und Kommentar

Die beste politische Idee nützt nichts, wenn sie keine Träger findet. Aber auch die umgekehrte Sinnfolge gilt: Eine miserable Idee setzt sich um und möglicherweise durch, wird also zur Tat, wenn sie Träger, Transporteure und Täter findet. Und die Nationalsozialisten fanden und organisierten Träger, Transporteure und Täter für die NS-Weltanschauung, für Taten und Untaten in ihren zielgruppenorientierten Parteigliederungen.

Folgende uniformierte Hauptorganisationen bildeten das Gerüst der → NSDAP zum Herrschaftsaufbau und zur Herrschaftssicherung. Dazu kamen dann noch eine ganze Reihe von Subträgern, um spezielle Interessen zu decken, als angeschlossene Verbände, die hier nicht genannt sind. Sie alle funktionierten nach dem Führer-Prinzip: Unter- und Einordnung, „Führer und Gefolgschaft".

Nationalsozialistische Hauptorganisationen – Parteigliederungen – waren:

- Die Sturmabteilungen der NSDAP (→ SA)*
- Das Nationalsozialistische Kraftfahrer-Korps (NSKK)
- Die Schutzstaffeln der NSDAP (→ SS)
- Die Hitler-Jugend (→ HJ)
- Der Reichsarbeitsdienst (RAD)
- Das NS-Fliegerkorps (NSFK)

Ihnen konnten weitere NS-Verbände angeschlossen sein, wie z. B. NS-Volkswohlfahrt, NS-Lehrerbund e.V.

---

* In Klammer gesetzt sind die parteiamtlichen Abkürzungen.

Die Zerschlagung der Gewerkschaften – gewichtiges Teilziel im Rahmen der Ausschaltung der Arbeiterbewegung – wurde von NS-Parteigliederungen besorgt. Die „Nationalsozialistische Betriebszellenorganisation (→ NSBO)“ war eigens geschaffen worden, um die Arbeiterschaft in das NS-Organisationsgefüge hereinzuziehen, eine Art von Gegengewerkschaft. Die Mehrfachstrategie der NSBO verrät sich bereits in ihrem Namen: Als kleine, aber wirksame (Keim-) Zelle sollte sie in den Betrieben Nazi-Gedankengut einschleusen, Nazi-Politik propagieren, neue Anhänger gewinnen und mobilisieren, die Arbeiterschaft gleichschalten* und auf das stets verherrlichte NS-Selbstbild ausrichten. Ihr Schlagwort hieß „Hib“ = „Hinein in die Betriebe“. Zugleich bekämpfte die NSBO die Gewerkschaften mit dem Ziel, sie zu zerstören, um die Arbeiterschaft gegen sie als Repräsentanten des propagierten Feindbildes zu aktivieren. Gemeinsames Bewußtsein der eigenen Überlegenheit und gemeinsame Aggression gegen einen „Feind“ ergänzten sich, um die Masse der Arbeiter auf die Nazi-Partei einzuschwören. Seit 1927 hatten die Nazis in mehreren Großbetrieben – zunächst in Berlin – Fuß gefaßt. Aus diesen Betriebsgruppen bildete sich seit 1929 die NSBO. → Dr. Goebbels hatte sie auf dem Nürnberger Reichsparteitag durchgesetzt.
Die Aufgaben und Zuständigkeiten der NSBO gingen an der Betriebsfront bereits 1933, endgültig 1934/35 auf die „Deutsche Arbeitsfront“ (→ DAF) über. Ihr Gründer war der Reichsorganisationsleiter der NSDAP, → Dr. Robert Ley, der schon in der „Kampfzeit“ über gute Kontakte zur Schwerindustrie verfügte.

* Nationalsozialistische Gleichschaltung. Sie bezog sich auf weite Bereiche in der Politik. Die Reichsregierung wollte möglichst schnell die gesamte Staatsgewalt an sich ziehen und von Berlin aus das gesamte Reich regieren, das heißt befehlen und zentralistisch steuern. Zwei Beispiele: Gleichschaltung der Länder unter der Herrschaft des Reiches. Gleichschaltung des Schul- und Bildungswesens. Die Länder-Kultusminister hatten die Befehle der von Berlin vorgeschriebenen Politik auszuführen, wobei dann die Schulverwaltungen im lokalen Bereich einen gewissen, freilich knapp bemessenen Handlungsspielraum fallweise immer wieder auszunutzen suchten. Alle Köpfe gleichzuschalten, gelang auch den Nazis nicht immer.

Wie läßt sich nun das Selbstbild der NS-Organisation Deutsche Arbeitsfront im einzelnen analysieren? Wie geschah die Überrumpelung und Zerstörung der Gewerkschaftsbewegung in Deutschland, wie konnte sie gelingen, was trug die DAF dazu bei?
Die Nationalsozialisten wußten sehr gut, daß nur der auf Dauer im Besitze der Regierungsmacht bleiben kann, der sich der Arbeiterschaft zu versichern weiß. Sie stellten sich selbst fortwährend (und damit begründeten sie ihre Existenz) als Vertreter des Volkswohls dar, als „Arbeiterpartei", „national", versteht sich, wie der Name ausweist. Es bestand kein Zweifel: Wenn es gelänge, Organisation und Inhalte der Arbeiterbewegung umzupolen und zu besetzen, dann war die Zukunft Adolf Hitlers und des deutschen Faschismus innenpolitisch gesichert. Heute wissen wir, daß diese Rechnung im wesentlichen aufging. Dieses Phänomen läßt sich im Kern immer wieder auf das von den Nazis erfolgreich verkaufte Selbstbild mit dem integrierten Feindbild zurückführen. Ein gut eingerichteter Indoktrinationsapparat stand zur Verfügung. Die DAF transportierte und vermittelte dieses Selbstbild am Arbeitsplatz: Statt Klassenkampf – Deutsche Arbeitsfront, Beseitigung aller Klassen. „Arbeit ist Disziplin, Arbeit ist Schöpfung"*, so stand zu lesen auf Seite 1 des DAF-Mitgliedsbuches. So ging man die politischen Probleme an, unter denen Arbeitslose und Kurzarbeitende samt ihren Familien zu leiden hatten. – Und auf Seite 2, gegenüber den

Quelle: Mitgliedsbuch der Deutschen Arbeitsfront.

Massenversammlung der NSDAP. Propaganda für Nationalsozialistische Betriebszellen.

Personalien, konnte das DAF-Mitglied den Stellenwert der Arbeit von Schaffenden der Stirn und der Faust erfahren: „Niemals dürfen wir die Menschen nach der Art der Arbeit werten, sondern nur nach der Leistung am Arbeitsplatz, auf dem sie stehen. Wir müssen Achtung vor jeder Arbeit, Achtung vor jedem Träger dieser Arbeit haben." – Dr. Robert Ley. Das wurde verstanden. Das kam an. Das war angewandte Psychologie zur Leistungsmotivierung. Ein übriges tat das dazu gelieferte Feindbild, primitiv und wirksam zugleich. Kritik oder gar Opposition wurden von den Nazis mit rücksichtsloser Härte erstickt: → KZ für Staatsfeinde im Innern des Reichs, Kriegserklärung für außerdeutsche Staaten, die sich Hitlers Außenpolitik zu widersetzen wagten.

Wie die Mitglieder der DAF waren auch die der anderen Parteigliederungen durch Uniformen gekennzeichnet, ja, die NSDAP war geradezu eine Partei in Uniform mit mehr oder weniger militärischem Charakter. Diese Parteigliederungen waren eine Art paramilitärische Privat-Armee der NS-Führer-Clique. Für sie alle galt das absolute Führerprinzip: Befehlsgewalt und Gehorsamspflicht, die jeden Widerspruch ausschloß.

Über die NSBO-Kanäle, wie erwähnt, sickerte die NSDAP bereits vor Hitlers „Machtergreifung" (NS-Jargon) in die Betriebe ein: als politische Gruppierung in Konkurrenz zu den Gewerkschaften. Auf diesem Wege allein, in fairem demokratischem Wettstreit mit den übrigen Interessenvertretungen in den Betrieben hätte die NSDAP die Herrschaft in Deutschland und über Deutschland wohl kaum erreicht. 1932 zählte die NSBO ca. 100000 Mitglieder, 1933 ca. 300000 Mitglieder. Ihnen standen in den → Freien und → Christlichen Gewerkschaften 5,8 Millionen organisierte Arbeitnehmer gegenüber. Aus Wahlen zu Betriebsvertretungen ging die NSBO im Wettbewerb mit den übrigen Kanditaten keineswegs eindeutig als Sieger hervor. Die Freien Gewerkschaften besaßen auch nach Hitlers Machtübernahme das Vertrauen der Arbeitnehmer in hohem Maße. Nach einer Übersicht des → Allgemeinen Deutschen Gewerkschaftsbundes (ADGB) vom April 1933* verteilten sich nach Arbeiterratswahlen in 1387 Betrieben die Mandate wie folgt:

---

* Quelle: Rudolf Herbig, Aus der Sozial-, Wirtschafts- und Gewerkschaftsgeschichte vom 14. Jahrhundert bis zur Gegenwart, Notizen, 7. Auflage, Wolframs-Eschenbach 1980, S. 205.

	Mandate	v. H.
Freie Gewerkschaften	6777	73,4%
Christl. Gewerkschaften	693	7,6%
NSBO	1083	11,7%
RGO*	450	4,9%
Hirsch-Dunckersche Gewerkvereine**	55	0,6%
Sonstige	96	1,0%

Es liegt klar auf der Hand: Nach wie vor lehnte die Arbeitnehmerschaft die NS-Politik ab, nach wie vor blieb sie auf Oppositionskurs gegenüber den neuen Herren in Deutschland – und das im Gegensatz zur Gewerkschaftsführung, die eine Politik der Anpassung versuchte, in der trügerischen Hoffnung, damit die Gewerkschaften zu retten.
Da diese Tatbestände nicht in ihr Konzept paßten, unterbrach die neue Reichsregierung die Betriebsratswahlen mit Gesetzesgewalt. Die Nationalsozialisten wußten, wie man Widerstand erfolgreich begegnet. Anstelle des politischen Wortes, anstelle der Diskussion und der freien Wahlen trat der Terror. Anschließend vollzog sich die vorgeplante Zerstörung der traditionellen Arbeiterbewegung am 1./2. Mai in zwei aufeinander abgestimmten Schritten als Teile der Gesamtstrategie: Zuerst wurde der Maifeiertag, das Symbol der Arbeiterbewegung verfälscht und mit NS-Ideologie befrachtet: durch noch nie dagewesene, gewaltige Kundgebungen, durch kolossale Spektakel, die die Massen der Arbeitnehmer und auch der Arbeitgeber emotionalisierten und für die NS-Weltanschauung öffneten. Am 2. Mai erfolgte dann nach Plan die organisatorische und materielle Zerschlagung der Gewerkschaften: Besetzung der Gewerkschaftshäuser, Beschlagnahmung der Gewerkschaftsgelder, Verhaftung leitender Funktionäre.
Nach der NS-Selbstdarstellung war die DAF „die nationalsozialistische Gemeinschaftsorganisation der schaffenden Deutschen der Stirn und der Faust". „In ihr", so die Verordnung des Führers über Wesen und Ziel der Deutschen Arbeitsfront, „sind insbesondere die Angehörigen der ehemaligen Gewerkschaften, der ehemaligen Angestellten-Verbände und der ehemaligen Unternehmervereinigungen als gleichberechtigte Mit-

* RGO = Rote Gewerkschaftsopposition (kommunistisch).

** Die → Hirsch-Dunckerschen → Gewerkvereine, 1868 gegründet, vertraten die liberale Richtung; sie verstanden sich als unpolitische Gewerkschaften. Kein Mitglied der Gewerkvereine durfte gleichzeitig Mitglied in der Sozialdemokratie sein.

glieder zusammengeschlossen“. Als Ziel hatte der oberste Führer aller NS-Organisationen „die Bildung einer wirklichen Volks- und Leistungsgemeinschaft aller Deutschen“ programmiert. In Ablösung der Gewerkschaften sollte die DAF als gemeinschaftliche Organisation an die Stelle der im Klassenkampf befindlichen Kontrahenten: Arbeitgeberverbände/Gewerkschaften treten. Der einzelne Arbeitnehmer sollte zur höchsten Leistung befähigt werden und „damit den größten Nutzen für die Volksgemeinschaft gewährleisten“.

Zu den weiteren Aufgaben der DAF gehörte es, Streiks zu verhindern. „Den Arbeitsfrieden sichern“, und damit das Funktionieren des Führerstaates sicherzustellen, entsprach dem totalitären Anspruch der Nationalsozialisten gegenüber den „Volksgenossen“. Zu diesem Zweck fungierte im Betrieb eigens ein „Treuhänder der Arbeit“. Darüberhinaus war der DAF für die Verplanung der Freizeit die NS-Gemeinschaft „Kraft durch Freude (KdF)“ zugeordnet. Schließlich hatte die DAF noch für „die Berufsschulung Sorge zu tragen“.

Im Betrieb wurden die besonderen Interessen der DAF durch einen „Betriebsobmann“ vertreten. Als Mittler zwischen Betriebsführer und Gefolgschaft „war er in allen weltanschaulichen, sozialen sowie wirtschaftspolitischen Fragen“ zuständig.

Ein Vertrauensrat, gebildet aus dem Betriebsführer und sogenannten Vertrauensmännern der Gefolgschaft, hatte die Angelegenheiten der Betriebsgemeinschaft zu regeln. Für überbetriebliche Fragen war ein Arbeitsausschuß installiert, der sich aus Betriebsführern und Gefolgsmännern „artgleicher Betriebe“ paritätisch zusammensetzte. Auf „Gauebene“ waren dann „Arbeitskammern“ eingerichtet. Aus den Mitgliedern der Arbeitskammern und einem Beirat der Wirtschaftskammer eines Wirtschaftsbezirks setzte sich ein „Arbeits- und Wirtschaftsrat“ zusammen. Er hatte sozial- und wirtschaftspolitische Fragen zu beraten. Für Themen im „Reichsmaßstab“ war die „Reichsarbeitskammer“ bzw. „Reichswirtschaftskammer“ zuständig. Mitglieder dieser Kammern vereinigten sich in einem „Reichs-Arbeits- und Wirtschaftsrat“. So wurden die Aufgaben der Deutschen Arbeitsfront in einem fein ausgeklügelten System institutionalisiert, personalisiert und dadurch wirksam abgesichert. Die Parteifunktionen der DAF stellten Verwaltungsapparate auf Orts-, Kreis-, Gau- und Reichsebene dar. Ihre Organisationsstruktur entsprach derjenigen der

Partei und der übrigen NS-Gliederungen. Im Betrieb waren überdies sogenannte „Werkscharen" eingerichtet, die der Betriebsobmann führte. Sie hatten die Funktion eines „Stoßtrupps der Betriebsgemeinschaft". Aufgabe der Werkschar war „die Zusammenfassung aller aktivistischen nationalsozialistischen Kräfte im Betrieb". Schließlich gehörten zur DAF noch Ämter für Rechtsberatung, für Arbeitswissenschaften, für technische Wissenschaften, ein Sozialamt, ein Heimstättenamt, ein Jugendamt, ein Frauenamt, ein Amt für Volksgesundheit und noch weitere Fachämter. Dieses Verwaltungs- und Betreuungsnetz sicherte die totale Erfassung und Beherrschung aller. Das „Amt für Berufserziehung und Betriebsführung" hatte den jährlichen „Berufswettkampf aller schaffenden Deutschen" zu organisieren, der gegliedert war in einen Orts-, Gau- und Reichsberufswettkampf. Zur Leistungsmobilisierung der Betriebe und Unternehmungen diente die alljährliche Auszeichnung der „Musterbetriebe" am 1. Mai. Der „Deutsche Siedlerbund e.V." als weitere betreuende Organisation, der Einsatz des „Betriebsvolksbildungswarts" der DAF, der „Feierabendwarte" der DAF, der Betriebsreferenten „Schönheit der Arbeit" und endlich noch der Betriebsreferenten für „Reisen, Wandern, Urlaub" runden das Bild der vollkommenen Verplanung des Menschen ab.
Oberstes Ziel war nach nationalsozialistischem Selbstverständnis „die weltanschauliche Erziehung aller Mitglieder der Deutschen Arbeitsfront zum Nationalsozialismus". Das totalitäre NS-System suchte ganz gezielt über die Berufstätigkeit den Menschen ganzheitlich zu erfassen und diktatorische Kontrolle über alle seine Lebensbereiche zu gewinnen.
Hitlers Menschenerziehung war „total". Sie begann mit der Jugenderziehung in der Hitler-Jugend. Hitler selbst sagte dazu: „Wenn diese Knaben mit 10 Jahren in unsere Organisation hineinkommen und dort – oft zum ersten Mal überhaupt – eine frische Luft (d. h. Autorität und Gehorsam) fühlen, dann kommen sie vier Jahre später zum Jungvolk und in die Hitler-Jugend. Dort behalten wir sie wieder vier Jahre. Und dann geben wir sie erst recht nicht zurück in die Hände unserer alten Klassen- und Standeserzeuger, sondern wir nehmen sie sofort in die Partei, in die Arbeitsfront, in die SA oder in die SS, in das NSKK* usw. Und wenn sie dort zwei Jahre waren,

* NSKK = Nationalsozialistisches Kraftfahrer-Korps.,

kommen sie in den Reichsarbeitsdienst und werden dort wieder sechs bis zwölf Monate geschliffen, alles mit einem Symbol beim Arbeitsdienst: unter dem ‚deutschen Spaten'. Dann übernimmt sie die Wehrmacht zur Behandlung auf zwei Jahre. Und wenn sie da zurückkehren, dann nehmen wir sie sofort wieder in die SA, SS usw.*.

Es ist keine Frage: Wenn es Hitlers Partei, der NSDAP, gelungen ist, die Weimarer Republik zu zerstören, wenn es ihr gelang, Deutschland organisatorisch und ideologisch zu vereinnahmen, dann hatten daran die uniformierten nationalsozialistischen Parteiorganisationen einen wesentlichen Anteil. Sie waren Vermittler, um nicht zu sagen: Marktschreier des nationalsozialistischen Feindbildes und gleichzeitig stolze Träger des NS-Selbstbildes. Sie ermöglichten den totalen Führerstaat mit Partei-Diktatur. Sie entrechteten und entwürdigten den Menschen.

Mit der Besetzung der Arbeitswelt durch die DAF war ein fundamentaler Bereich menschlichen Lebens erfaßt, organisiert und gleichgeschaltet im Dienste der NS-Ideologie – bis Hitlers Groß-Deutschland 1945 zusammenbrach.

* Zitiert nach Henry Picker, Hitlers Tischgespräche im Führerhauptquartier, Stuttgart 1976, S. 185.

[45] *Die „Deutsche Arbeitsfront" im NS-Selbstbild, „politische Gewerkschaften" im NS-Feindbild*

Auf dem Weg zur NS-Regierungsmacht nahmen Selbstdarstellung und Propaganda zentrale Positionen ein. Neben ideologischen und programmatischen Aussagen gehörten emotionalisierende Appelle an die Instinkte im Menschen zur massenpsychologischen Strategie – mit solchen Mitteln wurden die Gewerkschaften verteufelt – Teil des Feindbildes. – Mit diesen Mitteln wurde Adolf Hitler als Retter der Deutschen angepriesen – zentraler Aspekt des Selbstbildes.

NS-Feindbilder:

> ... Adolf Hitler lehnte politisierte Gewerkschaften rundweg ab, Gewerkschaften, die sich einer Partei verschrieben und die die Gelder, die zur wirtschaftlichen Unterstützung der schaffenden deutschen Menschen gesammelt worden waren, gewissenlosen Parteipolitikern für ihre landesverräterischen Geschäfte hergaben. Er untersagte daher auch, eigene nationalsozialistische Gewerkschaften aufzuziehen. So beschwor das Bürgertum den Klassenkampf herauf, indem es sich abgrenzte und dem sogenannten Proletariate das Recht absprach, gleichberechtigt zu sein, mit Verachtung auf den herabsah, der mit seiner Hände Arbeit sich sein Brot verdiente, und ihn gesellschaftlich deklassierte. Schon die Wortwahl war typisch: Dadurch, daß man den neu sich bildenden Stand der Industriearbeiterschaft kurzerhand mit dem Namen Arbeiter belegte, erzeugte man zwangsläufig die Vorstellung, als gäbe es andere Stände, die nicht arbeiten müßten oder wollten, und begriff gar nicht, daß man mit dieser Bezeichnung im Grunde über sich selbst ein Urteil fällte, das später der Marxismus nur allzugerne sich zu eigen machte.
>
> Die marxistischen Gewerkschaften nun setzten dem Klassenkampf von oben den Klassenkampf von unten entgegen. Es lag ihnen nicht daran, dem deutsche Arbeiter den Platz zu erringen, der ihm zukam, nämlich gleichberechtigtes und gleichgeachtetes Glied seines Volkes zu sein, sondern sie bemühten sich, ihn in der Deklassierung festzuhalten und in ihm den Haß zu züchten, nicht nur gegen die anderen Klassen, sondern gegen Autorität und Vaterland überhaupt. Bewußt stellte man den Kampf auf einen Kampf

der Klassen ab und auf die Gewinnung primitivster materieller Vorteile. Darin erschöpfte man die Kraft des schaffenden deutschen Menschen.
Genau so gut, wie nicht zu begreifen ist, weshalb zum Beispiel in einem Unternehmen die Waschräume für einen Teil der Belegschaft, der ein höheres Gehalt bezieht, sauber und schön gekachelt sind, während für den anderen Teil, der an der Maschine steht, mit schlechter Ölfarbe angestrichene Räume genügen sollen, während er in jedem Volksbad gekachelte Wände findet, oder schließlich, warum einige Bevorzugte in der Lage sein sollen, Theater, Konzerte und gute Kinovorführungen zu besuchen, während die große Menge der weniger Bevorzugten alles dies wie selbstverständlich entbehren soll.

NS-Selbstbilder:

Welch weltenweiter Unterschied tut sich auf zwischen den Aufgaben, die die nationalsozialistische Deutsche Arbeitsfront sich gesetzt hat, und den kümmerlichen, gemeinschaftszerstörenden Kampfzielen bürgerlicher und marxistischer Gewerkschaftspolitik. Von Jahr zu Jahr wird dieser Unterschied immer deutlicher werden, wird es sich immer mehr erweisen, wie sozialistisches Denken nicht nur das äußere Bild des deutschen Volkes umformt, sondern es auch glücklicher und reicher auf allen Gebieten macht und ihm die Wohlfahrt schenkt, die einer einzelnen Klasse zu verschaffen der Marxismus zwar versprach, aber zu geben nicht vermochte, und einmal wird man an die verflossene Zeit so zurückdenken, wie ein geschulter Arbeiter an die Zeiten zurückdenkt, da er als Lehrling nur kümmerliche Mißbildungen aus dem Stück Eisen hervorbrachte, das er bearbeiten sollte. ...
... Der zähen Arbeit der NSBO war es zu danken, daß am 1. Mai 1933 die Menschen bereitstanden, die in der Lage waren, aus den marxistischen verrotteten Gewerkschaften etwas Neues, vollkommen Anderes zu bilden, – die „Deutsche Arbeitsfront“, die nach dem kühnen und genialen Plan des Führers unter der Leitung von Dr. Ley die geschlossene Vertretung der schaffenden deutschen Volksgenossen werden sollte. Selbstverständlich war die Gründung der Deutschen Arbeitsfront ein revolutionärer Akt, es konnte nicht anders sein in jenen Tagen. Aber mit ungeheurer Zähigkeit und Schnelligkeit wurde dann der organisatorische Aufbau durchgeführt, und nach wenigen Wochen schon konnte Dr. Ley dem Führer melden: „Die Arbeitsfront steht“.
...
Überwunden ist das Klassenkampf- und Kastendenken, und langsam verschwinden auch alle äußeren Kennzeichen einer vergangenen Zeit. Mit Recht bezeichnete Dr. Ley die Arbeitsfront als „die

Kameradschaft aller Schaffenden", die nun verbunden nebeneinander stehen, wie das Schicksal selbst sie nebeneinander stellte und miteinander verband, als Träger eines organischen, lebendigen Wirtschaftslebens. Groß sind die Aufgaben, die vor Dr. Ley liegen. Er selbst hat sie in der ersten Folge der Schulungsbriefe der Deutschen Arbeitsfront mit dem Satz gekennzeichnet: „Während der liberalistische Staat lediglich über die Gesetze und Verordnungen wachte, ist der nationalsozialistische Staat Erzieher und Pädagoge für das gesamte Volk." ...
So verwirklicht sich der Nationalsozialismus und schafft für jeden ein Leben, das immer reicher und schöner wird und in dem jedem alles zugänglich gemacht werden soll, an welchem Platze im wirtschaftlichen Leben der Nation er auch stehen mag.
So wird der Gedanke der Volksgemeinschaft im Großen wie im Kleinen wirksam, und er manifestiert sich ebenso in den großen Kundgebungen des 1. Mai wie im Schutze der Ehre auch des letzten Volksgenossen, in der sauberen Ausstattung seines Arbeitsplatzes in gleicher Weise wie in den Urlaubsreisen, die nun auch dem ärmsten Volksgenossen offenstehen.

Quelle: Wilfried Bade, Deutschland erwacht, Hamburg 1933, S. 124ff.

[46] Wege, um die gewerkschaftlich organisierten Arbeitnehmer zu gewinnen

Vorschlag Walter Schuhmanns (Leiter der NSBO) über die künftige Rolle der Gewerkschaften, an die NS-Führung vom 14. März 1933*.

Die Wahl am 5. März 1933 hat gezeigt, daß der Nationalsozialismus die Arbeitermassen nicht im vollen Umfange erfaßt hat. Dies ist wohl in erster Linie darauf zurückzuführen, daß die Gewerkschaften, jedenfalls soweit sie unter marxistischen oder Zentrumseinfluß stehen, den Nationalsozialismus bekämpfen. Der gewerkschaftlich organisierte Arbeitnehmer, der den Gewerkschaften vieles verdankt, fühlt sich mit ihnen deshalb verbunden und wählt marxistisch oder das Zentrum. Es besteht die Gefahr, daß bei Besserung der Wirtschaftslage die Arbeitnehmer, die sich von den Gewerkschaften (besonders wegen der hohen Beiträge) abgewandt haben und die Arbeitslosen, die wieder in die Betriebe

* Der Vorschlag wurde auch an Dr. Ley und Rudolf Heß, Stellvertreter des Führers, zur Besprechung mit Hitler geschickt.

zurückkommen werden, dem gewerkschaftlichen Einfluß verfallen und dem Nationalsozialismus entfremdet werden. Es ist eine Lebensfrage für den Nationalsozialismus, die gewerkschaftlich organisierten Massen der Arbeitnehmer zu gewinnen. Dies ist durch eine gewerkschaftsfreundliche Politik allein nicht möglich, da die Gewerkschaftsführer den Nationalsozialismus ablehnen. Der Nationalsozialismus muß, um seine gewerkschaftsfreundliche Politik zur Geltung zu bringen, in der Lage sein, gegen jede Sabotage seitens der Gewerkschaftsführung einzuschreiten.
Es gibt zwei Wege, um die gewerkschaftlich organisierten Arbeitnehmer zu gewinnen:

a) Aufbau der nationalsozialistischen Gewerkschaften auf der Grundlage der Nationalsozialistischen Betriebszellen-Organisation,
b) Die Eroberung der bestehenden Gewerkschaften durch den Nationalsozialismus.

Den ersten Weg hat man in Italien eingeschlagen. Dort hat man die faschistischen Gewerkschaften als staatliche Gewerkschaften anerkannt und mit Vorrechten ausgestattet, die man anderen Gewerkschaften genommen oder versagt hat. Die Mitglieder der nicht staatlichen Gewerkschaften sind in die faschistischen Gewerkschaften abgewandert. Die nichtstaatlichen Gewerkschaften sind im Laufe der Zeit zu einer völligen Bedeutungslosigkeit herabgesunken. Ob dieser Weg gangbar sein wird, ist zweifelhaft. Die Gewerkschaften sind, insbesondere durch ihre sozialen Einrichtungen, im Bewußtsein der Arbeiterschaft so fest verwurzelt, daß es kaum möglich sein wird, sie durch eine neue Gewerkschaftsart zu ersetzen. Außerdem würde das alte Mißtrauen in der Arbeiterschaft nur gefördert werden, daß der Nationalsozialismus die Gewerkschaften zerschlagen will.
Der zweite Weg, die Eroberung der Gewerkschaften, ist unter den gegenwärtigen Verhältnissen schwer möglich. Die marxistischen Gewerkschaften verwehren jedem Nationalsozialisten den Eintritt und schließen Nichtmarxisten wegen gewerkschaftsfeindlichen Verhaltens aus. Es muß daher zunächst auf eine Entpolitisierung der Gewerkschaften hingewirkt werden, so daß den Nationalsozialisten der Eintritt in die Gewerkschaften offensteht. Dies allein aber kann zur Eroberung der Gewerkschaften nicht führen. Die Nationalsozialisten würden in den Gewerkschaften nur eine Minderheit darstellen. Die Gewerkschaftsführung würde ihre antinationalsozialistische Tätigkeit fortsetzen und versuchen, die eingetretenen Nationalsozialisten zu entfernen.
Der Nationalsozialismus kann auf die Gewerkschaften nur dadurch einen Einfluß gewinnen, daß er die Gewerkschaftsführung und Verwaltung kontrolliert und einschreitet, wenn dies das staatliche Interesse, das sich praktisch mit dem nationalsozialisti-

schen Interesse decken wird, erfordert. Bereits heute üben die Gewerkschaften Befugnisse aus, die sich mit denen der öffentlichen Verwaltung berühren (Vertretungen vor dem Arbeitsgericht, Tariffähigkeiten, Vorschlagsrecht bei den Sozialwahlen, Tätigkeit im Reichswirtschaftsrat). Außerdem haben sie Einrichtungen geschaffen, die die Leistungen der Sozialversicherungen ergänzen. Man könnte diese Befugnisse noch erweitern (Einfluß bei der Arbeitsvermittlung, Anhörung und Erlaß sozialpolitischer und arbeitsrechtlicher Maßnahmen). Wenn die Gewerkschaften öffentliche Verwaltungen ausüben, so ist es recht und billig, daß der Staat ein Aufsichtsrecht über sie an Anspruch nimmt. Dies muß sich auf ihre gesamte Verwaltungstätigkeit – einschließlich Einrichtungen, Anstalten, Presse – erstrecken. Hierzu ist die Einsetzung eines Reichskommissars zur Überwachung der Gewerkschaften erforderlich. Als eine der ersten Maßnahmen wird die Unterbindung der Hetze in Presse und Gewerkschaftsschulen, eine Nachprüfung der Finanzgebarung und eine Herabsetzung der Mitgliedsbeiträge in Frage kommen. Gewerkschaften, die sich dem Aufsichtsrecht widersetzen, erhalten eine staatliche Leitung. Es darf auch nicht zurückgeschreckt werden, Gewerkschaften zu schließen, da das Ziel der Einheitsgewerkschaft im Auge behalten werden muß.

Sind die Gewerkschaften einmal entpolitisiert, wird sich von selbst die Notwendigkeit ergeben, die Gewerkschaften zu vereinigen. Die Arbeiterschaft muß aufgeklärt werden, daß die Vereinigung in ihrem Interesse liegt (Verbilligung, erhöhte Stoßkraft). Am Ende dieser Entwicklung wird die Einheitsgewerkschaft mit Fachabteilungen stehen, die in der Gliederung der Gewerkschaften bereits vorhanden sind.

Ist diese Entwicklung zum Abschluß gekommen, so wird der Einführung des Koalitionszwangs nichts mehr im Wege stehen. Von diesen Maßnahmen werden nur die als wirtschaftliche Vereinigungen Arbeitnehmer-Organisationen betreffen. Die wirtschaftsfriedlichen Vereinigungen scheiden bei diesen Betrachtungen schon mit Rücksicht auf die deutschnationale Regierungspartnerschaft aus, zumal da sie bedeutungslos sind. Sie würden allerdings am Schluß der Entwicklung bei der Einführung des Koalitionszwanges betroffen werden.

Quelle: Michaelis/Schraepler (Hrsg.), Ursachen und Folgen, Neunter Band, Das Dritte Reich, Berlin o. J. S. 632ff.

[47] Außer der DAF keinerlei Organisationen mehr. Konfessionelle Arbeitervereine sind Staatsfeinde.

Verfügungen des Führers der Deutschen Arbeitsfront vom 22. Juni 1933

Mit der Bildung der Deutschen Arbeitsfront sollte der Vielheit der Arbeitnehmer- und Unternehmerorganisationen gegenüber getreten werden. Nicht allein sollte damit der letzte Unterschlupf des Marxismus getroffen werden, sondern es sollte auch die unglückselige Zerklüftung der deutschen Arbeitsmenschen behoben werden. Kleinliche und eigensüchtige Subjekte wollen diese große revolutionäre Tat nicht anerkennen und versuchen, mit Nachbildungen und Selbsthilfeorganisationen diese Arbeit zu schwächen. Es ist der Wille des Führers, daß außer der Deutschen Arbeitsfront keinerlei Organisationen mehr, weder der Arbeitnehmer noch Arbeitgeber existieren. Ausgenommen sind der ständische Aufbau und Organisationen, die einzig und allein der Fortbildung im Berufe dienen.

Alle übrigen Vereine, auch sogenannte katholische und evangelische Arbeitervereine, sind als Staatsfeinde zu betrachten, weil sie den großen Aufbau hindern und hemmen. Deshalb gilt ihnen unser Kampf, und es ist höchste Zeit, daß sie verschwinden.

gez. Dr. Robert Ley

Quelle: Zitiert nach „Ursachen und Folgen", Neunter Band, Das Dritte Reich, Berlin o. J., S. 642f.

[48] Die Männer der nationalsozialistischen Betriebszellen zertrümmerten und zerstörten die marxistische Idee ... Feierstunde für Arbeiter und Soldaten

Gedankengänge, die Hermann Göring, dem ersten Mann nach Hitler, als Grundlage für die Ansprachen dienten, die er Jahr für Jahr in der Nacht des 1. Mai an den deutschen Arbeiter und an den deutschen Soldaten richtete.

Der Generalbevollmächtigte des Führers und Reichskanzlers, von 1936 an zuständig für die kriegsvorbereitende deutsche Wirtschaft, legt hier im Rückblick zwei Zielsetzungen der Deutschen Arbeitsfront offen: Die Zerstörung der marxistischen Idee und die weltanschauliche Erziehung = das Herüberziehen des Arbeiters zur NSDAP.

Die Männer der nationalsozialistischen Betriebszellen waren es, die weltanschaulich den noch abseits stehenden Arbeitskameraden erzogen haben, bis auch er deutscher Nationalsozialist wurde. Sie zertrümmerten und zerstörten die marxistische Idee, indem sie ihr zu Leibe gingen, bis Zehntausende, Hunderttausende und schließlich Millionen in gläubigem Vertrauen zum Führer aufsahen. Der Staat, die Polizei, die Exekutive konnten wohl Formen zerstören, den Menschen aber innerlich begeistern und ihn in das weltanschauliche Lager des Nationalsozialismus herüberziehen, das hat die schaffende deutsche Arbeiterschaft vollbracht. Dies sind Gedankengänge, die Görings Ansprache formen, die er Jahr für Jahr in der Nacht des 1. Mai an den deutschen Arbeiter und an den deutschen Soldaten richtet. Diese Feiern im Lustgarten unter dem Schein von Tausenden von Fackeln werden den Zehntausenden, die ihnen beiwohnen dürfen, immer in Erinnerung bleiben. Aber auch für ihn ist dieses Zusammensein mit dem deutschen Arbeiter und dem deutschen Soldaten eine Feierstunde. Wie oft hat er es ausgesprochen, daß er die Arbeitslast, die ihm aufgebürdet ist, nicht tragen und bewältigen könnte, wenn er nicht wüßte, daß das Volk mit ihm empfinde und in seinem Glauben unerschütterlich sei. …

Quelle: Erich Gritzbach, Hermann Göring, Werk und Mensch, München 1938, S. 295.

[49] Das ist das Werk Adolf Hitlers! Durchbruch des wahren Sozialismus

Von Dr. Robert Ley, Führer der Deutschen Arbeitsfront

Pg. Dr. Robert Ley, hielt kürzlich bei der Besichtigung einer Fabrik die folgende Ansprache:

Wenn wir heute ein neues Deutschland haben, um das jung und alt, Männer und Frauen gerungen, das sie ersehnt und erhofft haben, so wollen wir uns daran erinnern, daß es uns gelingen muß und auch gelingen wird, unser Arbeitsverhältnis wieder zu dem zu machen, was es sein soll, nämlich zu einem gegenseitigen Vertrauen und gegenseitigen Achten, zur Erfüllung einer Pflicht. Jeder, der Arbeit leistet, muß von seinen Mitmenschen geachtet werden. Die Begriffe Arbeitgeber und -nehmer als zwei Parteien, als zwei Partner, müssen aus unserem Volk verschwinden. Nicht allein, daß sie sich nicht feindlich gegenüberstehen dürfen wie in den vergangenen Jahren, in denen um kleinen Profit gefeilscht und um Lohn gehandelt wurde, nein, nicht allein das, sondern darüber hinaus müssen wir zu einem neuen Denken kommen. Arbeitgeber sind wir alle, die wir Verbraucher sind. Wir geben die Arbeit, die der eine weiterleitet und den nächsten beauftragt, dieser beauftragt wieder den übernächsten, und so leiten wir die Arbeit.

Nicht als Parteien, nicht einmal als zwei Begriffe dürfen diese Worte noch vorhanden sein, sondern es muß einmal dahin kommen, daß nur ein einziger Begriff vorhanden ist. Wir sind alle Soldaten der Arbeit, von denen die einen befehlen und die anderen gehorchen. Gehorsam und Verantwortung müssen wieder bei uns einziehen. Der eine steht an diesem Platz, und der andere an einem anderen. Wir können uns nicht alle auf dem Kommandoturm befinden; sonst ist niemand da, die Segel zu spannen und die Taue zu ziehen. Das müssen wir erfassen. Nur dann werden wir auch wieder das Ethos der Arbeit haben, dann allein werden wir auch wieder zufriedene Menschen werden. ...

Unser Führer hatte nur zu recht, als er sagte: „Stelle jeden Menschen an den für ihn bestimmten Platz, den er nach seiner Fähigkeit und nach seinem Herzenswunsch ausfüllen kann." Das ist wahrer Sozialismus. Gebt den Menschen eine Freude, eine Freude an ihrem Arbeitsplatz, dann werden sie wieder mehr leisten.

Die früheren Gewerkschaften gingen daher, predigten den Haß gegen die Unternehmer, sagten den Arbeitern und Angestellten: Ihr müßt hassen lernen! Ja, ein Teil ging sogar so weit, zu sagen: Ihr müßt Sabotage üben, wo ihr nur könnt! Auf der anderen Seite aber stellten sie Forderungen. Man kann jedoch nicht beides in Einklang miteinander bringen. Wer nichts leistet und nur fordert, der handelt unsittlich. Wer etwas fordert, muß auch etwas leisten, wenn er aber etwas leistet, hat er auch das Recht, zu fordern.

Der Unternehmer kann kein Interesse daran haben, eine knechtsselige, sklavenhafte und sklavisch denkende Arbeiterschaft zu besitzen; nur an stolzen Menschen kann ihm gelegen sein. Das allein ist auch der Weg zur wahren Arbeitsbeschaffung. Einen anderen gibt es nicht. Wir müssen mehr leisten, dann wird sich damit auch das Lebensniveau heben, und dann werden wir wieder mehr kaufen können. In dem Arbeiter muß der Stolz geweckt weden, daß er sich nicht als Proletarier und Prolet fühlt, der möglichst verlumpt herumläuft, sondern Freude am Leben muß für ihn gewonnen werden, Freude an sich selbst, an der Familie, Freude an seinem Volke; dann wird auch wieder Ware gekauft werden, und die Fabriken können auch wieder produzieren. Der Bolschewismus predigte die Primitivität, und unsere Spießbürger plapperten es nach. Es hieß: Sparen! Sparen! Schluß mit dem Luxus! Was heißt denn Luxus? Unser Volk steht nun einmal auf einem hohen Kulturniveau; wir werden es nicht dulden, daß es davon absinkt, sondern sich weiter fortentwickelt. Wenn einer glaubt, die Nation werde dann leichtsinnig und verweichlicht, so antworten wir: Nein, wenn ich etwas leiste, dann kann ich auch etwas fordern.

Das wollen wir von der Arbeitsfront leisten; die Partei zuerst gab uns die Idee durch unseren großen Führer Adolf Hitler. Wir von der Arbeitsfront tragen diese Ideen nun bis zum letzten Volksgenossen weiter. Wir müssen das Minderwertigkeitsgefühl aus unserem Volke, aus unserer Arbeiterschaft ausmerzen. Der Arbeiter soll sich wieder stolz und erhaben fühlen und mit leuchtenden Augen dahergehen.

Nur darf die Wirtschaft dabei nicht zugrunde gehen. Daran haben wir alle ein Interesse, der Unternehmer sowohl wie der Arbeiter. Und das müssen wir auch begreifen lernen, daß wir alle Anteil nehmen müssen an dem Werk, in dem wir tätig sind, Anteil nehmen an jedem Stein, an jeder Maschine, an allem. So allein kommen wir wieder hoch, dann bannen wir den Klassenkampf und den Standesdünkel, dann werden wir zu einer neuen Gesellschaft werden.

Den Unternehmern sei überall gesagt: Wenn euch der Arbeiter gut am Tage ist, an einer Maschine zu stehen und ihr steht neben ihm, dann soll er euch auch gut sein, am Abend ein Glas Bier mit ihm zu trinken, in einer Gesellschaft mit ihm zu sein.

Wenn ihr im Alltag zusammengehört, dann gehört ihr am Feierabend erst recht zusammen.

Denn dort besteht nicht mehr das Vorgesetztenverhältnis, sondern dann seid ihr wirkliche Kameraden und sprecht von eurer Arbeit. Dann wird auch der Neid gebannt werden, diese häßliche Frucht, die aus der Gemeinheit des Menschen stammt. Jeder muß begreifen lernen: Ich habe eine Mission zu erfüllen, eine Aufgabe, ich bin Soldat und habe meine Pflicht zu tun!

Damit schaffen wir nicht nur eine neue Wirtschaft, sondern eine neue Gesellschaftsordnung und damit ein neues Volk, eine neue Nation. Dann sind wir wahrhaft frei, und unsere Kinder und Kindeskinder werden in einem schöneren und besseren Deutschland leben als wir. Aber wir haben das Eine allen uns nachfolgenden Generationen voraus: diesen erhabenen Kampf um Deutschlands Schicksal führen zu dürfen. Und so wollen wir dem Schicksal danken für alle Mühe und für die Lasten und Opfer und danken unserem herrlichen Führer, der uns diese Idee gelehrt und diese Wege gezeigt hat.

Quelle: NS-Kurier, Abendausgabe vom 25. Oktober 1933, S. 4.

[50] Der klassenlose Betrieb im NS-Deutschland.

...

In der Deutschen Arbeitsfront wird auf der Arbeitsstätte der Gemeinschaftsgedanke exerziert. Im Beruf, im Betrieb bilden Arbeiter, Unternehmer, Beamte und Angestellte als Betriebsführer mit Betriebsgefolgschaft eine Betriebsgemeinschaft. Der Betrieb ist eine Einheit.

...

Quelle: Der Reichsorganisationsleiter der NSDAP (Hrsg.), Organisationsbuch der NSDAP, München, S. 91.

[51] Einheit von NS-Partei und NS-Staat

Die Reichsregierung hat das folgende Gesetz beschlossen, das hiermit verkündet wird:

– Auszug –

§ 1

(1) Nach dem Sieg der nationalsozialistischen Revolution ist die Nationalsozialistische Deutsche Arbeiterpartei die Trägerin des Deutschen Staatsgedankens und mit dem Staat unlöslich verbunden.

(2) Sie ist eine Körperschaft des öffentlichen Rechts. Ihre Satzung bestimmt der Führer.

§ 2

Zur Gewährleistung engster Zusammenarbeit der Dienststellen der Partei und der SA mit den öffentlichen Behörden werden die Stellvertreter des Führers und der Chef des Stabes der SA Mitglieder der Reichsregierung.

...

Berlin, den 1. Dezember 1933.

Der Reichskanzler
Adolf Hitler

Der Reichsminister des Innern
Frick

Quelle: RGBl. I S. 1016: Gesetz zur Sicherung der Einheit von Partei und Staat. Vom 1. Dezember 1933.

[52] Die Deutsche Arbeitsfront einschließlich NS-Gemeinschaft „Kraft durch Freude“

Verordnung des Führers über Wesen und Ziel der Deutschen Arbeitsfront vom 24. Oktober 1934 i. d. F. vom 12. November 1934 – Auszug –

Wesen und Ziel

§ 1

Die Deutsche Arbeitsfront ist die Organisation der schaffenden Deutschen der Stirn und der Faust.

In ihr sind insbesondere die Angehörigen der ehemaligen Gewerkschaften, der ehemaligen Angestellten-Verbände und der ehemaligen Unternehmervereinigungen als gleichberechtigte Mitglieder zusammengeschlossen.

Die Mitgliedschaft bei der Deutschen Arbeitsfront wird durch die Mitgliedschaft bei einer beruflichen, sozialpolitischen, wirtschaftlichen oder weltanschaulichen Organisation nicht ersetzt.

Der Reichskanzler kann bestimmen, daß gesetzlich anerkannte ständische Organisationen der Deutschen Arbeitsfront korporativ angehören.

§ 2

Das Ziel der Deutschen Arbeitsfront ist die Bildung einer wirklichen Volks- und Leistungsgemeinschaft aller Deutschen.

Sie hat dafür zu sorgen, daß jeder einzelne seinen Platz im wirtschaftlichen Leben der Nation in der geistigen und körperlichen Verfassung einnehmen kann, die ihn zur höchsten Leistung befähigt und damit den größten Nutzen für die Volksgemeinschaft gewährleistet.

§ 3

Die Deutsche Arbeitsfront ist eine Gliederung der NSDAP im Sinne des Gesetzes zur Sicherung der Einheit von Partei und Staat vom 1. Dezember 1933.

Führung und Organisation

§ 4

Die Führung der Deutschen Arbeitsfront hat die NSDAP. Der Reichsorganisationsleiter der NSDAP führt die Deutsche Arbeitsfront. Er wird vom Führer und Reichskanzler ernannt.

Er ernennt und enthebt die übrigen Führer der Deutschen Arbeitsfront.

Zu solchen sollen in erster Linie Mitglieder der in der NSDAP vorhandenen Gliederungen der NSBO und NS-Hago, des weiteren Angehörige der SA und SS ernannt werden.

. . .

Aufgaben

§ 7
Die Deutsche Arbeitsfront hat den Arbeitsfrieden dadurch zu sichern, daß bei den Betriebsführern das Verständnis für die berechtigten Ansprüche ihrer Gefolgschaft, bei den Gefolgschaften das Verständnis für die Lage und die Möglichkeiten ihres Betriebes geschaffen wird.
Die Deutsche Arbeitsfront hat die Aufgabe, zwischen den berechtigten Interessen aller Beteiligten jenen Ausgleich zu finden, der den nationalsozialistischen Grundsätzen entspricht und die Anzahl der Fälle einschränkt, die nach dem Gesetz vom 20. Januar 1934 zur Entscheidung allein den zuständigen staatlichen Organen zu überweisen sind.
Die für diesen Ausgleich notwendige Vertretung aller Beteiligten ist ausschließliche Sache der Deutschen Arbeitsfront. Die Bildung anderer Organisationen oder ihre Betätigung auf diesem Gebiet ist unzulässig.

§ 8
Die Deutsche Arbeitsfront ist die Trägerin der nationalsozialistischen Gemeinschaft „Kraft durch Freude“.
Die Deutsche Arbeitsfront hat für die Berufsschulung Sorge zu tragen.
Sie hat ferner die Aufgaben zu erfüllen, die ihr durch das Gesetz vom 20. Januar 1934 übertragen wurden.

§ 9
Das Vermögen der im § 1 dieser Verordnung genannten früheren Organisationen einschließlich ihrer Hilfs- und Ersatzorganisationen, Vermögensverwaltungen und wirtschaftlichen Unternehmungen bildet das Vermögen der Deutschen Arbeitsfront. Dieses Vermögen ist der Grundstock für die Selbsthilfe-Einrichtung der Deutschen Arbeitsfront.
Durch die Selbsthilfe-Einrichtung der Deutschen Arbeitsfront soll jedem ihrer Mitglieder die Erhaltung seiner Existenz im Falle der Not gewährleistet werden, um den befähigtsten Volksgenossen den Aufstieg zu ebnen oder ihnen zu einer selbständigen Existenz, wenn möglich auch auf eigenem Grund und Boden, zu verhelfen.

§ 10
Diese Verordnung tritt mit dem Tage ihrer Verkündigung in Kraft.

Berlin, den 24. Oktober 1934. Der Führer und Reichskanzler
Adolf Hitler.

[53] Die Nationalsozialistische Betriebszellen-Organisation (NSBO)

Die NSBO ist die Zusammenfassung der Politischen Leiter der NSDAP in der DAF*. Die Nationalsozialistische Betriebszellen-Organisation ist der Organisationsträger der Deutschen Arbeitsfront. Die Aufgaben und Zuständigkeit der NSBO sind in die Deutsche Arbeitsfront übergegangen.
Die seitens der NSBO in die Deutsche Arbeitsfront abgestellten Politischen Leiter gewährleisten die *weltanschauliche Ausrichtung der Deutschen* Arbeitsfront im Sinne der nationalsozialistischen Idee.

Quelle: Die Organisation der NSDAP, München 1938, S. 186f.

[54] Arbeitslosigkeit und Mitgliedschaft in der NSDAP von der Gründungszeit (1920/22) bis zur Regierungsübernahme (1933)

Eine vergleichende Betrachtung der Entwicklung der Arbeitslosigkeit in Deutschland und des Zulaufs zur NSDAP zeigt den Zusammenhang deutlich: Mit Zunahme der wirtschaftlichen Krise setzten die Menschen immer mehr ihre Hoffnungen in die Nazipartei mit ihrem Führer Adolf Hitler. Parallel dazu verlief der Mitgliederschwund bei den Parteien, die die Weimarer Republik trugen.

Quelle: Caesar Hagener, Deutschland unter der Diktatur, Braunschweig 1966, S. 44.

---

* Um auch jene Betriebsangehörigen, die sich nicht als Mitglieder der → NSBO einschreiben ließen, zu erfassen, praktizierte die NSBO folgende Unterscheidungen:

1. NSBO-Männer, die Mitglieder der NSDAP waren und ein Amt in der DAF/KdF verwalteten; Politische Leiter der NSDAP;
2. NSBO-Kameraden: NSBO-Mitglieder ohne Funktion;
3. DAF-Walter und
   KdF-Warte: Betriebsangehörige, die weder der NSDAP angehörten noch NSBO-Mitglieder (vor dem 9. 5. 1933) waren.

Der jeweiligen Stellung entsprach auch die Uniformierung.

[55] „Deutschland erwacht“: Die uniformierte „Deutsche Arbeitsfront (DAF) mit ihrem gesetzlichen Auftrag: Ordnung der „Nationalen Arbeit“

DAF-Mitglied im DAF-Festanzug mit DAF-Mantel.

Werkschar-Mann und DAF-Walter

Quelle: Die Organisation der NSDAP, München 1938.

[56] „Restlose Durchdringung des deutschen Volkes...“

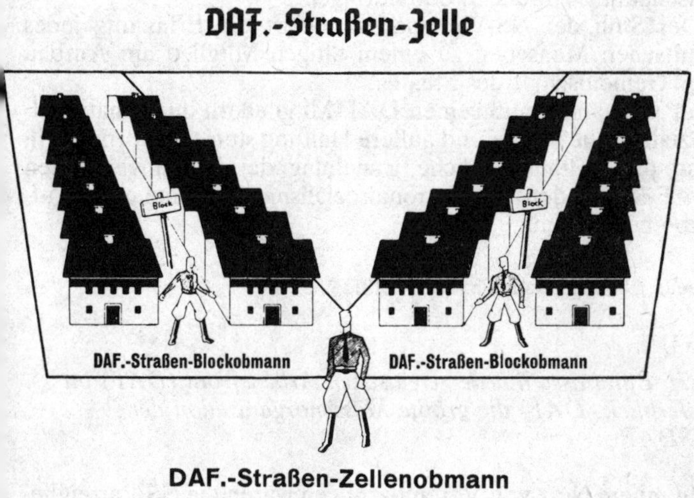

Nicht nur im Betrieb, am Arbeitsplatz, sondern ebenso in der Wohnung und Familie suchte die Deutsche Arbeitsfront/NSDAP die Arbeiterschaft zu erfassen, um sie mit der Weltanschauung Hitlers zu durchdringen.
„Der Sinn der NS-Weltanschauung ist die Erfassung jedes deutschen Menschen zu einem tätigen Mitglied am Aufbau der Gemeinschaft des Staates."
Der Obmann „muß seinen DAF-Mitgliedern durch nationalsozialistische innere und äußere Haltung stets ein Vorbild sein und die weltanschauliche Erziehung der ihm anvertrauten DAF-Mitglieder zum Nationalsozialismus als seine erste Aufgabe betrachten".

Quelle: NS-Organisation a.a.O. S. 218f.

[57] Bündnisse mit der Deutschen Arbeitsfront (DAF) im Überblick. DAF, die größte Massenorganisation der NSDAP.

Mit einem Netz von Vereinbarungen waren die NS-Parteigliederungen mit der Deutschen Arbeitsfront verbunden, um in gegenseitiger Kooperation, Abhängigkeit und Kontrolle den NS-Partei-Einfluß auf die Wirtschaft sicherzustellen und damit letztendlich die NS-Herrschaft auszuweiten und in allen Lebensbereichen fest zu verankern. Die DAF war die größte Massenorganisation des NS-Staates. – Auflistung –

- Abkommen über die kooperative Mitgliedschaft der Reichskulturkammer mit der Deutschen Arbeitsfront (DAF) vom 12. Februar 1934.
- Abkommen zwischen dem Sachverständigenbeirat zur Volksgesundheit der NSDAP und der DAF vom 3. März 1934.
  (Mit diesem Abkommen wurden alle in und für die „Volksgesundheit und der damit zusammenhängenden Gebiete tätigen Berufsverbände/Organisationen in straffer Form in die DAF eingebaut". Betroffen waren davon die Standesorganisationen der Ärzte, Apotheker, Dentisten, Drogisten, Heilpraktiker, Tierärzte, Zahnärzte, Schwestern, Krankenpfleger, Hebammen usw.)
- Erlaß des Führers über die Eingliederung der gewerblichen Wirtschaft in die DAF – Leipziger Vereinbarung – vom 21. 3. 1935.

- Vereinbarung zwischen Reichswirtschaftsminister Schacht, dem Reichsarbeitsminister Seldte und dem Leiter der DAF Dr. Ley über die einheitliche Zusammenarbeit auf wirtschafts- und sozialpolitischem Gebiet vom 26. März 1935.
- Vereinbarung über Beitritt des Reichsverkehrsministers zur Leipziger Vereinbarung vom 22. Juli 1935.
- Richtlinien über Rechtsschutz der kooperativ der DAF angeschlossenen Verbände vom 27. September 1935.
- Vereinbarung zwischen dem Leiter der DAF und dem Reichsbauernführer vom „Erntedanktag" 1935.
- Gemeinsame Anordnung zwischen der DAF und der Deutschen Rechtsfront vom 6. Oktober 1935.
- Vereinbarung des Reichsbundes der Deutschen Beamten mit der NS-Gemeinschaft „Kraft durch Freude" (KdF) vom 1. Januar 1936.
  (Mit dieser Vereinbarung erhielten Beamte das Recht an allen Veranstaltungen der KdF unter den gleichen Bedingungen teilzunehmen wie Mitglieder der DAF.)
- Vereinbarung des NS-Lehrerbundes mit der NS-Organisation „KdF" vom 2. Juli 1936.
- Bestimmung über politische Leiter und NS-Gemeinschaft „KdF" vom 28. Mai 1936.
- Vereinbarung zwischen dem Reichsleiter der DAF, Dr. Ley, und dem Stabschef der SA, Viktor Lutze, hinsichtlich der Werkscharen vom Oktober 1936.
- Vereinbarung zwischen dem Reichsleiter Dr. Ley und dem Korpsführer des nationalsozialistischen Kraftfahrer-Korps NSKK vom Oktober 1936.

[58] Beseitigung aller Klassen

Zum Abschluß des Wahlkampfes im November 1933 richtete der Führer und Reichskanzler Adolf Hitler von der Halle des Dynamowerks der Berliner Siemens-Werke einen Appell an das „ganze schaffende Deutschland".
Darin nimmt er – sechs Monate nach der Zerschlagung der Gewerkschaften am 2. Mai – Stellung zur Beseitigung der Arbeitnehmervertretung.

– Redeauszug –

„Meine deutschen Arbeiter!"

...

Vielleicht wird mancher unter Ihnen sein, der es mir nicht verzeihen kann, daß ich die *marxistischen Parteien vernichtete.* Ihnen

sage ich, meine Freunde, ich habe auch die anderen Parteien genauso vernichtet! Ich habe nicht die Vertretung der Arbeiterschaft beseitigt. Nein, ich habe die Vertretung aller Klassen beseitigt. Ich habe nie gesagt, in diesem neuen Staat darf der Arbeiter keine Vertretung mehr besitzen. Im Gegenteil, ich bin der Überzeugung, daß nur die gleiche Berechtigung aller einen erträglichen Zustand für alle schaffen kann. Allerdings verstehe ich darunter niemals die Anmaßung der Stände, gegeneinander einen Dauerkrieg zu führen. Das ist nicht der Zweck unseres Daseins, sondern sein Zweck ist, daß wir mit gemeinsamem Denken, mit gemeinsamer Anstrengung und gemeinsamer Arbeit ein möglichst erträgliches Leben für unsere Volksgenossen, nicht für eine Klasse und für einen Stand, sondern für alle schaffen.
...

Quelle: Die Reden Hitlers für Gleichberechtigung und Frieden, München o. J., S. 50 u. 51.

[59] DAF interessiert sich für Juden-Verzeichnis. – Lokales Beispiel –

In Waldshut, Gemeinde in Oberschwaben, gab 1935 ein Regierungsrat als Vertreter der Aufsichtsbehörde an alle Bürgermeister die Weisung, eine Judenkartei anzulegen, die alle Personalien enthalte. Das Juden-Verzeichnis war an die GeStaPo* zu senden. Doch auch die Deutsche Arbeitsfront zeigte Interesse.

Am 22. September 1935 gab ein Waldshuter Regierungsrat an alle Bürgermeisterämter die Weisung, eine Judenkartei anzulegen, die alle Personalien enthalte. Dieses Verzeichnis solle nicht an das Bezirksamt, sondern an die Geheime Staatspolizei (!) Waldshut gesendet werden. Auch wenn nach außen der rechtliche Anschein im Umgang mit den Juden gewahrt werden sollte, so ging der Kampf im geheimen weiter. Auch die Deutsche Arbeitsfront zeigte mit Schreiben vom 7. April 1936 großes Interesse an einem „Juden-Verzeichnis“.

Quelle: Dieter Petri, Die Tiengener Juden, Konstanz 1982, S. 143.

---

* GeStaPo, Abkürzung für → Geheime Staatspolizei.

[60] Totale Erfassung von Arbeitnehmer und Arbeitgeber. Mobilisierung der deutschen Wirtschaft

Der Erlaß des Führers über die Eingliederung der gewerblichen Wirtschaft in die Deutsche Arbeitsfront. (Leipziger Vereinbarung)

Der Nationalsozialismus hat den Klassenkampf beseitigt. Die Kampforganisationen der Gewerkschaften und der Arbeitgeberverbände sind verschwunden. An die Stelle des Klassenkampfes ist die Volksgemeinschaft getreten. In der Deutschen Arbeitsfront findet diese Volksgemeinschaft ihren sichtbaren Ausdruck durch den Zusammenschluß aller schaffenden Menschen. Organisationen innerhalb der deutschen Volkswirtschaft sind notwendig, aber sie sollen nicht gegeneinander, sondern miteinander arbeiten. Ich begrüße und billige daher die Absicht des Reichswirtschaftsministers, die von ihm durch Gesetz vom 27. Februar und Ausführungsverordnung vom 27. November 1934 geschaffene Organisation der gewerblichen Wirtschaft als korporatives Mitglied in die Deutsche Arbeitsfront einzugliedern. Die von ihm gemeinsam mit dem Reichsarbeitsminister und dem Leiter der Deutschen Arbeitsfront am heutigen Tage getroffene Vereinbarung über eine einheitliche Zusammenarbeit auf wirtschafts- und sozialpolitischem Gebiet wird hierdurch von mir bestätigt.
Die Grundlagen der neuen sozialen Selbstverwaltung aller schaffenden Deutschen erhalten
nach der Errichtung der Deutschen Arbeitsfront,
nach dem Erlaß des Gesetzes zur Ordnung der nationalen Arbeit und
nach der Organisation der gewerblichen Wirtschaft
nunmehr mit der neuen Vereinbarung ihren Abschluß.
Die Vereinbarung bringt kein Geschenk, sondern verpflichtet zu höchster Leistung. Sie stellt den Willen zur Gemeinschaftsarbeit an ihre Spitze. Dieser Wille muß sich bis in die untersten Organe unseres gesamten Arbeits- und Wirtschaftskörpers durchsetzen. Ich weiß, daß jeder deutsche Volksgenosse das Vertrauen, das ich mit diesem neuen Werke in ihn setze, erfüllen wird.

Am Tage von Potsdam, dem 21. März 1935.

Der Führer und Reichskanzler:
Adolf Hitler

Quelle: NS-Organisation a.a.O. S. 473.

Am 30. April 1941: Betriebssport zum 1. Mai in einer Strickwarenfabrik in Schorndorf/Württemberg. Die Frau in Sportkleidung trägt das aufgenähte Symbol-Abzeichen der Deutschen Arbeitsfront, das DAF-Tuchabzeichen, Hakenkreuz, umrandet mit DAF-Zahnrad, schwarz auf weißem Grund. (Der vorgeschriebene Durchmesser des äußeren Zahnrades hatte auf dem Sporthemd 118 mm zu betragen.)

[62] Verfügung des Führers: „Auszeichnung nationalsozialistischer Musterbetriebe"

Der nachstehende Wortlaut der Verfügung des Führers spricht für sich und bedarf fast keines Kommentars. 150%ig linientreue Mitglieder der DAF sollten motiviert werden – und das gelang, nämlich die NS-Arbeits- und Wirtschaftsideologie mustergültig zu präsentieren. Dies geschah jeweils zum 1. Mai. Den NS-Musterbetrieben wurden die Diplome von NS-Führern in den Kammern ausgehändigt.

München, den 1. September 1936.

Die Deutsche Arbeitskorrespondenz teilt nachstehende Verfügung des Führers mit:

Betrieben, in denen der Gedanke der nationalsozialistischen Betriebsgemeinschaft im Sinne des Gesetzes zur Ordnung der nationalen Arbeit und im Geiste der Deutschen Arbeitsfront vom Führer des Betriebes und seiner Gefolgschaft auf das vollkommenste verwirklicht ist, kann die Auszeichnung

„Nationalsozialistischer Musterbetrieb"

verliehen werden.

Die Auszeichnung erfolgt durch mich oder eine von mir beauftragte Stelle auf Vorschlag der Deutschen Arbeitsfront.
Die Verleihung der Auszeichnung erfolgt auf die Dauer eines Jahres, sie kann wiederholt erfolgen. Die Auszeichnung wird zurückgenommen, wenn die Voraussetzungen für diese Verleihung nicht mehr gegeben sind.
Die Verleihung der Auszeichnung erfolgt am Nationalfeiertag des deutschen Volkes und geschieht durch Aushändigung einer Urkunde an den Führer des Betriebs.
Die Verleihungsurkunde hat die Gründe anzugeben, die für die Verleihung maßgebend sind.

Ein Betrieb, dem die Auszeichnung

„Nationalsozialistischer Musterbetrieb"

verliehen ist, ist berechtigt, die Flagge der Deutschen Arbeitsfront mit goldenem Rad und goldenen Fransen zu führen.

Die Verfügung tritt sofort in Kraft.

gez.: Adolf Hitler

Quelle: Die Organisation der NSDAP, S. 550.

[63] Beispiele aus der NS-Handlungspraxis zeigen auf, welche Kriterien für eine „Auszeichnung nationalsozialistischer Musterbetriebe" galten.

Die vom Führer in Worte gefaßten Zielsetzungen verraten Furcht vor der Arbeiterbewegung.

„. . . Diese Betriebe haben gezeigt, daß sie nicht allein gewillt sind, mit dem neuen Deutschland mitzugehen, sondern daß sie es auch konnten. Es genügt nicht, daß man von der Überwindung des Klassenkampfes redet, sondern man muß die Gemeinschaft exerzieren und zeigen, wie man Betriebsführer und Gefolgschaft zusammenbringt."

Adolf Hitler am 1. Mai 1937.

Quelle: Rede Adolf Hitlers zum 1. Mai 1938, NS-Kurier vom 2. Mai 1938.

[64] Begründungen anläßlich der „Auszeichnung nationalsozialistischer Musterbetriebe". – Stichworte –

– Inneres Verhältnis zwischen Betriebsführer und Gefolgschaft, zwischen Angestellten und den Arbeitern der Faust;
– hygienische Forderungen mustergültig, soziale Leistungen mustergültig;
– Ausstattung der Werkstätten und Fabriksäle mustergültig.

Über die ausgezeichneten Musterbetriebe gab es ausführliche Presseberichterstattungen.

Quelle: NS-Kurier, Stuttgarter Ausgabe, vom 24. 4. 1938, S. 3.

*[65] Ideologische Verplanung der Frau im Betrieb und nach Feierabend**

Frauenamt. Zuständigkeit:

Dem Frauenamt obliegt die Aufgabe, die Frauenarbeit nach den Gesichtspunkten der Gesamtfrauenarbeit der NSDAP zu lenken**.

1. Ausrichtung und Überwachung der Frauenwalterinnen der Fachämter hinsichtlich der Betreuung der berufstätigen Frau in sozialer und wirtschftlicher Hinsicht vom Wesen der Frau her.
2. Ausrichtung und Überwachung der Frauenwalterinnen in der Betreuung der Frau in gesundheitlicher und hygienischer Hinsicht an der Arbeitsstätte unter beonderer Berücksichtigung der Mutterschaft.
3. Mitwirkung bei der Regelung von Gesetzen, Tarifen, Arbeitsschutzfragen und Verhütung von Berufskrankheiten.
4. Herausgabe von Richtlinien für die Aufstellung von Werkfrauengruppen, deren Aufgabe es ist:
   am Aufbau einer lebendigen Betriebsgemeinschaft durch Einsatz und Betreuung der Arbeitskameradinnen mitzuarbeiten,
   sich am Werkdienst zu beteiligen,
   die kulturellen Kräfte der werktätigen Frauen innerhalb ihres Betriebes zu wecken, um mit ihnen die Arbeit und das Leben innerhalb des Betriebes zu durchdringen und den Feierabend sinnvoll zu gestalten.

---

* Hier unberücksichtigt, aber nicht zu vergessen: Die außerschulische Jugenderziehung der NSDAP für Mädchen erfolgte in der Hitler-Jugend: Deutsche Jungmädel (10–14 Jahre), Bund deutscher Mädel (14–21 Jahre). Die volljährige Frau erhielt ihre NS-Schulung in der NS-Frauenschaft. Diese hatte die Führung des „Deutschen Frauenwerkes", in dem alle ehemaligen deutschen Frauenverbände „zur einheitlichen Arbeit im Dienst an der Frau und Mutter" zusammengeschlossen wurden.

** Jeder Betrieb hatte eine „Vertrauensfrau", jede Reichsbetriebsgemeinschaft eine „Frauenreferentin".

5. Mitwirkung bei der Freizeitgestaltung im Rahmen der NSG „Kraft durch Freude".

Quelle: Organisation, a.a.O. S. 201–202.

[66] 1945, Ende des nationalen Feiertags unter dem Hakenkreuz – Ende der nationalsozialistischen Rüstungs- und Kriegswirtschaft – Auflösung und Verbot der Deutschen Arbeitsfront

Die Militärregierungen der Siegermächte des Zweiten Weltkriegs, vertreten durch die Oberbefehlshaber in den Besatzungszonen, sowie gemeinsam als Mitglieder des Alliierten Kontrollrats, lösten die Nazi-Partei NSDAP einschließlich ihrer Einrichtungen und Organisationen auf und verboten sie. Darunter fiel auch die Deutsche Arbeitsfront (DAF).

Gesetz Nr. 3: „Auflösung der NSDAP"

Um in den besetzten Gebieten der von der nationalsozialistischen Partei errichteten Herrschaft der Willkür, des Terrors und der Unmenschlichkeit ein Ende zu bereiten, wird durch das vorliegende Gesetz folgendes verordnet:

1. Die Nationalsozialistische Deutsche Arbeiterpartei und die nachstehend verzeichneten Aemter, Organisationen und Einrichtungen werden aufgelöst und sind verboten in dem vollen Umfang, in dem diese ihre Tätigkeit in dem besetzten Gebiet ausgeübt haben. Jegliche Tätigkeit seitens der Partei der folgenden Aemter, Organisationen und Einrichtungen, vorbehaltlich der in § 5 getroffenen Ausnahmen, ist untersagt:

...

41. Deutsche Arbeitsfront.

...

Quelle: Mitteilungen der Militärregierung für den Stadtkreis Stuttgart, Nummer 1 vom 1. Juni 1945.

[67] Vorschrift Nr. 1 zur Sperre und Beaufsichtigung von Vermögen

Zur Ausführung des Gesetzes Nr. 52 der Militärregierung ordnete diese am 9. Juni 1945 an, daß über das gesamte Vermögen genannter Institutionen von aufgeführten Personen nicht mehr verfügt werden darf.

...

33. Beamten der Deutschen Arbeitsfront (einschließlich Kraft durch Freude) mit dem Range eines Arbeitsführers oder höher, im Reich und allen Gauen.

...

Quelle: Mitteilungen der Militärregierung für den Stadtkreis Stuttgart, Nummer 2 vom 9. Juni 1945.

[68] Das Ende des Leiters der Deutschen Arbeitsfront → Dr. Robert Ley und seine späten Erkenntnisse

Pressemeldung über das Ableben. Auszug aus der „Stuttgarter Zeitung", Nr. 12 vom 27. Oktober 1945.

Selbstmord Leys im Nürnberger Gefängnis
Er hat sich mit einem Handtuchstreifen erhängt – Wiederbelebungsversuche blieben erfolglos.

Nürnberg, 26. Oktober (dana). Robert Ley hat sich am Donnerstagabend in seiner Gefängniszelle in Nürnberg mit einem Streifen eines Handtuches erhängt. Der Selbstmord wurde um 8.15 Uhr abends von einem Wärter entdeckt, dem die Stellung der Beine Leys auf dem Toilettensitz in einer Ecke der Zelle seltsam vorkam. Einer der deutschen Ärzte und ein amerikanischer Arzt wurden sofort geholt. Die Wiederbelebungsversuche waren jedoch ohne Erfolg. ...
Der Selbstmord enthebt Ley der Sorge, sich vor seinen irdischen Richtern zu verantworten. Sehr oft ist es gleichgültig, wie einer sich aus diesem Leben davon macht. Für Ley ist sein Ende jedoch typisch für den ganzen Menschen. Kurz vor der Katastrophe des Reichs hat er noch einen flammenden Artikel geschrieben: „Alles kann passieren, aber kapitulieren werden wir nie. Wir werden uns schlagen, wo es auch sei und mit was

es auch sei, wir werden uns schlagen... Da gibt es kein Ausweichen mehr, da muß gestanden und gefochten werden... Im Angesicht unserer Frauen und Kinder schlagen wir uns..." Als man ihn wenige Wochen darauf hoch droben in den Alpen aufstöberte, trug er einen Bart, erklärte, er sei Ingenieur und habe mit Ley nichts zu tun...

Ley war, wie die meisten Nazigrößen, eine verkrachte Existenz. Als trinkfreudiger Rheinländer (1890 in Niederbreidenbach bei Köln geboren) hielt er es in keiner Stellung lange aus. Er war wohl Chemiker, mußte aber wegen zu geringer Leistungen diesen Beruf aufgeben. Wie so viele, die Schulden, aber keinen Beruf hatten, schloß er sich der Nazipartei an, und brachte es dort dann auch rasch zu Rang, Sternen und – Geld. Hinter der Biedermanns-Maske, die er so gern in Versammlungen zur Schau trug, steckte ein abgefeimter Geschäftemacher. Der Mann, der sich als „Sozialist" ausgab, war ein Großkapitalist reinsten Wassers. Mit Hilfe seiner Parteistellung hat er sich einen Konzern aufgebaut, der Banken, Versicherungen, Baufirmen, Verlage, Druckereien, Bäder, Theater u. a. umfaßte, und mit den gemeinsten Geschäftsmethoden Millionen in seine Tasche brachte. Die Zerschlagung der Gewerkschaften 1933 geschah keineswegs aus „edlen" Motiven, sondern aus brutalem persönlichem Machtehrgeiz, weil er auf diese Weise den finanziellen Grundstock für seine spätere großkapitalistische Geschäftspolitik legen konnte.

Robert Leys späte Erkenntnis

Nürnberg. 30. Oktober (dana). In seinem Testament gesteht Dr. Robert Ley, daß Deutschland sich unter dem Nazi-Regime von Gott abwandte und daher von Gott verlassen wurde, und daß der Antisemitismus, den die Nazis predigten, gegen Gottes Grundgebote verstieß und Deutschlands Untergang herbeiführte. Deshalb fordert Ley die ältere Generation Deutschlands auf, der Jugend gegenüber diese Fehler freimütig zuzugeben: „Der Antisemitismus, mit dem wir in Deutschland herrschten, verdüsterte unsere Weltanschauung. Wir haben schwerste Irrtümer begangen. Wir müssen endlich mutig genug sein, uns vom Antisemitismus zu befreien und uns mit den Juden in unserer Mitte zu versöhnen."

Quelle: Stuttgarter Zeitung Nr. 13 vom 31. 10. 1945.

Leys Platz auf der Anklagebank bleibt leer. Robert Jackson, der Hauptankläger, widmet dieser Tatsache nur zwei Sätze in seiner Eröffnungsrede vor dem Gericht: „Robert Ley, der Feldmarschall in der Schlacht gegen die Arbeiterschaft, hat unsere Anklage mit Selbstmord beantwortet. Anscheinend wußte er keine bessere Antwort."

Quelle: Heydecker/Leeb, Der Nürnberger Prozeß, Köln 1979, S. 106.
→ Internationaler Militärgerichtshof in Nürnberg/Nürnberger Prozesse.

Teil-Zusammenfassung

1. Zu den vornehmlichen Aufgaben von Hitlers NSDAP gehörte die zunehmend aggressive Bekämpfung tatsächlicher und gedachter Feinde mit dem Ziel, den politischen Gegner zu vernichten. Zu diesem Zwecke vor allem waren interessen- und berufsorientierte Partei-Unterorganisationen geschaffen. Daneben waren sie im Einsatz, um die NS-Weltanschauung zu verbreiten.

2. Mit der nach dem Führerprinzip handelnden „Nationalsozialistischen Betriebszellen-Organisation (NSBO)", der „Deutschen Arbeitsfront (DAF)", sowie der NS-Gemeinschaft „Kraft durch Freude (KdF)" suchte die Reichsregierung/NSDAP ihre Ideologie in den Betrieben umzusetzen. Arbeitgeber und Arbeitnehmer galten als wichtigste Zielgruppen, die weltanschauliche Umkrempelung der Arbeiterschaft war wichtigster Befehl. Dabei wurde nach der Methode: „Der Zweck heiligt die Mittel" vorgegangen.

3. Die „Organisation der schaffenden Deutschen der Stirn und der Faust" – DAF – organisierte nach der befehlsgemäß vollzogenen Zerschlagung der Gewerkschaften – als scheinbar klassen- und schichtenlose Gegenorganisation, sozusagen als Ersatzgewerkschaft die ehemaligen Gewerkschaften, Angestelltenverbände und Unternehmervereinigungen in einem Zusammenschluß gleichgeschalteter Mitglieder.

4. Die Weltwirtschaftskrise mit ihren konkreten Auswirkungen im Alltag, zu Hause und am Arbeitsplatz (falls man überhaupt Arbeit hatte), hohe Arbeitslosenziffern, Kurzarbeit, Inflation, Not, Angst, Hoffnungslosigkeit, Existenzkrisen jeder Art begünstigte in hohem Maße die Verbreitung der NS-Ideologie mit ihren Patentlösungsrezepten und ließ Zustimmung und Beitritte zur DAF/NSDAP anwachsen. Zersplitterte Parteien, zerstrittene Gewerkschaften verloren zunehmend das Vertrauen, das immer mehr in Harmonievorstellungen und vorgespiegelte Möglichkeiten für schlagartige Problemlösungen gesetzt wurde. Demokratische Prinzipien und Herrschaftsideen, gewerkschaftlich-gemeinwirtschaftliches Selbstverständnis richteten, in der eigenen Identitätskrise befangen, zur Abwehr des Nationalsozialismus/deutschen Faschismus nichts (mehr) aus. Darüberhinaus wurden Hitler und seine Partei von Arbeiterparteien und Gewerkschaften unterschätzt. Die Arbeiterschaft selbst ließ sich durch hoffnungsverheißende Versprechungen irritieren und schließlich verführen. Der NS-Terror gegen angebliche Schuldige, gegen verteufelte Feinde tat ein übriges, um die Menschen zu verblenden. KZ, getarnt als Lager für politische Kriminelle zur Umerziehung – war das nicht richtig und konsequent, um die Wirtschaft wieder anzukurbeln, Unbelehrbare zu „überzeugen“ und die Krise zu meistern?

5. Der in Not geratene, von ihr bedrängte Mensch ist besonders leicht politisch verführbar. Politische Radikal- und Extrempositionen und Heilslehren üben ob ihrer griffigen Programmformulierungen und ihres sinnfälligen Inhaltes häufig eine besondere Faszination aus. Das trifft um so mehr dann zu, wenn sich eigenes politisches Denken und Handeln nicht auf Reflexion und stabile Überzeugung gründet. Ins Positive gewendet meint dies: Erhöhtes politisches Bewußtsein, die Fähigkeit zu kritischer Orientierung und Bewertung erhöht per se Widerstandsbereitschaft und Widerstandsfähigkeit zur rechten Zeit.
Freilich: Im Machtbereich der herrschaftsausübenden NSDAP, gegen SA-Terror, gegen Polizei- und KZ-Gewalt vermochte auch der in seiner Überzeugung fest wurzelnde Partei- und Gewerkschaftsanhänger nur schwer (viele gar nicht) politisch zu überleben, wo schon das physische Überleben in Frage gestellt war.

4. Abschnitt

NS-Wirtschaftssystem: Scheinblüte, Staatskapitalismus, Rüstungs- und Kriegswirtschaft. Zusammenbruch.

Information und Kommentar

„Millionen Männer ohne Arbeit“, „Riesengehälter der roten Bonzen“, „Sie logen für die Errichtung der internationalen jüdischen Weltbank“; „Nur Adolf Hitler rettet das Reich und schafft Arbeit und Brot!“, „Abrechnung durch das deutsche Volk“, „Deutschland erwache!“, „Marxisten! Arbeitslose! Arbeiter! Reiht Euch ein in die Kampffront aller schaffenden Deutschen, in die Front Adolf Hitlers, in die Front der NSDAP“. – So die veröffentlichten Feind- und Selbstbilder der NSDAP auf dem Weg zur Regierungsmacht.

> „Der deutsche Arbeiter marschiert mit Adolf Hitler“, „Land und Stadt vereint zum Feiertag der nationalen Arbeit“, „Es gibt nur einen Adel – den der Arbeit“ – so lauteten die NS-Losungen zum nationalen Feiertag 1. Mai (1933).

Es ist keine Frage, die Weltwirtschaftskrise (1929–1933) mit ihren Begleiterscheinungen trug ganz entscheidend dazu bei, daß es den → Nazis mit → Adolf Hitler an der Spitze gelang, ihre → NS-Ideologie erfolgreich zu verbreiten. Arbeitslosigkeit, Inflation, Not und Hunger mobilisierten die Wähler zugunsten derer, die ein Erklärungsmuster für alles politische Übel dieser Welt bereithielten, nämlich das „verbrecherische internationale Judentum“*. Deshalb galt als ideologische Strategie „Rassenkampf“ statt „Klassenkampf“**.
Wie sah nun die NS-Wirtschaftspolitik nach der Regierungsübernahme durch Hitler und die → NSDAP in Deutschland

* NS-Ideologie: Als jüdisch galt der Vertrag von Versailles, jüdisch war die Revolution von 1918, jüdisch das internationale Börsenkapital, die Weimarer Republik, jüdisch waren nach der NS-Hetze Parlamentarismus, Demokratie und auch die Gewerkschaften.

** Siehe dazu: Heinz Lauber, Judenpogrom „Reichskristallnacht“ November 1938 in Großdeutschland, Gerlingen/Stuttgart 1981.

aus? Welches waren die ideellen Konzepte, welches waren die Strategien einer nationalsozialistischen Wirtschaftspolitik? Gab es solche – abgesehen vom Parteiprogramm – überhaupt? Welches waren die Maßnahmen der neuen Herrscher? Hat Hitler die Aussagen, die er im Parteiprogramm machte, realisiert?

Im Grundsatzprogramm der NSDAP vom 25. Februar 1920 sind Ziel- und Inhaltsvorgaben für eine NS-Wirtschaftspolitik vorformuliert. Da wird die Kampfansage gegen den „jüdisch-materialistischen Geist" zum Dogma erhoben und auf dieser Grundlage „Gemeinnutz vor Eigennutz"* und „Brechung der Zinsknechtschaft"* groß herausgestellt. In der Darstellung ist dieses wie auf einem Flugblatt für den Wahlkampf formuliert und erhebt Detailforderungen wie „restlose Einziehung aller Kriegsgewinne"*, die „sofortige Kommunalisierung"* der „Groß-Warenhäuser"*, Bodenreform*, „unentgeltliche Enteignung von Boden"* etc. Wer „Gemeininteressen" schädige, der sei „mit dem Tode zu bestrafen"*. → Dokument Nr. 1, S. 31f.

Daß die Umsetzung „eine starke Zentralgewalt des Reiches" erfordert, war dann einer jener Programmpunkte, die die NS-Machthaber alsbald nach ihrer „Machtergreifung" (NS-Jargon) umsetzten. Dazu zählte beispielsweise die Auflösung der Landesparlamente. Aus der Programm-Auflistung zu Wirtschaftsthemen hat dann die Forderung nach „größerem Lebensraum" Grundsatzbedeutung in der NS-Politik erlangt. Die Forderung „Land und Boden" (Kolonien) zur Ernährung unseres Volkes und zur Ansiedlung unseres Bevölkerungsüberschusses"* fand im 2. Weltkrieg grausame Umsetzungs-Wirklichkeit.

In Adolf Hitlers „Mein Kampf" wird eine Art von NS-„Wirtschaftslehre" propagiert, die von Gottfried Feder entworfen und nur wenig verändert von Hitler in seinem in einer Auflagenhöhe von etwa 15 Millionen verbreitetem Buch „Mein Kampf" aufgenommen worden ist. Offensichtlich ist, daß in der Reihenfolge der Ziel- und Wertsetzungen die Wirtschaft hinter Volk und Rasse, nach Staat und Partei kommt, ja die Wirtschaft nur die Rolle einer dienenden Magd, nämlich zur Erfüllung der NS-Ideologie, zugewiesen wird. „Brechung der

---

* Programm der NSDAP vom 24. Februar 1920, Dokument Nr. 1.

Zinsknechtschaft"* lautete die unrealistische Zielsetzung. Nach der ersten Phase der NS-Wirtschaftspolitik, nämlich der Übernahme eines angelaufenen Arbeits-Beschaffungsprogramms gegen die Arbeitslosigkeit, das die NSDAP aktiv auszubauen verstand, mündete die Wirtschaftspolitik in Rüstung und Kriegswirtschaft ein, so daß sich eine differenzierte Darstellung mit der von Feder (Hitler ernannte ihn zum Staatssekretär im Reichswirtschaftsministerium) entwickelten NS-Wirtschaftslehre erübrigt. Produzierte Hitler „Kanonen statt Butter"? Er produzierte beides, Kanonen und Butter; für seine Mitgliedschaft auch verplante Freizeitgestaltung → „Kraft durch Freude". Wer bei der Partei-Freizeit mitmachte, erhielt bleibende Eindrücke. Viele, die nie zuvor über ihren Kirchturm hinausgeblickt hatten, lernten auf recht preisgünstigen Reisen erstmals Land und Vaterland kennen.
Später, im 2. Weltkrieg, waren dann Väter und Söhne froh, wenn sie auf wenigen Tagen Heimaturlaub Familie und heimatlichen Kirchturm wieder sahen, für viele: zum letzten Mal. Im übrigen wird die Existenz einer eigenständigen Wirtschaftspolitik des Nationalsozialismus auch bestritten.**
Aus der Hitler-Ära ist leider in vielen Köpfen die schiefe Vorstellung überliefert, Hitler habe die Autobahnen erfunden und damit die Arbeitslosigkeit beseitigt. Die Wirtschaftspolitik, so wird dann weiter gefolgert, zähle zu den wenigen positiven Seiten der Nazi-Herrschaft. Hier muß einiges zurechtgerückt werden. Wohl selten hat sichtbare Ausbeutung so viel und so lange Beifall gefunden wie der Autobahnbau während der Nazizeit.
Niemand wird bestreiten wollen und können, daß im Dritten Reich Autobahnen gebaut wurden, und die NS-Propaganda stellte Hitlers ersten Spatenstich zu Beginn des Autobahnbaus zu Frankfurt am Main 1933 in Wort und Bild großspurig heraus. Geplant aber war die Reichsautobahn schon vorher. So hat → Wilhelm Leuschner, von 1928–32 Innenminister im Volksstaat Hessen, Verhandlungen geführt, „über den Bau einer Autobahn Hamburg – Frankfurt/Main – Basel, die soge-

* Ziffer 11 im „Grundsätzlichen Programm der nationalsozialistischen Deutschen Arbeiter-Partei" vom 24. Februar 1920.

** Wolfram Fischer, Die Wirtschaftspolitik des Nationalsozialismus, Niedersächsische Landeszentrale für politische Bildung, Hannover 1961.

nannte HAFRABA. Die fertigen Pläne lagen vor, der Bau scheiterte an der Finanzierung".*

Die sogenannte „Arbeitsschlacht" der Nazis erfolgte mit Kreditausweitungen. Die Gründe für eine gewisse Disposition der deutschen Wirtschaft zum Nationalsozialismus mit seiner diktatorisch verfaßten Staatskonjunktur sind sicherlich in der Weltwirtschaftskrise zu suchen. Der hungernde Arbeitslose in Deutschland griff nach jeder Hilfsmaßnahme, wie sie auch aussehen mochte, wie der Ertrinkende nach dem Strohhalm. Jedoch wurden nichtdeutsche Industriestaaten mit Hilfe des konkurrenzkapitalistischen, liberalen Systems sehr wohl mit der weltweiten Krise fertig. Die nationalsozialistische (scheinbare) Krisenbewältigung diente der Rüstungswirtschaft und führte schließlich auf direktem Wege nach sieben Jahren in den 2. Weltkrieg.

Eine Reihe von gesetzgebenden Entscheidungen sind bereits auf den Weg gebracht worden, ehe Hitler Reichskanzler wurde. Dazu zählt, wie erwähnt, der Reichsautobahnbau. Die an den Interessen der arbeitenden Bevölkerung orientierten Textüberschriften der NS-Gesetze weckten positive Erwartungen, ja Hoffnungen auf eine bessere Zukunft. Die dann erreichte tatsächliche Reduzierung der Arbeitslosigkeit verfehlte denn auch nicht ihre Wirkung auf die Arbeiterschaft, besonders, begreiflicherweise, auf Arbeitslose und Kurzarbeitende. Begeistertes Echo bei vielen war die Reaktion. Für die Notleidenden war nicht wahrnehmbar, daß die Weltwirtschaftskrise Ende 1932 ihren Höhepunkt bereits erreicht hatte und überall in Amerika und Europa die Zahlen der Vollbeschäftigten wieder anstiegen. Hitler brachte „Arbeit und Lohn", das NS-System stabilisierte sich weiter. Das war optische Täuschung und Wirklichkeit zugleich. Wer dachte da noch an die Warnungen: „Hitler bedeutet Krieg!"?

Im übrigen kümmerten sich die Arbeiter, besonders auf dem Lande, wenig um die NS-Regierungspolitik. Es war nicht die Ideologie einer wie auch immer gearteten Wirtschaftspolitik, die ihnen auf den Nägeln brannte; sie hatten ganz andere Sorgen. Fundierte Informationen über Wirtschaftspolitik hatten ohnehin Seltenheitswert. Rundfunk und Presse wurden von der NS-Einparteienpropaganda beherrscht. Schulungs-

---

* Schreiben des Sohnes von Wilhelm Leuschner vom 21. November 1982 an den Autor.

abende der Partei waren Parteigenossen vorbehalten. Die Sorge um einen sicheren Arbeitsplatz überschattete für Arbeitslose und Kurzarbeiter alles andere. Zudem stimmte das optische und akustische Erscheinungsbild des Staates nach der „nationalen Revolution" zuversichtlich. Als billige Arbeitskräfte für den Autobahnbau wurden junge Arbeitslose verpflichtet und so von der Straße weggeholt, eine populäre Maßnahme. Der Auf- und Ausbau einer deutschen Wehrmacht war eine weitere Maßnahme, die die Zahl der Erwerbslosen verringerte. Dem Mißtrauen gegenüber den massiven Aufrüstungsaktivitäten begegnete die NS-Führung unter anderem durch die ‚Kraft durch Freude'-Reisen; die Partei trat als Vermittler und Veranstalter der Erholungsangebote auf. Keine Führerrede ohne pausenlose Beteuerung der Friedensliebe und Verständigungsbereitschaft gegenüber dem feindseligen Ausland (Frankreich, England). Zur Abwehr der Erbfeinde seien nun mal starke Militärstreitkräfte bitter nötig, bedrohte doch die jüdisch-bolschewistische Gefahr die Ehre Deutschlands. Dieses Feindbild wurde vom → Führer und Reichskanzler beschworen, wann immer er redete. Zu seinem stets wiederkehrenden Aggressivvokabular gehörte als Redemuster: „jüdisch-kommunistische Bedrohung unseres Volkes" – „Verrottung unserer Kultur" – „Zersetzung unserer Kunst" – „Verrohung unserer öffentlichen Moral" – „Leugnung von Gott" – „Flut von Lügen und Verleumdungen" – „Kampf dem Klassenkampf". – War das nicht plastisch greifbar für jedermann? Gezielt nahmen die NS-Führer die Arbeiterschaft ins Visier. Als Kanzler des deutschen Volkes und Führer der nationalsozialistischen Bewegung bediente sich Adolf Hitler im Wahlkampf „für Ehre und Frieden" im November 1933 vor Siemensarbeitern eines Vokabulars, das ihn als ihresgleichen präsentieren sollte, um der Masse des Volkes Identifikation mit ihm zu ermöglichen: „Volksgenossen und Volksgenossinnen, meine deutschen Arbeiter!" ... „Ich war Arbeiter so wie ihr" – „Frontsoldat" – „um das tägliche Brot gearbeitet" – „Erwerbslose" – „wirtschaftliche Schuld" – „Zinsknechtschaft" – „gegen Klassenkampf" – „unser Wille" – „unzertrennliche Volksgemeinschaft" sind Schlagworte, die Emotionen und nicht den Verstand ansprachen. Diese Wirkung wurde intensiviert durch die Feindbild/Selbstbild-Propaganda. Die Zielsetzung der „nationalen Revolution" verkaufte der oberste Parteiführer unter Etiketten wie „Ordnung im eige-

nen Volke“, – „Schaffung von Arbeit und Brot“ – „Ehre, Treue, Entschlossenheit, Disziplin, Pflichterfüllung, Sauberkeit, Anständigkeit, Glaube“ etc. Am Tage nach der Führerrede wurde diese von der auf das Kommando des Propagandaministers → Dr. Joseph Goebbels hörenden Presse publiziert. Etwas anderes bekamen die Arbeiter in Deutschland kaum mehr zu lesen. Da in Deutschland keine parlamentarische Opposition mehr existierte, gab es schließlich keine veröffentlichte Kritik mehr; öffentliche Diskussionen über Führerworte fanden nicht statt. So perfekt wirkte diese Demagogie in Deutschland.
Über die gesamte NS-Regierungszeit sind zeitliche Phasen einer Wirtschaftspolitik erkennbar. Drei davon seien hier genannt:

1. Die Zeit von 1933–1936, also die Zeit unmittelbar nach der NS-Regierungsübernahme mit der Zerschlagung aller Gewerkschaften, dem Angriff auf die Konsumgenossenschaften, dem Zugriff der NS-Organisation → „Deutsche Arbeitsfront“ mit Gleichschaltung zu einer „Ordnung der nationalen Arbeit“ bis zum Anlauf des → „Vierjahresplanes“.

2. 1936–1940. Dies meint die Zeit des 1. Vierjahresplanes, charakterisiert durch eine wirtschaftliche Organisationsform, die das Ziel hatte, Deutschland in Rohstoffen und Lebensmitteln vom Ausland weitgehend unabhängig zu machen – im Rahmen zunehmender Kriegsvorbereitung einschließlich des 1. Kriegsjahres.

3. 1950–1944/45, der Zeitabschnitt des 2. Weltkrieges in Europa mit einer steigenden Kriegswirtschaft bis zur Forderung nach dem „totalen Krieg“, nach einem Rüstungsnotprogramm, bis zum Zusammenbruch Deutschlands durch den Sieg der alliierten Militärstreitkräfte über Groß-Deutschland mit Kriegsende in Europa.

Aufgrund der Themenstellung interessiert hier vorrangig die NS-Wirtschaftspolitik zu Beginn der NS-Regierungszeit, also von 1933 an.
Im Überblick läßt sich das nationalsozialistische Wirtschaftsmodell folgendermaßen skizzieren:
Wirtschaftspolitisches Ziel der NS-Regierung war nicht, das kapitalistische Wirtschaftssystem durch ein sozialistisches zu

ersetzen. Vielmehr ist die NS-Wirtschaftsideologie gekennzeichnet durch die Unterordnung der kapitalistischen Wirtschaft unter die Staatsführung, also unter die NS-Partei. Einen Gegensatz zwischen Kapital und Arbeit verneinte Hitler: Typische Position des Faschismus. In einer Art Ausgleichs- und Harmoniemodell, einem idealisierten nationalen Solidarismus von Unternehmer und Arbeitnehmer sollten die beiden getrennten Interessenpositionen nunmehr vermengt bzw. zugunsten höherwertiger Ziele aufgehoben werden. Die Wirtschaft sollte „dienendes Glied der Volksgemeinschaft" (Hitler) sein. Dabei war Adolf Hitler noch aus der „Kampfzeit" von der Großindustrie abhängig. Großindustrielle hatten einen wesentlichen Anteil, daß Hitler die Regierungsgewalt in Deutschland übernehmen konnte. Finanzielle Zuwendungen der Großindustrie an die NSDAP waren maßgebend. Die Erklärung dafür ist einfach: An der Kriegswirtschaft hatte die Industrie verdient (1. Weltkrieg), und an einer neuen Aufrüstung konnte sie wiederum profitieren. An einer Ausschaltung der Gewerkschaften konnten industrielle Kreise nur interessiert sein. So ist es denn auch keine Überraschung, daß die Arbeiter ihre früheren Rechte fast völlig verloren. Das nationalsozialistische Herrschaftssystem war immer erfolgreich um billige Arbeitskräfte bemüht. Es begann mit dem sogenannten Reichsarbeitsdienst (RAD)* 1933 und endete dann mit der Beschäftigung von KZ-Häftlingen in der Rüstungsproduktion: staatskapitalistische Ausbeutung erster Klasse!

Die großen Wirtschaftsorganisationen wurden gleichgeschaltet; in ihre Führungsspitze rückten zuverlässige Nationalsozialisten ein.

Im Anschluß an den NS-Staatsfeiertag der nationalen Arbeit, dem 1. Mai 1933, zerschlugen am 2. Mai die deutschen Faschisten die → Freien Gewerkschaften. Streikrecht, Tarifautonomie und innerbetriebliche Mitbestimmung waren gestorben. Kaum im Bewußtsein ist, daß zum gleichen Zeitpunkt auch der Großangriff auf die deutschen Konsumgenossenschaften begann**. Das gleiche Schicksal traf den Christlichen Genos-

---

* → Reichsarbeitsdienst.

** Dies ist nicht verwunderlich. Von Spezialliteratur abgesehen, fehlt eine entsprechende Veröffentlichung. In den Bildungs- und Lehrplänen, in den Schulbüchern wird darüber nichts vermittelt. Es ist das Verdienst von Kuno Bludau, den Großangriff gegen die Konsumgenossenschaften untersucht zu haben: Nationalsozialismus und Genossenschaften, Hannover 1968.

senschaftsverband (Gepag). Als weitere Wirtschaftsunternehmen, denen ebenfalls der NS-Großangriff galt, sind die „Büchergilde Gutenberg“, die „Gemeinnützige Bauhüttenbewegung“ und die Versicherung „Volksfürsorge“ zu benennen. Adolf Hitler hatte dem gewerkschaftsfeindlichen Dr. Robert Ley den Auftrag erteilt, die Konsumgenossenschaften zu vernichten. Und zwar sollte das bereits am 2. Mai zusammen mit den Gewerkschaften geschehen. Erst nachdem der zweite Geschäftsführer der Hamburger GEG* bei Ley in Berlin vorstellig geworden war und auf die verheerenden Folgen für die Wirtschaft bei einer Zerstörung der Konsumgenossenschaften nachhaltig aufmerksam gemacht hatte, erklärte Dr. Ley – nach Rücksprache mit Hitler – „daß die Konsumgenossenschaften zunächst weiterarbeiten sollen. Es müßte aber mit der Zeit eine Eingliederung in den neuen Staat stattfinden“.**
Nach der Zerstörung der Gewerkschaften wurden die Funktionen von Arbeitgebern, Arbeitnehmern und Arbeitnehmervertretungen nunmehr von (mit Reichsgesetz vom 6. Mai 1933) scheinlegitimierten, staatlichen „Treuhändern der Arbeit“ übernommen.
Diese Treuhänder hatten die Aufgabe, Weisungen und Richtlinien der Reichsregierung vor Ort umzusetzen und anzuwenden. In der Praxis bedeutete dies, daß Treuhänder rechtsverbindlich die Bedingungen für den Abschluß von Arbeitsverträgen – weisungsgemäß – regelten. Die neue „Ordnung der nationalen Arbeit“ – so das gleichlautende Gesetz vom 20. Januar 1934 – regelte die NS-Wirtschaftsideologie im Betrieb: Der bisherige Arbeitsvertrag wurde in ein feudales Treueverhältnis umgewandelt zwischen dem Unternehmer – dem „Führer des Betriebs“ – und den Beschäftigten – den „Gefolgsleuten“ (NS-Jargon) im Unternehmen.
Betriebsordnungen lösten kollektive Arbeitsverträge ab. Anstelle des früheren Betriebsrates trat nunmehr ein von der Unternehmergunst abhängiger „Vertrauensrat“, der unter der Aufsicht des „Treuhänders der Arbeit“ stand, eines weisungsgebundenen Reichsbeamten. Im November 1934 wurde, aufgrund des Gesetzes zur Vorbereitung des „organischen Auf-

* GEG → Konsumgenossenschaften.
** Bludau, a.a.O., S. 112.

baus der deutschen Wirtschaft“ vom 27. Februar 1934, ein fachlicher und bezirklicher Aufbau der deutschen gewerblichen Wirtschaft geschaffen. Die fachliche Gliederung bestand aus sieben Reichsgruppen: Industrie, Handwerk, Handel, Banken, Versicherungen, Energiewirtschaft, Fremdenverkehr. Diese Reichsgruppen gliederten sich in sogenannte Wirtschaftsgruppen, Fachgruppen und Fachuntergruppen. Gemeinsame Spitzenvertretung der fachlichen und bezirklichen Gliederungen war die Reichswirtschaftskammer. Diese NS-Reichswirtschaftskammer fungierte also als oberste gemeinsame Vertretung der fachlichen und bezirklichen Organisationen der gewerblichen Wirtschaft, der Industrie- und Handels- sowie der Handwerkskammern. An die Stelle der verkündeten Volksgemeinschaft trat ein Kastenwesen, eine „Gemeinschaft von Isolierten“, wie Reichsminister Albert Speer sie im Nachhinein bewertete.*

Die → Deutsche Arbeitsfront (DAF), die 1933 zunächst pseudo-gewerkschaftliche Funktionen übernahm, war mit der Bildung von „Vertrauensräten“ unter der Aufsicht der Treuhänder nunmehr frei für reine Parteiaufgaben: Die Erfassung der Arbeiter für die NSDAP, sowie die Einziehung der Partei-Mitgliedsbeiträge. Freilich, die Arbeiterschaft war keinesfalls auf eine Mitgliedschaft in der NSDAP begierig. Im Gegenteil, bei den Wahlen der Betriebsvertrauensmänner im Frühjahr 1934 lehnte die Arbeiterschaft die nationalsozialistischen Listen überwiegend ab.

Der Eingriff der Nazis in die Wirtschaft mußte notwendigerweise auch den Verbaucher treffen. Bereits durch das „Gesetz über Preisnachlässe“ vom 25. November 1933 durfte den Verbrauchern nur noch Rabatt bis zu höchstens 3% auf verkaufte Waren gewährt werden. Der Händler-Rabatt wurde ebenfalls auf 3% begrenzt. Diese Maßnahme war gezielt gegen die Konsumgenossenschaften** gerichtet, deren Mitwirkungsdemokratie im Konsum – der Selbsthilfeeinrichtung der Verbraucher – nicht in die direkte Gleichschaltungstheorie der NSDAP paßte. Die Angriffe der NSDAP auf die deutschen Konsumgenossenschaften sind ein konkretes sinnfälliges Beispiel, wie die NS-Wirtschaftspolitik Verbrauchern und Beschäftigten gleichermaßen schadete.

* Albert Speer, Erinnerungen, Frankfurt/M. 1969, S. 46.

** Die → Konsumgenossenschaften firmieren heute weltweit zumeist unter dem Namen co op.

Am 30. Januar 1933 wurde → Adolf Hitler, der Führer der Nationalsozialisten, zum Reichskanzler ernannt. Am 21. Februar 1933 beschloß die neue Regierung, den gewerblichen Genossenschaften einen beantragten Zuschuß von 30 Millionen RM zu bewilligen. Der Zuschuß für die Konsumgenossenschaften wurde jedoch gestrichen. So wurden die organisierten Verbraucher Deutschlands als Staatsbürger zweiter Klasse behandelt. Es gab mehrerlei Recht in Deutschland; der Rechtsstaat war von Hitler zu Grabe getragen. Für die Konsumgenossenschaftsbewegung begann ein Leidensweg. Die Furcht der NS-Wirtschaftsideologen vor nicht übersehbaren Versorgungsstörungen sind der Grund, warum eine blitzartige Zerschlagung – ähnlich wie die der Gewerkschaften – 1933 nicht erfolgte, sondern etappenweise die Umfunktionierung = Gleichschaltung vollzogen wurde. Dabei zeigte es sich, daß es natürlich viel einfacher war, vom Schreibtisch aus Befehle zu erlassen als die befohlenen Maßnahmen in der Praxis durchzuführen. Es reichte eben noch lange nicht aus, ein strammer Arbeitsfront-Mann zu sein, um als sachkundiger Kaufmann handeln zu können. In der Idee von Mitbestimmung und Selbsthilfe verankerte Genossenschafter ließen sich durch NS-Ideologie von „Führertum" und „Gefolgschaft" nicht ohne weiteres umkippen. 1940 jedoch war es endgültig soweit. Das Vermögen der Konsumvereine, der Verbrauchergenossenschaften, der Großeinkaufsgesellschaft Hamburg, der Großeinkaufsgesellschaft österreichischer Konsumvereine, Wien, wurde von der Deutschen Arbeitsfront – auf Führerbefehl – kassiert.

Insgesamt scheiterte die Wirtschaftspolitik Hitlers und seiner Führungsclique. Zwei Aspekte sind dabei ursächlich zu bewerten: Der ideologisch begründete Plan, Deutschland wirtschaftlich von der übrigen Welt abzukoppeln, eine Art von „splendid isolation" zu schaffen, mißlang. Die groß herausgestellte Programmdoktrin „Brechung der Zinsknechtschaft" erwies sich als Utopie. Es scheiterte auch die weltanschauliche Vorstellung von der Aufhebung des Gegensatzes zwischen Arbeit und Kapital, des Klassengegensatzes und der Interessenunterschiede. Die auf die NS-Ideologie eingeschworene allumfassende „Volksgemeinschaft" existierte zwar stets in schönfärberischen Führerreden und in NS-Medien; sie wurde auch von der „Gefolgschaft" nachgeplappert, mit der

Wirtschaftsrealität aber hatte sie wenig zu tun. Die Scheinerfolge im nationalsozialistischen Groß-Deutschland beruhten auf der Rüstungs- und Kriegswirtschaft. Zum 1. Mai beschwor die NSDAP jeweils ihre Gemeinschaftsideologie, wobei der Einzelne zurückzutreten hatte, entrechtet und schließlich entwürdigt wurde.

Ein sozialpsychologischer Aspekt verdient Beachtung: Es ist *das Bild der Frau,* die Rolle und die Funktion, die ihr NS-Ideologie und NS-Staat zuschrieben.

Zum Verständnis der Ausgangslage der Frauen zu Beginn der NS-Herrschaft einige Kurzinformationen:

Mit der aufkommenden Industrialisierung und der Bildung von Gewerkschaften entstand allmählich eine Emanzipationsbewegung bei den Frauen. Wenige gewerkschaftlich organisierte Frauen wiesen auf ihre besondere ökonomische Situation, ihre belastende Doppelrolle innerhalb der industrialisierten Gesellschaft hin: der Familie dienend am häuslichen Herd, untergeordnet und autoritätshörig am Arbeitsplatz, im Vergleich mit den männlichen Kollegen noch mehr benachteiligt, noch mehr ausgebeutet.

Die parallel zu der Ausbreitung der Frauenarbeit anwachsende Bereitschaft und gesellschaftspolitische Möglichkeit, eine Verbesserung der elenden Lage durch Organisation in den Gewerkschaften anzustreben, wurde gestoppt und entwickelte sich rückläufig, als die Arbeitslosigkeit wuchs. Während 1920 von 7890102 Gewerkschaftsmitgliedern 1710761 (21,68%) Frauen waren, betrug 1930 die Zahl der weiblichen Gewerkschaftsmitglieder nur noch 684978 (14,21%) von 4821832 (in den Freien Gewerkschaften insgesamt)*. Widerstand gegen die Erwerbsarbeit von verheirateten Frauen, sowie die allgemeine Propaganda gegen Frauenerwerbsarbeit, drängte die Frauenemanzipationsbewegung in die Defensive.

Die NSDAP und ihre Führer hatten ihr eigenes Rollenverständnis von der Frau in Familie, Betrieb, Partei, Staat und Gesellschaft.

Zuerst: Von einer Gleichberechtigung der Frau konnte überhaupt keine Rede sein. Als Frau geboren zu sein, war gleichbedeutend mit natur- und gottgewolltem zweiten Platz nach dem Manne.

---

* Aus: Gisela Losseff – Tillmanns, Frau und Gewerkschaft, Frankfurt/Main 1982, S. 277.

Dabei ist dieses Rollen- und Funktionsverständnis noch am ehesten erschließbar, wenn man weiß, daß führende Nationalsozialisten sich dem biologischen Determinismus verschrieben hatten. Die Frau war für sie einseitig biologisch festgelegt. Sie hatte Kinder zu gebären.
Ein „Ehrenkreuz der Deutschen Mutter" wurde 1938 als Auszeichnung in Form eines Ordens von der Partei gestiftet: „Als sichtbares Zeichen des Dankes des Deutschen Volkes an kinderreiche Mütter".
Obwohl die NSDAP in ihrem Parteiprogramm von 1920 Deutschland als „Volk ohne Raum" – und deshalb die Forderung nach Raum = Kolonien – beschrieb, sollte Kindersegen höchstes Glück für Frau und Staat gleichermaßen sein – auch wenn die Interessen dabei verschieden interpretiert und suggeriert worden waren.
Ob das denn wirklich den Bedürfnissen der Frauen, der Ehepaare und der Familien entsprach, interessierte die Diktatoren wenig oder gar nicht. Die NSDAP und ihre Führer setzten die Maßstäbe. Eine geschriebene gültige Verfassung, in der die Position der Frau festgesetzt und beschrieben war, gab es nicht*.

Ein weiterer Aspekt betrifft die Funktion, die die Partei der Frau zuschrieb. Natürlich sollten auch Frauen Mitglieder der NSDAP sein. Die Früherfassung geschah unter dem Dach der → Hitler-Jugend in den beiden Jugendorganisationen Deutsche Jungmädel und im Bund Deutscher Mädel (BDM). War sie erwachsen, dann stand für die Frau die NS-Frauenschaft offen. Hier spielte die weltanschauliche Schulung und Ausrichtung eine genauso wichtige Rolle, wie die NS-Organisationen für die Männer. Insgesamt aber bleibt: Die Partei der NSDAP war in erster Linie eine Partei von Männern in Uniform.

Quelle: Heinz Lauber, Das aktive und passive Wahlrecht in europäischen und außereuropäischen Staaten, in: Die Schulwarte. September 1961, S. 558.

---

* Hitler hat die Verfassung des Deutschen Reiches vom 11. August 1919, die Weimarer Verfassung, zunächst scheinbar geachtet, dann offensichtlich mißachtet, förmlich jedoch nie außer Kraft gesetzt. Seine Ankündigung 1933: „Es ist selbstverständlich möglich und auch wahrscheinlich, daß wir das Gesamtergebnis der sich vollziehenden Umwälzung der einst als neue Verfassung dem deutschen Volke zur Urabstimmung vorlegen werden", hat Hitler nie in die Tat umgesetzt.

Ein weiterer Gesichtspunkt muß erwähnt werden. Er betrifft die Funktion der Frau, die ihr der Staat innerhalb der Wirtschaft zuwies.
Auch hier war die Partei interessiert, ihren Einfluß geltend zu machen. Es wurde zu diesem Zweck ein eigenes „Frauenamt" geschaffen, dem die Aufgabe oblag, die Frauenarbeit nach den Richtlinien der Gesamtfrauenarbeit der NSDAP zu lenken*.
Die berufstätige Frau war in sozialer und wirtschaftlicher Hinsicht zu betreuen.
In der Praxis wandelte die NSDAP ihre sozialpsychologische Position gegenüber der Frau am Arbeitsplatz von 1933–1945 total.
Erste Position war: „Frauen raus aus den Betrieben – heim an den häuslichen Herd"; denn dies entspräche dem Wesen der Frau. Überdies wurde es als Methode praktiziert, um die Arbeitslosigkeit zu verringern. Konkret wurde diese Position gefördert durch populäre Darlehen, die junge Paare bei der Heirat bekamen. Die zweite Position wurde bestimmt durch die Forderung nach zusätzlichen Arbeitsplätzen und Arbeitskräften, wie die Rüstungs- und Kriegswirtschaft sie dann erforderte. Nachdem Arbeitskräfte knapp geworden waren, warb man wiederum Frauen für den Betrieb.
Zum 1. Mai präsentierte die Partei ihr Frauenbild durch die Eröffnung von Ausstellungen dazu: „Schau über Frauenschaffen" – „Frauen am Werk".
Die dritte, erneut gewandelte NS-Position der Frau gegenüber wurde dann durch den Krieg selbst bestimmt. Die Frauen wurden zwangsverpflichtet, und sie mußten in den Rüstungsbetrieben arbeiten. Auch in die Armee wurden sie eingezogen. Sie leisteten Militärdienst zum Beispiel als „Nachrichtenhelferinnen in Uniform".
Wohin die Rolle der Frau nach einem NS-Endsieg gedrängt worden wäre, haben vertrauliche Führer-Äußerungen signalisiert: mehr Kinder um jeden Preis. Die deutschen Menschenverluste durch den Krieg sollten so rasch wie möglich ausgeglichen werden. Besonders reinrassige Frontkämpfer hätten dann mit mehreren reinrassigen Frauen Kinder zeugen sollen. In der Heimerziehung hätte dann der Staat die Kinder aus

* „Die Organisation der NSDAP", Seite 201–202.

unvollständigen Familien materiell und ideell versorgt. Die Einehe wäre mit Sicherheit nicht mehr die einzige Eheform gewesen. Daß dies nicht nur graue Theorie war, belegen erste Modelleinrichtungen dazu, die von der SS eingerichtet worden waren.

Dokumente, Quellentexte, Zeit- und Augenzeugen, Bewertungen und Daten

[69] Adolf Hitler zur Wirtschaftspolitik

„Für mich aber und alle wahrhaften Nationalsozialisten gibt es nur eine Doktrin: Volk und Vaterland. Für was wir zu kämpfen haben, ist die Sicherung des Bestehens und der Vermehrung unserer Rasse und unseres Volkes, die Ernährung seiner Kinder und die Reinhaltung seines Blutes, die Freiheit und Unabhängigkeit des Vaterlandes, auf daß unser Volk zur Erfüllung der auch ihm vom Schöpfer des Universums zugewiesenen Mission heranzureifen vermag*."

„Als ich den ersten Vortrag Gottfried Feders über die Brechung der Zinsknechtschaft hörte, wußte ich sofort, daß es sich hier um eine theoretische Wahrheit handelt, die von immenser Bedeutung für die Zukunft des deutschen Volkes werden müßte. Die scharfe Scheidung des Börsenkapitals von der nationalen Wirtschaft bot die Möglichkeit, der Verinternationalisierung der deutschen Wirtschaft entgegenzutreten, ohne zugleich mit dem Kampf gegen das Kapital überhaupt die Grundlage einer unabhängigen völkischen Selbsterhaltung zu bedrohen... Der Kampf gegen das internationale Finanz- und Leihkapital ist zum wichtigsten Programmpunkt des Kampfes der deutschen Nation um ihre wirtschaftliche Unabhängigkeit geworden**."

---

* Adolf Hitler, Mein Kampf, München 1933, S. 234.

** Ebenda, S. 232.

[70] Hitler: Die deutschen Arbeiter kennen keine Ideale

Aufruf der SPD gegen die NSDAP im Wahlkampf
– Auszug aus einem Flugblatt –
Adolf Hitler, das ist der Bürgerkrieg!
Höhnisch hat er erklärt:
„Nicht der Sozialismus ist das Kernstück meines Programms, sondern die Erweckung einer neuen deutschen Herrenmoral, die sich mitleidlos durchsetzt... Die deutschen Arbeiter kennen keine Ideale, sondern nur Brot und Spiele... Mit welchem Recht verlangen diese Leute Anteil am Besitz oder gar an der Leitung?
Werktätiges Volk!
Du kannst den Faschismus jetzt vernichtend schlagen."

Quelle: Zitiert nach Flugblatt „Schlagt Hitler", verantwortlich: Erwin Schöttle, Stuttgart. Eigenbesitz des Autors.

[71] „Es gibt keine Arbeitgeber und keine Arbeitnehmer mehr ..."
„Treuhänder der Arbeit wachen darüber ..." NS-Regierungsherrschaft und Arbeiterschaft im NS-Staat. Selbstbild und Ideologie des deutschen Faschismus – in der Wirtschaft.

Es gibt keine Arbeitgeber und keine Arbeitnehmer mehr. Es gibt nur eine einzige Quelle, die Arbeit gibt, das deutsche Volk selbst. Nicht mehr zerreißt ein Gegensatz den Betrieb. Die Betriebsgemeinschaft verbindet Betriebsführer und Betriebsgefolgschaft. Beide sind sie in der Deutschen Arbeitsfront vereinigt, beide arbeiten sie gemeinsam an den Aufgaben, die Volk und Führung ihnen stellen. Beide besitzen sie dieselbe Ehre, und niemand von ihnen hat vor dem anderen irgendein Vorrecht. Treuhänder der Arbeit, die allein dem Staate verantwortlich sind, wachen darüber, daß jedem sein Recht geschieht, aber auch jeder seine Pflicht tut. Nicht länger mehr sind Bürgertum und Arbeiterstand Gegensätze, die sich als Klassen bekämpfen. Eine intensive Erziehungsarbeit hat dies schnell und schmerzlos allen Beteiligten klargemacht. Heute ueben alle schaffenden Deutschen in einer Front, und so wachsen sie ineinander, und bald wird derjenige, der sich absondert und einen bürgerlichen Klassendünkel zur Schau tragen möchte, geradeso zu einem mitleidig belächelten Museumsstück geworden sein, wie schon heute ein sich abgesondert haltender Vertreter der Adelskaste nicht mehr Haß und Kampfeswillen bei den übrigen erregt, sondern nur noch ein belustigtes Lächeln. Die Kluft, die Klassengeist und Standesdünkel aufgerissen hatte, verschwindet mehr und mehr, und da die Arbeitsfront nicht nur die Arbeiter der Faust sondern auch die Arbeiter der Stirn in sich vereinigt, so ist damit zum ersten Male wirklich die Front der deutschen Arbeit hergestellt. Nicht länger mehr ist irgendwer ausgeschlossen aus der Gemeinschaft des Volkes, von der Teilnahme an den kulturellen Leistungen der Nation.

Quelle: Wilfried Bade, Deutschland erwacht, Hamburg 1933, S. 127.

[72] Gesetz über Treuhänder der Arbeit
Vom 19. Mai 1933

Reichsgesetzblatt I S. 285
Die Reichsregierung hat das folgende Gesetz beschlossen, das hiermit verkündet wird:

§ 1. (1) Der Reichskanzler ernennt auf Vorschlag der zuständigen Landesregierungen und im Einvernehmen mit ihnen für größere Wirtschaftsgebiete Treuhänder der Arbeit.
(2) Der Reichsarbeitsminister soll die Treuhänder im Einvernehmen mit den beteiligten Landesregierungen einer von diesen oder einer Landesbehörde zuteilen.

§ 2. (1) Bis zur Neuordnung der Sozialverfassung regeln die Treuhänder an Stelle der Vereinigungen von Arbeitnehmern, einzelnen Arbeitgeber oder der Vereinigungen von Arbeitgebern rechtsverbindlich für die beteiligten Personen die Bedingungen für den Abschluß von Arbeitsverträgen. Die Vorschriften über die Allgemeinverbindlichkeit (§§ 2ff. der Tarifvertragsverordnung in der Fassung vom 1. März 1928, Reichsgesetzbl. I S. 47) bleiben unberührt.
(2) Auch im übrigen sorgen die Treuhänder für die Aufrechterhaltung des Arbeitsfriedens.
(3) Sie sind ferner zur Mitarbeit bei der Vorbereitung der neuen Sozialverfassung berufen.

§ 3. Die Treuhänder können die zuständigen Reichs- und Landesbehörden um die Durchführung ihrer Anordnungen und Verfügungen ersuchen. Sie sollen sich vor ihren Maßnahmen mit der Landesregierung oder einer von ihr bezeichneten Behörde in Verbindung setzen, es sei denn, daß Gefahr im Verzuge besteht.

§ 4. Die Treuhänder der Arbeit sind an Richtlinien und Weisungen der Reichsregierung gebunden.

§ 5. Der Reichsarbeitsminister erläßt im Einvernehmen mit dem Reichswirtschaftsminister die notwendigen Durchführungsbestimmungen.

[73] NS-Gesetzgebung zur „Arbeitsbeschaffung und Sicherung der Wirtschaft“

Der Staat kann über Parlament und Regierung in die Wirtschaft eingreifen und sie steuern. Die Hauptinstrumente dazu sind Gesetze und Verordnungen.
Nachdem die NSDAP unter Beteiligung der bürgerlichen Fraktionen im Deutschen Reichstag mit einem „Gesetz zur Behebung der Not von Volk und Reich“ (Ermächtigungsgesetz) am 24. März 1933 das Parlament entmachtet hatte, lag die Gesetzgebungskompetenz allein bei der NS-Reichsregierung.
Kaum im Besitz der Regierungsmacht, griff die Regierung machtvoll in die deutsche Wirtschaft ein, wie eine Übersicht über wichtige Gesetze „zur Arbeitsbeschaffung und Sicherung der Wirtschaft“ zeigt. Diese Arbeitsbeschaffung zählte zu den Erfolgsrezepten der neuen Regierung 1933.
Die nachfolgende Übersicht verdeutlicht darüberhinaus: Eine Reihe von gesetzgebenden Entscheidungen sind bereits auf den Weg gebracht worden, ehe Hitler Reichskanzler wurde. Dazu zählt der Reichsautobahnbau. Die an den Interessen der arbeitenden Bevölkerung orientierten Textüberschriften der Gesetze weckten positive Erwartungen, ja Hoffnungen auf eine bessere Zukunft. Die dann erreichte tatsächliche Reduzierung der Arbeitslosigkeit verfehlte denn auch nicht ihre Wirkung auf die Arbeiterschaft, besonders, begreiflicherweise, auf Arbeitslose und Kurzarbeitende.
Die folgende Auflistung der Gesetze umfaßt das NS-Regierungsjahr 1933. – Auszug –

- „Gesetz gegen die Überfüllung deutscher Schulen und Hochschulen“ vom 25. April 1933 (GBl. I, Nr. 43).
- „Gesetz zur Änderung des Dritten Teils der Vierten Verordnung des Reichspräsidenten zur Sicherung von Wirtschaft und Finanzen und zum Schutze des inneren Friedens vom 8. Dezember 1931“ vom 4. Mai 1933 (RGBl. I, Nr. 47).
- „Gesetz über Lohnschutz in der Heimarbeit“ vom 8. Mai 1933 (RGBl. I, Nr. 62).
- „Gesetz zur Befreiung der Hausgehilfinnen von der Pflicht zur Arbeitslosenversicherung“ vom 12. Mai 1933 (RGBl. Nr. 50).
- „Gesetz gegen Verrat der Deutschen Volkswirtschaft“ vom 12. Mai 1933 (RGBl. I, Nr. 63).

- „Gesetz zur Verminderung der Arbeitslosigkeit“ vom 1. Juni 1933 (RGBl. I, Nr. 60).
- „Gesetz zur Änderung der Verordnung des Reichspräsidenten über finanzielle Maßnahmen auf dem Gebiete der Arbeitsbeschaffung“ vom 13. Juli 1933 (RGBl. I, Nr. 79).
- „Gesetz über die Einziehung volks- und staatsfeindlichen Vermögens“ vom 14. Juli 1933 (RGBl. I, Nr. 81).
- „Gesetz über Neubildung deutschen Bauerntums“ vom 14. Juli 1933 (RGBl. I, Nr. 85).
- „Gesetz über Steuererleichterungen“ vom 15. Juli 1933 (RGBl. I, Nr. 83).
- „Gesetz, betreffend die Steuerbefreiung neuerrichteter Wohngebäude“ vom 15. Juli 1933 (RGBl. I, Nr. 83).
- „Gesetz über die Beitragspflicht zur Arbeitslosenversicherung bei Untertagearbeit im Steinkohlenbergbau“ vom 20. Juli 1933 (RGBl. I, Nr. 85).
- „Gesetz über die Übertragung der Restaufgaben der Schlichter auf die Treuhänder der Arbeit“ vom 20. Juli 1933 (RGBl. 1, Nr. 85).
- „Gesetz über die Zinserleichterung für landwirtschaftlichen Auslandskredit“ vom 20. Juli 1933 (RGBl. I, Nr. 85).
- „Gesetz zur Beseitigung der Mißstände im Bergsteigergewerbe“ vom 7. August 1933 (RGBl. I, Nr. 92).
- „Gesetz über die Befreiung des Reichspräsidenten von Hindenburg von Reichs- und Landessteuern für das Rittergut Neudeck“ vom 7. August 1933 (RGBl. I, Nr. 92).
- „Zweites Gesetz zur Verminderung der Arbeitslosigkeit“ vom 21. September 1933 (RGBl. I, Nr. 103).
- „Gesetz über das Verbot des Verkaufs von Tabakerzeugnissen unter Steuerzeichenpreis“ vom 21. September 1933 (RGBl. I, Nr. 103).
- „Gesetz zur Änderung der Arbeitslosenhilfe“ vom 22. September 1933 (RGBl. I, Nr. 104).
- „Gesetz über die Aufschließung von Wohnsiedlungsgebieten“ vom 22. September 1933 (RGBl. I, Nr. 105).
- „Gesetz zum Schutze der Deutschen Warenausfuhr“ vom 22. September 1933 (RGBl. I, Nr. 106).
- „Gesetz zur Sicherung der Getreidepreise“ vom 26. September 1933 (RGBl. I, Nr. 106).
- „Reichserbhofgesetz“ vom 29. September 1933 (RGBl. I, Nr. 108).
- „Gesetz über Maßnahmen zur Förderung des Außenhandels“ vom 18. Oktober 1933 (RGBl. I, Nr. 116).
- „Gesetz über die Übernahme von Garantien für Kredite an das Kleingewerbe“ vom 31. Oktober 1933 (RGBl. I, Nr. 122).

- „Gesetz über Außerkraftsetzung des Mineralwassersteuergesetzes und des Schaumweinsteuergesetzes“ vom 15. Oktober 1933 (RGBl. I, Nr. 130).
- „Gesetz über Preisnachlässe“ (Rabattgesetz) vom 25. November 1933 (RGBl. I, Nr. 134).
- „Gesetz über den vorläufigen Aufbau des Deutschen Handwerks“ vom 2. Dezember 1933 (RGBl. I, Nr. 135).
- „Gesetz zur Erhaltung der Leistungsfähigkeit der Invaliden-, der Angestellten- und der knappschaftlichen Versicherung“ vom 7. Dezember 1933 (RGBl. I, Nr. 139).
- „Gesetz zur Änderung des Gesetzes über die Errichtung eines Unternehmens ‚Reichsautobahn‘“ vom 18. Dezember 1933 (RGBl. I, Nr. 143).
- „Gesetz zur Sicherung der Düngemittel- und Saatgut-Versorgung“ vom 20. Dezember 1933 (RGBl. I, Nr. 145).
- „Zweites Gesetz über den landwirtschaftlichen Vollstreckungsschutz“ vom 27. Dezember 1933 (RGBl. I, Nr. 148).

[74] Auch für die Konsumgenossenschaften ein schwarzer Tag... „Vernichtung oder Unterwerfung“

Zu den Opfern der nationalsozialistischen Verfolgung gehörten auch die Organisationen zur wirtschaftlichen Selbsthilfe der Arbeiter: Konsumvereine, die Großeinkaufsgesellschaft Deutscher Consumvereine (Konsumgenossenschaften/GEG), die Versicherung Volksfürsorge.
Der für die Gewerkschaften verhängnisvolle 2. Mai 1933 war auch für die Konsumgenossenschaften ein schwarzer Tag. An diesem Tage trat in Hamburg im Verwaltungsgebäude des Zentralverbandes der Vorstand, der Ausschuß und der Generalrat des Zentralverbandes zu einer Tagung zusammen. Als Gast nahm daran auch Henry J. May, der Generalsekretär des Internationalen Genossenschaftsbundes, teil. Aber es stellten sich noch andere „Gäste“ ein: die SA. Sie besetzten das Verwaltungsgebäude des Zentralverbandes. Die Tagung stand also unter einem kaum erträglichen physischen und psychischen Druck, der eine freie Diskussion unmöglich machte. Bemerkenswert an dieser seltsamen Sitzung ist einmal die Tatsache, daß die ungesetzliche Einmischung, der Hausfriedensbruch durch die SA hingenommen wurde, hingenommen werden mußte – ohne offenen Protest. Kein Richter hätte es vermocht, den Organen des Zentralverbandes zu

ihrem Recht zu verhelfen. Deutschland war schon damals kein Rechtsstaat mehr, gegen die nationalsozialistische Willkürherrschaft, gegen offenbares nationalsozialistisches Unrecht gab es kein Mittel mehr...
Am nächsten Tage, es war der 4. Mai, versuchten die Geschäftsführer der GEG Gustav Borgner und Henry Everling* sich durch Verhandlungen mit zuständigen Stellen im Hamburger Senat Klarheit darüber zu verschaffen, welche Maßnahmen gegen die GEG geplant seien. Der nationalsozialistische Staatssekretär Ahrens erklärte ihnen dabei, daß er die Absicht habe, am nächsten Tage einen Staatskommissar mit absoluten Vollmachten für die GEG einzusetzen. Und so geschah es. Am 5. Mai übernahm der Hamburger Gauinspektor der Nationalsozialistischen Deutschen Arbeiterpartei – NSDAP – die Führung der Geschäftsleitung der GEG mit absoluten Vollmachten. Damit stand die GEG unter nationalsozialistischem Kommando. ...
In der Nacht vor dem 5. Mai 1933, an dem der Staatskommissar Grahl in die GEG einzog, war das geschäftsführende Vorstandsmitglied des Zentralverbandes deutscher Konsumvereine, Dr. h. c. Adam Remmele in seiner Wohnung verhaftet worden. Er wurde in ein Konzentrationslager gebracht. Und so wie ihm ging es einer Reihe von weiteren führenden Konsumgenossenschaftern im Lande, die als Gegner des Nationalsozialismus bekannt waren.
Was um diese Zeit die Konsumgenossenschaften bewegte und aufs stärkste beunruhigte, war die nackte Existenzfrage. Würden die Nationalsozialisten sich mit der Gleichschaltung begnügen, der man nicht mehr entrinnen konnte, oder würden sie ihre früheren Drohungen wahrmachen und die Konsumgenossenschaften vernichten?
Eine vorläufige Antwort auf diese Frage erhielt Henry Everling, der zusammen mit Grahl am 5. Mai nach Berlin gefahren war, von Dr. Robert Ley, der von Hitler den Auftrag erhalten hatte, die Gewerkschaften zur nationalsozialistischen „Deutschen Arbeitsfront" umzubauen. Es war nur eine kurze Unterredung, die Everling im Beisein Grahls mit Ley führte, aber sie zeigt doch, wes Geistes Kind der Mann war, der zum

* Nach einer Untersuchung von Kuno Bludau – Nationalsozialismus und Genossenschaften – hatte schon Tage zuvor Robert Schloesser, Vorstandsmitglied, seinen Schulfreund, Dr. Robert Ley, aufgesucht, um ihn umzustimmen, nachdem Schloesser erfahren hatte, daß Ley die Konsumgenossenschaften am 1. Mai (1933) vernichten wollte.

Führer der „Deutschen Arbeitsfront“ bestimmt worden war. Auf die Frage Everlings, was die Konsumgenossenschaftsbewegungen zu erwarten habe, sagte Ley, er habe den Auftrag vom „Führer“ – Adolf Hitler –, die Konsumvereine zu vernichten. Er hätte diesen Auftrag eigentlich am 2. Mai ausführen sollen, an dem die Gewerkschaften zerschlagen wurden, aber der Bissen sei ihm zu groß gewesen. Als Everling auf die katastrophalen Folgen hinwies, die die Vernichtung der Konsumvereine für die ganze deutsche Wirtschaft haben würde, erklärte Ley, davon wisse er nichts, das sei ihm auch gleichgültig, er habe einen Auftrag und den werde er ausführen. Aber es gelang Everling dann doch, Ley die Folgen einer Vernichtung der Konsumgenossenschaftsbewegung so plastisch vor Augen zu stellen, daß diesem offensichtlich Bedenken kamen. Schließlich erklärte Ley, er wolle die Sache mit dem „Führer“ selbst besprechen.

Zum 15. Mai wurden Everling und Grahl wieder nach Berlin zu Dr. Ley bestellt. ...

Es wurde nicht diskutiert, sondern diktiert. Als Alternativen gab es nur Vernichtung oder Unterwerfung.

Dr. Ley gab zu Beginn der Sitzung bekannt, der „Führer“ habe angeordnet, daß die deutschen Konsumgenossenschaften weiterbestehen und die Geschäftsanteile und Spargelder der Mitglieder gesichert werden sollten. Er wolle die gefährlichen Auswirkungen einer Auflösung der Konsumgenossenschaften auf das deutsche Wirtschaftsleben vermeiden. Allerdings müßten die Konsumgenossenschaften mit der Zeit „umgebildet“ werden.

Dann legte Dr. Ley den anwesenden Genossenschaftern ein Schriftstück vor – je eines für die Vertreter der Hamburger und der Kölner Richtung – und forderte die sofortige Unterzeichnung. Dieses Schriftstück war eine Kapitulationsurkunde, es verlangte die totale Unterwerfung der Konsumgenossenschaften und ihrer zentralen Unternehmen unter die „Befehlsgewalt“ Dr. Leys und seines Beauftragten, Direktor Karl Müller. Das Dokument hatte folgenden Wortlaut:

„Die unterfertigten, gesetzlich vertretungsberechtigten Geschäftsführer der Großeinkaufs-Gesellschaft Deutscher Consumvereine m.b.H., Hamburg, unterwerfen sich hierdurch für sich und für sämtliche ihrem Verband angeschlossenen Konsumgenossenschaften unwiderruflich und unbedingt der Befehls- und Verfügungsgewalt des Führers der Deut-

schen Arbeitsfront, Dr. Robert Ley, und des von diesem als Beauftragten für die Konsumgenossenschaften ernannten Pg., Direktor Karl Müller."
(Das für den Reichsverband bestimmte Schriftstück hatte den gleichen Wortlaut bis auf den Namen des Adressaten.)
Henry Everling stellte zunächst fest, er könne dieses Dokument nicht ohne vorherige Rücksprache mit seinen Kollegen in Hamburg unterzeichnen. Daraufhin wurde ihm von Dr. Ley bedeutet, wenn er nicht sofort unterzeichne, würden die Konsumgenossenschaften aufgelöst. Nun unterschrieb er und mit ihm die übrigen Vertreter der beiden Bewegungen. Es handelt sich hier ohne jeden Zweifel um den Tatbestand der Erpressung, in einem Rechtsstaat wäre die Unterschrift ungültig gewesen. Nicht so im nationalsozialistischen Staat, in dem die Erpressung ein beliebtes Mittel der Politik war.
Die Organe der Konsumgenossenschaftsbewegung in Hamburg und Köln hatten keine andere Wahl, als die Unterschrift zu billigen.
Überall wurden nun in den Konsumgenossenschaften des Landes nationalsozialistische Ortsbeauftragte eingesetzt, gewählte Vorstandsmitglieder, die den Nationalsozialisten nicht genehm waren, wurden entlassen. Die Gleichschaltung war vollkommen. Die Konsumgenossenschaften waren von nun an Instrumente der nationalsozialistischen Deutschen Arbeitsfront. Sie waren keine eigene Bewegung mehr, sie hatten keine eigene Zielsetzung, die Freiheit der Selbstbestimmung war aufgehoben, der genossenschaftlichen Demokratie war der Boden entzogen.

Quelle: Erwin Hasselmann, Geschichte der Deutschen Konsumgenossenschaften, Hamburg 1971.

[75] Konsumvereine im wirtschaftspolitischen Abwehrkampf gegen Kommunisten und Nationalsozialisten

„Die Konsumgenossenschaften hielten sich immer fern von einer Anteilnahme am politischen Leben. Sie ändern diese Stellung auch nicht, nachdem ihnen von den Nationalsozialisten und von den Kommunisten der Kampf angesagt ist, und nachdem sie das ganze Jahr hindurch mit allen erdenklichen Mitteln befehdet wurden. ..."

Die Kommunistische Internationale befiehlt.

„Die Kommunisten suchten auf allen Organisationen der Arbeiter- und Angestelltenschaft einen entscheidenden Einfluß zu gewinnen. Auch die Konsumgenossenschaftsbewegung möchten sie beherrschen. ... Die Genossenschaftsthese des dritten Weltkongresses der Kommunistischen Internationale, daß in der Epoche der proletarischen Revolution vor den proletarischen Kooperativen das Problem besteht, den werktätigen Massen in ihrem Kampf um die Macht Hilfe zu leisten, habe jetzt in der Wirtschaftskrise, so instruierte das Koop-Büro des Ekki im Sommer vorigen Jahres die Kommunistische Partei, eine verstärkte Bedeutung erlangt. Die Entwicklung bestätige, daß die Genossenschaften unter dem Deckmantel der politischen Neutralität den politischen Interessen der imperialistischen Bourgeoisie unterstellt werden und dadurch die Entwicklung der Revolution nicht unterstützen, sondern im Gegenteil aufhalten, dem Kampf des Proletariats nicht helfen, sondern ihm schaden. Unter Führung der Sozialfaschisten würden die Genossenschaften ein Instrument für den „kapitalistischen Ausweg aus der Krise".

Nationalsozialisten

„Die Kommunisten finden in den Konsumgenossenschaften alles „reformistisch" und unmarxistisch, die Nationalsozialisten aber bezeichnen sich als die Todfeinde der Konsumgenossenschaften, weil in ihnen der böse „Marxismus" stecke, der den gewerblichen Mittelstand total vernichten wolle. Aus dieser Todfeindschaft heraus führen sie mit den Kommunisten um die Wette gegen die Konsumgenossenschaften ein wahres Kesseltreiben.
Mit den verschiedensten Behauptungen suchen die Nationalsozialisten die Konsumgenossenschaften zu schädigen, zum Segen der Interessen des privaten Kleinhandels, wie sie sagen. Eine soziale Einrichtung wollen sie ausrotten, die als soziales Selbsthilfewerk für notleidende Handwerker und Arbeiter in der Zeit des Absolutismus entstand und die mit der fortschreitenden Industrialisierung Deutschlands oft auch mit Unterstützung der Industrie und der öffentlichen Verwaltung den Lohnarbeitern dienstbar gemacht wurde."
...

Kampfgemeinschaften gegen die Konsumgenossenschaften

„Um einem dringenden Bedürfnis abzuhelfen, gründeten der Fabrikant Martin Mutschmann, M.d.R., und sein Adlatus F. Köhler in Plauen eine „Kampfgemeinschaft gegen Warenhaus, Konsumverein und Einheitspreisgeschäfte“, wie das anderwärts auch schon geschehen war. Der nationalsozialistische „Groß-Dortmunder-Anzeiger“ faßte die Mission solcher Kampfgemeinschaften in einem längeren Artikel dahin zusammen: Solange die Nationalsozialistische Partei nicht im Besitz der Macht sei, um der Ausdehnung der Konsumgenossenschaften von Staats wegen entgegentreten zu können, müsse für jeden Volksgenossen der Grundsatz gelten, Mitglied einer Konsumgenossenschaft nicht zu sein und auch die Gegenstände seines täglichen Bedarfs in der Konsumgenossenschaft nicht zu decken.
Dieser Grundsatz müsse hochgehalten werden, obwohl Handwerker und Gewerbetreibende in unglaublicher Weise vielfach noch Mitglieder der Konsumgenossenschaften seien.“

Quelle: Jahrbuch des Zentralverbandes deutscher Konsumvereine e.V., Hamburg 1933, S. 224ff.

[76] Bewertung der Konsumgenossenschaften durch Nationalsozialisten 1933.

Dr. Winkler, Leiter der Reichsführerschule der NSDAP Bernau:

> „Wir Nationalsozialisten sind der Auffassung, daß die Genossenschaften nützlich sind, und weil sie nützlich sind, gebrauchen wir sie. Für uns ist nur maßgebend, das zu tun, was im Interesse des Volkes getan werden muß.“
>
> Quelle: Zitiert nach Spar- und Konsumverein Heilbronn, Aufruf an die Mitglieder 1933.

[77] Lokales Beispiel
Betriebsordnung 1934 der „Verbraucher-Genossenschaft Stuttgart"; hier: Auszug, Zusammenarbeit, Entlassung.*

Als Führer des Betriebs erlasse ich ... Betriebsordnung.
Zusammenarbeit...
Die Anrufung außerbetrieblicher Stellen ist erst zulässig, wenn alle Möglichkeiten der Verständigung innerhalb des Betriebs erschöpft sind, das heißt bei beiderseitigem guten Willen: nie!
...
Abschnitt 3: Einstellung und Entlassung...
i) Weibliche Angehörige der Gefolgschaft scheiden bei ihrer Verheiratung aus dem Betrieb aus, können aber auf Antrag noch ein Vierteljahr unter ihren seitherigen Arbeitsbedingungen weiterbeschäftigt werden.
...
l) Ohne Einhaltung einer Frist kann außer den im Gesetz festgelegten Fällen das Arbeitsverhältnis gelöst werden:
1. Wegen nationaler Unzuverlässigkeit, bewiesen durch böswillige Äußerungen und Handlungen gegen Volk und Staat,
2. ..., wegen nicht nationalsozialistischem, d. h. ehrlosem und gemeinschaftsfeindlichem Verhalten...

Quelle: Betriebsordnung vom 15. Juli 1934 der Verbraucher-Genossenschaft Stuttgart, S. 1, 2, 6, 7.

[78] Vertreibung der Genossenschafter aus dem Konsumverein. Lokales Beispiel Heilbronn.

Im weiteren Verlauf wurden darüber hinaus bereits in den folgenden Monaten alle Organisationen und Vereinigungen, auch kultureller und sportlicher Art, entweder ganz verboten, wie beispielsweise der „Turnverein Jahn", oder gleichgeschaltet, wie der „Feuerbestattungsverein Heilbronn", der genauso in nationalsozialistischem Geiste umgestaltet wurde wie der früher so sehr bekämpfte Konsumverein, der nunmehr – von den Nationalsozialisten übernommen – plötzlich wieder volks- und versorgungswirtschaftliche Funktionen hatte und dem einen oder anderen Nationalsozialisten nach dem Ausbooten der früheren Geschäftsführer Verdienst und Auskommen bot. Über die Ereignisse im Konsumverein Heilbronn schreibt in

* 1933 Zwangsumwandlung von → Konsumgenossenschaften in „Verbrauchergenossenschaften".

dem Buche „100 Jahre SPD Heilbronn“ der spätere Aufsichtsratsvorsitzende Fritz Hanser:

„Mit dem Jahre 1933 aber beginnt die dunkle, die braune Zeit des ‚Tausendjährigen Reiches‘. Bekannte Genossenschafter in Vorstand und Aufsichtsrat werden ‚in die Wüste geschickt‘ oder verlassen die Stätte ihres Lebenswerkes in der klaren Erkenntnis, daß für aufrechte Demokraten und überzeugte Genossenschafter keine Wirkungsmöglichkeit mehr besteht im Sinne der Ideen, unter denen sie bisher tätig waren. Die braunen Machthaber beriefen umgehend ihre Trabanten in die Führungsgremien. Die gleichen Leute, die seit Jahren gerufen hatten: ‚Zerschlagt die Konsumgenossenschaften‘, sollten nun das Genossenschaftsunternehmen leiten.

Die Haßgesänge gegen die verteufelten Konsumgenossenschaften verstummten. Der Geist aber, der den ‚Heilbronner Konsum‘ durch Jahrzehnte beseelt hatte, ihn wachsen und gedeihen ließ, verschwand mit den Vorstandsmitgliedern Ziegler und Scheel und dem Aufsichtsratsvorsitzenden Britsch.

Die Zeit des Zweiten Weltkrieges trug dazu bei, aus dem einst blühenden Unternehmen einen Torso werden zu lassen.

Quelle: Zitiert nach Albert Großhans, Das nationalsozialistische Regime und seine Auswirkungen auf Heilbronn, Heilbronn 1982, S. 76f.

[79] Lokales Beispiel Heilbronn. Nichtübertragung der Kanzlerrede.
Aus dem Sitzungsprotokoll der „418 (5.) Sitzung des Aufsichtsrats vom Spar- und Consumverein Heilbronn u. Umgebung am 14. November 1933 im Sitzungszimmer, Happelstr. 31.“

...

H. Fröhle gibt einen Bericht über die abgehaltenen Frauen-Versammlungen, die alle sehr gut besucht gewesen seien u. hoffentlich auch von gutem Resultat für den Verein sein werden. Er streifte hierbei auch kurz eine von unseren Gegnern aufgezogene, gehässige Zeitungsnotiz über diese Versammlungen, betr. der Versammlung in Jagstfeld, daß die in dem Zeitungsartikel angeführte Nichtübertragung der Kanzlerrede auf das Nichtfunktionieren des Radioapparats zurückzuführen sei. Eine Erwiderung betr. des erwähnten Artikels sei von der Presse nicht gebracht worden, H. Renner ziehe deswegen Erkundigungen ein über die einschlägigen Bestimmungen im Reichspressegesetz.

Quelle: Konsum Heilbronn 1933. Auszug aus dem handschriftlich verfaßten Sitzungsprotokoll der 418. (5.) Sitzung des Aufsichtsrats. Unveröffentlicht.

[80] „Sofortlösung" und „Endlösung" = Enteignung zugunsten der Deutschen Arbeitsfront

Die von den Nationalsozialisten/DAF diktierte Umwandlung der „Konsumgenossenschaften" in nicht sozialistisch besetzte „Verbrauchergenossenschaften" reichte der NS-Führung nicht aus. Auf Befehl des Führers und Reichskanzlers Adolf Hitler von 1940 erfolgte eine Vermögensüberführung auf die NS-Partei/DAF. Die Verbrauchergenossenschaften (Konsumvereine) wurden 1941 aufgelöst. Das Resultat dieser Maßnahmen war schließlich die Schaffung eines NS-Großkonzerns: „Gemeinschaftswerk der Deutschen Arbeitsfront GmbH".

Schreiben des Führers und Reichskanzlers Adolf Hitler an den Reichswirtschaftsminister Walter Funk:

> „Lieber Parteigenosse Funk!
> Reichsleiter Dr. Ley hat mich über die mit Ihnen hinsichtlich der Überführung des Vermögens der Konsumvereine, der Verbrauchergenossenschaften im Großdeutschen Reich, der Deutschen Großeinkaufs-Gesellschaft in Hamburg und der Großeinkaufs-Gesellschaft österreichischer Konsumvereine, Wien, in das Vermögen der Deutschen Arbeitsfront getroffene Vereinbarung unterrichtet.
> Ich ordne hiermit an, daß entsprechend diesen Vereinbarungen die Vermögensübertragung nunmehr umgehend durchzuführen ist.
> Ich beauftrage Sie, die Durchführungs- und Ausführungsbestimmungen zu dieser meiner Anordnung im Einvernehmen mit dem Leiter der Deutschen Arbeitsfront zu erlassen.
> Die Zustimmung des Reichsmarschalls ist hierzu einzuholen.
> Mit deutschem Gruß!
> gez.: A. Hitler"

Quelle: Erwin Hasselmann, Geschichte der Deutschen Konsumgenossenschaften, Hamburg 1971, S. 502 u. 503.

[81] „Ordnung der nationalen Arbeit" – Feierliches Gelöbnis am 1. Mai –

Mit dem nachfolgenden Gesetz scheinlegitimiert die NS-Regierung die Zerstörung der Gewerkschaften und der Unternehmerinteressenvertretungen zugunsten einer staatskapitalistischen Betriebsstruktur.

Reichsgesetzblatt
Teil I

1934	Ausgegeben zu Berlin, den 23. Januar 1934	Nr. 7

Tag	Inhalt	Seite
20. 1. 34	Gesetz zur Ordnung der nationalen Arbeit	45

Gesetz zur Ordnung der nationalen Arbeit.
Vom 20. Januar 1934. – Auszug –
Die Reichsregierung hat das folgende Gesetz beschlossen, das hiermit verkündet wird:

Erster Abschnitt
Führer des Betriebes und Vertrauensrat

§ 1
Im Betriebe arbeiten der Unternehmer als Führer des Betriebes, die Angestellten und Arbeiter als Gefolgschaft gemeinsam zur Förderung der Betriebszwecke und zum gemeinen Nutzen von Volk und Staat.

§ 2
(1) Der Führer des Betriebes entscheidet der Gefolgschaft gegenüber in allen betrieblichen Angelegenheiten, soweit sie durch dieses Gesetz geregelt werden.
(2) Er hat für das Wohl der Gefolgschaft zu sorgen. Diese hat ihm die in der Betriebsgemeinschaft begründete Treue zu halten.

§ 3
(1) Bei juristischen Personen und Personengesamtheiten sind die gesetzlichen Vertreter Führer des Betriebes.
(2) Der Unternehmer oder bei juristischen Personen und Personengesamtheiten die gesetzlichen Vertreter können eine an der Betriebsleitung verantwortlich beteiligten Person mit ihrer Stellvertretung betrauen; dies muß geschehen, wenn sie den Betrieb nicht selbst leiten. In Angelegenheiten von geringerer Bedeutung können sie auch eine andere Person beauftragen.

(3) Wird dem Führer des Betriebes die Befähigung zum Führer gemäß § 38 durch das Ehrengericht rechtskräftig aberkannt, so ist ein anderer Führer des Betriebes zu bestellen.

§ 4

(1) Als Betriebe im Sinne dieses Gesetzes gelten auch Verwaltungen.
(2) Nebenbetriebe und Betriebsbestandteile, die mit dem Hauptbetrieb durch gemeinsame Leitung verbunden sind, gelten nur dann als selbständige Betriebe, wenn sie räumlich weit von dem Hauptbetrieb getrennt sind.
(3) Die Vorschriften dieses Gesetzes, mit Ausnahme der §§ 32 und 33, finden auf Schiffe der See-, Binnen- und Luftschiffahrt und ihre Besatzung keine Anwendung.

§ 5

(1) Dem Führer des Betriebes mit in der Regel mindestens zwanzig Beschäftigten treten aus der Gefolgschaft Vertrauensmänner beratend zur Seite. Sie bilden mit ihm und unter seiner Leitung den Vertrauensrat des Betriebes.
(2) Zur Gefolgschaft im Sinne der Bestimmungen über den Vertrauensrat gehören auch die Hausgewerbetreibenden, die in der Hauptsache für den gleichen Betrieb allein oder mit ihren Familienangehörigen arbeiten.

§ 6

(1) Der Vertrauensrat hat die Pflicht, das gegenseitige Vertrauen innerhalb der Betriebsgemeinschaft zu vertiefen.
(2) Der Vertrauensrat hat die Aufgabe, alle Maßnahmen zu beraten, die der Verbesserung der Arbeitsleistung, der Gestaltung und Durchführung der allgemeinen Arbeitsbedingungen, insbesondere der Betriebsordnung, der Durchführung und Verbesserung des Betriebsschutzes, der Stärkung der Verbundenheit aller Betriebsangehörigen untereinander und mit dem Betriebe und dem Wohle aller Glieder der Gemeinschaft dienen. Er hat ferner auf eine Beilegung aller Streitigkeiten innerhalb der Betriebsgemeinschaft hinzuwirken. Er ist vor der Festsetzung von Bußen auf Grund der Betriebsordnung zu hören.
(3) Der Vertrauensrat kann einzelne seiner Aufgaben bestimmten Vertrauensmännern zur Wahrnehmung übertragen.

§ 7

(1) Die Zahl der Vertrauensmänner beträgt
in Betrieben mit 20 bis 49 Beschäftigten .. zwei,
in Betrieben mit 50 bis 99 Beschäftigten .. drei,
in Betrieben mit 100 bis 199 Beschäftigten .. vier,
in Betrieben mit 200 bis 399 Beschäftigten .. fünf.
(2) Ihre Zahl erhöht sich für je dreihundert weitere Beschäftigte um einen Vertrauensmann und beträgt höchstens zehn.

(3) In gleicher Zahl sind Stellvertreter vorzusehen.
(4) Bei der Auswahl der Vertrauensmänner sind Angestellte, Arbeiter und Hausgewerbetreibende angemessen zu berücksichtigen.

§ 8
Vertrauensmann soll nur sein, wer das fünfundzwanzigste Lebensjahr vollendet hat, mindestens ein Jahr dem Betriebe oder dem Unternehmen angehört und mindestens zwei Jahre im gleichen oder verwandten Berufs- oder Gewerbezweige tätig gewesen ist. Er muß die bürgerlichen Ehrenrechte besitzen, der Deutschen Arbeitsfront angehören, durch vorbildliche menschliche Eigenschaften ausgezeichnet sein und die Gewähr bieten, daß er jederzeit rückhaltlos für den nationalen Staat eintritt. Von der Voraussetzung einer einjährigen Betriebsangehörigkeit kann bei der ersten Ernennung von Vertrauensmännern, die nach dem Inkrafttreten dieses Gesetzes erfolgt, abgesehen werden.

§ 9
(1) Der Führer des Betriebes stellt im Einvernehmen mit dem Obmann der Nationalsozialistischen Betriebszellen-Organisation im März jeden Jahres eine Liste der Vertrauensmänner und deren Stellvertreter auf. Die Gefolgschaft hat zu der Liste alsbald durch geheime Abstimmung Stellung zu nehmen.
(2) Kommt zwischen dem Führer des Betriebes und dem Obmann der Nationalsozialistischen Betriebszellen-Organisation eine Einigung über die vorzuschlagenden Vertrauensmänner und deren Stellvertreter oder kommt ein Vertrauensrat aus einem anderen Grunde nicht zustande, billigt insbesondere die Gefolgschaft die Liste nicht, so kann der Treuhänder der Arbeit Vertrauensmänner und Stellvertreter in der erforderlichen Anzahl berufen.

§ 10
(1) Die Mitglieder des Vertrauensrates legen vor der Gefolgschaft am Tage der nationalen Arbeit (1. Mai) das feierliche Gelöbnis ab, in ihrer Amtsführung nur dem Wohle des Betriebes und der Gemeinschaft aller Volksgenossen unter Zurückstellung eigennütziger Interessen zu dienen und in ihrer Lebensführung und Diensterfüllung den Betriebsangehörigen Vorbild zu sein.
(2) Treten in einem Betriebe die Voraussetzungen für die Errichtung eines Vertrauensrates erst nach dem im § 9 Abs. 1 vorgesehenen Zeitpunkt ein, so ist die Berufung der Vertrauensmänner (§ 9) und die Verpflichtung des Vertrauensrates alsbald durchzuführen.

§ 11
Das Amt des Vertrauensrates beginnt nach der Verpflichtung – regelmäßig am 1. Mai – und endet jeweils am 30. April.

§ 12

Der Vertrauensrat ist nach Bedarf von dem Führer des Betriebes einzuberufen. Die Einberufung muß erfolgen, wenn die Hälfte der Vertrauensmänner es beantragt.

§ 13

(1) Das Amt der Vertrauensmänner ist ein Ehrenamt, für dessen Wahrnehmung ein Entgelt nicht gewährt werden darf. Für den durch die Erfüllung der Aufgaben notwendigen Ausfall von Arbeitszeit ist der übliche Lohn zu zahlen. Notwendige Aufwendungen sind von der Betriebsleitung zu erstatten.
(2) Die notwendigen Einrichtungen und Geschäftsbedürfnisse für eine ordnungsmäßige Erfüllung der dem Vertrauensrat obliegenden Aufgaben sind von der Betriebsleitung zur Verfügung zu stellen. Der Führer des Betriebes ist verpflichtet, den Vertrauensmännern die zur Erfüllung ihrer Aufgaben notwendigen Auskünfte zu erteilen.

§ 14

(1) Das Amt eines Vertrauensmannes erlischt, abgesehen von der freiwilligen Amtsniederlegung, mit dem Ausscheiden aus dem Betriebe. Die Kündigung des Dienstverhältnisses eines Vertrauensmannes ist unzulässig, es sei denn, daß sie infolge Stillegung des Betriebes oder einer Betriebsabteilung erforderlich wird oder aus einem Grunde erfolgt, der zur Kündigung des Dienstverhältnisses ohne Einhaltung einer Kündigungsfrist berechtigt.
(2) Der Treuhänder der Arbeit kann einen Vertrauensmann wegen sachlicher oder persönlicher Ungeeignetheit abberufen. Das Amt eines abberufenen Vertrauensmannes erlischt mit der schriftlichen Mitteilung der Entscheidung des Treuhänders an den Vertrauensrat.
(3) Das Amt eines Vertrauensmannes erlischt ferner mit der Rechtskraft einer auf die Strafen des § 38 Nr. 2 bis 5 erkennenden Entscheidung des Ehrengerichts.

§ 15

An die Stelle von ausscheidenden oder zeitweilig verhinderten Vertrauensmännern treten die Stellvertreter als Ersatzmänner in der sich aus der Vorschlagsliste ergebenden Reihenfolge. Sind Ersatzmänner nicht mehr vorhanden, so werden für den Rest der Amtszeit des Vertrauensrates neue Vertrauensmänner vom Treuhänder der Arbeit berufen.

§ 16

Gegen Entscheidungen des Führers des Betriebes über die Gestaltung der allgemeinen Arbeitsbedingungen, insbesondere der Betriebsordnung (§ 6 Abs. 2), kann die Mehrheit des Vertrauensrates des Betriebes den Treuhänder der Arbeit unverzüglich schriftlich anrufen, wenn die Entscheidungen mit den wirtschaftlichen oder sozialen Verhältnissen des Betriebes nicht vereinbar erscheinen. Die Wirksamkeit der von dem Führer des Betriebes getroffenen Entscheidung wird durch die Anrufung nicht gehemmt.

§ 17
Befinden sich mehrere wirtschaftlich oder technisch gleichartige oder nach dem Betriebszweck zusammengehörige Betriebe in der Hand eines Unternehmens, so muß dieser oder, wenn er nicht selbst das Unternehmen leitet, der von ihm bestellte Führer des Unternehmens zu seiner Beratung in sozialen Angelegenheiten aus den Vertrauensräten der einzelnen Betriebe einen Beirat berufen.

Zweiter Abschnitt
Treuhänder der Arbeit

§ 18
(1) Für größere Wirtschaftsgebiete, deren Abgrenzung der Reichsarbeitsminister im Einvernehmen mit dem Reichswirtschaftsminister und dem Reichsminister des Innern bestimmt, werden Treuhänder der Arbeit ernannt. Sie sind Reichsbeamte und unterstehen der Dienstaufsicht des Reichsarbeitsministers. Ihren Sitz bestimmt der Reichsarbeitsminister im Einvernehmen mit dem Reichswirtschaftsminister.
(2) Die Treuhänder der Arbeit sind an Richtlinien und Weisungen der Reichsregierung gebunden.

§ 19
(1) Die Treuhänder der Arbeit haben für die Erhaltung des Arbeitsfriedens zu sorgen. Zur Erfüllung dieser Aufgabe haben sie:
1. über die Bildung und Geschäftsführung der Vertrauensräte zu wachen und in Streitfällen zu entscheiden;
2. gemäß §§ 9 Abs. 2, 14 Abs. 2 und 15 Vertrauensmänner der Betriebe zu berufen und abzuberufen;
3. auf Anrufung des Vertrauensrates gemäß § 16 zu entscheiden; sie können unter Aufhebung der Entscheidung des Führers des Betriebes die erforderliche Regelung selbst treffen;
4. bei beabsichtigten Entlassungen gemäß § 20 zu entscheiden;
5. die Durchführung der Bestimmungen über die Betriebsordnung (§§ 26ff.) zu überwachen;
6. unter den Voraussetzungen des § 32 Richtlinien und Tarifordnungen festzusetzen und ihre Durchführung zu überwachen;
7. bei der Durchführung der sozialen Ehrengerichtsbarkeit gemäß §§ 35ff. mitzuwirken;
8. die Reichsregierung nach näherer Anweisung des Reichsar-

beitsministers und des Reichswirtschaftsministers ständig über die sozialpolitische Entwicklung zu unterrichten.

(2) Der Reichsarbeitsminister und der Reichswirtschaftsminister können im Rahmen der Gesetze den Treuhändern der Arbeit weitere Aufgaben übertragen.

(3) Die Treuhänder der Arbeit können die Verhandlung in Angelegenheiten des Abs. 1 Ziffer 3 einem Sachverständigenausschuß (§ 23 Abs. 3) übertragen. Die Entscheidung bleibt dem Treuhänder der Arbeit überlassen.

§ 20

(1) Der Unternehmer eines Betriebes ist verpflichtet, dem Treuhänder der Arbeit schriftlich Anzeige zu erstatten, bevor er

a) in Betrieben mit in der Regel weniger als einhundert Beschäftigten mehr als neun Beschäftigte,
b) in Betrieben mit in der Regel mindestens einhundert Beschäftigten zehn vom Hundert der im Betrieb regelmäßig Beschäftigten oder aber mehr als fünfzig Beschäftigte innerhalb von vier Wochen entläßt.

(2) Entlassungen, deren Bevorstehen nach Abs. 1 anzuzeigen ist, werden vor Ablauf von vier Wochen nach Eingang der Anzeige beim Treuhänder der Arbeit nur mit dessen Genehmigung wirksam; der Treuhänder der Arbeit kann die Genehmigung auch mit rückwirkender Kraft erteilen. Er kann auch anordnen, daß die Entlassungen nicht vor Ablauf von längstens zwei Monaten nach Erstattung der Anzeige wirksam werden. Soweit die Entlassungen nicht innerhalb von vier Wochen nach dem Zeitpunkt durchgeführt werden, von dem an sie nach Satz 1 oder 2 wirksam sind, gilt die Anzeige als nicht erstattet. Das Recht zur fristlosen Entlassung bleibt unberührt.

(3) Ist der Unternehmer nicht in der Lage, die Beschäftigten bis zu dem in Abs. 2 bezeichneten Zeitpunkt voll in Arbeit zu behalten, so kann der Treuhänder zulassen, daß der Unternehmer für die Zwischenzeit in seinem Betriebe eine Verkürzung der Arbeitszeit (Streckung der Arbeit) einführt. Hierbei darf jedoch die Wochenarbeitszeit eines Beschäftigen nicht unter vierundzwanzig Stunden herabgesetzt werden. Der Unternehmer ist im Falle der Arbeitsstreckung berechtigt, Lohn oder Gehalt der mit verkürzter Arbeitszeit Beschäftigten entsprechend zu kürzen; die Kürzung wird jedoch erst von dem Zeitpunkt an wirksam, in dem das Arbeitsverhältnis nach den allgemeinen gesetzlichen oder den vertraglichen Bestimmungen enden würde.

(4) In Betrieben, die regelmäßig in einer bestimmten Jahreszeit verstärkt arbeiten (Saisonbetriebe) oder regelmäßig nicht mehr als drei Monate im Jahre arbeiten (Kampagnebetriebe), finden die Vorschriften der Absätze 1 bis 3 auf Entlassungen, die durch diese Eigenart des Betriebes bedingt sind, keine Anwendung.

§ 21

Der Reichsarbeitsminister kann dem Treuhänder der Arbeit, sofern es die Größe und die besonderen wirtschaftlichen Verhältnisse seines Wirtschaftsgebietes erfordern, Beauftragte unterstellen, denen vom Reichsarbeitsminister oder vom Treuhänder der Arbeit die diesem obliegenden Aufgaben für einen bestimmten Bezirk oder hinsichtlich bestimmter Gewerbezweige oder bestimmte Aufgaben ganz oder teilweise übertragen werden können. Die Beauftragten sind an Weisungen des Reichsarbeitsministers und des Treuhänders gebunden.

§ 22

(1) Wer schriftlichen allgemeinen Anordnungen des Treuhänders der Arbeit, die dieser in Erfüllung der ihm obliegenden Aufgaben erläßt, wiederholt vorsätzlich zuwiderhandelt, wird mit Geldstrafe bestraft; in besonders schweren Fällen kann an die Stelle der Geldstrafe oder neben sie Gefängnisstrafe treten. Die Strafverfolgung tritt nur auf Antrag des Treuhänders der Arbeit ein.
(2) Die Verfolgung der mit öffentlicher Strafe bedrohten Handlung als Verletzung der sozialen Ehre wird durch die Verurteilung zu öffentlicher Strafe nicht ausgeschlossen.

§ 23

(1) Die Treuhänder der Arbeit berufen zu ihrer Beratung in allgemeinen oder grundsätzlichen Fragen ihres Aufgabengebietes einen Sachverständigenbeirat aus den verschiedenen Wirtschaftszweigen ihres Gebietes. Die Sachverständigen sollen zu drei Vierteln aus Vorschlagslisten der Deutschen Arbeitsfront entnommen werden, die in erster Linie geeignete Angehörige der Vertrauensräte der Betriebe des Treuhänderbezirks unter Berücksichtigung der verschiedenen Berufsgruppen und Wirtschaftszweige in größerer Zahl in Vorschlag zu bringen hat. Führer der Betriebe und Vertrauensmänner sind in etwa gleicher Zahl in die Liste aufzunehmen. Ein Viertel der erforderlichen Sachverständigen können die Treuhänder aus sonst geeigneten Persönlichkeiten ihres Bezirks berufen.
(2) Soweit durch Gesetze der Reichsregierung eine ständische Gliederung der Wirtschaft durchgeführt ist, hat die Deutsche Arbeitsfront die von ihr zu benennenden Sachverständigen im Einvernehmen mit den Ständen vorzuschlagen.
(3) Die Treuhänder der Arbeit können ferner zu ihrer Beratung im Einzelfalle einen Sachverständigenausschuß berufen.

§ 24

Vor Beginn ihrer Tätigkeit sind die Sachverständigen durch den Treuhänder der Arbeit zu vereidigen. Sie haben zu schwören, daß sie nach bestem Wissen und Gewissen unparteiisch das Amt eines Sachverständigen ausüben, keine Sonderinteressen verfolgen und nur dem Wohle der Volksgemeinschaft dienen werden. Für die Abnahme des Eides gilt § 481 der Zivilprozeßordnung (Reichsgesetzbl. 1933 I S. 821) entsprechend.

§ 25
Die Treuhänder und die sonstigen deutschen Behörden sind innerhalb ihrer Zuständigkei verpflichtet, bei Vollziehung dieses Gesetzes einander Amtshilfe zu leisten.

Dritter Abschnitt
Betriebsordnung und Tarifordnung

§ 26
In jedem Betriebe, in dem in der Regel mindestens zwanzig Angestellte und Arbeiter beschäftigt sind, ist vom Führer des Betriebes eine Betriebsordnung für die Gefolgschaft des Betriebes (§ 1) schriftlich zu erlassen.

§ 27
(1) In die Betriebsordnung sind folgende Arbeitsbedingungen aufzunehmen:
1. Anfang und Ende der regelmäßigen täglichen Arbeitszeit und der Pausen;
2. Zeit und Art der Gewährung des Arbeitsentgelts;
3. die Grundsätze für die Berechnung der Akkord- oder Gedingearbeit, soweit im Betriebe im Akkord oder Gedinge gearbeitet wird;
4. Bestimmungen über die Art, Höhe und Einziehung von Bußen, wenn solche vorgesehen werden;
5. die Gründe, aus denen die Kündigung des Arbeitsverhältnisses ohne Einhaltung einer Kündigungsfrist erfolgen darf, soweit es nicht bei den gesetzlichen Gründen bewenden soll;
6. die Verwendung der durch rechtswidrige Auflösung des Arbeitsverhältnisses verwirkten Entgeltbeträge, soweit die Verwirkung im Rahmen der gesetzlichen Bestimmungen in der Betriebsordnung oder im Arbeitsvertrag vorgesehen ist.

(2) Soweit in anderen Gesetzen oder Verordnungen Vorschriften über den zwingenden Inhalt der Arbeitsordnung enthalten sind, die über die Vorschriften des Abs. 1. hinausgehen, behalten sie ihre Gültigkeit.
(3) In die Betriebsordnung können neben den gesetzlich vorgeschriebenen Bestimmungen auch Bestimmungen über die Höhe des Arbeitsentgelts und über sonstige Arbeitsbedingungen aufgenommen werden, ferner werden Bestimmungen über die Ordnung des Betriebes, das Verhalten der Beschäftigten im Betriebe und über die Verhütung von Unfällen.

§ 28

(1) Die Verhängung von Bußen gegen die Beschäftigten ist nur wegen Verstoßes gegen die Ordnung oder die Sicherheit des Betriebes zulässig. Bußen in Geld dürfen die Hälfte des durchschnittlichen Tagesarbeitsverdienstes nicht übersteigen; für erhebliche, bestimmt zu bezeichnende Verstöße können jedoch Bußen bis zum vollen Betrage des durchschnittlichen Tagesarbeitsverdienstes vorgesehen werden. Die Verwendung der Bußen bestimmt der Reichsarbeitsminister.

(2) Die Verhängung von Bußen erfolgt durch den Führer des Betriebes oder eine von ihm beauftragte Person nach Beratung im Vertrauensrat (§ 6), wenn ein solcher vorhanden ist.

(3) Die Vorschriften der Absätze 1 und 2 gelten auch für die Verhängung von im Arbeitsvertrag vereinbarten Bußen in Betrieben, für die eine Betriebsordnung nicht vorgeschrieben ist.

(4) In Betrieben, für die eine Betriebsordnung vorgeschrieben ist, können die gesetzlich vorgesehenen Gründe, aus denen die Kündigung des Arbeitsverhältnisses ohne Einhaltung einer Kündigungsfrist zulässig ist, nicht durch Arbeitsvertrag ausgedehnt oder vermehrt werden.

§ 29

Soweit in der Betriebsordnung der Arbeitsentgelt für Arbeiter oder Angestellte festgesetzt wird, sind Mindestsätze mit der Maßgabe aufzunehmen, daß für die seinen Leistungen entsprechende Vergütung des einzelnen Betriebsangehörigen Raum bleibt. Auch im übrigen ist auf die Möglichkeit einer angemessenen Belohnung besonderer Leistungen Bedacht zu nehmen.

§ 30

Die Bestimmungen der Betriebsordnung sind für die Betriebsangehörigen als Mindestbedingungen rechtsverbindlich.

§ 31

(1) Ein Abdruck der Betriebsordnung und einer für den Betrieb etwa geltenden Tarifordnung ist in jeder Betriebsabteilung an geeigneter, den Angehörigen des Betriebes zugänglicher Stelle auszuhängen.

(2) Die Betriebsordnung tritt, soweit nicht in ihr ein anderer Zeitpunkt festgesetzt ist, am Tage nach ihrem Aushang in Kraft. Auf Verlangen ist den im Betriebe Beschäftigten ein Abdruck der Betriebsordnung auszuhändigen.

§ 32

(1) Der Treuhänder der Arbeit kann nach Beratung in einem Sachverständigenausschuß (§ 23 Abs. 3) Richtlinien für den Inhalt von Betriebsordnungen und Einzelarbeitsverträgen festsetzen.

(2) Ist zum Schutze der Beschäftigten einer Gruppe von Betrieben innerhalb des dem Treuhänder der Arbeit zugewiesenen Bezirks

die Festsetzung von Mindestbedingungen zur Regelung der Arbeitsverhältnisse zwingend geboten, so kann der Treuhänder nach Beratung in einem Sachverständigenausschuß (§ 23 Abs. 3) eine Tarifordnung schriftlich erlassen; der § 29 gilt entsprechend. Die Bestimmungen der Tarifordnung sind für die von ihr erfaßten Arbeitsverhältnisse als Mindestbedingungen rechtsverbindlich. Entgegenstehende Bestimmungen in Betriebsordnungen sind nichtig. Der Treuhänder der Arbeit kann in der Tarifordnung die Arbeitsgerichtsbarkeit für bürgerliche Rechtsstreitigkeiten aus einem Arbeits- oder Lehrverhältnis, das sich nach der Tarifordnung bestimmt, in dem gleichen Umfange ausschließen, wie dies nach dem Arbeitsgerichtsgesetz den Tarifvertragsparteien möglich war.

(3) Die Richtlinien und die Tarifordnungen sind vom Treuhänder der Arbeit bekanntzumachen.

Vierter Abschnitt
Soziale Ehrengerichtsbarkeit

§ 35

Jeder Angehörige einer Betriebsgemeinschaft trägt die Verantwortung für die gewissenhafte Erfüllung der ihm nach seiner Stellung innerhalb der Betriebsgemeinschaft obliegenden Pflichten. Er hat sich durch sein Verhalten der Achtung würdig zu erweisen, die sich aus seiner Stellung in der Betriebsgemeinschaft ergibt. Insbesondere hat er im steten Bewußtsein seiner Verantwortung seine volle Kraft dem Dienst des Betriebes zu widmen und sich dem gemeinen Wohle unterzuordnen.

...

Fünfter Abschnitt
Kündigungsschutz

§ 56

(1) Wird einem Angestellten oder Arbeiter nach einjähriger Beschäftigung in dem gleichen Betrieb oder dem gleichen Unternehmen gekündigt, so kann er, wenn es sich um einen Betrieb mit in der Regel mindestens zehn Beschäftigten handelt, binnen zwei Wochen nach Zugang der Kündigung beim Arbeitsgericht mit dem Antrag auf Widerruf der Kündigung klagen, wenn diese unbillig hart und nicht durch die Verhältnisse des Betriebes bedingt ist.

(2) Der Klage ist, wenn in dem Betrieb ein Vertrauensrat errichtet ist, eine Bescheinigung des Vertrauensrates beizufügen, aus der sich ergibt, daß die Frage der Weiterbeschäftigung im Vertrauensrat erfolglos beraten worden ist. Von der Beibringung der Bescheinigung kann abgesehen werden, wenn der Gekündigte nachweist, daß er binnen fünf Tagen nach Zugang der Kündigung

den Vertrauensrat angerufen, dieser aber die Bescheinigung innerhalb von fünf Tagen nach dem Anruf nicht erteilt hat.

...

Sechster Abschnitt
Arbeit im öffentlichen Dienst

§ 63
Auf Angestellte und Arbeiter in den Verwaltungen und Betrieben des Reichs, der Länder, der Reichsbank, der Deutschen Reichsbahn-Gesellschaft, des Unternehmens „Reichsautobahnen", der Gemeinden (Gemeindeverbände) und anderer Körperschaften, Stiftungen und Anstalten des öffentlichen Rechts finden die Vorschriften des Ersten bis Fünften Absatzes dieses Gesetzes keine Anwendung. Insoweit erfolgt eine Regelung durch besonderes Gesetz.

Siebenter Abschnitt
Schluß- und Übergangsvorschriften

...

[82] NS-Harmonie- und Einigkeitsmodell in der Wirtschaft

NS-Reichsminister Alfred Rosenberg über „Arbeitertum" 1934 in Deutschland

Am 1. Mai 1933, dem ersten Feiertag der Nationalen Arbeit, hat der Führer in bildhafter Form dargelegt, wie die nationalsozialistische Bewegung sich zum deutschen Menschen und zum deutschen Arbeiter gestellt hat. Er sagte: während die marxistische Bewegung zum Arbeiter hingegangen sei und ihn gelobt habe, machte sie zugleich alle anderen Stände des deutschen Volkes schlecht. Das Wesen der nationalsozialistischen Bewegung sei auch nicht, zum Bauern zu gehen und über den Arbeiter zu lästern, wie es manche Bauernparteien taten, und auch nicht, zum Arbeiter zu gehen und den deutschen Bauern schlecht zu machen, sondern umgekehrt: vor die Arbeiterschaft zu treten und ihr die Notwendigkeit des deutschen Bauern klar zu machen, und zum deutschen Bauern zu gehen und ihm zu sagen, daß er ohne den deutschen Arbeiter nicht bestehen könne. Was damals ausgesprochen wurde, war das Bekenntnis zur Einheit des deutschen Volkes überhaupt. Es war betont worden, daß kein einziger Stand das Recht für sich in Anspruch nehmen könne, allein die Arbeit Deutschlands zu verkörpern, und darüber hinaus, daß auch die größte Persönlichkeit eines Volkes nicht das Recht besitzt, über alle anderen hinwegzusehen; denn dieses Volk sind nicht nur die Menschen, die jetzt leben, sondern dieses Volk sind auch alle jene Geschlechter, die einmal waren und die uns die Güter der Vergangenheit zur Sammlung und Stärkung hinterlassen haben. So wurde der Begriff der Arbeit aus einem Versuch, das Volk zu scheiden, zu einem Begriff der Pflicht und der Ehre für alle.

Quelle: Alfred Rosenberg, Gestaltung der Idee – Blut und Ehre, München 1937, S. 184–185.

[83] Zwangsmitgliedschaft in Berufsorganisationen

Von 1934 an wurde ein „fachlicher und bezirklicher Aufbau der deutschen gewerblichen Wirtschaft geschaffen". Berufsbezogene Interessen wurden von Kammern wahrgenommen. NS-Reichsminister Albert Speer beurteilt diese Kammern rückblickend: Statt Volksgemeinschaft „Kastenwesen":

> Noch bedenklicher war die ausdrücklich geforderte Beschränkung der Verantwortung nur auf den eigenen Bereich. Man bewegte sich in seiner Gruppe, etwa der Architekten, Ärzte, Juristen, Techniker, Soldaten oder Bauern. Die Berufsorganisationen, denen jeder zwangsweise angehörte, nannte man Kammern (Ärztekammer, Kunstkammer) und diese Bezeichnung definierte treffend die Abgrenzung in einzelne, voreinander wie durch Mauern geschiedene Lebensbezirke. Je länger Hitlers System andauerte, um so mehr bewegte sich auch die Vorstellung in solchen einzelnen Kammern. Hätte sich diese Übung auf einen Zeitraum von Generationen ausgedehnt, wäre schon allein dadurch, wie ich glaube, das System verdorrt, da wir zu einer Art „Kastenwesen" gekommen wären. Verblüffend war mir immer der Widerspruch zur 1933 proklamierten „Volksgemeinschaft"; denn die Integration, die sie anstrebte, wurde auf diese Weise negiert oder doch behindert. Letztlich war es eine Gemeinschaft von Isolierten. Anders als es heute klingen mag, war es für uns doch keine leere Propagandaformel, daß über allem „der Führer denkt und lenkt".

Quelle: Albert Speer, Erinnerungen, Frankfurt/Main 1969, S. 46.

[84] NS-Autarkiepolitik.
Die Ankündigung des Vierjahresplanes.

Aus der Proklamation Adolf Hitlers
bei der Eröffnung des 8. Reichsparteitages der NSDAP, Nürnberg, 9. 9. 1936.

Nach: Völkischer Beobachter vom 10. 9. 1936.

... Die deutsche Wirtschaft hat wie jede gesunde Nationalwirtschaft zunächst das Bestreben, die eigenen Möglichkeiten der wirtschaftlichen Erhaltung unseres Volkes so gut wie möglich auszunützen, um sich erst in zweiter Linie mit der in sich und damit auch an sich gesunden eigenen Wirtschaft an der Weltwirtschaft zu beteiligen.

Da nun der nationalsozialistische Staat unter keinen Umständen gewillt ist, eine Beschränkung seiner Volkszahl vorzunehmen, sondern im Gegenteil entschlossen ist, diese natürlichste Fruchtbarkeit der Nation zu steigern, sind wir gezwungen, die Folgen dieser Entwicklung für die Zukunft zu überlegen und zu bedenken. Eine wesentliche Steigerung des Bodenertrages ist nicht möglich, eine wesentliche Steigerung des Exports in absehbarer Zukunft kaum.

Es ist also die Aufgabe der nationalsozialistischen Staats- und Wirtschaftsführung, genauestens zu untersuchen, welche notwendigen Rohstoffe, Brennstoffe usw. in Deutschland selbst hergestellt werden können.

Die dann dadurch eingesparten Devisen sollen in der Zukunft als zusätzlich der Sicherung der Ernährung und zum Ankauf seiner Materialien dienen, die unter keinen Umständen bei uns beschafft werden können. Und ich stelle dies nun heute als das neue Vierjahresprogramm auf: In vier Jahren muß Deutschland in allen jenen Stoffen vom Ausland gänzlich unabhängig sein, die irgendwie durch die deutsche Fähigkeit, durch unsere Chemie und Maschinenindustrie sowie durch unseren Bergbau selbst beschafft werden können!

Der Neuaufbau dieser großen deutschen Rohstoffindustrie wird auch die nach Abschluß der Aufrüstung freiwerdenden Menschenmassen nationalökonomisch nützlich beschäftigen. Wir hoffen, damit die nationale Produktion auf vielen Gebieten erneut steigern zu können, und zwar im inneren Kreislauf unserer Wirtschaft, um damit die aus unserem Export stammenden Eingänge in erster Linie für die Lebensmittelversorgung bzw. für die Versorgung mit den uns dann noch fehlenden Rohstoffen zu reservieren.

Die notwendige Anordnung zur Durchführung dieses gewaltigen deutschen Wirtschaftsplanes habe ich soeben erlassen. Die Ausführung wird mit nationalsozialistischer Energie und Tatkraft erfolgen. Unabhängig davon kann Deutschland aber nicht auf die

Lösung seiner kolonialen Forderungen verzichten. Das Lebensrecht des deutschen Volkes ist genau so groß wie die Rechte der anderen Nationen!

Ich weiß, meine nationalsozialistischen Volksgenossen, daß dieses neue Programm eine gewaltige Aufgabe darstellt, allein sie ist wissenschaftlich auf vielen Gebieten bereits gelöst, die Produktionsmethoden sind in Erprobung begriffen und zum Teil schon entschieden und festgelegt. Es wird daher nur eine Frage unserer Energie und Entschlossenheit sein, dieses Programm zu verwirklichen. Als Nationalsozialisten haben wir das Wort „unmöglich" nie anerkannt und wollen es daher auch in Zukunft nicht als eine Bereicherung unseres Wortschatzes aufnehmen. In vier Jahren werden wir der Nation über diese Riesenarbeit der Sicherung ihrer Ernährung und damit ihres Lebens und ihrer Unabhängigkeit wieder Rechenschaft ablegen. Vielleicht wird aus dem Munde westlicher Demokraten bald erneut die Klage zu vernehmen sein, daß wir nun auch der Wirtschaft keine Freiheit der eigenbeliebigen Betätigung geben, sondern sie in die Zwangsjacke unserer staatlichen Planung nehmen. Allein Sie werden, meine Volksgenossen, verstehen, daß es sich hier nicht um Demokratie oder Freiheit, sondern um Sein oder Nichtsein handelt. Nicht die Freiheit oder der Gewinn einiger Industrieller steht zur Debatte, sondern das Leben und die Freiheit der deutschen Nation. Wer glaubt, im Interessenkreis dieser Freiheit und dieses Lebens nicht bestehen zu können, hat keine Existenzberechtigung in unserer Gemeinschaft. Die Nachwelt wird uns einmal nicht die Frage vorlegen, ob wir in dieser kritischen und bedrohlichen Zeit die demokratische Freiheit – sprich Zügellosigkeit – hochhielten, sondern nur, ob es uns gelang, ein großes Volk vor dem wirtschaftlichen und politischen Zusammenbruch zu bewahren. Im übrigen haben wir vor uns eine Millionenmasse anständiger, arbeitender Menschen in Stadt und Land. Sie schenkt uns ihr Vertrauen, sie erwartet von uns, daß wir für die Erhaltung ihres Lebens die richtigen Entschlüsse treffen. Wie lächerlich und wie bedeutungslos ist dagegen das Gerede einiger unbelehrbarer Demokraten oder jüdischer Journalisten.

Soll diese gewaltige Aufgabe der wirtschaftlichen Erhaltung unseres Volkes gelingen, dann ist die Voraussetzung der geschlossene willensmäßige und staatsrechtliche Einsatz unseres Volkes, das heißt: Ohne den inneren sozialen Frieden kann dieses neue Riesenprogramm seine Lösung nicht finden.

Die nationalsozialistische Staatsführung ist eine so souveräne und eine so über allen wirtschaftlichen Bedingungen stehende, daß in ihren Augen die Kennzeichnung „Arbeitnehmer und Arbeitgeber" belanglose Begriffe sind. Es gibt keinen Arbeitgeber, und es gibt keinen Arbeitnehmer vor den höchsten Interessen der Nation,

sondern nur Arbeitsbeauftragte des ganzen Volkes. Der soziale Friede schafft allein die Voraussetzungen, um die großen Aufgaben unserer nationalwirtschaftlichen Lage zu erfüllen. Wo wären wir heute hingekommen, wenn so wie in anderen Ländern Streiks und Aussperrungen ihren gegenseitigen Wahnsinn trieben? Wo würde heute Deutschland sein, wenn jeder glauben dürfte, sich seinen Lohn und seinen Gewinn nach eigenem Ermessen bestimmen zu können? Je mehr wir die Größe der Aufgaben, die uns gestellt sind, erkennen und erfassen, um so klarer wird uns die Notwendigkeit des restlosen und geschlossenen Einsatzes aller schaffenden deutschen Menschen zur Erfüllung dieser Aufgabe. Und um so klarer ist es auch, daß dieser Einsatz nicht gehemmt werden darf von irgendwelchen eigensüchtigen Interessen oder gar durch verrückte Institutionen, in denen man nur fähig ist, zu schwätzen in einer Zeit, die nach dem Handeln schreit. Ich würde nicht mit dieser Zuversicht in die deutsche Zukunft blicken und nicht mit diesem Vertrauen die Aufgaben stellen und an ihre Lösung glauben, wüßte ich nicht, daß der soziale Frieden in Deutschland garantiert ist durch die nationalsozialistische Partei, und daß der geschlossene Einsatz der deutschen Willens- und Arbeitskraft fundiert ist im Willen unserer Bewegung. Sie ist das über Menschen und Zeit hinwegreichende Instrument der in ihr selbst fundierten Führung des Volkes und damit des Reiches.
Ich kann daher gerade in diesen Tagen der allgemeinen krisenhaften Anzeichen schwerer Völkerkatastrophen nur in Vertrauen auf die Bewegung blicken, die das Wunder der letzten vier Jahre vollbracht hat, und die Deutschland kraftvoll weiterführen wird in der Erhaltung seines Daseins....

Quelle: Johannes Hohlfeld, Dokumente der Deutschen Politik und Geschichte, 4. Band 1933–1938, Berlin o. J., S. 303ff.

[85] Verordnung zur Durchführung des Vierjahresplanes Vom 18. Oktober 1936

Reichsgesetzblatt I S. 887
Die Verwirklichung des von mir auf dem Parteitag der Ehre verkündeten neuen Vierjahresplanes erfordert eine einheitliche Lenkung aller Kräfte des Deutschen Volkes und die straffe Zusammenfassung aller einschlägigen Zuständigkeiten in Partei und Staat.
Die Durchführung des Vierjahresplanes übertrage ich dem Ministerpräsidenten Generaloberst Göring.
Ministerpräsident Generaloberst Göring trifft die zur Erfüllung der ihm gestellten Aufgabe erforderlichen Maßnahmen und hat soweit die Befugnis zum Erlaß von Rechtsverordnungen und

allgemeinen Verwaltungsvorschriften. Er ist berechtigt, alle Behörden, einschließlich der Obersten Reichsbehörden, und alle Dienststellen der Partei, ihrer Gliederungen und der ihr angeschlossenen Verbände anzuhören und mit Weisungen zu versehen.

[86] NS-Wirtschaftsideologie

Der vom Führer und Reichskanzler Adolf Hitler am 18. Oktober 1936 „Beauftragte des → Vierjahresplanes", Ministerpräsident Generaloberst Göring, urteilt über die Wirtschaft:

> „Die Wirtschaft ist für uns kein kausalmechanischer Ablauf nach eigenen Gesetzmäßigkeiten. Die Heiligkeit irgendwelcher Wirtschaftsgesetze erkenne ich nicht an. Entscheidend ist, was der Führer gesagt hat, daß der Wirtschaft stets die dienende Rolle dem Volke gegenüber zuzuweisen ist und dem Kapital die dienende Rolle gegenüber der Wirtschaft."

Quelle: Hermann Göring, Werk und Mensch, München 1938, S. 167.

[87] Arbeiter in Arbeitslagern

Das Kontingent von Arbeitern bestimmte im Kriege in hohem Maße die Kapazität wirtschaftlicher Unternehmungen. Schon Anfang der vierziger Jahre und dann immer beschleunigter begann die SS Arbeitslager im Geheimen aufzubauen und dafür zu sorgen, daß sie sich füllten. Amtschef Schieber machte mich in seinem Schreiben vom 7. Mai 1944 auf die Bestrebungen der SS aufmerksam, ihre Verfügungsmacht über Arbeitskräfte für die Zwecke ihrer wirtschaftlichen Expansion einzusetzen. Überdies neige die SS immer bedenkenloser dazu, unseren Fabriken große Zahlen ausländischer Arbeitskräfte zu entziehen, indem sie geringfügige Verstöße zum Anlaß nähme, die Delinquenten zu verhaften und in die eigenen Lager zu überstellen. Meine Mitarbeiter schätzten, daß uns auf diese Weise im Frühjahr 1944 jeden Monat 30–40000 Arbeiter entzogen wurden. Daher erklärte ich Hitler Anfang Juni 1944, daß ich „einen Schwund von 500000 Arbeitskräften im Jahr nicht durchhalten könne... Dies gelte um so mehr, als es sich zu einem großen Teil um mühsam angelernte Fachkräfte handele". Sie müßten „möglichst schnell wieder ihrem ursprünglichen Beruf zugeführt werden". Hitler sagte zu, daß er nach einer Besprechung zwischen

Himmler und mir eine Entscheidung in meinem Sinne fällen wolle. Aber Himmler leugnete sowohl mir wie auch Hitler gegenüber, aller Realität zum Trotz, solche Praktiken einfach ab.

Quelle: Albert Speer, Erinnerungen, Frankfurt/M. 1969, S. 384.

*[88] Arbeitslosigkeit und Rüstungsausgaben im Zahlenspiegel – Chronologische Daten 1925 – 1939 –**

1925 0,4- 0,65 Millionen Arbeitslose.
1926 ca. 2 Mio.
1927 1,35 Mio.
1928 1,35 Mio.
1929 1,89 Mio.
1930 3,08 Mio.
1931 4,52 Mio. (Akute Wirtschaftskrise)
1932 5,58 Mio. (Absinken der Produktionsauslastung auf 25% des Volkseinkommens von 44,5 Mrd. RM auf 25,7 Mrd. RM)
1933 ca. 6 Mio. (Weltweit über 30 Mio. Arbeitslose)
1934 3,8 Mio. (DAF 14 Mio. Mitglieder) (Rüstungsausgaben 5,5 Mrd. RM = 10% des Volkseinkommens)
1935 3 Mio. (Rüstungsausgaben: 9,5 Mrd. RM = 16% des Volkseinkommens)
1936 2,5 Mio. (Rüstungsausgaben: 13,5 Mrd. RM = 21% des Volkseinkommens)
1937 unter 1 Mio. (Rüstungsausgaben: 16,5 Mrd. RM = 22% des Volkseinkommens)
1938 ca. 500000 Arbeitslose (Rüstungsausgaben: 26 Mrd. RM = 32% des Volkseinkommens)
1939 34000 Arbeitslose (Rüstungsausgaben: 37 Mrd. RM = 34% des Volkseinkommens)
Juli: Keine Arbeitslosen mehr.
1. September: Aus allen Lautsprechern schallt es: „Seit heute Nacht 4 Uhr 45 wird zurückgeschossen". Angriff der deutschen Militärstreitkräfte auf Polen. Beginn des 2. Weltkrieges (1939 bis 1945).
1940–1945: Rüstungs- und Kriegswirtschaft.

---

* Siehe auch → Chronologie 1932–45, S. 308.

Teilzusammenfassung: NS-Wirtschaftssystem. Scheinblüte, Staatskapitalismus, Rüstungs- und Kriegswirtschaft. Zusammenbruch.

1. Im NS-Parteiprogramm von 1920 sind Ziele für eine NS-Wirtschaftspolitik projektiert, ebenso in „Mein Kampf". Vor dem Hintergrund der Weltwirtschaftskrise und deren Auswirkungen – 1932: 5,5 Millionen Arbeitslose, 1933: 6 Millionen – war die NS-Propaganda („Adolf Hitler schafft Brot und Arbeit") wirkungsvoll. Hitlers NSDAP weckte Hoffnungen auf Lösung der Arbeits- und Wirtschaftsprobleme.
2. Zu Hitlers Konflikt- und Problemlösungsstrategie in der Wirtschaftspolitik zählte die Verteufelung von Liberalismus und Marxismus. An die Stelle von „Klassenkampf" setzte die NS-Weltanschauung den „Rassenkampf". Nicht nur Propagandaschlagworte waren die Forderungen:
– Gemeinnutz vor Eigennutz,
– Brechung der Zinsknechtschaft,
– Vergesellschaftung der Groß-Warenhäuser,
– Bodenreform,
– Forderung nach Lebensraum.
3. Die Wirtschaft hatte nach NS-Ideologie lediglich eine dienende Funktion zu erfüllen.
4. Vom Anbeginn seiner Regierungszeit setzte der Nationalsozialismus auf Rüstungs- und schließlich auf totale Kriegswirtschaft. Dadurch gelang ein Abbau der Arbeitslosigkeit.
5. Der deutsche Faschismus zerstörte die Gewerkschaften, verbot den Streik, schaffte Tarifverhandlungen ab und bekämpfte die Konsumgenossenschaften.
6. Die NS-Ideologie propagierte die Gleichschaltung von Arbeitnehmer und Unternehmer; die NS-Gesetzgebung versuchte die Arbeit national zu ordnen. Das Führerprinzip sollte auch in der Wirtschaft gelten.
7. Träger und Transporteur der NS-Weltanschauung im Betrieb waren die NS-Organisationen „NSBO", „Deutsche Arbeitsfront" mit „Kraft durch Freude".
8. Mit Vierjahresplänen sollte die deutsche Wirtschaft vom Ausland weitgehend unabhängig werden.
9. Seit Beginn des Zweiten Weltkrieges hatten die Arbeiter, hatte die gesamte Wirtschaft in Hitlers Einflußbereich nur noch für den Endsieg zu schaffen und zu produzieren.

10. Den 1. Mai stellte der Nationalsozialismus in den Dienst seiner Selbst- und Feindbildpropaganda. Fleiß, Disziplin, Opferbereitschaft – Arbeit und Leistung im Dienste der Volksgemeinschaft (gleichbedeutend mit: im Dienste des Krieges) wurden oberste Normen für den einzelnen Werktätigen und für die Wirtschaft. Die Pfeilspitze einer aggressiv-ideologischen Bekämpfung am 1. Mai zielte auf die angebliche bolschewistische, gleichzeitig jüdisch-plutokratische Versklavung Deutschlands. Darum mußten „Räder rollen für den Sieg".

11. Die NS-Kriegswirtschaftspolitik endete nach unmenschlicher Mobilisierung und Ausbeutung der letzten Kräfte des Volkes im totalen Zusammenbruch mit bedingungsloser Kapitulation des nationalsozialistischen Dritten Reichs.

5. Abschnitt

Nationalsozialistische Politik zum 1. Mai und am 1. Mai – 1933 bis 1945 –. NS-Selbstbilder und NS-Feindbilder als Instrumente der Herrschaftsausübung. Zur Psychologie der NS-Herrschaft.

Kommentar und Bewertung

Seit dem Zusammenbruch des NS-Herrschaftssystems 1945 gibt es eine Fülle von Deutungs- und Erklärungsmustern, um den deutschen Faschismus, den Nationalsozialismus mit dem Führer der NSDAP und (ab 1933) dem Reichskanzler Adolf Hitler begreifbar zu machen, um eine „Vergangenheitsbewältigung" zu versuchen. Warum war das Dritte Reich, das Deutschland und die Welt veränderte, überhaupt in dieser Weise möglich? Weitgehender Konsens besteht bei den Interpretationsversuchen hinsichtlich der historisch-politischen Rahmenbedingungen, wobei z. B. die Arbeitslosigkeit überall als gewichtiger Faktor gesehen wird. Allerdings bestanden in den ökonomischen Systemen außerdeutscher Staaten nicht weniger virulente Konflikt- und Krisenherde, ohne daß es zu einer nationalsozialistischen Gewaltherrschaft gekommen wäre, wie in Deutschland, das zum Großdeutschland Adolf

Hitlers wurde, in dem Unterdrückung und schließlich Völkermord möglich waren.
Wo immer politische Herrschaft mit dem Ziel, bestehende Systeme zu verdrängen und abzulösen, angestrebt wird (dazu sind Revolutionen und Widerstandsbewegungen zu rechnen) bedient man sich bestimmter Feind- und Selbstbilder. Deren Propagierung und Vermittlung verhilft dazu, Veränderungen im politischen System zu initiieren, zu rechtfertigen und die neue Herrschaftsform zu stabilisieren.
Welches waren nun die Feind- und Selbstbilder der Nationalsozialisten, wie wirkten sie sich aus? Hierzu sei der 1. Mai, im NS-Herrschaftssystem geradezu ein rituelles Datum, einer Analyse unterzogen.
Dieser Staatsfeiertag 1. Mai eignet sich deshalb so gut als Fallbeispiel, weil der 1. Mai-Gedanke, lange Zeit vor dem Nationalsozialismus in der internationalen Arbeiterbewegung des Industriezeitalters entstanden und in der sozialistischen Ideologie verankert, zwangsläufig mit der national-sozialistischen Ideologie in einen Zielkonflikt geraten mußte; beanspruchte diese doch Arbeit, Arbeiterschaft und die soziale Frage für ihre programmatischen Grundsätze, ja sogar für den Namen der Partei.

NS-Feindbilder
Die Nationalsozialisten gebrauchten auf ihrem Weg zur Regierungsmacht und dann zum Zwecke der Machtstabilisierung außergewöhnlich aggressive Feindbilder, vermochten, mit ihnen sowohl den Verstand zu mobilisieren, als auch emotionale Kräfte freizusetzen. Der Nationalsozialismus hat für seine Zwecke die Gefühlswelt der Menschen schamlos ausgenutzt. Da gab es als Primär-Feind den Juden und das internationale Judentum. Hier machten sich die Nazis eine Art Urfeindschaft zunutze, um die Juden zu Sündenböcken für alle Übel dieser Welt zu erklären. Die Wurzeln für diese Urfeindschaft sind vorrangig im Religiösen zu suchen: Interessierte Juden haben Jesus von Nazareth gekreuzigt und damit Gottesmord begangen, die Juden leugnen Jesu Mission als Messias, also, so die undifferenzierte Folgerung, sind sie des Teufels, sind sie das Böse schlechthin. Aus diesem, bis ins Römische Reich zurück verfolgbaren religiösen Antisemitismus fabrizierten die NS-Rassenideologen ihre Rassenlehre mit Heilscharakter als Grundlage ihres Wertesystems. Die

NS-Herrschaft erklärte Juden und Judentum zum Staatsfeind Nr. 1. Kampfansage, Judenvertreibung, Judenversklavung und Judenvernichtung waren die Stationen des Antisemitismus während des → Dritten Reiches in Deutschland. Aus ihrer Vorstellung vom Primärfeind, dem Juden, leiteten die Nazis auch die Existenz von Sekundärfeinden ab: Freimaurer, Jesuiten und politische Geistlichkeit. Den Nazis galt als jüdisch die Revolution von 1918, jüdisch das internationale Börsenkapital, jüdisch die Parteien der politischen Linken, jüdisch die Weimarer Republik, jüdisch am Ende der Parlamentarismus und die Demokratie. So führt nach dem NS-Feindbild ein gerader Weg vom Judentum zur Arbeiterbewegung. Hatten nicht Juden den Marxismus erfunden? Auch die Sozialdemokratie war für Adolf Hitler nichts anderes als jüdisch; denn, so seine Verteufelungspropaganda, die SPD bejahte die Idee der Gleichheit im Sinne internationaler Solidarität und verriet damit den alleinigen Herrschaftsanspruch der Herrenrasse. Der Klassen-Kampf wurde so abgelöst durch den Rassen-Kampf*.
Das Gefährliche, das todsicher Wirksame an diesen NS-Feindbildern aber war, daß sie nicht als abstrakte Ideengebäude nur *für Intellektuelle* begreifbar, sondern daß sie für jedermann sozusagen anfaßbar und faßbar waren. Um beim Thema Arbeiterbewegung/Sozialdemokratie zu bleiben: Karl Marx war Jude, Rosa Luxemburg war es auch. Moses Hess, der Vater der deutschen Sozialdemokratie war Sozialist und zugleich Zionist. Der Mitbegründer der SPD, ihr erster Präsident Ferdinand Lasalle war Jude. Der Leiter der gemeinsam von SPD und ADGB getragenen Reichsforschungsstelle für Wirtschaftspolitik, seit 1927, Fritz Naphtali paßte ebenfalls in das NS-Feindbild. Er wanderte nach Palästina aus, um seine geniale Begabung beim Aufbau einer sozialistischen Wirtschaft einzusetzen. Er, der zu den Erfindern der Mitbestimmung zählt, errang in der israelischen Gewerkschaft Histadrut hohe Funktionen; 1952 und 1959 war der Knesset – Abgeordnete Landwirtschafts- bzw. Wohlfahrtsminister. Seine überragenden Verdienste um die Verbindung der deutschen und israelischen Gewerkschaften würdigten DGB und Histadrut

* Hier ist ein aktueller Gegenwartsbezug aufschlußreich. Innerhalb rechtsextremistischer /neonazistischer Aktivitäten heute operiert die „Volkssozialistische Bewegung Deutschlands/Partei der Arbeit" (VSBD/PdA) mit der Parole „Gegen Ausbeutung und Klassenkampf". Quelle: Plakate der VSBD/PdA in Verfassungsschutzbericht Baden-Württemberg 1981, S. 99

1965 mit der gemeinsam gegründeten „Fritz-Naphtali-Stiftung". Welch hervorragende Persönlichkeiten haben die Nazis mit ihrer teuflisch gekonnten Feindbildpropaganda aus Deutschland verjagt!
Ebenso ließ sich das Feindbild bei der Angestelltengewerkschaft anwenden. Ludwig Rosenberg wanderte wenige Wochen nach der „Machtergreifung" nach England aus, weil er als Jude in Deutschland keine Zukunftsperspektiven mehr sah. Hans Gottfurcht, leitend im Zentralverband der Angestellten, dann führend im Widerstand erhielt bereits am 28. April 1933 ein Entlassungszeugnis. Er war Jude von Geburt, nicht jedoch dem Glauben nach. Als prominenter Jude galt Siegfried Aufhäuser; er hatte im März 1920 zusammen mit Carl Legien den Aufruf zum Generalstreik gegen den Kapp-Lüttwitz-Putsch unterzeichnet*. Aufhäuser legt 1933 offiziell sein Gewerkschaftsamt aus Protest gegen Hitlers Politik nieder.
Wo die Gewerkschaften ideell und personell mit den Sozialisten verbunden waren, wurden sie von der NS-Partei unter die Primär-Feinde eingereiht, die es etappenweise erst zu bekämpfen, dann auszuschalten galt. Waren dann noch Einzelhandelsgeschäfte und Warenhäuser im Besitze von Juden, war es ein leichtes, gegen sie primitive Instinkte, den „Volkszorn" (→ Goebbels) zu entfesseln. Hier war der Feind für jeden sichtbar und greifbar, man konnte auf ihn deuten. Jetzt konnte man an dem Ausbeuter und Blutsauger – vergleichbar mit Ratten und Schmeißfliegen – Rache üben**.
Judenfeindschaft hatte immer auch eine ökonomische Dimension. So überrascht es denn auch nicht, daß die Nazis den „linken" Konsumgenossenschaften den Kampf ansagten. Es ging darum, die Idee der Selbstbestimmung und Selbsthilfe, der preisgünstigen Selbstversorgung kaputtzumachen, widersprach sie doch dem Führerprinzip. Auch hier ließ sich das Feindbild leicht konkretisieren: Der Gründer des Stuttgarter Markenkonsumvereins 1864 beispielsweise – der Geheime Hofrat Dr. Eduard von Pfeiffer – gehörte der jüdischen Religion an. Indem sie den Rassen-Kampf an die Stelle des Klassen-Kampfes treten ließ, hatte die NSDAP eine politische

* Nach: Gerhard Beier, Die illegale Reichsleitung der Gewerkschaften 1933–1945, Köln 1981, S. 33 ff.
** NS-Propagandisten scheuten sich nicht, in ihrem Film „Der ewige Jude" solche Vergleiche ganz sinnenhaft zu ziehen. Eine differenzierte Darstellung hierzu in: Heinz Lauber, Judenpogrom: ‚Reichskristallnacht' November 1938 in Großdeutschland, Gerlingen 1981.

Heilslehre in die Welt gesetzt, die ihren Vorstellungen von einem staatskapitalistischen ökonomischen System in Deutschland dienlich war. „Brechung der Zinsknechtschaft"*, Vergesellschaftung der „Groß-Warenhäuser"* – in diesen Zielformulierungen war der Feind unmißverständlich bezeichnet. Durch den Rassen-Kampf wurde das Agressivverhalten unterprivilegierter Arbeiter und Arbeitersklaven neutralisiert, abgelenkt von der NS-Reichswirtschaft als Idee, von → Görings → Vierjahresplan als ökonomischem System der NS-Wirtschaftspolitik. Gebannt wurde dadurch Oppositions- oder gar Streikgefahr gegen den „Führer des Betriebes", den NS-Vertrauensrat, den Treuhänder der Arbeit, die ferngesteuert von der Führung der Deutschen Arbeitsfront ihre Aufgaben wahrnahmen.

NS-Selbstbilder

Als „positive" Gegenbilder zu den Feindbildern konstruierte der Nationalsozialismus glorifizierte Selbstbilder. Dazu gab es eine Theorie, darüber gab es anschauliche Vorstellungen und es gab dazu ideale Verkörperungen dieser Selbstbilder.

An der Spitze des NS-Wertesystems rangierten die Menschen, die sich als „deutschblütig", „arisch", als „reinrassig" in ihrer Ahnentafel ausweisen konnten. Als solche gehörten sie der auserwählten, erlesenen Herrenrasse an. Sie waren dazu bestimmt, die Führungselite in Partei, Staat und Wehrmacht zu stellen; sie sollten im Einflußgebiet des Nationalsozialismus unumschränkt herrschen. „Rasse" und „Volkstum" bedeuteten Höchstwerte im Hitlerdeutschland. Diese bereits im Parteiprogramm von 1920 ausgewiesene Höher-Wertigkeit –„Volksgenosse kann nur sein, wer deutschen Blutes ist ..." – wurde dann scheinlegitimiert durch die NS-Gesetzgebung, wobei als unrühmlicher Höhepunkt in der NS-Geschichte der „Reichsparteitag der Freiheit" am 15. September 1935 herausragt. Auf ihm verabschiedete der Deutsche Reichstag** ein-

* NS → Programmpunkt Nr. 11, NS → Programmpunkt Nr. 24, S. 31f.

** Die NS-Reichstagsfraktion hatte die Aufgabe: „der nationalsozialistischen Staatsführung verantwortungsbewußte und disziplinierte Gefolgschaft zu leisten".*** Im Nürnberger Prozeß vor dem Internationalen Militärgerichtshof gegen die Haupt-Kriegsverbrecher 1945/1946 verteidigte sich der ehemalige Reichsinnenminister Wilhelm Frick, er habe die Nürnberger Gesetze nur aus wissenschaftlichen Gründen aufgestellt, um das deutsche Blut zu schützen. Zusammen mit dem NS-Philosophen Rosenberg vertrat er die Position, wenn Gesetze für Tiere gälten, warum dann nicht auch für Menschen. Im Übrigen wurde nach dem Führerprinzip durch den Führer und die Obersten der Partei entschieden, was für das deutsche Volk gut und nützlich war.

*** Die nationalsozialistische Reichstagsfraktion, in NS-Organisation, a.a.O., S. 325–327.

stimmig die „Nürnberger Gesetze“: das „Reichsbürgergesetz“ (Juden waren keine Staatsbürger), das „Gesetz zum Schutze des deutschen Blutes und der deutschen Ehre“ (Eheschließungen und außerehelicher Verkehr zwischen Juden und Staatsangehörigen deutschen oder artverwandten Blutes waren verboten und unter Strafe gestellt.). Damit hatte die NS-Führungsschicht, so glaubte sie, die Grundlage geschaffen, um den optimalen Menschentypus, eben die arische Herrenrasse, biologisch züchten zu können. Heinrich Himmlers SS orientierte sich eng am Darwinismus und vertrat das Ausleseprinzip zugunsten der Herrenrasse. Ganze Institute befaßten sich mit der NS-Rassenlehre.

Einen besonders privilegierten Status nahmen in Deutschland dann noch die „Politischen Leiter“ und innerhalb dieser Parteielite die „Hoheitsträger“ ein. Während die Politischen Leiter die praktische politische Arbeit zu verrichten und das Volk zu betreuen hatten, leiteten die Hoheitsträger ihr jeweiliges Partei-Hoheitsgebiet, der Führer das Deutsche Reich, die Gauleiter die Gaue, die Kreisleiter die Kreise, die Ortsgruppenleiter ihre Ortsgruppen, die Zellenleiter ihre Zellen, die Blockleiter die Blocks der Partei. Eine solche Position einzunehmen, bedeutete nach der NS-Ideologie, „Prediger und Soldat zugleich“ zu sein. Wer sich durch Mitgliedschaft zur NSDAP bekannte, war damit „Soldat der deutschen Freiheitsbewegung“*, erfuhr die Ehre, Mitglied des „Führerordens des deutschen Volkes“ zu sein. Wenn das keine Überhöhung des Selbstwertgefühls war! Dabei herrschte im Nationalsozialismus allein das Führerprinzip. An der Spitze der Führungspyramide von Partei und Staat stand einzigartig herausgehoben: der Führer und Reichskanzler. Er hatte immer recht**. Wer sich ihm unterordnete, so die logische Folgerung, handelte stets recht, wer sich täglich fragte und prüfte „ob Arbeit und Verhalten vor dem Führer bestehen konnten“, durfte sich stets im Recht fühlen. Damit war das deutsche Volk eingeteilt und klassifiziert: Führer – Politische Leiter/Hoheitsträger – Gefolgschaft – Volksgemeinschaft. Die Volksgemeinschaft stellte in diesem Ranggefüge eine Art klassenlose und standeslose Gruppe dar. „Wenn wir Nationalsozialisten als Ablö-

---

* Organisation der NSDAP a.a.O., S. 5.

** Dieser Unfehlbarkeitsanspruch soll hier keineswegs ironisch apostrophiert werden; er entsprach dem tatsächlichen Selbstverständnis der Partei.

sung des liberalistischen den nationalsozialistischen Gemeinschaftsgedanken ins Volk tragen wollen, dann bauen wir auf der Familie auf und kommen zur Volksgemeinschaft ...“ → Dokument Nr. 96, S. 192f. „Du bist nichts, dein Volk ist alles“, lautete eine weitere Formel der Gemeinschaftsideologie. Im Alltag des Dritten Reiches stellten sich also drei Wertigkeitsebenen im Selbstbild dar: Führer – Elite – Volksgemeinschaft.

Ein integriertes System von Feind- und Selbstbildern
Die NS-Feind- und Selbstbilder sind in ihrer vollen Wirkung auf die Menschen im Vorfeld der Naziherrschaft und im NS-Herrschaftssystem selbst erst in der Doppel- und Wechselstrategie eines integrierten Wirkungsganzen erschließbar. NS-Selbstbilder vermittelten ein überhöhtes Wertbewußtsein vom eigenen Ich, ein übersteigertes Nationalgefühl, den Spitzenrang des Deutschseins, wobei die Mobilisierung des Ich- und des Wir-Gefühls in vielfältiger Weise auf rationaler und emotionaler Ebene wirkte. Nationalsozialistische Ideologie war der Inhalt, Indoktrination die Methode. Die NS-Feindbilder waren primär auf die irrationale Seelentiefe, sekundär erst auf die Verstandesebene zugeschnitten. Diese Feindbilder sind Gegenbilder, Spiegelbilder mit Negativ-Effekt. Sie richten sich gegen alles, was anders ist als ich/wir, was so als Feind, den man zu vernichten trachtet, aufgebaut wird. In dieser Wirkung lagen Genialität und Erfolg der nationalsozialistischen Verführung. Mit diesem integrierten System von Feind- *und* Selbstbildern gelang es, die Menschen – Ausnahmen waren selten – über Gefühl und ratio mit der Ideologie des Nationalsozialismus zu besetzen, sie einzubinden als Mitglieder oder Sympathisanten, als Gefolgschaft und in jedem Fall in die Volksgemeinschaft. So konnten die Menschen schließlich zu kritiklosen Befehlsempfängern, zu disziplinierten Befehlsvollstreckern degradiert werden. Als besonderes Exempel hierfür ist die Judenverfolgung unter Hitler anzusehen: Mit dem Feindbild – minderwertige Judenrasse –, das Haß erzeugte, und dem Selbstbild – germanische Herrenrasse –, das Größenwahn produzierte, erreichte der Nationalsozialismus ein Machtinstrumentarium, das den mit Würde begabten Menschen alle mitmenschlichen Maßstäbe verlieren ließ! Hier gibt es bezüglich der Wirkung der NS-Feind- und Selbstbilder zu bedenken: Es bedurfte keiner hohen Intelli-

genz, um NS-Weltanschauung zu begreifen. Die Denkmuster der Politik waren ja mit voller Absicht so simpel angelegt, daß jeder sie gleichsam schlucken konnte – es sei denn, er hatte sich sein kritisches Denken bewahren können. Man betrachte einmal im Vergleich dazu die komplizierten Theoriestrukturen des Marxismus*, der ja im Wettbewerb um die Wählerstimmen nach dem Ersten Weltkrieg mit dem Nationalsozialismus konkurrierte. Angesichts der pausenlosen Propaganda waren auch emotionale Schwellen nicht hoch genug, den NS-Erfolg aufzuhalten.

NS-Machtergreifung in Deutschland, Verteufelung von Pluralismus und Demokratie, Überrumpelung und Korrumpierung der Arbeiterbewegung, der deutschen Wehrmacht und weiter Teile außerdeutscher Staaten, Judenfeindschaft und Judenpogrome wurden ebenso möglich wie Rüstungs- und Kriegswirtschaft, Kriegserklärung, KZ und Vernichtungslager, Holocaust und totaler Krieg. Am Ende standen über 50 Millionen Kriegstote, Not und Elend, ein zerstörtes und geteiltes Deutschland, Ratlosigkeit und Mutlosigkeit, wertloses Geld und eine zerstörte Wirtschaft. Politisch sowie wirtschaftlich gesehen, zerfiel die aus den Fugen geratene Welt in eine westliche und eine östliche Einflußsphäre. Schließlich schufen Menschenrechte, Grundrechte und Grundwerte im Nach-Hitler-Deutschland eine neue Basis, um Arbeit und Leben einen Sinn zu geben. Als weltweiter Grundkonsens bestand und besteht, daß bei allem Pluralismus der Ideologien, Religionen, Ökonomie- und Staatssysteme – sich Nationalsozialismus nicht wiederholen darf, daß das Menschenbild nicht noch einmal zu egozentrischem Selbst- oder verteufelten Feindbildern pervertiert werden darf.

* Erinnert sei nur an die Bestandteile dialektischer Materialismus und historischer Materialismus und die zugrunde liegende und damit verbundene Philosophie.

Nationalsozialistische Selbst- und Feindbilder als integriertes System von NS-Ideologie und NS-Herrschaftspraxis*

NS-Selbstbilder

↓

NS-Feindbilder

Deutsche Volksgemeinschaft aus befehlendem Führer und treu-gehorsamer NS-Gefolgschaft einer allein-regierenden NSDAP.

↓

Jüdisch-bolschewistisch-marxistisch-sozialistische Proletarier und Plutokraten aller Länder. Pluralistische Demokratie.

↓

Rassen-Kampf (klassenverbindend).

Klassen-Kampf (klassenzerstörend).

↓

Ein arisch-reines Groß-Deutschland ordnet neu und führt – auf der Grundlage von Blut und Boden – ein judenreines Europa.

↓

International-solidarisierte Weltverschwörer „besiedeln" alle Völker, herrschen und vernichten.

↓

Die Herren-Rasse als die Herren der Erde.

* Elementarisiert-verdichteter Überblick.

[89] Marxismus und Judenfeindschaft. Das unverzichtbare Feindbild des Führers der NSDAP, Adolf Hitler.

Der Jude hat „in der organisierten Masse des Marxismus ... die Waffe gefunden, die ihn die Demokratie entbehren läßt und ihm anstelle dessen gestattet, die Völker diktatorisch mit brutaler Faust zu unterjochen und zu regieren. Planmäßig arbeitet er auf die Revolutionierung in doppelter Richtung hin: in wirtschaftlicher und politischer."

Adolf Hitler

Quelle: Adolf Hitler in „Mein Kampf", zitiert nach Archiv der sozialen Demokratie der Friedrich-Ebert-Stiftung, Ausstellungskatalog: 1933 Widerstand 1945, Bonn 1980.

[90] NS-Feindbild vom Juden: Ursache für „mehr als sieben Millionen Deutsche Erwerbslose"

„Wenn du dieses Zeichen siehst (Abbildung „Judenstern")
dann denke daran
was der Jude unserem Volke angetan hat,
als er als Urheber und Anführer der Revolte im Jahre 1918 den Zusammenbruch des deutschen Volkes verschuldete,
als er dann die maßgeblichen Positionen in der Staatsführung innehatte und durch die Inflation das Vermögen des deutschen Volkes stahl,
als er durch seine Herrschaft über die deutsche Wirtschaft brutal und rücksichtslos mehr als sieben Millionen Deutsche zu Erwerbslosen machte, um dadurch über billige Arbeitskräfte zu verfügen und so seinen Profit ins Unermeßliche zu steigern,
als er fast die gesamte deutsche Presse in seinen Händen hatte,
als er das Theater, den Film, das gesamte Kulturleben beherrschte und dadurch das deutsche Volk seelisch vergiften und moralisch verderben wollte.
...
Daß das Judentum niemals wieder auch nur den geringsten Einfluß in unserem Volke erhält, dafür mußt Du durch Deine Haltung dem Juden gegenüber sorgen.
Erkenne den wahren Feind!"

Quelle: Nationalsozialistisches Flugblatt. Privatbesitz des Autors.

[91] „Hitler und der deutsche Arbeiter"

Der deutsche Faschismus verfolgte die Strategie, Arbeiterschaft und Gewerkschaften auseinanderzudividieren, insbesondere die Arbeitnehmer von den Funktionären zu trennen. Da kam es zupaß, laut NS-Feindbild, den leitenden Gewerkschafter als gewissenlosen Karrieristen und natürlich als Juden zu verteufeln. Rassenkampf statt Klassenkampf! Judenhetze/Judenverfolgung waren ein Parteiprogrammpunkt, der in Judenpogrom, in Konzentrationslager und Völkermord/Holocaust mündete.

„... Leute, die sich Arbeiterführer nannten und die doch nichts weiter gewesen waren als gut bezahlte Parteileute und Parlamentarier, denen das Schicksal des deutschen Arbeiters nur als Vorwand diente, um ihre politischen Geschäfte zu betreiben, Juden zumeist, die kaum jemals selbst gearbeitet, mit ihren eigenen Händen sich in irgendeiner Fabrik ihr Brot verdient hatten. Sie hatten auf irgendeinem Partei- oder Gewerkschaftspöstchen angefangen und waren dann langsam weitergeklettert von Stufe zu Stufe, mit Demagogie, Hetze, Verleumdungen und Intrigen. Hatten sie nicht ihre fetten „Sekretärs"-gehälter und „Funktionärs"-zulagen gehabt – kamen sie nicht aus der jüdisch-bürgerlichen Welt, – gescheiterte Existenzen, die das Bürgertum sogar ausgespien hatte, – und die nun den „Arbeiter" markierten, – das heißt, den Arbeiter nicht einmal, nur den – Arbeiterführer?..."

Quelle: Hitler und der deutsche Arbeiter, in: Deutschland erwacht, Hamburg 1933, S. 117.

[92] Die veröffentlichte Sprache der Nationalsozialisten bedarf – Jahrzehnte danach ganz besonders – der speziellen Beachtung und Bewertung. Die Wechselwirkung von Politik und Sprache kann nicht genug betont werden. Sprache enthüllt und verschleiert zugleich die Politik – und nicht nur sie.

Die Nazis prägten eigenes Vokabular, besetzten vorhandene Begriffe mit ihrem eigenen Sinn, Gehalt und Inhalt. Sie wußten die Sprache in Wort und Schrift zu nutzen und zu benutzen, um ihre Ideologie zu Parteigenossen und jeden möglichen Adressaten im In- und Ausland zu transportieren: So erreichten die propagierten NS-Selbstbilder, Selbstdarstellung, Glorifizierung und Indoktrination, die NS-Feindbilder, Beschimpfungen, Drohungen und Haßtiraden ihr Publikum.

NS.-Feind- und Selbstbilder, Sprachbeispiele anläßlich des 1. Mai

NS.-Feindbild	NS.-Selbstbild	Zitierte Quelle
Marxismus, ein elender, erbärmlicher Abklatsch … raffende Bonzen, rote Verbrecher …	… gewaltig groß, der Nationalsozialist, alle schaffenden Deutschen, Mittelpunkt des Denkens und Handelns … die ehrlichen und braven deutschen Arbeiter …	Aus: Aufruf von Dr. Ley, 1933
… Voll der Ehrlosigkeit, der Selbstzerfleischung, der Kleinmütigkeit und der Kleingläubigkeit.	Freiheit des schöpferischen Geistes und der Verpflichtung des Volksganzen. Herr, Du siehst, wir haben uns geändert … Volk, stark, stark im Willen, stark in der Beharrlichkeit, stark im Erbringen von Opfern, stark in seiner Arbeitsbeschaffung, großes Werk, das Hunderttausenden Arbeit geben wird.	Aus: Adolf Hitler, Rede am 1. Mai 1933 (S. 22)
… Wahn- und Aberwitz teuflischer Juden und Judengenossen. Dein Feind, der Marxismus … Parteipäpste in elender Feigheit geflohen, feige und erbärmlich verlassen … Judasdolch … verraten und damit an das Weltkapital verkauft … Teufelslehre des Juden … Ausbeutung durch das anonyme Kapital.	Adolf Hitler ist dein Freund! Adolf Hitler ringt um deine Freiheit! Adolf Hitler bringt dir Brot. Ohne deutschen Arbeiter kein deutsches Volk … Arbeiter, deine Institutionen sind uns Nationalsozialisten heilig und unantastbar. Neues Reich des Wohlstandes, der Ehre und der Freiheit …	Aus: Aufruf von Dr. Ley, 1933
… parasitäre Führung (der Gewerkschaften)	Grandiose Demonstration deutschen Volkswillens, grandioses Bild nationalsozialistischen Gestaltungswillens … Ein Festtag des ganzen Volkes … richtiges Hitlerwetter. Das Arbeitertum umschließt jetzt alle guten Deutschen. Gläubig und stark klingt Horst Wessels Lied in den ewigen Abendhimmel. Mit dieser Riesenstadt zittert noch das ganze Reich in seligem Erleben. Die Sonne ist wieder aufgegangen über Deutschland.	Aus: Goebbels, Vom Kaiserhof zur Reichskanzlei. → Dokument Nr. 16, S. 50f.

NS.-Feindbild	NS.-Selbstbild	Zitierte Quelle
... gewissenlose Parteipolitiker, landesverräterische Geschäfte ... Marxistische Gewerkschaften setzen Klassenkampf von oben den Klassenkampf von unten entgegen. ... kümmerlichen, gemeinschaftszerstörenden Kampfzielen bürgerlicher und marxistischer Gewerkschaftspolitik ... marxistisch verrottete Gewerkschaften ...	... Deutscher Arbeiter, gleichberechtigtes und gleichgeachtetes Glied seines Volkes. ... Deutsche Arbeitsfront, die nach dem kühnen und genialen Plan der Führers ..., die geschlossene Verbindung der schaffenden deutschen Volksgenossen ... revolutionärer Akt ... die Arbeitsfront steht ... nationalsozialistischer Staat, Erzieher und Pädagoge für das ganze Volk ... ein Leben, das für uns reicher und schöner wird ... Gedanke der Volksgemeinschaft manifestiert sich in den großen Kundgebungen des 1. Mai.	Aus: Wilfried Bade, Deutschland erwacht, Hamburg 1933
... frühere Gewerkschaften ... Profit gefeilscht und um Lohn gehandelt, predigen Haß, Sabotage üben ... Primitivität ... Spießbürger.	Wahrer Sozialismus. Vertrauen und gegenseitiges Achten, Erfüllung einer Pflicht. ... Soldaten der Arbeit ... Gehorsam und Verantwortung ... Freude am Leben, Freude an sich selbst, an der Familie, Freude an seinem Volke ... stolz und erhaben fühlen, leuchtende Augen ... hohes Kulturniveau. Arbeitsfront leistet ... durch unseren großen Führer Adolf Hitler ein neues Volk, eine neue Nation ... im schöneren und besseren Deutschland.	

*[93] NS-Symbole, Besetzung von Arbeitnehmerschaft und Arbeitgebern durch die Deutsche Arbeitsfront DAF/NSDAP**

Symbole als Sinnbilder und Kennzeichen spielen bei Glaubens- und Heilslehren, ihren Trägern und Institutionen seit Jahrtausenden eine wesentliche Rolle. Die dem Symbol innewohnende oder unterlegte Darstellungs- und Ausdruckskraft

* Zitate hier alle nach: „Die Organisation der NSDAP", München 1938, S. 24ff.

wirkt dabei mehr auf emotionaler denn auf rationaler Ebene. Symbole ermöglichen Identifizierung, vermitteln Identität.
In geschicktester Weise haben die Nazis von Anfang an hiervon Gebrauch gemacht. Uniformen, Fahnen, Abzeichen, Schilder hatten höchsten Stellenwert – voran das Hakenkreuz.
Die Uniform präsentierte den neuen Politikertyp, unterschied ihn von dem zivilen Politiker früherer Parteien, unterschied ihn von den Politikern des Auslands.
Die Partei-Uniform symbolisierte für die NSDAP das „Soldatische“, die „hohe Mission, Prediger und Soldat zugleich“ zu sein. „Heiliges Symbol“ gar war die Fahne, auf sie wurde das Parteimitglied verpflichtet („die Fahne steht, wenn der Mann auch fällt“). Hakenkreuz und Hakenkreuzbinde fungierten als erste Zeugen und Erkennungszeichen des Bekenntnisses zur NS-Weltanschauung und zur NS-Partei.
Es ist daher nur folgerichtig, daß die aktiven Nationalsozialisten auch in den Betrieben Zeichen und Uniformen trugen.

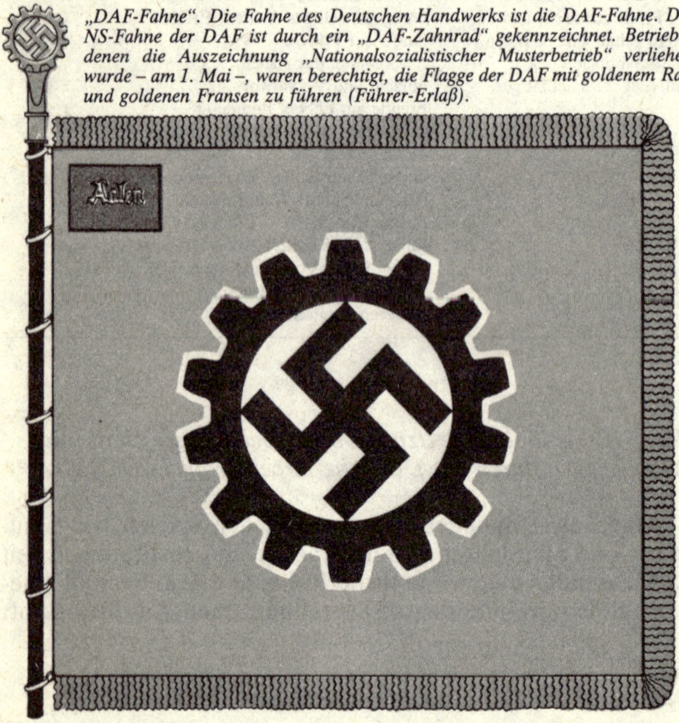

„DAF-Fahne“. Die Fahne des Deutschen Handwerks ist die DAF-Fahne. Die NS-Fahne der DAF ist durch ein „DAF-Zahnrad“ gekennzeichnet. Betriebe, denen die Auszeichnung „Nationalsozialistischer Musterbetrieb“ verliehen wurde – am 1. Mai –, waren berechtigt, die Flagge der DAF mit goldenem Rad und goldenen Fransen zu führen (Führer-Erlaß).

Teilzusammenfassung: NS-Politik zum 1. Mai und am 1. Mai 1933–1945

NS-Selbstbilder und NS-Feindbilder als Instrumente zur Herrschaftsausübung. Zur Psychologie der NS-Herrschaft.

1. Über die Macht„ergreifung“ der Nationalsozialisten in Deutschland und über ihre Herrschaftsausübung – mit Eröffnung des Zweiten Weltkrieges, mit Völkermord – gibt es die unterschiedlichsten Deutungs- und Erklärungsmuster. Sicherlich sind die ökonomischen Rahmenbedingungen – voran die Arbeitslosigkeit – mit ursächlich zu bewerten. Sie reichen jedoch nicht aus, um den Erfolg von Hitlers Weltanschauung und vor allem das doch jahrelange Funktionieren seiner grausamen Herrschaftspraxis zu erklären.

2. Nicht unterschätzt werden darf die Rolle der von der NSDAP organisierten paramilitärischen Organisationen, voran SA, SS und DAF, die als Träger und Transporteure der NS-Ideologie getreu den Zielen und Prinzipien des Führerstaates wirkten und handelten: Keinen Widerspruch duldende Befehlsgebung – widerspruchslose, gleichsam blinde Befehlsausführung bis hin zum Kadavergehorsam.

3. Mit erstaunlicher Kenntnis menschlichen Verhaltens und raffinierten demagogischen Fähigkeiten zur politischen Verführung der Massen bediente sich die NS-Führungsclique planmäßig der durchdachten Propaganda einer Integration von NS-Selbstbild und NS-Feindbild, die den Menschen rational und, tiefergehend, emotional erfaßte. Reflexion und Kritikfähigkeit wurden durch sie auf ein Minimum reduziert. Im „folg“samen Ge„folgs“mann hatte die NSDAP einen Mitmarschierer und Mittäter. Die Selbst- und Feindbilder propagierende Heilslehre wirkte im Sinne ihrer Erfinder und Multiplikatoren deshalb so umfassend und tiefgreifend, weil sie anschaulich-wahrnehmbar, naiv-simpel, konkret faßbar und unkompliziert umsetzbar erschien. Große Anforderungen an den Intellekt wurden nicht gestellt. Ob der scheinbar logischen Struktur und der konkreten Personalisierbarkeit des Nazi-Ideengebäudes konnten mit ihm alle politischen Erfolge, alle politischen Krisen und Mißerfolge bis hin zu jeder persönlichen Schwierigkeit und Not erklärt und gedeutet werden; ja die Lösung all dieser Probleme schien sich anzubahnen, dachte man in den zukunftsvisionären Kategorien der Nazi-Weltanschauung.

4. Zentrales und überhöht glorifiziertes NS-Selbstbild war der von der Vorsehung (Gott) gesandte Führer Adolf Hitler und jedes Mitglied der germanischen Herrenrasse, also jeder „arische“ Deutsche selbst. Das mit ungeheurer Perfidie konstruierte, zentrale Feindbild personifizierten Juden und Judentum. Diese Feindbildvorstellung und Feindbildpropaganda erstreckte sich auch auf die Arbeiter- und Gewerkschaftsbewegung, die ideell und materiell teilweise von Juden mitgetragen war. Einbegriffen waren da auch demokratische Parteien.
5. Mit der Ausschaltung und Vernichtung alles Jüdischen glaubten die Nazis ein modellhaft neugeordnetes Europa konstruieren zu können, in dem die privilegierte arische Herrenrasse die NS-Ideologie als Selbstverwirklichung leben würde.
6. Im Dienst der Propagierung von Selbst- und Feindbildern stand auch der 1. Mai. Diese Perspektive wird deutlich in der Gesamtkonzeption und in vielen Details: Aufmarsch der Partei, darunter die Partei-Jugend HJ und die Betriebsangehörigen, die unter der Führung der DAF geschlossen antreten mußten, betriebsinterne Maifeiern, lokale Maikundgebungen mit Abhören der Führerrede und Treuegelöbnisse, daneben Ausstellung von Produkten aus dem Betrieb. Meist stand auch schon der letzte Apriltag im Dienst dieser Ereignisse: Angeordnete Vorbereitungen für das rituelle Aufstellen des Maibaums mit Handwerkersymbolen, Herstellen von Transparenten mit Führer-Losungen, Ausschmücken der Straßen mit Hakenkreuzfahnen, Gebäudeschmuck und -beflaggung (wobei es Juden verboten war, ihr Haus zu schmücken), Marschmusik, Mailieder –. Als Höhepunkt galt dann am 1. Mai die Führerrede, über alle deutschen Sender ausgestrahlt. Mit ihr fand die überspitzte Selbst- und Feindbild-Propaganda den Weg zu den Ohren und Gemütern der Bevölkerung. Die Aufmärsche und Großkundgebungen beanspruchten viel Zeit; zum selbständigen Denken oder gar zum Pläneschmieden gegen die NS-Diktatur fehlte sie.
7. In der Feind- und Selbstbild-Vorstellung verhaftet, waren die NS-Führer und Gefolgsleute schließlich nicht mehr fähig und nicht mehr bereit, die Welt, in der sie lebten, realistisch wahrzunehmen und wirklichkeitsorientiert rational zu denken und zu handeln.

6. Abschnitt

Der 1. Mai unter dem Hakenkreuz: Vom „Feiertag der nationalen Arbeit" in Deutschland zum „Nationalen Feiertag des deutschen Volkes" in Großdeutschland. Funktionswandel und Werteabbau im Nationalsozialismus

Die Überrumpelung der → Freien Gewerkschaften anläßlich Hitlers Machtübernahme 1933 war perfekt. Da wurde der staunenden Arbeiterbewegung der 1. Mai als gesetzlicher Feiertag garantiert und damit eine zentrale Forderung der Gewerkschaften, für die sie lange gekämpft hatten, erfüllt. Um die Arbeiterschaft vollends auf ihre Seite zu ziehen, gewährten die neuen Machthaber darüberhinaus noch die seit langem angestrebte Lohnfortzahlung am → 1. Mai. Mit grandiosen Maikundgebungen demonstrierten die Nazis, daß nunmehr die ökonomische Konfliktdarstellung, der Klassenkampf, ein „Hirngespinst der marxistisch-jüdisch gesteuerten Gewerkschaften" (Hitler), unwiderruflich der Vergangenheit angehöre. Folgerichtig waren dann Gewerkschaften, war deren internationaler 1. Mai, der auf das im Kapitalismus enthaltene Konfliktpotential weltweit hinweisen sollte – vollkommen überflüssig geworden. Daß es die → Nationalsozialisten diesbezüglich nicht bei verbalen Äußerungen bewenden ließen, wurde bereits am 2. Mai 1933 deutlich: → Adolf Hitlers braununiformierte → Sturm-Abteilungen (SA) zusammen mit den schwarzuniformierten → Schutz-Staffeln (SS) schritten zur Tat, stürmten die Gewerkschaftshäuser, verhafteten die leitenden Gewerkschaftsfunktionäre und beschlagnahmten die Gewerkschaftskassen.
Eventuelle Probleme in den Betrieben, an den Arbeitsplätzen wurden ab sofort durch die NSDAP selbst gelöst. Diesem Zwecke diente die „Nationalsozialistische Betriebszellen-Organisation → (NSBO)" und schließlich die → „Deutsche Arbeitsfront (DAF)", die für Arbeiter und Unternehmer keinen Zweifel daran ließ, wie, wozu und für wen das Wirtschaftssystem in Deutschland zu funktionieren hatte. Da in

diesem Zusammenhang „Streik" geradezu ein Fremdwort war, existierte diese stärkste Waffe der Arbeiterschaft im → Dritten Reich hinfort nicht mehr. War da nicht doch eine neue Zeit für die Arbeiter angebrochen, eine bessere Zeit? Daß der unerwartet errungene Feiertag der Arbeit plötzlich mit dem – den traditionellen Sinn entstellenden – Wörtchen „national" versehen war, fiel da doch kaum ins Gewicht. Manchem erschien es gut so: Arbeit national, Arbeiterpartei national, dazu noch sozialistische Elemente. War das nicht die Lösung für die politische Zukunft?
Die Verführung der Massen war komplett, ehe Hintergründe und durchaus wahrnehmbare Absichten ins allgemeine Bewußtsein vorgedrungen waren. Mit einem neuen ökonomischen System hingegen wollte es nicht so recht klappen. Die im Parteiprogramm seit 1920 versprochene „Brechung der Zinsknechtschaft" und die „Vergesellschaftung der Großunternehmen" war vorläufig nicht in Sicht. Ökonomisches Konfliktpotential aber hatte im Zuge der Harmonisierung von Arbeitgebern und Arbeitnehmern, jetzt: Betriebsführern und Gefolgschaft, auf den nationalsozialistischen Großkundgebungen nichts zu suchen. Wenn in Hitlers Staatskapitalismus Probleme auftauchten, so wurden sie natürlich nicht im Sinne der Arbeiter- und Gewerkschaftsbewegung des Industriezeitalters interpretiert, sondern mißlichen Umständen und/oder den Feinden angelastet. Die Konsequenz daraus zog die NS-Reichsregierung ein Jahr später bei der Vorbereitung des 1. Mai 1934. Der „Feiertag der nationalen Arbeit" wurde mit Gesetz vom 27. Februar 1934 noch weiter umfunktioniert: „Der nationale Feiertag des deutschen Volkes ist der 1. Mai", lautete § 1 des „Gesetzes über die Feiertage" → Dokument Nr. 94, S. 190f.
Wort und Begriff der „Arbeit" waren jetzt vom Gesetzgeber gänzlich aus dem Gesetzestext (und nicht nur dort) eliminiert. Zum „Feiertag der Volksgemeinschaft" wurde im Rahmen der Blut- und Boden-Ideologie jetzt völkisches Brauchtum beim Frühlingsanfang herangezogen. Was inzwischen mit der Arbeit geschehen war, welchen Zweck sie erfüllte, wurde 1935 offengelegt, als zur Vorbereitung des 1. Mai allenthalben ein Lied mit dem Titel „Volk ans Gewehr" eingeübt wurde. → Dokument Nr. 99, S. 196. Der totale Funktionswandel und Werteverlust des 1. Mai trat offen zutage. Von der ehemaligen Sinnmitte des 1. Mai – nämlich ökonomische Problemfel-

der der Arbeit, Kapital/Arbeit an diesem Tage öffentlich zu thematisieren – konnte nicht mehr die Rede sein. Um den Etikettenschwindel komplett zu machen, jeden Anstoß zu Opposition und Widerstand auszuschalten, verabschiedete die NS-Regierung eine Regelung über Lohnfortzahlung am nunmehr „Nationalfeiertag" 1. Mai. Im Gegensatz zu 1933 enthielt der Text darüber eine höherrangige Norm, statt Verordnung jetzt: „Gesetz über die Lohnfortzahlung am nationalen Feiertag des deutschen Volkes" → Dokument Nr. 95, S. 191f. Mit dieser bei der NS-Regierungsübernahme eingeleiteten, ein Jahr später weitergeführten Sinnentleerung und ideologischen Neubesetzung des 1. Mai durch das antiparlamentarische, diktatorische Regierungssystem in Deutschland konnte die NS-Führungsclique diesen Tag nach Belieben für ihre Ziele einspannen. Die Gewerkschaften waren zerstört, das demokratisch-parlamentarische Regierungssystem mit Parteienpluralismus war von der Einparteienregierung abgeschafft, Presse und Rundfunk waren gleichgeschaltet. Für die Diktatur des deutschen Faschismus gab es kein Hindernis mehr, die deutsche Wirtschaft als Werkzeug für sich zu nutzen. Zur Vermittlung der gerade zweckdienlichen Parolen mußte der jeweilige 1. Mai herhalten.
Den privilegierten Status als Nationalfeiertag (ohne „Arbeit") verlor der 1. Mai von 1934 an auch dadurch, daß gleichzeitig weitere staatliche Feiertage inthronisiert wurden: – ein „Heldengedenktag" (5. Sonntag vor Ostern), ein „Erntetag" (1. Sonntag nach Michaelis). 1939 befahl der Führer und Reichskanzler durch Erlaß vom 25. Februar einen Gedenktag für die Gefallenen der Bewegung, den 9. November, wobei der Heldengedenktag auf den 16. März verlegt wurde, als „Jahrestag der Wiedereinführung der allgemeinen Wehrpflicht", wie es in der Begründung hieß. → Dokument Nr. 94, S. 190f. Im gleichen Jahr verankerte der Reichsminister des Innern am 17. April gesetzlich: „Der 20. April 1939 ist in Großdeutschland nationaler Feiertag" – aus Anlaß des 50. Geburtstages von Adolf Hitler. Parallel zur damit verbundenen Abwertung ihres 1. Mai als einem Feiertag unter vielen verhielt sich die Arbeiterschaft ihm gegenüber zunehmend passiv. Es wurde auch zunehmend spürbar, daß der Tag in den Führerappellen immer stärker als ideologische Peitsche zu mehr Arbeit, zu Leistungssteigerung und Treuebekundung für den Führer und Reichskanzler benutzt wurde. Das Ergebnis

ist bekannt: Die NS-Ideologie des 1. Mai endete in Rüstungs- und Kriegswirtschaft.
Unter den ökonomischen und militärischen Zwängen des Krieges verloren die NS-Staatsfeiertage ihren arbeitsfreien Feiertagscharakter immer mehr. Im Jahre 1942 verlegte der „Vorsitzende des Ministerrats für die Reichsverteidigung und Beauftragte für den → Vierjahresplan", Reichsmarschall → Göring den Nationalfeiertag 1. Mai gar auf den 2. Mai – einen Sonntag!

[94] Vom 1. Mai – als dem Feiertag der nationalen Arbeit – zum nationalen Feiertag des deutschen Volkes 1. Mai

Reichsgesetzblatt
Teil I

1934 Ausgegeben zu Berlin, den 28. Februar 1934 Nr. 22

Tag	Inhalt	Seite
27. 2. 34	Gesetz über die Feiertage	129

Gesetz über die Feiertage. Vom 27. Februar 1934.
Die Reichsregierung hat das folgende Gesetz beschlossen, das hiermit verkündet wird:

§ 1
Der nationale Feiertag des deutschen Volkes ist der 1. Mai.

§ 2
Der 5. Sonntag vor Ostern (Reminiszere) ist Heldengedenktag.

§ 3
Der 1. Sonntag nach Michaelis ist Erntedanktag.

§ 4
Außer den in den §§ 1 bis 3 bestimmten nationalen Feiertagen und den Sonntagen sind Feiertage:
1. der Neujahrstag,
2. der Karfreitag
3. der Ostermontag,
4. der Himmelfahrtstag,
5. der Pfingstmontag,
6. der Bußtag am Mittwoch vor dem letzten Trinitatissonntag,
7. der erste und der zweite Weihnachtstag.

§ 5
(1) Außer den im § 4 genannten Feiertagen ist in Gemeinden mit überwiegend evangelischer Bevölkerung das Reformationsfest, in Gemeinden mit überwiegend katholischer Bevölkerung der Fronleichnamstag entsprechend dem bisherigen Brauch Feiertag.
(2) Der Reichsminister des Innern oder die von ihm beauftragten Behörden bestimmen, in welchen Gemeinden die Voraussetzungen des Abs. 1 vorliegen.

§ 6
Die durch dieses Gesetz erschöpfend festgelegten Feiertage sind Fest- oder allgemeine Feiertage im Sinne reichs- oder landesrechtlicher Vorschriften.

§ 7
(1) Der Reichsminister des Innern wird ermächtigt, im Einvernehmen mit dem Reichsminister für Volksaufklärung und Propaganda Vorschriften über den Schutz der Sonn- und Feiertage, auch der rein kirchlichen Feiertage, zu erlassen.
(2) Die Bestimmungen über die Gestaltung der nationalen Feiertage (§§ 1 bis 3) erläßt der Reichsminister für Volksaufklärung und Propaganda im Einvernehmen mit dem Reichsminister des Innern.

§ 8
Dieses Gesetz tritt mit dem Tage seiner Verkündung in Kraft. Gleichzeitig tritt das Gesetz über die Einführung eines Feiertags der nationalen Arbeit vom 10. Mai 1933 (Reichsgesetzbl. I S. 191) außer Kraft.
Berlin, den 27. Februar 1934.

Der Reichskanzler
Adolf Hitler

Der Reichsminister des Innern
Frick

Der Reichsminister für Volksaufklärung und Propaganda
Dr. Goebbels

[95] Gesetz über die Lohnzahlung am nationalen Feiertag des deutschen Volkes. Vom 26. April 1934.

Die Reichsregierung hat das folgende Gesetz beschlossen, das hiermit verkündet wird:

§ 1
Fällt der nationale Feiertag des deutschen Volkes (1. Mai) auf einen Wochentag, so ist für die infolge des Feiertags ausfallende

Arbeitszeit, soweit nicht Tarifordnungen oder Betriebsordnungen oder Dienstordnungen im Sinne des § 16 des Gesetzes zur Ordnung der Arbeit in öffentlichen Verwaltungen und Betrieben die Bezahlung ausfallender Arbeitszeit an Wochenfeiertagen vorsehen, der regelmäßige Arbeitsverdienst zu zahlen.

§ 2

(1) Dieses Gesetz tritt mit dem 1. Mai 1934 in Kraft.

(2) Der Reichsarbeitsminister kann zur Durchführung und Ergänzung dieses Gesetzes Rechtsvervordnungen und allgemeine Verwaltungsvorschriften erlassen.

Berlin, den 26. April 1934.

Der Reichskanzler
Adolf Hitler

Der Reichsarbeitsminister
Franz Seldte

Der Reichswirtschaftsminister
Dr. Schmitt

Quelle: Reichsgesetzblatt I Nr. 45 vom 26. April 1934.

[96] Deutschland als klassenlose und standeslose Volksgemeinschaft. Die NS-Ideologie von der Gemeinschaft.

Die Ausdruckgebung des praktischen Gemeinschaftsgedankens

Wenn wir Nationalsozialisten als Ablösung des liberalistischen den nationalsozialistischen Gemeinschaftsgedanken ins Volk tragen wollen, dann bauen wir auf der Gemeinschaft der Familie auf und kommen zur *Volksgemeinschaft.*

Volksgemeinschaft kann aber nicht durch eine Klasse oder einen Stand vertreten werden.

Gemeinschaftsgeist beweist man auch nicht lediglich durch die Tatsache, daß man „Mitgefühl" mit anderen Notleidenden hat und „Barmherzigkeit" zu üben bereit ist.

Wir erinnern uns des Ausspruches des Reichsorganisationsleiters der NSDAP:

„Der Proklamierung des Volksgemeinschaftsgedankens haben wir nunmehr das praktische Exerzieren dieser Gemeinschaft folgen zu lassen."

Hier ergibt sich nun die Aufgabe der angeschlossenen Verbände der NSDAP.

Von der klaren Erkenntnis ausgehend, daß es grundsätzlich falsch ist, Menschen aus sachlichen Gründen zu organisieren, und in Abkehr des Ottmar Spann'schen Ständegedankens hat die Partei

das Problem des Gemeinschaftsgedankens auf dem Gebiet der Menschenorganisation angefaßt und durch Schaffung der nationalsozialistischen Gemeinschaftsorganisation „Die Deutsche Arbeitsfront" gelöst.
In der Deutschen Arbeitsfront wird auf der Arbeitsstätte der Gemeinschaftsgedanke exerziert. Im Beruf, im Betrieb bilden Arbeiter, Unternehmer, Beamte und Angestellte als Betriebsführer mit Betriebsgefolgschaft eine Betriebsgemeinschaft. Der Betrieb ist eine Einheit.
So wie auf dem Gebiet des Familienlebens ist also auch im Beruf, im Betrieb der Gedanke der Gemeinschaft sichergestellt.
Hinzu kommt die weitere revolutionäre Neuformung, die Betreuung des Menschen durch das Amt der DAF: NS-Gemeinschaft „Kraft durch Freude".
Hier wird wiederum der Gemeinschaftsgedanke exerziert.
Die „Kraft durch Freude" auf der Grundlage des Volksgemeinschaftsprinzips sichert uns den Menschen in bestem nationalsozialistischem Denken.
Die *Parole* lautet:
Die *Gemeinschaft* in der Familie,
die *Gemeinschaft* auf der Arbeitsstätte und in der Freizeit,
die *Gemeinschaft* in der Gemeinde,
die *Gemeinschaft* des Volkes.

Quelle: Die Organisation des NSDAP. Organisationsbuch a.a.O. S. 91.

[97] Alfred Rosenberg: Der 1. Mai. „Völkischer Beobachter", 1. Mai 1934.

Seit vielen Jahrhunderten feiert das deutsche Volk den ersten Mai als den Beginn des Frühlings, als den sinnbildlichen Tag für den Aufbruch aller schöpferischen Kräfte der Natur. Wie in vielen andern Fällen war es der marxistischen Bewegung gelungen, bei der immer größer werdenden Entfremdung der Massen der Weltstädte vom ganzen Naturgeschehen, diesen Tag nicht zu einem Tag des Friedens zu gestalten, sondern zu einem Tag des Klassenkampfes umzufälschen. Im Zeichen des 1. Mai standen die letzten Jahrzehnte über die verschiedenen Klassen der Nationen einander feindlich gegenüber, die roten flatternden Fahnen bedeuteten den Willen zur Zerstörung, das Bekenntnis zu einem grundsätzlichen Kampf des einen Teils der Nation gegen den anderen. Die bürgerliche Welt wußte auf diese Herausforderung nichts anderes zu antworten, als mit Polizei und immer wieder auftretenden Forderungen, die Maifeiern der marxistischen Bewegungen zu verbieten und zu unterdrücken. Im Zeichen oft blutigster Kämpfe stand der 1. Mai in den letzten Jahren überall in der Welt, und noch vor kurzer Zeit knatterten die Maschinengewehre der bürgerlich-sozialdemokratischen Regierung gegen die kommunistischen Maifeiern in Berlin als die folgerichtige Fortsetzung der sozialdemokratischen Kundgebungen. Mit den Toten dieses Tages erreichte der politische Wahnsinn in Deutschland einen seiner Höhepunkte und erzeugte einen immer tiefer greifenden Haß zwischen den verschiedenen politischen Lagern.

Die nationalsozialistische Bewegung hat bei allem Einspruch gegen die marxistische Verfälschung des deutschen Frühlingsmonats von vornherein einen anderen Standpunkt eingenommen als die bürgerliche Welt; sie erklärte bestimmt, genauso wie sie den Begriff des Sozialismus von allen marxistischen Vergiftungskeimen zu säubern gedenke, werde sie auch daran gehen, sich den ersten deutschen Feiertag wieder zu erobern und aus der Demonstration des Hasses und des Klassenkampfes eine Kundgebung des politischen und sozialen Friedens der Nation zu machen. Das ist gleich im ersten Regierungsjahr der NSDAP Wahrheit geworden.

Wenige Monate der Herrschaft Adolf Hitlers haben genügt, um den marxistischen Spuk zu zerstreuen und an Stelle des Knatterns von Maschinengewehren erschollen deutsche Lieder durch alle Gaue Deutschlands und auch durch die freudearmen Straßen der Weltstadt Berlin. In Riesenkolonnen marschierten die Belegschaften der deutschen Werke zum Tempelhofer Feld, angeführt von nationalsozialistischen Arbeitern. Diese sangen die Lieder unserer Bewegung. Und nun ereignete sich oft das wahrhaft ergreifende Schauspiel, daß die ehemaligen Marxisten die nationalsozialistischen Lieder nicht kannten und deshalb nicht mitsingen konnten. Da erinnerten sie sich plötzlich wieder der alten Volks- und Soldatenlieder, und aus ehemaligen sozialdemokratischen und kommunistischen Kehlen erschollen plötzlich jene Lieder, die einst Millionen kämpfender deutscher Volksgenossen verbunden hatten.

In einem noch viel stärkeren Maße wird diese zweite Maifeier Sinnbild für das neue Deutschland werden. Im Jahre 1933 war dieser Tag noch ein Tag der nationalen Arbeit: diesen Sinn behält er auch noch heute, aber er wird zugleich deutscher Nationalfeiertag für alle Zeiten. Mit der Überwindung der letzten traurigen Jahrzehnte knüpft die nationalsozialistische Bewegung wieder an an die Urvoraussetzungen deutschen Lebens, anerkennt den 1. Mai wieder als den symbolischen Tag, da die Schöpferkräfte der Natur hervorschießen, von denen die deutschen Lieder singen und verbindet damit das Bekenntnis zum Wiedererwachen auch der menschlichen Arbeitskraft, des menschlichen Schöpfertums. Weggewischt wie das marxistische Zeitalter ist auch sein bürgerliches

Gegenspiel; auf ganz neuer und doch uralter Grundlage baut sich das geistige und politische Deutschland auf; der Führer hat mit vollem Bewußtsein in den Mittelpunkt seiner Rede des vergangenen Jahres die ersten Worte des deutschen Liedes gestellt: „Der Mai ist gekommen."
Im Zeichen dieser inneren Wiedererweckung steht das ganze Deutschland heute. Im Banne dieser Feier, an der 65 Millionen Deutsche in allen Dörfern und Städten teilhaben, steht jede Einzelseele, steht die Gesamtheit, stehen aber auch alle Deutschen auf dem weiten Erdenrund. Der 1. Mai ist ein Bekenntnis zu dem uns alle ernährenden Boden, ein Bekenntnis zu seelischer und geistiger Gemeinschaft aller Volksgenossen, er ist zugleich aber ein Kampfbekenntnis: einzutreten für die Erweckung und Stärkung aller jener Möglichkeiten, die in deutschen Menschen schlummern.
Der 1. Mai ist somit ein Tag der Volksbrüderlichkeit, ein Tag, an dem über alle Schranken hinweg einer dem anderen die Hände reicht, im Bewußtsein, daß über manchen Erscheinungen des Alltags und über manche Verschiedenheiten des Denkens und Fühlens hinweg eine einzige große Einheit besteht, der wir alle zu dienen haben: Deutschland.

Quelle: Alfred Rosenberg, Gestaltung der Idee, Blut und Ehre, Band II, München 1937, S. 90ff.

[98] Berlin 1935. Die Kraft der Gewerkschaften war gebrochen. Der 1. Mai stand unter dem Hakenkreuz

Inzwischen war der alte Kampf- und Feiertag der Arbeit, der 1. Mai, der nun als Staatsfeiertag galt, auf schändliche Weise umgestaltet worden. Die Nazis verstanden es, die Leute durch Lockung und Druck zum Aufmarschieren zu bringen. → Leuschner hob sich einige Abbildungen aus der „Berliner Illustrierten" auf, die augenfällig enthüllten, was aus dem Tag der friedlichen brüderlichen Verbundenheit der Arbeiter in aller Welt geworden war: eine Mischung von Volksbelustigung und Militärparade. Die Bilder zeigten zahllose Hakenkreuzfahnen, kleine für die Marschkolonnen und gigantische an den hochragenden Masten, Menschenmassen, Trachtengruppen, als ob es zum Karneval, und Soldatenformationen, Stahlhelme, Fanfarenbläser, als ob es in den Krieg gehen sollte.
Die Kraft der Gewerkschaften war gebrochen, ihre Organisa-

tion zerschlagen, und wo ihr Geld geblieben war, las Leuschner zwei Wochen später in der Zeitung von Goebbels, dem „Angriff".

Quelle: Joachim G. Leithäuser, Wilhelm Leuschner, Köln 1962, S. 169–170.

[99] Lied zum nationalen Feiertag 1. Mai: „Volk ans Gewehr!"

Volk ans Gewehr!*
Das Lied, das morgen überall gemeinsam gesungen wird.

Siehst du im Osten das Morgenrot?
Ein Zeichen zur Freiheit, zur Sonne!
Wir halten zusammen, ob Leben ob Tod,
mag kommen, was immer da wolle!
Warum jetzt noch zweifeln, hört auf mit dem Hadern,
noch fließt uns deutsches Blut in den Adern.
Volk ans Gewehr! Volk ans Gewehr!
Deutscher, wach auf und reih' dich ein,
wir schreiten dem Siege entgegen!
Frei soll die Arbeit und frei woll'n wir sein
und mutig und trotzig verwegen.
Wir ballen die Fäuste und werden es wagen,
es gibt kein Zurück mehr und keiner darf zagen.
Volk ans Gewehr! Volk ans Gewehr!
Jugend und Alter, Mann für Mann,
umklammern das Hakenkreuzbanner.
Ob Bürger, ob Bauer, ob Arbeitsmann,
sie schwingen das Schwert und den Hammer
für Hitler, für Freiheit, für Arbeit und Brot.
Deutschland erwache! Ein Ende der Not.
Volk ans Gewehr! Volk ans Gewehr!

Quelle: Forstner-Gienger-Würthwein, Weil der Stadt in der Zeit des Nationalsozialismus, Stuttgart 1982, S. 68.

* Zum 1. Mai 1935.

[100] Lokales Beispiel.
1. Mai-Feiertag – Ablaufplan –
Maikundgebung 1937 in Stuttgart

30. April
19.00 Uhr: Maiensingen auf dem Marktplatz durch Hitlerjugend und Bund deutscher Mädel.
21.00 Uhr: Entzünden der Pylone auf dem Schloßhof zum Gedächtnis der Opfer der Bewegung, der Arbeit und der Gefallenen des Weltkrieges.
1. Mai
6.00 Uhr–7.00 Uhr: Großes Wecken durch Wehrmacht und Hitlerjugend.
7.00 Uhr–8.30 Uhr: Standkonzerte auf öffentlichen Plätzen, ausgeführt von Musikkapellen und Gesangvereinen.
8.00 Uhr: Jugendkundgebung auf dem Marktplatz.
11.00 Uhr: Mai-Feier in der Adolf-Hitler-Kampfbahn.
12.00 Uhr: Übertragung des Staatsaktes aus Berlin. Kurze Ansprachen von Reichsminister Dr. Goebbels und Reichsorganisationsleiter Dr. Ley. Es folgt die Rede des Führers.
15.00 Uhr: Abmarsch des Festzuges.

1. Mai – Nationaler Feiertag des deutschen Volkes – 1937 in der Reichshauptstadt Berlin. – Übersicht –

– Festsitzung der Reichskulturkammer.
– Aufmarsch zur Hauptkundgebung.
– Staatsakt im Lustgarten.
– Fackelzug und Abendkundgebung.

[101] Zweck erreicht: Wirkungen – Eindrücke der Verführten
1. Mai 1937

Adolf Hitlers Lehrer, Hofrat Dr. Eduard Huemer, ehemals Direktor des Linzer Realgymnasiums, folgte einer Einladung des Reichskanzlers 1937 nach Berlin. Er berichtet über seinen

Berliner Aufenthalt in den Tagen um den 1. Mai nach seiner Rückkehr in der „Linzer Tagespost"*:

> Der 1. Mai, ein sonniger Frühlingstag, zeigte die Reichshauptstadt in prächtigem Schmuck. An den drei großen Feiern des Tages durfte ich wieder auf Ehrenplätzen in nächster Nähe der Reichswürdenträger und des Diplomatischen Korps teilnehmen und konnte so fast lückenlos all die Männer schauen, deren Namen uns aus der Presse geläufig sind. Die Feier im Stadion, wo Hitler zur Jugend sprach, – ein Märchenbild, das sich nicht beschreiben läßt; so etwas muß man gesehen haben. Die Festsitzung der Reichskulturkammer** im Deutschen Opernhaus mit der gediegenen Ansprache Dr. Goebbels und schließlich die Massenversammlung der Arbeiterschaft im Lustgarten, wo Hitler eine zündende Rede hielt, bannten meine Aufmerksamkeit bis 2 Uhr nachmittags. Abends war ich noch zum Abschied beim Führer bestellt; die gleiche berückende Liebenswürdigkeit wie tags zuvor. Wieder wurden aus den geplanten paar Minuten volle zwanzig, und nachdem mich Hitler mit vielen Grüßen an die lieben Landsleute und die Heimat, die ihm sichtlich ans Herz gewachsen ist, entlassen hatte und ich schon im Flur stand, kam er noch einmal, wie ein Jüngling, dahergesprungen, faßte mich am Arm und sagte: „Kommen Sie, lieber Herr Professor, ich muß Ihnen noch etwas zeigen – unsere guten Leute!" Damit zog er mich die Treppe hinan und führte mich auf den historischen Balkon in der Wilhelmstraße, wo ihm eine berauschende Huldigung entgegenbrauste. Ein Menschenmeer wogte da unten. Ungezählte Tausende vereinigten ihre Stimmen zu einer gewaltigen Sinfonie der Liebe, die nicht enden zu wollen schien. Die Massen hatten schon Stunden gewartet, um ihren Führer zu sehen. Ich war erschüttert. Ich habe in meinen jungen Jahren auf Wiener Boden Lieblinge unseres Volkes kennengelernt, hinreißende Redner, wie Schönerer, Wolf, den unsterblichen Volksmann Lueger usw. Ich war Zeuge des Triumphzuges Bismarcks durch Süddeutschland und Österreich nach seiner Verabschiedung, hörte den brausenden Jubel, der

---

* Der Artikel des „hochangesehenen Schulmannes" soll in „ganz Österreich begeisterten Widerhall" gefunden haben. In der „separatistischen Presse (löste er) ein wütendes Echo aus und wurde mit der Verhängung der Vorzensur über die ‚Tagespost' geahndet", kommentiert Hugo Rabitsch, der Verfasser von „Aus Hitlers Jugendzeit".

** → Reichskulturkammer: Bei der Eröffnung der Reichskulturkammer in der Berliner Philharmonie am 15. November 1933 erklärte Dr. J. Goebbels u. a.: „Kein Einzelmensch, er mag hoch oder niedrig stehen, kann das Recht besitzen, von seiner Freiheit Gebrauch zu machen auf Kosten des nationalen Freiheitsbegriffes ... Das gilt auch für den schaffenden Künstler."

Quelle: Zitiert nach Gerd Albrecht (Hrsg.) Film im 3. Reich, Karlsruhe, 1979.

diese wortgewaltigen Männer einst umbrandete, aber hier, in der elementar zum Ausbruch kommenden Begeisterung einer Hitler-Rede sah ich alles Dagewesene übertroffen. Freilich haben die technischen Errungenschaften und Möglichkeiten gewiß auch das ihrige zu solch vulkanischer Wirkung auf die Massen beigetragen, wie wir sie heute erleben. Und dann hieß es endlich scheiden. Ich nahm vom Führer, „meinem lieben Hitler", wie er sich von mir nennen ließ, Abschied und mit schwer erkämpfter Beherrschung und dem aufrichtigen Wunsche, daß ihn der Allmächtige auch weiterhin in seine Obhut nehmen möge.

Quelle: Hugo Rabitsch, Aus Adolf Hitlers Jugendzeit, München 1938, S. 62f.

[102] Nachrichten und Berichte vom 1. Mai 1938 Vom Riesenaufmarsch zur Trachtenschau und Geschäftswerbung

WÜRTTEMBERG, 1. Bericht: Der „Feiertag der nationalen Arbeit" ist mit den Jahren immer weniger bemerkenswert geworden. Es gibt selbst hier in der Hauptstadt des Landes keinen Aufmarsch der Massen mehr. Was übrig blieb von den Riesenaufmärschen der Jahre 1933 und 1934, das ist eine Art Trachtenschau mit zünftlerischem Drum und Dran, Brauchtum und Geschäftswerbung. Die Arbeiter, denen man ihren Kampffeiertag gestohlen hat, treten nur noch durch Abordnungen der Betriebe in Erscheinung, und zwar meist durch die Werkscharen. Die eigentliche Maifeier für die Arbeiter beschränkte sich in diesem Jahre – wie schon im letzten – auf Betriebsfeiern, für die die Unternehmer immer weniger spendieren und die Arbeiter je nach der Situation und dem in Aussicht stehenden materiellen Gewinn bald mehr, bald weniger Interesse an den Tag legen. Im Gegensatz zu unseren einstigen Maifeiern, die in der Regel trotz allen Fehlern, die ihnen anhaften mochten, einen kämpferischen Charakter trugen, und die Arbeiter zu Disziplin und Selbstbewußtsein erzogen, findet man heute am 1. Mai weit häufiger das alte, entnervende Laster wirklicher Lohnsklaven, den Rausch. Das begann schon 1933 und wurde später immer auffälliger. Kein Wunder, denn heute wird die soziale Gesinnung des Unternehmers nicht selten an der Größe des Freibierfasses gemessen.

2. Bericht: Im Mai-Festzug durften diesmal nur Abordnungen aus den Betrieben marschieren. Diese bestanden aus den Amtsverwaltern. Von den noch bestehenden Vereinen aller Art waren ebenfalls je drei Mann als Abordnung zugelassen. Außerdem marschierte die Hitlerjugend, wie überhaupt die Jugend stärker im Vordergrund stand als früher. Was nicht zu einer Abordnung gehörte, sollte in den Straßen Spalier bilden, damit der Zug nicht durch leere Straßen marschieren müßte. Von den Belegschaften leistete etwa die Hälfte dieser Aufforderung Folge. Tags zuvor fanden Betriebsappelle statt und am Abend Betriebsfeiern. Von unserem Betrieb, der über 3000 Arbeiter beschäftigt, wurde ein Saal gefüllt, der knapp 1200 Personen faßt, obwohl mindestens ein Drittel der Teilnehmer Familienangehörige waren. Der Betrieb hat seine Aufwendungen gegen früher beträchtlich reduziert. Es gab diesmal ein Vesper im Gesamtwert von 1,– RM. Als im Betrieb die Gutscheine ausgegeben wurden, verschenkten oder verkauften viele Arbeiter ihren Gutschein. Das Ende war, daß manche Arbeiter bis in den frühen Sonntag hinein soffen.

SACHSEN, 3. Bericht: Die Beteiligung an den Maifeiern im Grenzgebiet war schwächer als in den vergangenen Jahren. Wie üblich, wurden von den Betrieben für die Arbeiter Ausspeisungen veranstaltet, die aber wesentliche Unterschiede zeigten. Die Zahl der Unternehmer, die in diesem Jahre nichts gaben, ist gegenüber dem Vorjahre um einige gewachsen. Manche Betriebe gewährten den Arbeitern ein volles Essen, 15 Biermarken und Kaffee und Kuchen, wobei auch die Angehörigen mitkommen konnten. Andere gaben außer dem Essen nur 8 Biermarken, und die Frauen der Arbeiter bekamen nur Kaffee und Kuchen. Ein anderer Betrieb gab den Arbeitern 5 RM und stellte ihnen die Verwendung frei. Diese unterschiedliche Behandlung war natürlich Anlaß zu kritischen Betrachtungen. Eine ganze Anzahl von Arbeitern blieb der Ausspeisung fern. „Sie sollen uns einen anständigen Lohn zahlen und den Fraß behalten." – „Wir wissen ja sowieso, warums gemacht wird; wartet nur noch eine Weile, dann schläft alles schön wieder ein."

Die Firmen X. und Y. veranstalteten am 1. Mai je einen Kameradschaftsabend. Jeder Teilnehmer erhielt 9 Biermarken und einen Aufschnitt. Beide Firmen bezahlten den Belegschaften den 1. Mai als Werktag. In den Kameradschaftsabenden ist unheimlich getrunken worden, und es gab sehr viele Betrunkene. Als die Arbeiter am Montag früh zur Fabrik gingen, fanden sie am Tor eine besinnungslos betrunkene Arbeiterin. Ursprünglich waren für den Kameradschaftsabend 6 Biermarken pro Mann vorgesehen. Aber für die Nichterschienenen mußten die Festteilnehmer einspringen und deshalb erhielt jeder 3 Biermarken nachgeliefert. Wer noch Durst hatte, konnte auch noch mehr trinken, soviel war an Bier in Reserve. Dieses Beispiel zeigt, daß ein Drittel der Belegschaften trotz Freibier die Kameradschaftsabende nicht besucht hatte.

4. Bericht: Am 30. April war bei uns Kameradschaftsabend. Großer Saal mit viel Volk, Fahnen über Fahnen. Die SA und der Arbeitsdienst in ihren Uniformen geben dem Abend das Gepräge. Die Arbeitsdienstkapelle spielt. Es gibt Würstel und Salat und drei Biermarken. Alles muß der Unternehmer zahlen. Das „Deutschlandlied" wird heruntergeschmettert und dabei gibt es bereits eine Anzahl SA-Leute, die betrunken mitgrölen.

Während der Rummel im Saale vor sich geht, befanden sich viele Gefolgschaftsmitglieder in der Gaststube. Immer, wenn es zu essen und zu trinken gab, rannten sie in den Saal. Wurden dagegen faschistische Gesangsweisen begonnen, verschwanden sie im Gastzimmer.

In der Gaststube saß ein Mann im Zivilanzug an einem Tisch und trug auf der Brust neben dem Maiabzeichen noch eine Reihe von WHW-Abzeichen. Ein Arbeitskollege stellte ihn und meinte: „Du siehst ja aus, wie der Hermann. Du mußt viel Geld haben." Der Angesprochene verstand keinen Spaß und beinahe hätte es eine solenne Schlägerei gegeben. Danach mußte der „Ordengeschmückte" bald abrücken, weil auch andere Arbeiter eine feindselige Haltung gegen ihn einnahmen.

Ein anderes Vorkommnis: Ein SA-Mann war sternhagelbetrunken – das ist überhaupt ein Kennzeichen der diesjährigen Maifeiern des Dritten Reiches, wie aus verschiedenen Berichten zu entnehmen ist. Dieser besoffene SA-Mann wurde von seinen Kollegen angehalten, seine Uniform auszuziehen. Ein alter Arbeiter meinte: „Das will unser Führer nicht, daß Ihr besoffen im Ehrenkleid herumlauft." Schließlich riß man dem Betrunkenen die Mütze vom Kopf und trampelte darauf herum, beschimpfte ihn als vorbestraftes Subjekt usw. Einige andere SA-Leute schafften dann den Betrunkenen beiseite. Um die Teilnahme aller Arbeiter an den Maiveranstaltungen zu sichern, war man folgendermaßen vorgegangen: Jeder Arbeiter und jede Arbeiterin mußte vor Beginn des Umzuges im Betrieb die Arbeitskarte wie an einem gewöhnlichen Werktag abstempeln, dann folgte Umzug und Kundgebung. Hinterher ging es wieder in den Betrieb und die Arbeitskarte mußte wieder abgestempelt werden. Erst dann gab es die versprochene eine Mark. Wer nicht mitmarschierte, wurde mit fristloser Entlassung bedroht. Kein Wunder also, wenn alle Beschäftigten zur Stelle waren.

Quelle: Deutschland-Berichte der Sozialdemokratischen Partei Deutschland (Sopade), Fünfter Jahrgang 1938, Salzhausen und Frankfurt am Main 1982, S. 464ff.

[103] 1. 5. 1939 – Eröffnung des Staatsaktes am „Nationalen Feiertag des deutschen Volkes", Berlin, Lustgarten

Von Jahr zu Jahr verlor der 1. Mai mehr von seinem ursprünglichen Charakter: 1933 „Feiertag der nationalen Arbeit"*, 1934 „Nationaler Feiertag des deutschen Volkes". Daß die NSDAP vom internationalen Kampftag der Gewerkschaften immer weiter abrückte, entsprach ihren Intentionen und ihrer weltanschaulichen Vorstellung vom Mai-Feiertag. Die Internationalität der Arbeiterbewegung paßte absolut nicht in ihr Konzept, daher wurde zunächst der Akzent auf „nationale Arbeit" gelegt. Schließlich sollten die Arbeiter sich nicht als Gruppe oder gar als Macht innerhalb der Gesellschaft empfinden, sondern mit allen andern gemeinsam als Glied der deutschen Volksgemeinschaft. Was lag da näher, als die „Arbeit" nun ganz aus dem Titel des nun rein nationalen Feiertags zu verbannen? Die nachfolgende Eröffnungsrede des Reichsministers für Propaganda und Volksaufklärung Dr. Joseph Goebbels anläßlich des Staatsaktes am „Nationalen Feiertag des deutschen Volkes" bestätigt dies. Hier wird nur noch Führer-Kult propagiert. Das Volk, gemeint ist in erster Linie

* Reichsgesetzblatt 1933 Nr. 37 „Gesetz über die Einführung eines Feiertags der nationalen Arbeit" vom 11. April 1933. Reichsgesetzblatt 1934 Nr. 22, Gesetz über die Feiertage vom 27. Februar 1934.

die Arbeiterschaft, hörte nichts von seinen Interessen oder gar Problemen, wurde als gehorsam und gläubig gelobt. Auch vom „Adel der Arbeit“ war nichts mehr zu vernehmen. Scheinbare Erfolge der NSDAP unter dem Führer und Reichskanzler Adolf Hitler wurden nur in der Außenpolitik präsentiert.

> Die Massenkundgebung im Berliner Lustgarten, die mit unzähligen gleichen und ähnlichen im ganzen Reich über alle Sender verbunden ist, wird hiermit eröffnet.
> Mein Führer! Zum Nationalfeiertag des Jahres 1939 hat sich Ihr deutsches Volk um Sie versammelt. In Stadt und Land ist es millionen- und millionenfach aufmarschiert, um aus Ihrem Munde die politische Parole zu empfangen. Dieser Tag, der der Feiertag unseres Volkes ist, ist zugleich auch ein Huldigungstag an Sie. Denn an diesem Tag will die Nation Ihnen ihre Dankbarkeit zum Ausdruck bringen. Wiederum haben Sie in einem Jahr das Volk größer und das Reich mächtiger gemacht* [einzelne Heilrufe]. Und wenn eine feindliche und neidische Welt ihnen und uns Schwierigkeiten entgegensetzt, so können Sie sich blind darauf verlassen, daß dieses Volk, Ihre Nation, gehorsam und gläubig hinter Ihnen steht! [Heilrufe.] Niemals wieder wird es auf Sirenengesänge, die aus dem Ausland an sein Ohr dringen, hereinfallen. Einen 9. November 1918 hat es nur einmal in der deutschen Geschichte gegeben! [Bravo-Rufe, Beifall.] Das will Ihnen das deutsche Volk heute durch seine riesigen Treuekundgebungen zum Ausdruck bringen. Und zum Zeichen dessen begrüßen wir Sie heute, an unserem Nationalfeiertag, mit unserm alten Kampfruf: Adolf Hitler – Sieg Heil! [Zuhörer: „Heil!“], Sieg Heil! [Zuhörer: „Heil!“], Sieg Heil! [Zuhörer: „Heil!“]
>
> Quelle: Goebbels Reden 1932–1939, Band 1, München 1971 S. 322.

---

* Durch die Chamberlain und Daladier abgerungene und der Tschechoslowakei aufgezwungene Annexion ihrer deutschbesiedelten Randgebiete, des „Sudetenlandes“.

Teil-Zusammenfassung:
Vom „Feiertag der nationalen Arbeit" zum „Nationalen Feiertag des deutschen Volkes". Funktionswandel und Werteabbau im Nationalsozialismus.

1. Zur ideologischen Umkrempelung der Arbeiterschaft und zugleich zur Abwehr etwaiger gewerkschaftlich ausgerichteter 1. Mai-Demonstrationen benutzten NS-Reichsregierung/NS-Arbeiterpartei den ersten 1. Mai 1933 unter dem Hakenkreuz zu einer Mai-Kundgebung „wie sie die Welt noch nicht gesehen hat" (Dr. Goebbels).
2. Zur Überraschung der Gewerkschaften – sie kam einer Irritation und Verwirrung gleich – proklamierten und gewährten die Nationalsozialisten den 1. Mai als Feiertag mit Lohnfortzahlung. Damit demonstrierte die neue Reichsregierung schnelle Handlungsfähigkeit, die NSDAP eine beifallsorientierte Arbeiterfreundlichkeit.
3. Der 1. Mai wurde 1933 unter dem Hakenkreuz nicht abgeschafft; er wurde vielmehr ideologisch umgedreht, mit der NS-Weltanschauung besetzt: statt Kampf- und Feiertag der internationalen Arbeit: Festtag nationaler Arbeit, statt sozialer Klassen: Volksgemeinschaft, statt Proletariern: deutsche Volksgenossen, statt Klassenkonflikt: „Arbeiter der Stirn und der Faust" vereint, statt Klassenkampf: Rassenkampf.
4. Nach der weltanschaulichen Eroberung der Arbeiterbewegung – unter Zerstörung der sozialistischen, marxistischen, christlichen und liberal orientierten Gewerkschaften 1933 – erfuhr der für die Arbeiterschaft wichtigste Feiertag – 1. Mai – bereits 1934 ebenso einen Werteabbau wie die Arbeiterorganisation. An die Stelle von klassenkämpferischen Gewerkschaften setzten die Nationalsozialisten die Deutsche Arbeitsfront der NSDAP. Durch Gesetzesbeschluß der Reichsregierung kam an die Stelle des „Feiertags der Arbeit" ein „Feiertag des deutschen Volkes" – ohne das Attribut „Arbeit".
   Durch Schaffung weiterer NS-Feiertage verlor der 1. Mai seine Sonderstellung. Er wurde eingeordnet unter weitere NS-Staatsfeiertage „Heldengedenktag" und „Erntedanktag".
   Um etwaiger Gewerkschaftsopposition von vorne herein den Wind aus den Segeln zu nehmen, kam zu der Peitsche

das Zuckerbrot in Form von Lohnzahlung am 1. Mai auf Gesetzesbasis.

5. Im Vollzug des Wertewandels erhielt von 1934 an der 1. Mai immer wieder neue Inhalte aktueller NS-Weltanschauung und aktueller NS-Politik, ohne den Bezug zur Arbeitswelt aufzugeben. Im Gegenteil: Die „Arbeit" wurde für NS-Ideologie und NS-Herrschaftsalltag immer wichtiger: für nationale Volkswirtschaft, für die Rüstungs- und Kriegsindustrie. Schließlich erhielt der 1. Mai eine totale Sinn- und Funktionsumkehrung. Der 1. Mai als Kampf- und Feiertag, als internationale Arbeiterdemonstration für Völkerfrieden, war in Deutschland in Kundgebungen/Staatsakte von uniformierten Parteigliederungen für Kriegsmusterbetriebe, für beste Waffen, für beste Soldaten, gegen jüdisch-bolschewistische Versklavung umfunktioniert.
   Am 1. Mai 1945 war dann das Ergebnis der NS-Politik international sichtbar: Sowjetische Generale standen im zerstörten Berlin mit ihren siegreichen Truppen vor dem Reichstagsgebäude.

7. Abschnitt

1. Mai – Feiertag der nationalen Arbeit (1933) 1. Mai – Nationaler Feiertag des deutschen Volkes (1934–1944/45) im Spiegel der Presse-Schlagzeilen

Vorinformation

Welche Rolle die im Nationalsozialismus gleichgeschaltete Presse in der breiten Öffentlichkeit spielen sollte, geht am besten aus den Presseveröffentlichungen selbst hervor: Gleichgeschaltete Information zur Selbstdarstellung, Meinungs- und Gesinnungsbildung war ihr Auftrag. So ist die NS-Presse weithin Spiegel der NS-Propaganda.
Im wesentlichen konzentriert auf die Schlagzeilen, soll hier

aufgezeigt werden, was der NS-Reichsregierung zum 1. Mai wichtig war, welche Schwerpunkte zum Nationalfeiertag lanciert werden sollten*.
Die Auflistung wird an zwei Presseorganen festgemacht:
Von 1933 bis 1937 „NS-Kurier"**,
von 1938 bis 1944 „Völkischer Beobachter"***.

[104] NS-Kurier, Südwestdeutsche Tageszeitung für Politik, Wirtschaft und Kultur

Montag, 1. Mai 1933
Titelseite:
Holzschnittabbildung von Hans Lohrer, Amboß, Federkiel, Schornsteine, Hakenkreuzfahnen
S. 2
Staatspräsident Murr zum Tag der Arbeit:
„Zum ersten Male in der Geschichte der deutschen Arbeitnehmer begeht das Volk den 1. Mai nicht als Tag einer illusionären Internationale, sondern als Festtag der nationalen Arbeit. ... An diesem Tage muß sich das Wort Adolf Hitlers in alle Herzen und Gehirne einhämmern, daß wir Bürger nicht Proletarier sein wollen, sondern allein Deutsche.
– Zuversicht – das Bauerntum zum 1. Mai
– Ein Symbol der Volksgemeinschaft
S. 3
– Die Kluft soll verschwinden
– Marxistische Theorie und Praxis
S. 4
– NSBO, die Gewerkschaft des Arbeiters
  Die 1. Mai-Feier unter Hitlers Fahnen
  Hitlerworte: ...
S. 5
– Die Bedeutung der Rassenfrage
  Die Rasse wird nicht erworben, sondern ist angeboren!
– SPD und Hochfinanz
  Die Hetze gegen den Nationalsozialismus wurde und wird von Juden organisiert!
– Die NS-Jugendbetriebszellen

* Wo es vom Informationswert her geboten scheint, werden hier auch Ausgaben kurz vor oder kurz nach dem 1. Mai angeführt.
** → NS-Kurier.
*** → Völkischer Beobachter.

– Morgenlied der neuen Arbeiter, von Heinz Lersch
– Evangelium der Arbeit
S. 6
– Vom Proletarier zum Volksgenossen
– Der deutsche Arbeiter und die Nation, der deutsche Arbeiter muß fanatisch nationalistisch werden.
Anzeige
– Schutz der Partei- und deutschen Volksgenossen gegen Folgen von Krankheit, Unfall und Tod
S. 7
Kritik am Marxismus
Es gibt keinen internationalen Sozialismus.
– Richtfest der deutschen Arbeit
Ein Volk! Ein Wille! Ein Ziel!
– Deutsche Revolution
S. 9 *Anzeigenseite:*
Besucht am 1. Mai die nationalen Lokale.
Palast-Lichtspiele, Königstr. 1 „Zum Tag der deutschen Arbeit! Schwarzhemden, Kampf und Sieg des Faschismus... Deutscher, Du mußt diesen Film sehen!“

[105] Mittwoch, 3. Mai 1933

Titelseite:
– Aufbau der deutschen Arbeitsfront
Der Arbeiter soll ein gleichwertiger Partner der Volksgemeinschaft sein
Schach der Gewerkschaftsbonzokratie
Aufsehenerregende Enthüllungen bei der Aktion gegen die Gewerkschaften
– das Aktionskomitee beim Kanzler
– Die Säulen des neuen Deutschland
Arbeiter- und Bauernfront
Ehrung Hitlers durch die T.H. Stuttgart
S. 5
Blick über Stuttgart
– Gelöbnis zur Volksgemeinschaft
Wuchtige Demonstration der städtischen Betriebe auf dem Marktplatz
– Der 1. Mai auf der Leinwand
– Neue Mädchenerziehung
– Maifeier in den Betrieben
– Gewerkschaften dienen nur dem Arbeiter
Die Besetzung der Gewerkschaftsbüros in Stuttgart
– Friedrichsbau nicht mehr jüdisch

[106] 1. Mai 1934

S. 1
„Ehre jeder Arbeit! Jedem Ehre, jedem Preis!"
S. 2
„Dem schaffenden deutschen Volk!"
Zum ersten Male in unserer Geschichte ist der innere Bruderzwist beseitigt und die Einigkeit aller Deutschen erreicht. Was unsere Väter seit Jahrhunderten ersehnt haben, ist damit Wirklichkeit geworden. Auf dieser Grundlage hat das deutsche Volk im letzten Jahr Großes geleistet. Mit den Waffen des Friedens sind siegreiche Schlachten gegen Not und Elend, gegen Arbeitslosigkeit und Verzweiflung geschlagen worden. Die heutige Generation kann das stolze Gefühl haben, daß sie ihre volle Pflicht getan hat und damit vor dem Urteil der deutschen Geschichte bestehen wird. Unser Dank gilt dem ganzen deutschen Volke für diese für alle Zeiten beispiellose Leistung. Die Nation kann ihren nationalen Feiertag am 1. Mai mit Stolz und innerer Genugtuung begehen.
Berlin, den 30. April 1934
Der Reichspräsident: Die Reichsregierung:
(gez.) von Hindenburg (gez.) Adolf Hitler

Gauleiter Reichsstatthalter Murr
... überwunden sind Standes- und Klassenbegriffe, die Krankheitserscheinungen einer verflossenen Zeit, und an ihrer Stelle steht hehr und groß: der schaffende Deutsche.

[107] 1. Mai (Wonnemond) 1935

S. 1
„Des Volkes ärmster Sohn ist sein treuester!"
Dr. Goebbels empfängt die Arbeiter-Abordnungen und die 38 Reichsberufswettkampf-Sieger.
Leitartikel: „Tag des deutschen Sozialismus".
S. 2
„Feiertag der Nation". „Auch ein getarnter Jude bleibt Jude."

[108] 1. Mai 1936

S. 1
„Freut euch des Lebens"
„Dr. Ley gibt die Parole"
... Alles was war, Klassenhaß und Standesdünkel, Parteienhader und Konfessionsstreit, zersetzende Kritik und feiger Pessimismus,

liberalistisches Bürgertum oder marxistisches Proletariat, sie alle, alle verneinten das Leben. Ihnen ist das Leben und die Arbeit eine Last, sie verfluchen jeden neuen Tag. Sie hassen. Sie hassen ihren Volksgenossen und hassen letzten Endes sich selbst. Sie predigen und säen Vernichtung und Zerfall, Terror und Despotie, Grauen und Schrecken…"

[109] Montag, 3. Mai 1937

S. 1
„Friede und Freude in Deutschland.
Erhebender Verlauf des Feiertages des schaffenden Volkes – wieder marschiert die geeinte Nation"
Der Führer spricht zum Volk.
„Streiks und blutige Unruhen! Auch ‚Maifeiern' – aber anders als bei uns."
„1. Mai bei den Deutschen im Ausland – Inseln der Ordnung und der Volksgemeinschaft."
S. 2
Aufmarsch der Hunderttausende. Ganz Berlin unterwegs – Triumphfahrt des Führers.
Die Arbeiter bei ihrem Führer. Eine frohe Stunde in der Reichskanzlei.
S. 3
Bilderseite, Bildunterschriften:
- Der Führer verläßt den Berliner Lustgarten nach seiner Rede.
- Der Führer auf der Leistungsschau „Gebt mir vier Jahre Zeit".
- Der Führer begrüßte die Vertreter der nationalsozialistischen Musterbetriebe durch Handschlag.
- Nachmittags empfing der Führer die Reichssieger und -siegerinnen des Reichsberufswettkampfes im Garten der Präsidialkanzlei.

S. 4
Und wieder feierten wir den 1. Mai.
Ganz Stuttgart war am Nationalfeiertag des deutschen Volkes auf den Beinen. Bekenntnis der Jugend unter dem Maibaum.
Bei uns entscheidet das Gesetz der Leistung.
S. 5
v. Schirach meldet dem Führer: Jahrgang 1927 zur Stelle.
Die größte Jugendkundgebung der Welt.
Das Maienfestspiel in Ulm. Ulm feierte den nationalen Feiertag des deutschen Volkes.

[110] 3. Mai 1937

S. 5
Am 1. Mai 1937 – auf der „größten Jugendkundgebung der Welt" – sprach der Führer und Reichskanzler zur Jugend. 120000 Mitglieder der Hitler-Jugend waren im Berliner Olympiastadion in „würdiger Disziplin und prachtvoller Haltung", so die NS-Presse, „vor ihrem Führer aufmarschiert und bereiteten ihm überwältigende Kundgebungen ihrer Treue und Begeisterung".
Der Reichsjugendführer, v. Schirach, befiehlt: „Stillgestanden zur Meldung an den Führer" und erstattete Meldung:
„Mein Führer! Ich melde Ihnen die größte Jugendkundgebung der Welt. Ich melde Ihnen den freiwillig vollzogenen Eintritt von 917445 Jugendlichen im zehnten Lebensjahr am 20. April dieses Jahres!"
Nun begrüßte der Führer die 120000 Jungen und Mädel: „Heil Jugend!"
Und wie aus einem Munde hallte die Antwort zurück: „Heil, mein Führer!"

Kernsätze aus der Führerrede, die in der NS-Presse durch Fettdruck herausgehoben sind:
– Es gibt nur ein deutsches Volk, und es kann daher auch nur eine deutsche Jugend geben. Und es kann nur eine deutsche Jugendbewegung haben, wie es nur eine deutsche Jugenderziehung und Jugenbildung gibt.
– was wir wollen:
... eine gesunde Jugend!
... eine stolze Jugend! ... eine männliche Jugend und wir wollen eine weibliche Jugend
... nicht trinkfest sollt ihr werden, sondern schlaghart und schlagfest ...
... keine Duckmäuser und keine Schleicher ... die Treue üben, sie soll aber vor allem eines wissen:
Jugend von heute soll in diesem Staat den Marschallstab im Tornister tragen können, politisch und militärisch! Allein, jeder, der einmal irgendwo und irgendwie führen will, muß auch gelernt haben zu gehorchen. Niemand kann befehlen, der nicht selbst gehorchen gelernt hat. Niemand könnte befehlen, wenn nicht andere gehorchen würden. Es gibt nicht nur einen Stolz des Befehlens, es gibt auch einen Stolz des Gehorchens, des Glücks, sich für einen Mann zu stellen. Männliche und gesunde Völker werden diesen Gehorsam als etwas Selbstverständliches empfinden. Es ist nichts anderes als unsere altgermanische Gefolgschaftstreue, die die Männer aneinander kettete bis zum letzten Atemzuge. Und deshalb wird und muß, so wie ihr, meine lieben Jungen und Mädchen, dieses unser Deutschland liebhabt, auch dieses

Deutschland euch liebhaben, Ihr seid für uns alle das Unterpfand des Glaubens und der Hoffnung für unser Volk."

Gauleiter Dr. Goebbels:
Deutsche Jungen und deutsche Mädchen!
Es ist das fünfte Mal im nationalsozialistischen Reich, daß ihr zum 1. Mai aufmarschiert seid. Ihr habt das Vermächtnis Hindenburgs wahrgemacht, durch Fleiß, Disziplin, Arbeit und Leistung wachst ihr als junge Generation in das Reich der Deutschen, in den Staat Adolf Hitlers hinein. In diesem Sinne seid ihr auch heute hier aufmarschiert, und in diesem Sinne verpflichtet ihr euch wieder zu Volk, Bewegung, Staat und Führer, indem ihr zur Eröffnung des nationalen Feiertags des deutschen Volkes Führer und Nation grüßt mit dem Ruf: Adolf Hitler, Sieg – Heil!

[111] Völkischer Beobachter, Süddeutsche Ausgabe, 1. Mai 1938 – Sonderbeilage

S. 1
„Fest der Freude für alle Deutschen"
„Ewig junges Volk" „Das ist der Weihefrühling, den Gott will"
S. 4
„Alles für die Volksgemeinschaft:

	1932	1937	1940
Gewerbliche Produktion	37,8 Mill.	über 75 Mill.	
Steinkohlenförderung	104,7 Tonnen	184,5 Mill. Tonnen	
Eisenerz	1,3 Mill. Tonnen	9,6 Mill. Tonnen	43 Mill.
Schiffsbauaufträge	22000 Tonnen	1120000 Tonnen	
KFZ-Bestand	1,5 Mill.	3,03 Mill.	

[112] 30. April/1. Mai 1939

S. 1
Aus dem Beitrag von Dr. Walter Schellhase:
Der Arbeiter Niedermeier denkt nach
(Im gleichen Schritt und Tritt)
„... wir sind ja alle so stolz auf ihn*, auf unser großes Volk, auf unsere Leistung, die uns aus einem getretenen Stiefkind unter den

* Gemeint ist der Führer und Reichskanzler Adolf Hitler.

Völkern zu stolzester Höhe emporführte. Denke daran, Arbeiter Niedermeier! Daraus erkennst du den Wert deiner täglichen Arbeit, du weißt um die Zusammenhänge zwischen deiner Drehbank und dem millionenfachen, unerschöpflichen Arbeitsleben deiner Nation. Und dann weißt du auch, wer du und was du deinem Volke bist ... Arbeiter Niedermeier!"

Im Innern des Blattes (30. 4./1. Mai 1939) in derselben Ausgabe: Artikel (auszugsweise) zum Nationalfeiertag des deutschen Volkes
... die Auffassung von der Arbeit und die Hingabe an sie ist ebenso rassisch bedingt wie alle anderen Äußerungen des Lebens ... die sittliche Forderung des deutschen Menschen auf ein „Recht auf Arbeit" ... jedem seinen Arbeitsplatz ... jedem den seiner Leistung zukommenden Arbeitsplatz ... Arbeit als Amt... Wir haben sogar eine Dienstpflicht... Im Auslande, auch bei einigen Volksgenossen möchte man darin eine Freiheitsberaubung sehen.

2. Mai 1939
Schlagzeile: Der 1. Mai in Großdeutschland:
Ein Triumph der Volksgemeinschaft.
Zitat: „Wir haben den Spaten neben das Gewehr gestellt und genauso geadelt." Adolf Hitler

Aus der Rede des Führers im Berliner Lustgarten an die Schaffenden Großdeutschlands:
„... Über Haß und Zwietracht erhebt sich die deutsche Volksgemeinschaft! ... Über der Freiheit des Einzelnen steht aber die Freiheit unseres Volkes, die Freiheit unseres Reiches."

Aus der Rede des Gauleiters Bürckel, Wien anläßlich der „Kundgebung der 200000":
„Nicht: Proletarier aller Länder, sondern: Deutsche aller Gaue, vereinigt euch!"*

Bericht:
Die Stadt der Reichsparteitage am 1. Mai
Hunderttausende auf der Deutschherrenwiese.
Gauleiter Julius Streicher nimmt die Ehrung der Sieger des Reichsberufswettkampfes vor.

* NS-Gauleiter Bürckel lehnt sich hier an den Appell aus dem Kommunistischen Manifest an: Proletarier aller Länder vereinigt euch.

[113] 1. Mai 1940

S. 1
„Der Feind auf allen Vormarschstraßen geworfen, Landverbindung zwischen Oslo und Trondheim hergestellt"
Bildunterschrift: „Nur die Hände wechseln, ewig ist die Arbeit"

3. Mai 1940
S. 1
„Hageldicht fallen die Schläge auf England, Andalnes in deutscher Hand"

1. Mai 1941
S. 1
Aufruf Dr. Leys am 1. Mai
„Wehrmacht und Volk, eine unbesiegbare Phalanx!"
(Nationaler Feiertag mit Blick auf die Front)

[114] 2. Mai 1941

S. 1
„In Augsburg Ernennung von drei Parteigenossen zu „Pionieren der Arbeit", Auszeichnung nationalsozialistischer Musterbetriebe durch den Stellvertreter des Führers, Rudolf Hess."
Im Innern des Blattes:
Der 1. Mai in Bulgarien
„Arbeiter erhalten einen halben Taglohn als Festgabe.
Die Juden in Bulgarien sind ab 1. Mai statt zum Militärdienst zur Arbeitsdienstleistung für den Staat aufgerufen worden ... sie sind verpflichtet ... zu erscheinen ... und dort ihre Arbeitsverpflichtung entgegenzunehmen."

[115] 30. 4. 1942

S. 1
„Arbeiten bis zum Endsieg"
Gauleiker Sauckel über die Mobilisierung der Arbeitsreserven.

1. Mai 1942
S. 1
„Verlegte Tankerwege der anglo-amerikanischen Ölmacht"

2./3. Mai 1942
S. 1
Dr. Robert Ley
„An alle Werktätigen zum 1. Mai
... siegen wird das fleißigste und das tapferste Volk ... entschie-

den wird er* durch den besten Soldaten und die besten Waffen... Führer befiehl, wir folgen!"

4. Mai 1942
S. 1
„Im Zeichen der Selbstbesinnung und der Leistung: Nationaler Feiertag des deutschen Volkes 1942 – Reichsarbeitskammer tagte in der Reichskanzlei – Neue „Pioniere der Arbeit" –
Zum ersten Male „Kriegsmusterbetriebe"
Auf der Berliner Kundgebung sprachen Dr. Ley und Oberbefehlsleiter Marrenbach.

[116] 1./2. Mai 1943

S. 1
„Die Tagung der Reichsarbeitskammer in der Neuen Reichskanzlei – Unser Weg: Kompromißloses Weitermarschieren" Leitartikel: „Zehn Jahre Deutsche Arbeitsfront"

[117] 1./2. Mai 1944

*Mai 1944, 29. April 1944***
Berlin, 28. April 1944: Der nationale Feiertag des deutschen Volkes am 1. Mai 1944 ist auch in diesem Jahr ein Tag der Arbeitsruhe***. Er dient ausschließlich der Entspannung der schaffenden Bevölkerung. Veranstaltungen finden nicht statt. Beflaggung unterbleibt.

„Alles für Deutschland. Aufruf zum 1. Mai"
„Arbeitskameraden, Arbeitskameradinnen, Betriebsführer und Gefolgschaft: ... In dieser Zeit müssen unsere Gegner wissen: Jeder Terrorangriff des Gegners macht uns verbissener und zäher. Diese Mittel können nur dazu beitragen, den Widerstandswillen und die Widerstandskraft der Nation immer weiter zu stärken... Der Sieg ist unser! Alles für Deutschland! Es lebe der Führer!"
→ Bildunterschrift: S. 3
„Der Nationalsozialismus kämpft für alle Schaffenden unseres Volkes. Der Kampf gegen die bolschewistische und plutokratische Versklavung sichert zugleich die Freiheit eines neuen Europa."
„Tagung der Reichsarbeitskammer. 71 neue Kriegsmusterbetriebe."

---

* Der Krieg
** Letzter Maifeiertag unter dem Hakenkreuz.
*** Es war ein Montag.

Teil-Zusammenfassung:
Feiertag der nationalen Arbeit und nationaler Feiertag des deutschen Volkes im Spiegel deutscher Presse-Schlagzeilen

1. Die gleichgeschaltete NS-Presse propagiert seitenlang die NS-Ideologie zum 1. Mai. Sie berichtet über die alljährlichen Groß-Kundgebungen/Staatsakte in der Reichshauptstadt Berlin mit Führer-Reden, den Ansprachen von Reichsminister für Volksaufklärung und Propaganda, Dr. Goebbels, sowie dem Reichsorganisationsleiter der DAF, Dr. Robert Ley. Spezielle Groß-Aufmärsche der Hitler-Jugend sind in Wort und Bild herausgestellt.
2. NS-Propaganda-Losungen und Führer-Reden zum 1. Mai bringen regelmäßig zwei inhaltliche Themenfelder zum Ausdruck. Da wird das NS-Selbstbild propagiert: Glorifizierung nationalsozialistischer Arbeit und Arbeitsbilanz mit Leistungsschau. Zugleich wird der Bruderzwist in der Vergangenheit und die „gefährliche plutokratische Versklavung Europas" in der Gegenwart als Feindbild beschworen.
3. Die auf lokalem und regionalem Gebiet durchgeführten Mai-Kundgebungen mit lokalen und regionalen Parteigrößen finden ebenfalls Würdigungen in der Presse. Die Mai-Veranstaltungen der NSDAP sind dabei weitgehend auf die Führerkundgebungen in der Reichshauptstadt ausgerichtet – das Abhören der Führer-Reden.
   Ortsgebundene Volksbelustigungen – Maitanz, Maispiele – sind Gegenstand von Text- und Bildberichten. Partei-Uniformen beherrschen dabei das Bild am 1. Mai.

8. Abschnitt

Der 1. Mai als Lehr- und Lerninhalt in Unterricht und Erziehung des NS-Systems. Berufsausbildung und Berufserziehung nach der NS-Ideologie. Adolf Hitlers „Mein Kampf" und das „Programm der NSDAP" Pflichtlektüre für Lehrer und Unterrichtsgegenstand

Information und Kommentar

Vereinfacht kann politische Geschichte so verstanden und interpretiert werden:
Politische Herrschaft wird ausgeübt; neue, interessierte Politik kämpft um die Inbesitznahme der Herrschaftsposition der derzeitigen Herrschaftsinhaber.

Dieses politische Wechselspiel zwischen Machterhaltung und Machtgewinnung bleibt nicht ohne Auswirkung auf die Schule. In besonderem Maße gilt dies für totalitäre Staatssysteme. So verwundert es denn auch nicht, wenn die braune Diktatur die Schule, Lehrer und Schüler für ihre Zwecke einzuspannen, den Unterricht mit ihrer Ideologie inhaltlich zu besetzen bestrebt war. Am Vollzug brauchten die Staats- und Parteigewaltigen von 1933 an nicht zu zweifeln. Es gab zunehmend kaum noch Lehrer, die nicht Mitglied der → NSDAP waren und/oder einer ihrer Parteigliederungen angehörten. Dies gilt in vollem Umfang für das letzte Drittel der NS-Herrschaft. Die Aufnahme in die Partei erfolgte kollektiv in den Lehrerbildungsanstalten, jahrgangsweise, ohne daß der einzelne „Jungmann/das Jungmädel" dazu befragt worden wäre. Somit gehörten Junglehrer bereits der NSDAP an, wenn sie als Lehranfänger in die Schulen kamen. Im übrigen hatten Beamte ohnehin ihre Treue zum NS-Staat durch Mitgliedschaft in den NS-Organisationen zu beweisen.
Die Vereinnahmung der Schule durch NS-Weltanschauung in Lehr- und Lerninhalten läßt sich anhand von Lehrplänen und Unterrichtsmaterialien nachweisen.
Darüber soll im Folgenden informiert werden, wobei die zur

Verfügung stehenden „Pommerschen“ und „Württembergischen“ Lehrpläne exemplarisch für andere Gaue im → Dritten Reich zu betrachten sind.

Zum Verständnis der Schule im Dritten Reich bedarf es noch folgenden Vorwissens: Der Führerstaat hatte für die → NSDAP die Ausschaltung der demokratisch-parlamentarischen Regierungsweise und des Mehrheitsprinzips zum Inhalt. Eine Konsequenz daraus: Es gab keine Schul- und Kulturhoheit der Länder auf der Basis parlamentarischer Entscheidungen der Landtage mehr. Die Annäherung an den Führer-Einheitsstaat begann deutlich mit dem „Gesetz zur Gleichschaltung der Länder mit dem Reich“ vom 31. März 1933. Durch das zweite Gleichschaltungsgesetz vom 7. April 1933 wurden in den Ländern Reichsstatthalter eingesetzt, die den Regierungen übergeordnet und nur dem Reichskanzler verantwortlich waren. Das Reichsgesetz vom 30. Januar 1934 schafft schließlich die Landtage gänzlich ab; die Hoheitsrechte der Länder sind beim Reich zusammengefaßt. Die Landesministerien – also auch die Kultusministerien – wurden zu Mittelbehörden des Reichs.

Die Gaue/Länder hatten weisungsgemäß auszuführen, was der Reichs- und Preußische Minister für Wissenschaft, Erziehung und Volksbildung anordnete.

Die Aspekte Unterricht und Erziehung sind – themenorientiert – auf den 1. Mai beschränkt, wobei die Beziehungen zu Nachbarfächern und Nachbarthemen den Zusammenhang wahren.

Von der Grundschule* an wird der „Feiertag der nationalen Arbeit“ Lerninhalt. Dabei ist das ideologisierte Unterrichtsthema in verschiedenen Fächern ausgewiesen – vornehmlich in solchen mit Heimat- und Gesinnungscharakter. Den gezielten Einsatz von Unterrichtsmaterialien macht ein Auszug aus einem Heimatkundebuch für die Grundschule deutlich: Es wehen – am 1. Mai – Hitlerfahnen über alle Straßen; Beispiel: Gauhauptstadt Stuttgart.

Die NS-Führer spannten die Berufserziehung zur Leistungssteigerung am Arbeitsplatz ein. Hierzu bedienten sie sich sehr gezielt der Partei. Die interessenorientiert konstruierte „Deutsche Arbeitsfront“ (DAF), Amt für Berufserziehung

---

* Die Grundschule umfaßte die unteren Jahrgänge (Klasse 1–4) der Volksschule.

und Betriebsführung, organisierte am Arbeitsplatz alljährlich einen „Berufswettkampf aller schaffenden Deutschen", zeichnete „anerkannt vorbildliche Berufserziehungsstätten" aus und mobilisierte „klassenlose" Musterbetriebe, die jeweils zum 1. Mai ihre Auszeichnung erhielten.

Die totale Einflußnahme auf Kinder- und Jugenderziehung vollendete der NS-Staat in der außerschulischen Jugendbildung durch die Organisation der 1926 gegründeten „Hitler-Jugend, HJ". Während nach der Regierungsübernahme der Beitritt zur „Staatsjugend" noch freiwillig war, stützte sich die in wesentlichen Teilaspekten vormilitärische HJ von 1936 an auf Gesetzeskraft*.

Vom zehnten Lebensjahr an, also nach der Grundschule, wurde durch Pflichtbeitritt „die gesamte deutsche Jugend in die nationalsozialistische Weltanschauung" eingeführt. Folgerichtig nutzte der NS-Staat dazu auch den Staatsfeiertag 1. Mai: Die HJ in ihren Untergliederungen „Deutsches Jungvolk" und „Deutsche Jungmädel" (zehn- bis vierzehnjährige), „Bund Deutscher Mädel (BDM)" (vierzehn- bis einundzwanzigjährige) und „Hitler-Jugend" (vierzehn- bis achtzehnjährige) marschierten uniformiert im Gleichschritt am 1. Mai zusammen mit den übrigen NS-Organisationen in Stadt und Land zur paramilitärisch-aufgezogenen Kundgebung. Dort hörte sie von einem Hoheitsträger mit herausragender Führerfunktion eine Rede zum 1. Mai. „Der Nationalsozialismus", so beschrieb sein Erziehungsphilosoph Ernst Krieck 1933, „umfaßt Partei, allgemeine Volksbewegung, völkische Jugendbewegung, Wehrverband, Jugendbund, Massenbewegung, Gefolgschaft, Politische Freiheitsbewegung, erwachsendes Volks- und Rassebewußtsein, soziale Gesellschafts- und Wirtschaftsordnung, nationale Kulturpflege samt allen zugehörigen Bünden und Organisationen auf einmal"**.

Bereits auf dem ersten 1. Mai nach Übernahme der Staatsgewalt 1933 galt die Beeinflussung zuerst der Jugend – nach dem NS-Motto: „Wer die Jugend hat, hat die Zukunft". Die zentrale Mai-Veranstaltung in der Hauptstadt Berlin war in zwei öffentliche Kundgebungsabschnitte geteilt: vormittags für die Jugend, abends für die Erwachsenen. Diese Zweidifferenzie-

* Gesetz über die Hitler-Jugend vom 1. Dezember 1936 (Reichsgesetzblatt I S. 993).

** Ernst Krieck: Nationalpolitische Erziehung, Leipzig 1933, S. 35.

rung begann 1933 und wurde so in den folgenden Jahren weitergeführt. So gelang es, den 1. Mai von morgens bis abends in den nationalsozialistischen Griff zu bekommen, die Kundgebungen zielgruppenorientiert auszurichten und schließlich über die Jugend Eltern und Erziehungsberechtigte zu erreichen. Wenn die Schulkinder → Hitler-Jugend-Dienst hatten, gab es im Elternhaus zumindest ein Gespräch darüber, auch und gerade dort, wo die Eltern oppositionell oder zumindest reserviert der NS-Ideologie gegenüber eingestellt waren.
In der nachfolgenden Dokumentation steht für die Verführung der Jugend am 1. Mai 1933 die Ansprache des greisen Reichspräsidenten → Paul von Hindenburg. Die Nazis spannten geschickt das 86jährige Staatsoberhaupt für ihre Zwecke ein: von Hindenburg hatte schließlich im Januar 1933 Hitler zum Reichskanzler berufen, und er genoß in bürgerlichen Kreisen besonderes Ansehen – auch bei Bürgern, die der NS-Hitlerpartei reserviert und kritisch gegenüber standen.
Der damalige Reichsminister für Propaganda → Dr. Goebbels, schildert in Selbstdarstellung die Atmosphäre der Kinder- und Jugend-Kundgebung. Die Rede Adolf Hitlers an die Jugend – (1934) ein Jahr an der Macht – zeigt, wie wichtig die Jugend der NS-Partei war. Nicht zufällig hat der Führer und Reichskanzler sie mit seinem Namen – „Hitler"-Jugend (HJ) an sich zu binden gesucht.
Die Sprache der Hitler-Reden – sie enthielten im wesentlichen Appelle – war inhaltlich leicht verständlich und zeigte eindringliche, nachhaltige Wirkung.
Mit großen, pathetischen Worten fordert der → Führer zu Heroismus heraus. Den Reden diszipliniert zuzuhören, wurde von jung auf früh geübt: in der Schule, in den Organisationen der HJ. Auch im Elternhaus hörte die Familie Führer-Reden, soweit das Einkommen für die Anschaffung eines Rundfunkgerätes ausreichte. Personenkult stand hoch im Kurs. In einem integrierten System von Unterrichtung und Erziehung, in Schule und außerschulischer HJ, suchte der NS-Staat alle Menschen von früher Kindheit an auf die Ziele und Inhalte des NS-Staates auszurichten, sie gleichzuschalten im Sinne nationalsozialistischer Selbst- und Feindbildpropaganda.
Wer sich darüber im klaren ist, daß totalitäre Ideologien und Herrschaftssysteme zur Konsolidierung ihrer Macht den Menschen umfassend und vollständig ergreifen und besitzen wollen und ihre Instrumente dementsprechend zielorientiert ein-

setzen, den überrascht es nicht, daß die braune Diktatur der NSDAP auch die berufliche Ausbildung und die berufliche Erziehung personell, inhaltlich und organisatorisch zu besetzen suchte.

Wenn man von den Vorgaben des NS-Staates einmal absieht, war es natürlich stark von den Personen im Betrieb abhängig, wie, mit welchen erzieherischen Methoden und Mitteln, die Umsetzung vor Ort vollzogen wurde. Die Person des Erziehers war maßgeblich und prägte auch im sogenannten 3. Reich die Atmosphäre der Ausbildung.

Der NS-Idee über die „Einheit von Partei und Staat"* folgend, wirkte die NS-Autorität durch die Deutsche Arbeitsfront und Hitler-Jugend in der Berufserziehung maßgeblich mit. Dabei war die fachliche Betriebsausbildung junger Menschen vorrangig Sache des Betriebs und der Berufsschulen, während die Erziehungsfunktionen bezüglich Ziel- und Inhaltsvorgabe in der Zuständigkeit der → Deutschen Arbeitsfront und der Hitler-Jugend lagen. Die „gesamte Berufsausbildungsarbeit" wurde durch eine Verordnung des Führers gesteuert**. Auf deren Grundlage arbeitete ein „Amt für Berufserziehung und Betriebsführung" der deutschen Arbeitsfront. Der „Berufswettkampf aller schaffenden Deutschen", der auf Orts-, Gau- und Reichsebene stattfand, lag ebenfalls in der gemeinsamen Zuständigkeit der Parteigliederungen DAF und HJ. Der Wettkampf bezweckte Leistungsmobilisierung, Elite-Auslese und Elite-Förderung im beruflichen Tätigkeitsbereich.

Eine Auflistung von Bündnissen***, die mit der NS-Organisation „Deutsche Arbeitsfront" im gegenseitigen Einvernehmen vereinbart wurden, zeigt, wie stark die DAF und die zugehörige NS-Gemeinschaft „Kraft durch Freude" mit anderen Parteigliederungen verzahnt, wie sie mit den weiteren Parteiorganisationen und Organen verflochten war und erhellt damit die Effizienz der Herrschaftsausübung durch ein integrierendes System. Die NSDAP suchte, wo immer machbar, ihr Herrschaftssystem so stabil wie möglich zu verankern, ihre Herrschaftspraxis mit möglichst viel parteitreuem Personal

* Festgesetzt in „Gesetz zur Sicherung der Einheit von Partei und Staat" vom 1. 12. 1933 (Reichsgesetzblatt I, S. 1016 und die Novellierung vom 3. 7. 1934, Reichsgesetzblatt I, S. 529).

** vom 24. Okt. 1934.

*** → Dokument Nr. 57, S. 114.

abzusichern. Wenn jedermann, besonders aber Persönlichkeiten, die etwas galten und etwas zu sagen hatten, vom Nationalsozialismus „gläubig durchdrungen, Führer, Volk und Vaterland dienten“, dann mußte die Vision vom 1000jährigen Reich Wirklichkeit werden. Eine herausragende Stellung nehmen in diesem Zusammenhang die Lebensbereiche Wirtschaft und Arbeit ein – möglichst unabhängig, ja abgeschottet von außerdeutschen Staaten, wie es das Ziel des → Vierjahresplanes war.

Dokumente, Quellentexte, Augen- und Zeitzeugen

[118] Weltanschauung – gelehrt und aufgezwungen... *Adolf Hitler: Der totale Führerstaat*

Der durchschlagendste Erfolg einer weltanschaulichen Revolution wird immer dann erfochten werden, wenn die neue Weltanschauung möglichst allen Menschen gelehrt und, wenn notwendig, später aufgezwungen wird, während die Organisation der Idee, also die Bewegung, nur so viele erfassen soll, als zur Besetzung der Nervenzentren des in Frage kommenden Staates unbedingt erforderlich sind.
Eine Bewegung, die in einer Zeit der Herrschaft der Majorität in allem und jedem sich selbst grundsätzlich auf das Prinzip des Führergedankens und der daraus bedingten Verantwortlichkeit einstellt, wird eines Tages mit mathematischer Sicherheit den bisherigen Zustand überwinden und als Siegerin hervorgehen.

Quelle: Adolf Hitler, Mein Kampf, zitiert nach Alfons Fitzek, Staatsanschauungen im Wandel der Jahrhunderte, Paderborn 1962, S. 126.

[119] Der beste NS-Lehrer. Werte für jede Schulart. *Von → Hans Schemm*

„Der ist der beste Lehrer, der den Nationalsozialismus als Weltanschauung auf alle Gebiete zu übertragen weiß, denn deutsche Kinder brauchen zum geistigen Wachstum die Sonne „Volk“.

„... Jedes Unterrichtsfach, jedes Wort des Lehrers, jede Erziehungshandlung hat nur den einen Sinn, dem Leben des Volkes zu dienen..."
„Verankern wir also die vier Begriffe: Rasse, Wehrwillen, Führertum und Religiosität in jede Schulart! Lassen wir diese Begriffe in jedes Fach eindringen, dann wird ein Menschengeschlecht aus unserem Volke herauswachsen, das in der Lage ist, neue große Leistungen zu vollbringen."

Quelle: Hans Schemm spricht. Bayreuth 1935, S. 159–175.

[120] 1. Mai: erstmals unter der Staatsgewalt des Hakenkreuzes NS-Kundgebung für die Jugend in Berlin

Reichspropagandaminister Dr. Joseph Goebbels:
Morgens sind im Lustgarten die Berliner Schulkinder aufmarschiert. Schon die Anfahrt ist überwältigend. Wohin man schaut, unter den Linden, im ganzen Lustgarten, Kinder, Kinder, Kinder. Ich rede zu ihnen aus innerstem Herzen heraus.
Vor Kindern spricht's sich gut, wenn man Kinderseelen versteht. Dann ein Jubelsturm: im Auto erscheinen, nebeneinander sitzend, der Reichspräsident und der Führer. Alter und Jugend vereinigt. Ein wunderbares Symbol des neuen Deutschlands, das wir aufgerichtet haben.
Harald* überreicht dem Reichspräsidenten einen großen Rosenstrauß. Er ist ganz stolz und glücklich.
Der Reichspräsident spricht zur Jugend, als wäre er einer aus unserem Alter. Er ermahnt zu Treue, Beharrlichkeit, Fleiß und Achtung vor der Vergangenheit. Der Führer bringt auf ihn ein dreifaches Hoch aus, in das die Jugend mit Begeisterung und Inbrunst einstimmt.
Die Durchfahrt durch die Massen der Jungens und Mädels gleicht einem Triumphzug. Auf dem Tempelhofer Feld herrscht ein unbeschreibliches Menschengewimmel. Der Berliner ist schon unterwegs mit Kind und Kegel, Arbeiter und Bürger, hoch und niedrig, Unternehmer und Untergebener, jetzt sind die Unterschiede verwischt, nur ein deutsches Volk marschiert.

Quelle: Joseph Goebbels, Vom Kaiserhof zur Reichskanzlei, München 1934, S. 305–306.

---

* Goebbels' Stiefsohn.

„Hitlerjugend grüßt den Generalfeldmarschall am Tage der Arbeit 1. Mai 1933"
„Harald überreicht dem Reichspräsidenten einen großen Rosenstrauß. Er ist ganz stolz und glücklich."
(Dr. Joseph Goebbels, Reichsminister)

[121] Reichspräsident, Generalfeldmarschall Paul von Hindenburg am 1. Mai 1933 auf der Kundgebung für Kinder und Jugendliche.

Der 1. Mai unter dem Hakenkreuz begann in der Hauptstadt mit einer „Kundgebung der Jugend" im Berliner Lustgarten. In NS-Selbstdarstellung war die Ansprache des Reichspräsidenten an die Jugend, „mit einer Heerschau der Zukunft" inszeniert:

> Und nun fegt ein riesiger Jubel über den Platz, alle Arme recken sich empor, – Hindenburg kommt und Hitler und Goebbels, – schmal ist der Weg, der ausgespart ist für die Wagen, – so schmal wie es nur gerade angeht, und nun fahren die drei Männer diesen Weg entlang, überdacht vom gotischen Spitzbogengewölbe aus Hunderttausenden von aufgereckten jungen Armen, und aller Augen leuchten, und der Jubel wird riesengroß.

„Diese Jugend, diese Jugend..."
Des greisen Feldmarschalls Gesicht wird ganz hell und freudig. Und dann spricht er einfache, schlichte Sätze, einfach, wie er immer gewesen ist und wie es sein Kanzler ist und wie sie sein will und soll, diese deutsche Jungmannschaft dort unten.
Der Reichspräsident spricht, ruft die Jugend auf, eingedenk zu sein der Aufgaben, die ihrer warten.
„Ihr müßt einst das Erbe der Väter auf eure Schulter nehmen, um es zu erhalten, zu festigen und auszubauen. Um dieser Aufgabe gerecht zu werden, muß die Jugend Ein- und Unterordnung und hierauf gründend Verantwortungsfreudigkeit lernen. Nur aus Manneszucht und Opfergeist kann ein Geschlecht erstehen, das den großen Aufgaben, vor welche die Geschichte das deutsche Volk stellen wird, gewachsen ist. Dieser Tag soll dem Bekenntnis der Verbundenheit aller schaffenden Kräfte des deutschen Volkes mit dem Vaterland und den großen Aufgaben der Nation dienen und zugleich ein Denkstein des hohen sittlichen Wertes jeder Arbeit – der Faust wie der des Kopfes – sein.
Aus treuem Herzen gedenke ich daher in dieser Stunde der deutschen Frauen und Männer, die in fleißiger Tagesarbeit ihr Brot verdienen, und in tiefem Mitempfinden der großen Zahl derer, die durch die Wirtschaftsnot unserer Zeit von der Arbeit und ihrem Segen noch ferngehalten sind. Daß dem Heer der Arbeitslosen wieder Arbeit und Brot geschaffen werde, ist mein sehnlichster Wunsch und die vornehmste Aufgabe der Reichsregierung."

In der Selbstdarstellung – man muß schon sagen: Selbstbeweihräucherung – wird berichtet:

„Wann sprach so je ein Staatsoberhaupt zur Jugend und zum Arbeiter? und die Jugend empfindet es und dankt es, und als der Führer auf den Reichspräsidenten und Feldmarschall ein dreifaches Hoch ausbringt, da bricht sich der Ruf donnernd an den alten Wänden des Schlosses und braust die Linden hinunter und dröhnt um den Dom, und die Arme fliegen empor, – ein Hitlerjunge überreicht dem Feldmarschall einen Blumenstrauß als Gruß der ganzen deutschen Jugend, die bereit ist, alles, alles für das Vaterland zu tun.

Quelle: Cigaretten-Bilderdienst, Hamburg-Bahrenfeld (Hrsg.) Deutschland erwacht – Werden, Kampf und Sieg der NSDAP, Hamburg 1933, S. 96.

[122] Änderung der Ferienordnung „Auf Grund des Reichsgesetzes über den Feiertag der nationalen Arbeit (1. Mai)

Verordnung des Kultusministeriums zur Änderung der Ferienordnung.
Vom 10. April 1933. Nr. 4312.
Auf Grund des Reichsgesetzes über den Feiertag der nationalen Arbeit wird folgendes verordnet:
1. Die Fußnote zu § 14 Abs. 1 der Ferienordnung vom 1. November 1929 (A.Bl. S. 216) erhält folgende Fassung:
„Diese sind nach § 1 der Bürgerlichen Sonntagsordnung und nach dem Reichsgesetz über den Feiertag der nationalen Arbeit: das Neujahrsfest, das Fest der Erscheinung Christi, der Karfreitag, der Oster- und der Pfingstmontag, der Feiertag der nationalen Arbeit (1. Mai), Christi Himmelfahrtsfest, der Fronleichnamstag, der Feiertag Peter und Paul (29. Juni), Mariä Himmelfahrt (15. August), das Christfest und der erste Feiertag nach ihm (Stephanstag)."
2. Diese Verordnung tritt mit dem Tage der Verkündigung in Kraft.

Mergenthaler.

Quelle: Amtsblatt des württembergischen Kultministeriums Nr. 4, Stuttgart 10. Mai 1933, S. 34.

[123] Lehr- und Lerninhalte in der Schule, hier: Nationalsozialistische Erziehung, Beispiel Geschichtsunterricht im Sommer 1933. – Auszug – Adolf Hitlers „Mein Kampf" Pflichtlektüre für jeden Lehrer.

Erlaß des Kultusministeriums über den Geschichtsunterricht im Sommer 1933.
Vom 23. Mai 1933. Nr. 6648.
I. Es ist notwendig, den Schülern aller Schulen die Bedeutung und Größe der nationalen Erhebung des deutschen Volkes und ihr geschichtliches Werden anschaulich und eindringlich vor Augen zu stellen. Dabei kommt es darauf an, auf die geistige Haltung der Schüler zu wirken, die seelischen Kräfte der Jugend lebendig zu machen, ihren Sinn und ihr Gefühl für des Volkes Ehre und Macht zu wecken und ihren Willen zu leidenschaftlicher Hingabe an die vaterländischen Aufgaben, zu echter Volksgemeinschaft und zu opferbereiter Pflichterfüllung zu stärken.
...
III. Im einzelnen sind in dem besonderen Lehrgang in Anpassung an das Alter und die Reife der Schüler die folgenden Stoffgebiete in völkischem Geiste zu behandeln:

1. Das Reich im Jahre 1914.
2. Ursache, Verlauf und Ende des Weltkriegs.
3. Der Zusammenbruch im November 1918.
4. Das Diktat von Versailles.
5. Das System von Weimar und seine Folgen.
6. Die Illusionspolitik der Republik von Weimar.
   a) Versuch, die Gegner durch Nachgiebigkeit zu „versöhnen".
   b) Erfüllung um jeden Preis.
   c) Die Scheinblüte der deutschen Wirtschaft.
7. Der Kampf um die innenpolitische Macht von 1918–1933.
8. Die nationale und nationalsozialistische Bewegung.
9. Die Gedankenwelt des Nationalsozialismus.
10. Die nationale Regierung im Reich und in Württemberg, ihre Männer, ihre Taten und ihre Zukunftsaufgaben.

...

V. Die Ausgestaltung des Lehrgangs im einzelnen sowie die Auswahl der geeigneten Literatur muß im allgemeinen den Lehrern überlassen bleiben. Richtlinien dafür sind im Anhang zu diesem Erlaß gegeben.

VI. Die Schulvorstände werden ersucht, den Unterricht in diesem besonderen Lehrgang sachkundigen und von dem Gegenstand innerlich ergriffenen Lehrern zu übertragen, unter Umständen auch an mehreren Klassen. An Schulen, die eine Rundfunkanlage besitzen, sollen die Darbietungen des Schulfunks „Deutschland, seine Führer und Gestalter", die jeden Dienstag vormittag von 10 Uhr 40 bis 11 Uhr 10 gegeben werden, in den Dienst dieses Unterrichts gestellt werden. Als Abschluß und Krönung des Lehrgangs ist vor den Ferien eine gemeinsame Feier sämtlicher Klassen abzuhalten.

Die Schulaufsichtsbehörden haben bei Besichtigungen diesem Unterricht ihre besondere Aufmerksamkeit zu widmen und über die Durchführung zu berichten.

Mergenthaler.

Anhang.

Richtlinien für die Ausgestaltung des Lehrgangs. – Auszug –

...

9. Die Gedankenwelt des Nationalsozialismus.

Nationalismus auf völkischer Grundlage. Rasse.

Deutscher Sozialismus: Volksgemeinschaft statt Klassenkampf. Überwindung der Klassengegensätze, besonders des Gegensatzes von Bürgertum und Proletariat: Arbeiter der Stirn und der Faust. Eingliederung der Arbeiterschaft als vollwertiges Glied in den neuen Staat. Jedem das Seine – Gemeinnutz vor Eigennutz.

…
Vorrang der Politik vor der Wirtschaft.
Berufsständischer Aufbau der Wirtschaft.
Überwindung von Liberalismus und Individualismus als Voraussetzung der Volksgemeinschaft und seiner starken Führung von Staat und Wirtschaft.
Das Hakenkreuz als Symbol des Dritten Reiches.
10. Die nationale Regierung im Reich und in Württemberg: ihre Männer, ihre Taten und ihre Zukunftsaufgaben.
Beseitigung der kommunistischen Gefahr und Herstellung von Ruhe und Ordnung.
Die Nation auf dem Wege zur Einheit (Reichstagseröffnung: 21. März, Tag der deutschen Arbeit: 1. Mai, Reichstagskundgebung zur Außenpolitik: 17. Mai).
Inangriffnahme der Arbeitsbeschaffung (Arbeitsdienstpflicht).
Seelische Erneuerung (Schule, Theater, Kunst, Rundfunk usw.) und Charaktererziehung (Arbeitsdienst, Wehrsport usw.).
Überwindung des Parlamentarismus, Schaffung einer starken Regierung durch das Ermächtigungsgesetz.
Überwindung des Partikularismus der Länder und des Dualismus Preußen-Reich durch „Gleichschaltung“ und Ernennung von Reichsstatthaltern.
Wahrung der deutschen Lebensrechte nach außen (Rede des Reichskanzlers vom 17. Mai).
Ziel: Schicksalsgemeinschaft aller Deutschen, Überwindung von Zwietracht und Uneinigkeit, Wiederherstellung von Ehre, christlichem Glauben, Freiheit.
Völkischer Staat der Freiheit nach außen und sozialen Gerechtigkeit im Innern. …

Literaturhinweise.
Adolf Hitler: Mein Kampf. Die Lektüre dieses grundlegenden Werkes wird jedem Lehrer zur Pflicht gemacht.
Adolf Hitler: Die großen politischen Reden, insbesondere vom 21. März, 23. März, 1. Mai, 17. Mai.
Reventlow: Deutscher Sozialismus.
Möller van den Bruck: Das Dritte Reich.
August Winnig: Vom Proletariat zum Arbeitertum.
– Das Reich als Republik.
Das Programm der NSDAP (Ausgabe Feder).
Feder: Der deutsche Staat auf nationaler und sozialer Grundlage.
E. Krieck: Der Staat des deutschen Menschen.
W. von Kloeber: Vom Weltkrieg zur nationalen Revolution.
W. Gehl: Die nationalsozialistische Revolution (in Hirt's Sammlung).
Sammlung „Der junge Staat“. Herausgegeben von Kultusminister Schemm.

Sammlung „Schlachten des Weltkriegs". Herausgegeben unter Mitwirkung des Reichsarchivs, insbesondere Ypern und Douaumont.
Beumelburg: Sperrfeuer um Deutschland.
Diese Werke eignen sich auch zur Anschaffung für die Schülerbüchereien.

Der Lehrplan des 1. Schuljahres.
A
Unterrichtseinheit: Jetzt gehen wir in die Schule.
I. Erlebnisgebiete:
...
Wir feiern den Geburtstag unseres Führers.
Wir lernen grüßen. Der Deutsche Gruß. usw.
III. Gemüt und Charakter bildende Stoffe:
Gott läßt jetzt draußen alles wachsen. – 1. Mai.
...
F
Unterrichtseinheit: Wieder daheim.
I. Erlebnisgebiete:
SA marschiert. Beim Jungvolk. Soldaten kommen. Wir ernten Äpfel. Unser Erntedankfest.
usw.
III. Gemüt und Charakter bildende Stoffe:
Wie Jesus zum ersten Male in der Kirche war.
Wir helfen dem Führer: Wir sammeln schon Altpapier usw.
Wir achten jedes Stückchen Brot.

Zu den Lehrplänen des 2. bis 4. Schuljahres.
...
Ob und in welcher Weise die Stoffe der einzelnen Spalten des Lehrplans zusammengeschaut werden, bleibt dem Lehrer überlassen. So können wir bei der Stoffeinheit A an Hand der Lesestücke einen Gang durch einen schön verlaufenen Tag „Vom Morgen bis zum Abend" mit all den kleinen kindlichen Erlebnissen unternehmen, vielleicht einige jahreszeitliche Stücke hineinweben und diesen Gang an der Stelle unterbrechen, wo uns ein örtliches Fest, eine örtliche Feier, ein nationalpolitisches Ereignis dazu aufrufen.

Nationalpolitisch bedeutsame Tage, Wochen und Feste:
20. April
S. 83 Ein froher Tag
S. 84 Der Führer kommt
1. Mai
S. 47 Arbeitslos

Muttertag
S. 46 Liebe macht stark
S. 38/39 Gedichte von der Mutter
Luftfahrt und Luftschutz
S. 145 Eine Luftschutzübung im Dorf
S. 146 Der Flieger
Verkehrswoche
S. 144 Die Feuerwehr
Winterhilfswerk
S. 80 Wir helfen
S. 19 Die Sterntaler
S. 24 Brote von Stein
S. 61 Kinderpredigt
S. 79 So ist's recht
Heldengedenktag
S. 2 Der kleine und der große Peter
S. 82 Ein deutscher Held
S. 51 Ein treuer Helfer
Jungvolk
S. 79 Hermann hält aus

Quelle: Amtsblatt des Württembergischen Kultministeriums, Stuttgart, den 30. Mai 1933, S. 44.

*[124] Aufruf an die Schulleitungen! Lehrerschaft und Schuljugend haben am 1. Mai 1933 mitzumarschieren. Lokales Beispiel, Heilbronn/Neckar**

Aufruf
an die Schulvorstände Heilbronn, Böckingen, Neckargartach und Sontheim
Es ergeht an die Schulvorstände der Ruf, dafür Sorge zu tragen, daß die Festfolge und Aufstellung der Schuljugend in geordneter Weise vor sich geht. Diejenigen Lehrer, die keine Kinder zu betreuen haben, schließen sich dem Zug A und B der Männer und Frauen an.
Es wird besonders darauf aufmerksam gemacht, daß die Abwicklung des Programms im Harmoniegarten von der Lehrerschaft überwacht werden muß, damit sich Unzuträglichkeiten vermeiden lassen.

* Siehe dazu auch → Dokument Nr. 23, S. 60f.

Die Reihenfolge bei der Aufstellung für den Festzug in der Adolf Hitler-Allee wird den Schulvorständen überlassen.
Die gesamte Lehrerschaft trägt an diesem Tag das Maiedelweiß. Die Schuljugend dagegen Hakenkreuz-Fähnchen, die klassenweise bei der Aufstellung ausgegeben werden.

NSDAP
Kreisleitung Heilbronn.

Festfolge und Aufstellung der Schuljugend von Heilbronn, Böckingen, Neckargartach und Sontheim
8.15 Uhr vormittags haben sich die Kinder in den Schulräumen einzufinden. Die Schulvorstände sorgen, daß alle Kinder um 9 Uhr auf den von den Bürgermeisterämtern angewiesenen Plätzen versammelt sind, um die Uebertragung aus dem Lustgarten Berlin zu hören. Die Uebertragung findet mittels Lautsprecher statt.
Während die Böckinger, Neckargartacher und Sontheimer Schuljugend um 9 Uhr auf den von den Bürgermeisterämtern angewiesenen Plätzen antritt, versammelt sich um diese Zeit die Heilbronner Schuljugend im Harmoniegarten. Um 12 Uhr müssen die Kinder nach Hause geschickt werden, damit sie rechtzeitig zum örtlichen Festzug bereit stehen.
Die Heilbronner Schuljugend versammelt sich um 1.15 nachmittags in ihren Schulräumen und wird von ihren Klassenlehrern 1.30 Uhr zum Sammelplatz Adolf Hitler-Allee gebracht.
Pünktlich 2 Uhr setzen sich die Züge in Heilbronn in der bereits erwähnten Weise in Bewegung, während die Züge in Böckingen, Neckargartach und Sontheim nach Vereinbarung mit den Bürgermeisterämtern die Marschrichtung festlegen.

Heilbronner Schuljugend:
Zug Mädchen:
Sämtliche Mädchen von allen Schulen haben sich auf der westlichen Seite der Adolf Hitler-Allee in 6er Reihen mit der Spitze und Richtung Hohestraße (Milchschank Maurer) aufzustellen.
Zug Knaben:
Sämtliche Knaben von allen Schulen haben sich auf der östlichen Hälfte der Adolf Hitler-Allee in 6er Reihen mit der Spitze und Richtung Weinsbergerstraße (Böhringer) aufzustellen.
Gleichzeitig mit dem Zug A und B setzen sich die Züge der Buben und Mädels um 2 Uhr in Bewegung.

Der Zug Mädchen: marschiert durch die Hohe-, Wilhelm-, Südstraße, Silcherplatz zur westlichen Hälfte der Oststraße, um den Zug B zu passieren in der Höhe Moltkestraße, biegt der Zug Mädel in diese ein, um zum Harmoniegarten zu marschieren.
Der Zug Knaben: marschiert durch die Weinsberger-, westliche Hälfte der Oststraße und biegt gemeinsam mit dem Zug Mädchen

in die Moltkestraße und zwar in 12er Reihen ein, um zum Harmoniegarten zu marschieren.
Festfolge im Harmoniegarten:
Aufführungen und kostenlose Verpflegung.
Ende gegen 6 Uhr.

Quelle: Heilbronner Tagblatt

[125] NS-Erziehung, Beispiel 1. Mai – Deutsche Arbeitsfront.
Einführung der Richtlinien für die unteren Jahrgänge der Volksschule 1937, Erlaßauszug des Reichs- und Preußischen Ministers für Wissenschaft, Erziehung und Volksbildung, Rust.

1. Die Volksschule hat mit den anderen Schularten und neben den Gliederungen der Partei, dem Arbeitsdienst und dem Heer die hohe Aufgabe, die deutsche Jugend zur Volksgemeinschaft und zum vollen Einsatz für Führer und Nation zu erziehen.
2. Die Volksschule wird sich dabei der Bedeutung ihres Unterrichtszieles bewußt bleiben, die deutsche Jugend durch Vermittlung der grundlegenden Kenntnisse und Fertigkeiten zur Teilnahme am Arbeits- und Kulturleben unseres Volkes zu befähigen.

[126] Am Beispiel der „Pommerschen Lehrpläne für die unteren Jahrgänge der Volksschulen" wird die Umsetzung der Minister-Richtlinien dargestellt. – Auszug –

II. *Heimatkunde.*
Im Heimatkundeunterricht sollen die Kinder die Heimat kennen, erleben und lieben und sich als in ihr verwurzelte Glieder des deutschen Volkes fühlen lernen. Der gesamte Unterricht der Volksschule dient der Heimatkunde im weiteren Sinne. Um so wichtiger ist es, daß der besondere Unterricht in der Heimatkunde in den vier unteren Jahrgängen der Volksschule nicht nur Kenntnisse vermittelt, sondern auch den festen Grund legt für den Stolz auf Heimat, Sippe, Stamm, Volk und Führer. ...
Ausgehend von der Familie sieht das Kind die Menschen bei Arbeit und Feier, in Lebenshaltung, Sitte, Brauchtum, Sprache und Liedern, Märchen, Sagen und Legenden. Neben heimatgeschichtlichen Erzählungen fügen sich geschichtliche Einzelbilder, soweit sie dem Verständnis dieser Altersstufe zugänglich gemacht

werden können, in diesen Unterricht ein. Der heldische Gedanke ist in den Vordergrund zu stellen. Helden der Heimat, des Weltkrieges und der Bewegung, der stille Held des Alltags, der Held der Sage sollen das Kind begeistern.

III. *Die deutsche Sprache.* In jedem Schuljahr ist eine größere Anzahl von Gedichten auswendig zu lernen und in den natürlichen und lebendigen Zusammenhang des Schul- und Volkslebens, besonders im Ablauf der Jahreszeiten und bei der völkischen Fest- und Feiergestaltung, hineinzustellen. ...

VI. *Musikerziehung.*
Aus der großen Fülle deutschen Liedgutes der Vergangenheit und Gegenwart (Kinderlieder, Spiel- und Tanzlieder, Heimat-, Handwerker-, Bauernlieder, Marsch-, Fahrten- und Soldatenlieder, Lieder der nationalsozialistischen Bewegung, religiöse Lieder) ist das völkisch und musikalisch Wertvolle herauszusuchen. ... Im Laufe der vier unteren Jahrgänge muß den Kindern eine Anzahl von Liedern der nationalsozialistischen Bewegung, Heimat-, Marsch-, Fahrten- und Soldatenliedern so vertraut werden, daß diese fest haften und gern, ohne äußeren Anstoß, gesungen werden.

Heimatkundeplan für das 3. und 4. Schuljahr (Auszüge)
Das politische Jahr
20. April
Gebet
Aus Hitlers Jugendzeit
1. Mai
Die beiden Pflüge
Muttertag
Das große Brot
Luftfahrt und Luftschutz
Tag der deutschen Jugend
Der kleine Lebensretter
...

Heimatkundliche Lesestoffe
...
Der Führer spricht zur deutschen Jugend
...
Die Menschen und ihre Arbeit.
Wieviel Bauern, Eigentümer, Arbeiter usw.
Der Führer und der deutsche Bauer.
Wie unser Führer für Arbeit gesorgt hat.
Die Männer unseres Dorfes im Weltkrieg – Ehrenmal.
Von der NSDAP und ihren Gliederungen im Dorf.
Meine Eltern, meine Voreltern, meine Sippe, meine Geschwister,

von der Arbeit der Mutter. Mein Bruder geht zum HJ-, meine Schwester zum BDM-Dienst. Vater hat SA-Dienst.
Wir bekommen Besuch. Die nächsten Verwandten. Vorbildliche Männer oder Frauen unter unsern Vorfahren.
Wann wir flaggen: Nationalpolitisch bedeutsame Tage und Feste.
Auch die Stadtgemeinde bildet eine Familie (NSDAP, NSV, WHW).
Was deine Vaterstadt von dir erwartet, und wo du schon mithelfen kannst.
(Wir sammeln Altmaterial – Vierjahresplan.)
Luftschutz.

Quelle: Pommersche Lehrpläne für die unteren Jahrgänge der Volksschulen auf Grund der neuen „Richtlinien". Gemeinschaftsverlag Ferdinand Hirt, Breslau, Hermann Schroedel Verlag, Halle/Saale 1938.

[127] Lehrplan der Grundschule in Württemberg 1938
Heimatkunde 1. u. 2. Schuljahr

...
„4. *Das Kind in seinem Volk.*

Am Geburtstag des Führers. Das Hakenkreuz. Wimpel und Fahnen. Der deutsche Gruß. Der Tag der Arbeit. Der Maibaum. Der Festzug. Das Jungvolk marschiert. Die SA. Der Arbeitsdienst. Die Soldaten, Vater erzählt vom Weltkrieg. Deutsche Helden im Weltkrieg und im Kampf um das Dritte Reich. ..."

Quelle: Amtsblatt des Württembergischen Kultusministeriums, Nr. 3 vom 12. März 1938, Lehrplan Grundschule.

3. u. 4. Schuljahr
Die Gemeinschaft. 4. Das Volk

a) Der Bauer schafft das Brot. Der Markt. Bei den Handwerkern. Handel und Verkehr in den kaufmännischen Geschäften. Die Arbeit in der Fabrik. Wege und Straßen. Bahnhof. Eisenbahn, Post, Straßenbahn, Fluß- und Luftverkehr; Autobahnen.
...
Der Aufbau der NSDAP und ihrer Gliederungen: Ortsgruppe, Kreis, Gau, Reich, Politische Leiter, Deutsche Arbeitsfront. Reichsnährstand.
Der Aufbau des Staates: Gemeinde, Kreis, Land, Gau, Reich. Bürgermeister, Landrat, Minister, Reichsstatthalter, Reichsminister, Der Führer und Reichskanzler.

Stoffplan Volksschule in Württemberg 1941
Volksgeschichte. Gegenwartskunde an ausgebauten Schulen

...
Wie Deutschland aussah, als Adolf Hitler seinen Kampf begann. Heimat und Leben Adolf Hitlers. Wie er dem deutschen Volk helfen will. ...
Der Führer bringt Arbeit und Ehre.
...
Die schrittweise Vereinheitlichung des Reiches. Reichsstatthaltergesetz und Gesetz zum Neuaufbau des Reiches. Blut und Boden als Grundlage der Erneuerung: das Bauerntum, der Lebensquell des Volkes. Zurückgewinnung der Arbeiter für die deutsche Volksgemeinschaft. Der gemeinsame Kampf gegen die Not: Beseitigung der Arbeitslosigkeit. Belebung der Wirtschaft. Hebung der Steuerkraft. Die Herrschaft des Goldes ist zu Ende. Das Winterhilfswerk und die NSV.
Die ganze deutsche Jugend schließt sich unter dem Namen des Führers zusammen.
Der Kampf gegen die überstaatlichen Mächte: die Juden, die Freimaurer und den politischen Katholizismus.
Zeichnen und Werken
3. Schuljahr. Zeichnen: Maifest ...
4. Schuljahr: Erzählendes Gestalten/Schmückendes Gestalten:
SA marschiert. Nationale Feste: Maiumzug.
Der Maibaum.
5. und 6. Schuljahr: Maibaum mit bunten Bändern und Sinnbildern.
Maikönigin auf festlichem Wagen.
Jungvolktrommler...

Quelle: Amtsblatt des Württembergischen Kultusministeriums, Nr. 13 vom 1. September 1941, Stoffpläne Volksschule.

[128] Schulbuch, Beispiel Heimatkunde in der Grundschule

„Es wehen Hitlerfahnen über allen Straßen“*
Der Frühling war ins Land gezogen. Ein regnerischer 1. Mai brach an. Früher riefen an diesem Tage die Sozialdemokraten und die Kommunisten durch ihre Umzüge und Hetzreden zum „Klassenkampf“ auf. Der 1. Mai 1933 hatte ein anderes Gesicht. Er bezeugte, daß das deutsche Volk unter seinem Führer und Reichs-

* Diese Überschrift lehnt sich fast wörtlich an eine Formulierung aus Goebbels Tagebuch, Vom Kaiserhof zur Reichskanzlei, an. → Dok. Nr. 15, S. 46.

kanzler wieder ein einiges Volk geworden war. Die Häuser waren mit lichtem Birken- und Tannengrün geschmückt; Hakenkreuzfahnen flatterten im Winde.
Im Hofe der Rotebühlkaserne*, auf dem Wilhelmsplatz, auf dem Schillerplatz und auf dem Karlsplatz waren in den Vormittagsstunden Zehntausende werktätiger Männer und Frauen zusammengeströmt. Schulter an Schulter standen die Arbeiter der Faust neben denen der Stirn. Die Zeit des Parteihaders und des Bruderhasses war vorüber. Nicht umsonst hatten der Führer und seine Getreuen Mißachtung, Verfolgung und Kerker auf sich genommen. Nicht umsonst hatten die Helden der Bewegung ihr Leben für die große Sache Adolf Hitlers dahingegeben. Auf ihrem Opfertod beruht die unerschütterliche Einigkeit des deutschen Volkes und die kraftvolle Stellung des neuen Reiches in der ganzen Welt.
Um zwei Uhr nachmittags bewegten sich vier Festzüge zum Wasen*. Tausende, die sich nicht eingereiht hatten, zogen mit ihnen oder hinter ihnen ebenfalls dorthin. Als es dunkelte, sprach der Führer über alle deutschen Sender, und atemlos lauschte das Volk auf seine Worte.
„Unseres Volkes Erwachen ist nun gekommen. Ehret die Arbeit und den Arbeiter! Wir wollen uns den deutschen Wiederaufstieg durch unseren Fleiß, unsere Beharrlichkeit, unseren Willen ehrlich verdienen. – Herr, wir lassen nicht von dir. Du segne unseren Kampf um unsere Freiheit und damit um unser deutsches Volk und Vaterland!"

Quelle: Fr. Huttenlocher und O. Pfizenmayer, Unser schönes Stuttgart. Eine Heimatkunde. Stuttgart 1936, S. 111–112.

[129] Ansprache des Führers und Reichskanzlers Adolf Hitler am 1. Mai 1934 an die Jugend

„Meine deutsche Jugend!
Ihr seid hier an dieser Stelle schon zum zweiten Male, um in einem neuen Deutschland den 1. Mai mitzufeiern. Dieses neue Deutschland soll Erfüllung bringen der Sehnsucht vieler deutscher Generationen. Ein Reich soll erstehen, stark und kraftvoll. Seine Kraft und seine Stärke aber kann nur liegen in seinen Bürgern. Seine Bürger werden aber einst nur das sein, was sie zu sein vorher gelernt haben. Was wir vom kommenden Deutschland ersehnen und erwarten, das müßt ihr, meine Jungens und Mädchen, erfüllen. Wenn wir ein Deutschland der Stärke wünschen, so müßt ihr

* In Stuttgart, Geländebezeichnung.

einst stark sein. Wenn wir ein Deutschland der Kraft wollen, so müßt ihr einst kraftvoll sein. Wenn wir ein Deutschland der Ehre wiedergestalten wollen, so müßt ihr einst die Träger dieser Ehre sein. Wenn wir ein Deutschland der Ordnung vor uns sehen wollen, müßt ihr die Träger dieser Ordnung sein. Wenn wir wieder ein Deutschland der Treue gewinnen wollen, müßt ihr selbst lernen, treu zu sein. Keine Tugend dieses Reiches, die nicht von euch selbst vorher geübt wird. Keine Kraft, die nicht von euch ausgeht. Keine Größe, die nicht in eurer Disziplin ihre Wurzel hat. Ihr seid das Deutschland der Zukunft und wir wollen daher, daß ihr so seid, wie dieses Deutschland der Zukunft einst sein soll und sein muß.

Ihr müßt daher aber auch alles das vermeiden, was dem Deutschland der Vergangenheit den Stempel des Unedlen aufprägte. Ihr müßt vor allem in eurer Jugend lernen, etwas zu vermeiden, dessen ihr euch im späteren Leben sonst nur noch schwer entwöhnen könnt: Ihr müßt den Geist der großen Gemeinschaft, wie er euch in der Kindheit zu eigen ist, pflegen, müßt ihn niemals mehr von euch lassen, auf daß ihr einst als Erwachsene nicht wie in den Zeiten der Vergangenheit in Klassen, in Stände usw. auseinanderfallt, sondern einst in der Zukunft im großen das seid, was ihr im kleinen in eurer Jugend ward: eine Gemeinschaft, eine Gemeinschaft deutscher Menschen, die deutsche Volksgemeinschaft. Sie beruht auf euch, ihr seid dereinst ihre Träger, und ihr müßt in der Jugend lernen, diese Träger zu sein.

In vielen Jahrhunderten wurde das ersehnt, was heute Wirklichkeit geworden ist. Und ihr habt das Glück, mit in diese große Zeit hineinzuwachsen. Die Nation erwartet von euch, meine deutschen Jungen, daß ihr dieser großen Zeit würdig seid. Und das erwartet vor allem auch jenes gute alte Deutschland, das einst auch unermeßliche Opfer gebracht hat für den Bestand des Reiches und das Sein unserer deutschen Nation. Dieses alte Deutschland, das einst Blut über Blut bringen mußte, um uns und euch überhaupt den Weg in die Zukunft freizuhalten. Und das erwartet vor allem der eine große Repräsentant dieses alten Deutschland, der als Generalfeldmarschall unsere Heere im Weltkrieg führte und heute der Segner und Schirmherr unseres Volkes geworden ist. So wollen wir, die deutsche Jugend, mit dem Blick auf unser Deutsches Reich und unser deutsches Volk dem unser Heil zurufen, der für uns drei Generationen verkörpert und in dem wir ein Zeichen der ewigen Lebenskraft des deutschen Volkes erblicken. Das deutsche Volk, das Deutsche Reich und unser Reichspräsident, Generalfeldmarschall von Hindenburg, Heil! Heil! Heil!"

Quelle: Baldur von Schirach, Die Hitler-Jugend. Idee und Gestalt, Berlin 1934, S. 190–192.

[130] Berufserziehung, Berufswettkampf

Ein eigenes Amt in der Deutschen Arbeitsfront/NSDAP organisierte, sicherte, bestimmte und überwachte die Berufsausbildung junger Menschen im Betrieb.
Für die individuelle betriebliche Leistungssteigerung wurde der „Berufswettkampf aller schaffenden Deutschen“ eingerichtet.
Berufswettkampf aller schaffenden Deutschen
Die Auszeichnungen erhielten die „Sieger“ im alljährlichen Berufswettkampf am 1. Mai. Die „Reichssieger“ waren „Arbeitergäste des Führers“. Außer Urkunden gab es „gebührenfreies Studium“ als Anerkennung.
Auf lokaler Ebene – Gau, Orte – führte die NSDAP entsprechende „Siegerehrungen“ durch.

Amt für Berufserziehung und Betriebsführung
Zuständigkeit:
Führung und Steuerung der gesamten Berufsausbildungsarbeit gemäß § 8 der Verordnung des Führers vom 24. 10. 1934.

1. Erstellung der für die Berufserziehung notwendigen Unterlagen in Zusammenfassung der Ergebnisse aus Wissenschaft und Praxis.
2. Zusammenfassung und Ausrichtung der für die Berufserziehung einzusetzenden Lehrkräfte.
3. Überwachung und Mitwirkung an der Planung und Erstellung von Lehreinrichtungen.
   Es wird ein eigenes Leistungsabzeichen für Berufserziehungsstätten herausgegeben.
4. Führung der fördernden Berufserziehung in den Berufserziehungswerken der DAF, deren verwaltungsmäßige Lenkung und pädagogische Leitung.
5. Fachliche Aufsicht über alle berufserzieherischen Einrichtungen der DAF.
6. Förderung der betrieblichen Nachwuchserziehung durch Rat und Beihilfe.
7. Bildung und Führung von Übungskameradschaften der Jugendlichen aller Berufsarten.
   Leitung der Deutschen Übungswirtschaft.

Vorbereitung, Durchführung und Auswertung des Berufswettkampfes aller schaffenden Deutschen.
Zuständigkeit:
Der Berufswettkampf aller schaffenden Deutschen ist eine Aktion, die von der Deutschen Arbeitsfront und der Hitler-

Jugend gemeinsam durchgeführt wird. Der Leiter des Berufswettkampfes aller schaffenden Deutschen ist dem Reichsorganisationsleiter und dem Reichsjugendführer verantwortlich.
Der Berufswettkampf aller schaffenden Deutschen gliedert sich in seiner Durchführung in Orts-, Gau- und Reichswettkampf.
Die Ergebnisse des Berufswettkampfes aller schaffenden Deutschen werden durch ein besonderes Auswertungssystem erfaßt und in Beziehung zu allen wesentlichen berufspolitischen Leistungskomponenten untersucht. Die sozialpolitischen und fachberuflichen Erkenntnisse dieser Auswertungsarbeit werden in den Dienst der beruflichen Leistungssteigerung und der Betreuung aller Schaffenden gestellt.
Der Berufswettkampf aller schaffenden Deutschen trifft aus der Gesamtheit der Ortswettkampfteilnehmer durch den Gau- und Reichswettkampf eine Auslese der Leistungsbesten aller Berufe, vermittelt ihnen eine planmäßige berufliche Förderung und setzt sie ihrer Leistung entsprechend im Arbeitsleben ein.

Quelle: Organisation der NSDAP, a.a.O. S. 202–203.

[131] Das Deutsche Hausbuch

Die Arbeit ehrt die Frau wie den Mann, das Kind aber adelt die Mutter.

Adolf Hitler

Zum 1. Mai

Freude soll sein!
Nun wird die Welt wieder bunt und licht,
Die Sonne leuchtet auf deinem Gesicht,
Sind die Nächte voll Sternen und hauchendem Duft,
Die Tage voll Blüten und Maienluft,
An den Hängen blüht schon der junge Wein:
Freude muß sein!

Freude muß sein!
Heute wird so miteinander marschiert,
Daß niemals mehr einer den andern verliert,
Wir aus der Stadt und wir vom Land
In Arbeitertum und Bauernstand,
Werktätiges Volk am Rhein:
Freude muß sein!

Freude muß sein!
Den Marschtakt aus unserm gemeinsamen Schritt
Tragen wir durch Alltag und Werkstatt mit!
Daß uns lang noch das Lied der Gemeinschaft durchklingt,
Wenn die Pflugschar zieht und der Hammer schwingt,
In der Werkflammen feurigem Schein:
Freude muß sein!

Freude soll sein!
Damit in die graue Welt wieder licht
Strahle der Arbeit Angesicht:
Erster Mai, bringe der Welt zurück
Völkerfriede und Arbeitsglück!
Deutschland, sing du in die Welt hinein:
Freude soll sein!

Heinrich Lersch

Quelle: Das Deutsche Hausbuch. Hrsg. vom Hauptkulturamt in der Reichspropagandaleitung der NSDAP in Verbindung mit dem Winterhilfswerk, Berlin 1943.

→ Heinrich Lersch.

Teilzusammenfassung. Der 1. Mai als Lehr- und Lerninhalt in schulischer, außerschulischer und beruflicher Jugenderziehung unter dem Hakenkreuz

1. Der Nationalsozialismus/deutsche Faschismus suchte bereits den jungen Menschen psychologisch zu fassen, organisatorisch zu erfassen und seine Weltanschauung mit NS-Ideologie zu besetzen.

2. Die nationalsozialistische Erfassung und Ausrichtung erfolgte in der Hauptsache auf drei Ebenen*, wobei es in der NS-Herrschaftspraxis kaum möglich war, sich zu entziehen:
- NS-Erziehung in der staatlichen Schule
- NS-Schulung durch die NS-Organisation Hitler-Jugend (HJ)
- NS-Einflußnahme bei der betrieblichen Berufserziehung durch die NS-Organisationen „Deutsche Arbeitsfront (DAF)" und „Nationalsozialistische Betriebszellenorganisation (NSBO)" in Zusammenarbeit mit der HJ.

2.1 In der Staatsschule verpflichteten die Schulaufsichtsbehörden den Lehrer/Erzieher auf die Parteiideologie. Für den Staatsbeamten zählte Adolf Hitlers Buch „Mein Kampf" und das Programm der NSDAP zur Pflichtlektüre. Die Zugehörigkeit zur NSDAP und einer ihrer Parteiorganisationen – z. B. NS-Lehrerbund war – in aller Regel – Bedingung für die Ausübung des Lehrauftrages. Sowohl Schüler als auch Studierende der Lehrerbildungsanstalten gehörten kraft Gesetzes der Hitler-Jugend an, ihre Überführung in die Partei war obligatorisch und erfolgte geschlossen.

2.1.2 Lehr- und Lerninhalte – verbindliche Lehrpläne – wurden zunehmend mit NS-Weltanschauung durchsetzt und in den Dienst der NS-Politik gestellt. „Gedankenwelt des Nationalsozialismus vermitteln", „seelische Erneuerung und Charaktererziehung", „zur Volksgemeinschaft und zum vollen Einsatz für Führer und Nation zu erziehen" galten als höchste Ziele schulischer Unterrichtung und Erziehung. Lehr- und Lernmittel waren an dieser Zielsetzung orientiert.

---

* Ob und in welcher Intensität das Elternhaus/Erziehungsberechtigte wirkten, bleibt hier außer Betracht, dies bedürfte einer differenzierten Analyse. Dort wo Eltern als überzeugte Nationalsozialisten ihren Einfluß ausübten, lernte ein junger Mensch keine andere Gedankenwelt kennen als die nationalsozialistische. Soweit überhaupt vorhanden, war der Einfluß der Kirchen – von Ausnahmen abgesehen – vergleichsweise gering.

2.2 Nach Geschlechtern getrennt, in zwei Altersgruppen zusammengefaßt (10–14jährige Schüler im Deutschen Jungvolk, 10–14jährige Mädchen bei den Deutschen Jungmädeln, 14–18jährige Jungen in der Hitler-Jugend, 14–21jährige Mädchen im Bund Deutscher Mädel in der HJ) wurden die Schulkinder und Jugendlichen organisatorisch erfaßt und ideologisch ausgerichtet. Als Leitungsgrundsatz galt: Jugend wird durch Jugend geführt, d. h. Erwachsene konnten HJ-Führungsfunktionen nur in oberen und obersten HJ-Organen wahrnehmen. Durch diese Aufhebung der pädagogischen Distanz Lehrer/Schüler versprach sich die Reichsjugendführung – im Sinne der NS-Herrschaft – intensiven Einfluß besonderer Qualität auf junge Menschen in der Entwicklung und zwar so früh wie irgend möglich und in allen Entwicklungs- und Erziehungsphasen.

2.3. In der betrieblichen Berufsausbildung agierte die NSDAP durch die Spezialorganisationen Deutsche Arbeitsfront/Nationalsozialistische Betriebszellenorganisation. Sie organisierte Arbeitnehmer und Arbeitgeber, gleichgeschaltet und scheinharmonisiert:

- gegen die 1933 zerschlagenen Gewerkschaften mit Klassenkampfselbstverständnis – als NS-Feindbild –
- für Führerstaat, Überwindung der Klassengegensätze, berufsständischen Aufbau der Wirtschaft, Volksgemeinschaft – dem Selbstbild mit höchster Arbeits- und Leistungssteigerung zum Aufbau einer Rüstungs- und Kriegswirtschaft bis zum „totalen Krieg“.

3. Der 1. Mai als „der Feiertag der nationalen Arbeit/nationaler Feiertag“ und das von dem NS-Selbstbild hergeleitete Selbstverständnis von „Sinn und Gestalt der Arbeit“ im deutschen Faschismus stand ganz im Dienst der Jugenderziehung in Schule, außerschulischer und betrieblicher NS-Bildung. Im Klartext: Die Jugend war kommandiert, selbst Träger der 1. Mai-Weltanschauung zu sein. Die in der Schule durch Lehrer, Lerninhalte und Lehrmittel/Medien vermittelten Unterrichtsgegenstände: Hitler-Reden – Vorrang der Politik vor der Wirtschaft – Gleichheit der Arbeiter der Stirn und der Faust – Überwindung von Liberalismus und Individualismus in der Wirtschaft – fand Darstellung und imposanten Ausdruck in Form von Aufzügen der uniformierten, im Gleichschritt marschierenden Hitler-Jugend. Zum Zwecke der Selbstdarstellung und Treuekundgebung marschierte sie am Vorabend des

1. Mai und dann am „Feiertag der nationalen Arbeit/nationalen Feiertag“ selbst: „Deutschland, Deutschland über alles, über alles in der Welt...“
Gleichermaßen galt dies für die NS-Erziehung innerhalb der Betriebe: Die „Deutsche Arbeitsfront“ marschierte am 1. Mai für den 1. Mai unter dem Hakenkreuz. Darüberhinaus diente die Siegerehrung im Rahmen der „Berufswettkämpfe aller schaffenden Deutschen“, die Auszeichnung für „anerkannt vorbildliche Berufserziehungsstätten“ und die auszeichnende Ernennung von „Musterbetrieben“ am 1. Mai der Herrschaftsdarstellung und Machtstabilisierung der Diktatur des Nationalsozialismus, der „Machtergreifung“ durch die Wirtschaft des Dritten Reiches.
Der 1. Mai der NS-Diktatur erfaßte schulische und außerschulische Jugenderziehung vollständig; die Jugend selbst wurde in einem ganzheitlich integrierenden Erziehungssystem Träger, Transporteur des NS-Selbstbildes von glorifizierter nationaler Arbeit, die in Selbsttäuschung, wirtschaftlicher Scheinblüte bis zu KZ-Arbeit und Kriegswirtschaft schließlich auf die Zerstörung des Menschen hinwirkte.
Schule, Arbeitsstätte und außerschulische Jugenderziehung wurde durch den Nationalsozialismus auf die NS-Machterhaltung und NS-Herrschaftsexpansion ausgerichtet.

9. Abschnitt:

Der Mai-Gedanke von internationaler Solidarität und Völkerfrieden als Symbol des Arbeiterwiderstandes

Information und Kommentar

In der Theoriediskussion um den deutschen Faschismus/→ Nationalismus wird der Begriff „Widerstand“ (gegen die → NS-Herrschaft) methodisch präzisiert auf: Widerstand, wenn die Motive und Handlungen der betreffenden Personen auf

den Sturz des NS-Regimes insgesamt hinzielten*. Diese Präzisierung des „Widerstands"-Begriffes trägt zwar vieles zur Begriffsklärung bei, engt jedoch durch die darin enthaltene Abgrenzung speziell beim Widerstand gegen den nationalsozialistischen Staat den Widerstandsbegriff ein – mit der Konsequenz, daß diese Interpretation inhumane Aspekte in sich tragen kann, was nicht unreflektiert übernommen werden darf.
Exemplarisch sei hier die Form des Widerstandes gegen die fanatische NS-Rassentheorie angeführt: der Schutz jüdischer Mitbürger. Damit ist ganz wörtlich die „Inschutznahme", das Verstecken, das „Über die Grenze schmuggeln" von Gefährdeten gemeint, was für den Einzelnen einschließlich seiner Familie und seiner Feunde mit unmittelbarer Gefahr für Leib und Leben verbunden war. Wie befahlen doch die Machthaber des → Dritten Reiches? „Der SS-Mann bekämpft offen und schonungslos die gefährlichsten Feinde des Staates: Juden, Freimaurer, Jesuiten und politische Geistlichkeit**."
Daß zu diesen Feinden ebenso Männer und Frauen der Arbeiterbewegung zählten, beweist die belegte NS-Herrschaftspraxis. Zahlreiche Verfolgte durch die → SS (SD → GeStaPo etc.) überlebten doch nur deshalb den NS-Terror, weil Mitmenschen sie retteten. Die Motive zur Rettung waren gewiß unterschiedlich. So kennen wir praktizierten Widerstand u. a. aus parteipolitischem, religiösem, atheistischem, ethischem, sozialistischem, militärischem, ökonomischem Selbstverständnis***. In diesem Zusammenhang gilt es, den Widerstand im → Konzentrationslager zu bedenken. Obwohl im Angesicht des Todes, gaben die „Politischen" ihren Widerstand und die Erwartung auf eine Zukunft ohne Faschismus und Militarismus auf der Welt nicht auf. Viele aus politischen Gründen inhaftierte Gewerkschafter lebten von dieser Hoffnung! Die

* Peter Hüttenberger, Vorüberlegungen zum „Widerstandsbegriff", in: Theorien in der Praxis des Historikers, Sonderheft 3, Göttingen 1977.

** „Die Organisation der NSDAP und ihrer angeschlossenen Verbände", in: Organisationsbuch der NSDAP, Zentral-Verlag der NSDAP, München 1938, Seite 418

*** Einen weiterführenden Beitrag zur Bestimmung und Erläuterung des Widerstandsbegriffs im totalen Staat leistet Richard Löwenthal. Er unterscheidet drei Grundformen des antitotalitären Widerstands: 1. bewußte politische Opposition, 2. gesellschaftliche Verweigerung und 3. weltanschauliche „Dissidenz", häufig als „innere Emigration" beschrieben. (Richard Löwenthal, Patrick von zur Mühlen (Hrsg.), Widerstand und Verweigerung in Deutschland 1933 bis 1945, Bonn 1982.

→ Nazis selbst verfolgten – nach ihrem interessierten Feindbild-Verständnis – die oben genannten Gruppen und demokratischen Politiker teils aus Rassenwahn, teils, weil sie eine Gefahr für ihre eigene politische und persönliche Sicherheit befürchteten, also Widerstand gegen die NS-Weltanschauung, Widerstand gegen das NS-Regierungssystem. KZ hatten nach NS-Theorie in erster Linie die Funktion: „Das Reich im Innern zu sichern". Die Praxis des Terrors ist bekannt: Entrechtung als Staatsbürger, Verweigerung der Menschenrechte und der Menschenwürde, schließlich Entzug des Rechtes auf Leben. Nicht wenige Sozialdemokraten, die sich in den Gewerkschaften engagierten, waren Juden und standen darum unter doppeltem Druck.
Hier, bei dem Thema → 1. Mai wird der Begriff „Widerstand" allgemeinverständlich zu verwenden sein. Eine Einengung, auch zum Beispiel auf die Person Hitlers, wäre nicht sinnvoll. Wer während der NS-Herrschaft den 1. Mai inhaltlich und zeitlich zum Anlaß nahm, um gegen den Führerstaat zu agieren, praktizierte damit gewollt „politischen Widerstand". In diesem Widerstand waren vorrangig zwei politische Grundpositionen enthalten: erstens, damit die Erinnerung an den traditionellen 1. Mai als „internationalen Kampf- und Feiertag der Arbeiterklasse" wach zu erhalten und für seine Bewahrung einzutreten; zweitens: wird der 1. Mai als „Feiertag der nationalen Arbeit"/Deutscher National-Feiertag, also als 1. Mai im Sinne der NS-Ideologie angegriffen. Dies aber meint gezielten politischen Widerstand gegen den Nationalsozialismus, auch wenn die für den Einzelnen recht hoch gegriffene Zielsetzung, das NS-System zu stürzen, nicht unmittelbar im Vordergrund stand. Ganz entscheidend für die eigene Urteilsbegründung über den Führerstaat und seine Politik der von Jahr zu Jahr zunehmenden militärischen Aufrüstung war die politische Analyse der NS-Herrschaft. „Hitler bedeutet Krieg!" Wer tiefer und gründlicher sah, wer mit sozialistischen Maßen urteilte, wer sich nicht durch NS-Psycho-Schaueffekte mit den bombastischen Kundgebungen der braunen und schwarzen Uniformträger blenden ließ, der mußte zu dieser Erkenntnis kommen.
Viele aber ließen sich blenden und ihre Emotionen schamlos ausbeuten. Hier siegte die psychologische Verführung über die ratio. Nicht zufällig, um es an einem konkreten Beispiel zu verdeutlichen, übernahmen die Nazis in ihre Symbole altbe-

kannte Elemente und Inhalte der Arbeiterbewegung. Die Farbe „rot“ erscheint als Grundton bei Fahnen, Flaggen und Armbinden. Das schwarze Hakenkreuz, fälschlich als rein germanisches Zeichen gedeutet (in Wirklichkeit ist es ebenso im fernen Osten beheimatet), wählten die Nazis in weißem Kreis auf rotem Grund zu ihrem Sinnbild in „Verbundenheit mit dem germanisch-nordischen Ahnengut des deutschen Volkes“. Als solches aber drang es nur bei wenigen in das Bewußtsein ein. Es assoziierte doch vielmehr das Kreuz-Zeichen des Christentums. NS-Fahnen wurden in feierlichem Ritus geweiht. Auf sie wurden Eide und Verpflichtungen geleistet. Als „heiliges“ Symbol der Nationalsozialisten beanspruchten sie Atmosphäre und Charisma einer Heilslehre.

Vielfältig, wie die Wege der Volksverführung, waren – als Gegenpolitik – auch die Praktiken und die Instrumente des Widerstandes im NS-Arbeiteralltag. Einen grundsätzlichen Unterschied in Theorie und Praxis kann man nur zwischen offen zutage tretenden und getarnten Widerstandsformen sehen.

Im Besitz der Regierungsmacht, haben die Nationalsozialisten sofort systematisch jeden Auflehnungsversuch mit allen Mitteln brutal bekämpft – vor allem offenen Widerstand suchten sie schon im Keim zu ersticken. Dafür sorgten die auf dem Weg zur Macht in Straßen- und Saalschlachten erfahrenen → „Sturmabteilungen“ (SA) und → „Schutzstaffeln“ (SS) neben der staatlichen Polizei. Staatsfeinde aufzuspüren, sie mittels → „Schutzhaft*“ im → KZ mundtot und handlungsunfähig zu machen, gehörte zu ihrem Geschäft. Am 4. März 1933 eröffnete der kommissarische Polizeipräsident von München, Heinrich Himmler, das KZ Dachau. Und Hitlers erster SA-Führer, Reichstagspräsident und preußischer Ministerpräsident, Hauptmann a. D. → Hermann Göring erklärte bei der Eröffnung des KZ Sachsenhausen bei Oranienburg: „Hier habe ich keine Gerechtigkeit zu üben, hier habe ich zu vernichten und auszurotten, weiter nichts!“

Die deutsche Gewerkschaftsbewegung sah sich zu Beginn der NS-Herrschaft 1933 von den Nazis geradezu umzingelt und immer massiver angegriffen. Sie erlebten die sehr konkrete,

* Zitiert nach: Eugen Kogon, Der SS-Staat, München 1974, S. 46.

aggressive Zerstörungsstrategie, praktisch vollzogen durch die Verhaftung (→ „Schutzhaft“) der Gewerkschafts- und demokratischen Parteifunktionäre, durch die Besetzung ihrer Häuser, Büros und Zeitungsredaktionen, durch die Beschlagnahme der Finanzen, kurz: die Zerstörung des Gewerkschaftsapparates und der Gewerkschaftsorganisation. Am Ende dieser Aktionen stand die Zerschlagung der → Freien Gewerkschaften insgesamt und das Verbot der Arbeiterparteien.

Mitte 1933 hatte der NS-Führerstaat mindestens 26800 „oppositionelle Regimegegner“ hinter Schloß und Riegel, wozu KZ und Arbeitslager dienten.

Nachdem der → 1. Mai Sozialdemokraten und Gewerkschaftern als ihr Feiertag galt, an dem sie mit ihrem politisch-historischen Selbstverständnis demonstrativ an die Öffentlichkeit traten, mußte es naturgemäß am 1. Mai 1933 zur besonderen Konfrontation kommen. Die seit vier Monaten an der Regierungsmacht beteiligte NSDAP erkannte dies und wußte es für sich zu nutzen. Für sie galt: Verhinderung eines 1. Mai unter der roten Fahne der Gewerkschaften. Der 1. Mai mußte im Zeichen des Hakenkreuzes stehen. Unter der Federführung des erst seit kurzem ernannten Propagandaministers Dr. Joseph Goebbels beschlossen die NS-Machthaber, demokratisch gesinnte Arbeiterführer auszuschalten, die Arbeiterschaft ein für allemal umzudrehen und die Gewerkschaften zu zerschlagen. Dagegen leisteten die Gewerkschafter Widerstand, der jedoch, wie sich später am Ergebnis zeigt, zu spät kam. Die zersplitterte, in den Aktionen gegen → Hitler und seine Politik uneinige Gewerkschaftsführung, die nicht mehr die Kraft und nicht mehr die Instrumente besaß, den NS-Terror erfolgreich zu bekämpfen, wurde von der NSDAP-Führung einfach überrollt. Weitsichtige Gewerkschafts- und Arbeiterparteifunktionäre zogen aus Hitlers NS-Regierungsübernahme 1933 Konsequenzen dergestalt, daß sie ins Exil gingen mit dem erklärten Ziel, handlungsfähig weiterzuarbeiten, den Widerstand aus der Emigration fortzusetzen, vor allem, um als Partei und Gewerkschaft in Deutschland – nach Hitler – an einem demokratischen Aufbau mitzuwirken. Als Beispiel dafür stehen Einzelgewerkschaften, wie die der Eisenbahner, der Hafenarbeiter, der Bergarbeiter, aber auch die in Berlin ansässige illegale Reichsleitung der Gewerkschaften unter → Wilhelm Leuschner und die Auslandsvertretung Deutscher Gewerkschaften unter Hermann Schlimme.

Ihre Einschätzung des NS-Gewaltsystems wurde durch den politisch-historischen Verlauf des Nationalsozialismus bestätigt. Den NS-Führern mußte die Emigration der durch sie verfolgten Gewerkschafter freilich als Beweis für Arbeiterverrat herhalten. In der Beurteilung darf nicht außer acht gelassen werden, daß der bei Arbeiterführung und Arbeiterschaft entstandene Aggressionsstau bis zum Ende der NS-Diktatur in Form von „innerer Emigration" weiterwirkte. Die äußerliche Anpassung – ehemalige Gewerkschafter grüßten nun auch mit „Heil Hitler" – nicht wenige traten NS-Gliederungen bei und wählten die NSDAP – täuschte darüber hinweg.

Neben der äußeren Zerstörung der Gewerkschaften und der demokratischen Parteien in Deutschland suchte die NS-Verführungstaktik – und das war nicht weniger gefährlich – den Gewerkschaftern ihre politischen Zielsetzungen und Ideale zu verleiden, Mitglieder, Freunde und Anhänger der Arbeiterbewegung umzudrehen und sie zur NS-Weltanschauung zu bekehren. Mit der NS-Feindbild-Propaganda wurde den Gehirnen der Menschen pausenlos die Schuld der jüdischen Weltverschwörer an aller politisch-wirtschaftlichen Not eingehämmert, wozu Arbeitslosigkeit, Kurzarbeit, Inflation, seelisch-geistige Orientierungslosigkeit, Parteienstreit und Klassenkampf zählten. Die „minderwertige Judenrasse" mußte als Sündenbock herhalten, verteufelt als Rädelsführer von Marxismus und Sozialismus. Als „jüdisch" galt außerdem die Revolution von 1918, das internationale Börsenkapital, die Weimarer Republik, Parlamentarismus, Demokratie, Gewerkschaften und nicht zuletzt die „Bolschewistische Internationale".

Diesem Feindbild stellte die NS-Weltanschauung – als Gegenbild – ihr Selbstbild gegenüber: die germanische Herrenrasse, deren Weltanschauung im Führerstaat von der „Nationalsozialistischen Arbeiterpartei" verwirklicht werden würde.

Diese Partei mit ihren zahlreichen Organisationen und paramilitärischen Gliederungen, jeweils ausgerichtet auf berufliche und private Interessen arbeitender Menschen, organisiert nach dem Führerprinzip (= Befehlsgebung von den Führern oben zu den widerspruchslos Ausführenden unten) diente dazu, die Herrschaft zu erreichen, die Regierungsmacht auszubauen, den Führerstaat zu stabilisieren. Dabei galt als unumstößliches Gebot: „Der Führer hat immer recht".

„Recht ist, was der NSDAP und damit Deutschland, d. h. seinem Volke nützt."*

Eigens für die Gewerkschaftsmitglieder und zur Umsetzung der NS-Wirtschaftsideologie agierten gezielt NS-Organisationen:

1. Die Nationalsozialistische Betriebszellenorganisation (→ NSBO),
2. die Deutsche Arbeitsfront (→ DAF),
3. die NS-Gemeinschaft „Kraft durch Freude" (→ KdF).

Dabei hatte die DAF als Dachorganisation die größte Bedeutung.

Die NS-Herrschaft brachte mit ihren Methoden öffentliches und privates Leben immer mehr unter ihren Einfluß, unter ihre Kontrolle. Daß es dennoch vor allem inneren Widerstand gegen NS-Ideologie und NS-Herrschaftspraxis gab, macht sichtbar, wie es auch einem totalitären System nicht restlos gelingt, die geistige Freiheit auszuschalten, das Denken gleichzuschalten. Es gab und gibt immer verantwortlich denkende und handelnde Menschen, die sich den Menschenrechten und den Grundrechten als den für sie gültigen politischen Normen verpflichtet sehen, für die die Würde des Menschen unantastbar bleibt. Der Widerstand wurde getragen von Frauen und Männern aus den unterschiedlichsten Sozial- und Berufsschichten; Namen bezeugen dies.

Es war die Umfunktionierung der Wirtschaft nach NS-Ideologie, die Gewerkschaften und Arbeiterparteien zuerst zum Widerstand herausfordern mußte. Sie waren die ersten im Widerstand, mit denen es zu Konfrontationen kam; und das blieb so bis zum Ende des NS-Regimes. Damit sahen sich die Nazis oft zugleich ihrem Staatsfeind Nr. 1, Juden und Judentum gegenüber. Karl Marx, Rosa Luxemburg, Moses Hess (der Vater der deutschen Sozialdemokratie), und Ferdinand Lassalle waren als bedeutende politische Arbeiterführer jedem Arbeiter bekannt. In ihnen konkretisierte sich für die Nazis ihr Feindbild, in ihnen erblickten sie Sündenböcke – in zweifacher Weise.

Um das Thema ab- und einzugrenzen, ist der Widerstand hier begrenzt auf Aspekte und Situationen über den Widerstand

---

* Aus den „Geboten der Nationalsozialisten", zitiert nach Organisation der NSDAP a.a.O., S. 8.

aus der Arbeiter- und Gewerkschaftsbewegung gegen die NS-Herrschaft, bezogen auf zwei historisch-politische Themenfelder:

1. Widerstand gegen die Zerschlagung der Gewerkschaftsbewegung im Mai 1933, gegen die neue NS-Führerherrschaft in Deutschland und

2. Widerstand gegen den deutschen Faschismus/Nationalsozialismus zum 1. Mai, dem „Internationalen Weltfeiertag der Arbeit" und aus Anlaß des gesetzlich verordneten NS-„Feiertages der nationalen Arbeit / des nationalen Feiertags" von 1933 an im Dritten Reich. Daß der NS-Feiertag 1. Mai – in seiner pompösen, religiös-mystischen Aufmachung nicht eben geeignet, bei den Massen Sympathien für Widerstand zu erzeugen – dennoch Widerstand hervorrief, zeugt von der Bedeutung, die der internationale Kampftag und Weltfeiertag der Arbeiterschaft in deren Bewußtsein erreicht hatte. Als Symbol für den Kampf um eine Verbesserung der sozialen Lage der Lohnabhängigen, um eine gute Zukunft der arbeitenden Menschen in aller Welt nahm der 1. Mai den Rang eines Grundwertes ein. Hierin ist eines der entscheidenden Motive für Widerstand anläßlich des 1. Mai zu finden.
Spektakuläre Widerstandsformen gegen Hitlers NS-Diktatur – zum Beispiel das aufsehenerregende Attentat auf den Führer und Reichskanzler am 20. Juli 1944 – stehen, wenn überhaupt, so sehr im Vordergrund des Bewußtseins über Widerstand gegen den Nationalsozialismus, daß der geleistete Widerstand der Arbeiterbewegung als vernachlässigt bezeichnet werden muß. Im Kampf gegen deutschen Faschismus und Nationalsozialismus suchten den Idealen der Freien Gewerkschaften verbundene und verpflichtete Politiker, einzeln und in Gruppen, als Bedrohte und Verfolgte, den schier hoffnungslos erscheinenden Widerstand aufzunehmen: gegen NS-Weltanschauung, gegen NS-Terror, gegen NS-Führer. Jeder, der Widerstand auch nur versuchte, riskierte dabei das Leben.
Die Besetzung der deutschen Wirtschaft begann mit dem NS-Sturmangriff auf die Freien Gewerkschaften und damit auf die in ihnen organisierte und mit ihnen verbundene Arbeiterschaft. Unter diesem Aspekt verdient das Thema Widerstand gegen das NS-System Betrachtung und Bewertung.
Wäre nach Hitlers „Machtergreifung" die demokratische Republik von Weimar noch zu retten gewesen?

Im Mai 1933 war Hitlers Macht„erschleichung“ weitgehend „gelaufen“. Zu diesem Zeitpunkt Hitler und die NSDAP wieder davonjagen zu wollen, war illusorisch, auch wenn dies einigen nicht klar war, bei denen der berechtigte Wunsch und der politische Wille der Vater des Gedankens war. Daneben muß angedeutet werden: Von substantieller Bedeutung für den Weiterbestand der Weimarer Demokratie ist die Frage gewesen, ob die Republik in ihren Grundwerten, in ihrem Selbstverständnis als demokratische Republik so in den Köpfen und in den Herzen der Menschen verankert war, daß sie bereit waren, sich engagiert für diese Republik einzusetzen, wie es das Aufkommen einer Partei wie der NSDAP notwendig machte?

Wir wissen heute:
Es war nur eine Minderheit, die sich die politischen Inhalte der Weimarer Republik zu eigen gemacht hatte. Waren die Rahmenbedingungen, die politischen Verhältnisse stärker als das politische Wollen der Menschen? → Fritz Erler hat die Situation treffend beschrieben. Er, selbst aktives Mitglied der Widerstandsgruppe „Neu Beginnen“, meinte, daß viele Deutsche die Republik nicht als von ihnen gewollt, sondern als ein Produkt einer nationalen Niederlage empfanden. „Aus diesem Grunde waren die engagierten Verteidiger der Weimarer Demokratie in einer Minderheit. Sie hatten sich mit den aktiven antidemokratischen Minderheiten, sowohl bei der Rechten als auch bei der Linken, auseinanderzusetzen, während die meisten Deutschen dieser harten Auseinandersetzung mehr oder minder abwartend gegenüberstanden. Möglicherweise gab es einen Augenblick, in dem resolutes Handeln die Lage hätte retten können, als nämlich im Juli 1932 von Papen mit einem Staatsstreich die sozialdemokratische Regierung um Braun-Severing in Preußen beseitigte...“*
Noch ein anderer Zeitpunkt hätte möglicherweise eine Chance geboten: Ebenso wie beim Staatsstreich gegen Preußen warteten die zur Verteidigung der Republik bereiten Kräfte am 30. Januar 1933 vergeblich auf das Signal zum Kampf. Nach dem sogenannten „Ermächtigungsgesetz“

* Quelle: Bundeszentrale für politische Bildung (Hrsg.), Informationen zur politischen Bildung 1974, Nr. 160, Bonn, Seite 4.

jedoch lag das Gesetz des innenpolitischen Handelns, wie beabsichtigt, ausschließlich bei den Nationalsozialisten – bis 1944/1945.

Zeit- und Augenzeugen, Dokumente, Quellentexte und Bewertungen

[132] Gemeinsamer Aufruf: Die Lebensinteressen stehen auf dem Spiel

An die Mitglieder der Gewerkschaften!
In: Gewerkschafts-Zeitung. Organ des Allgemeinen Deutschen Gewerkschaftsbundes, 43. Jg. 1933, Nr. 5 (4. Februar 1933), S. 65.
Die politische Lage hat sich in entscheidender Weise geändert. Das Schwergewicht der neuen Reichsregierung liegt bei Parteien und Gruppen, die bisher offen für die soziale Entflechtung der Arbeiter und Angestellten, für die Zerschlagung der Demokratie und für die Ausschaltung des Parlaments eingetreten sind. Die Gefahr liegt nahe, daß sie jetzt ihre Pläne zu verwirklichen trachten.
Gewerkschaftsmitglieder! Die Lebensinteressen der gesamten Arbeitnehmerschaft stehen auf dem Spiel. Um Angriffe gegen Verfassung und Volksrechte im Ernstfalle wirksam abzuwehren, ist kühles Blut und Besonnenheit erstes Gebot. Laßt euch nicht zu voreiligen und darum schädlichen Einzelaktionen verleiten.
Berlin, den 30. Januar 1933.
Allgemeiner Deutscher Gewerkschaftsbund
Allgemeiner freier Angestelltenbund
Gesamtverband der christlichen Gewerkschaften
Gewerkschaftsring deutscher Arbeiter-, Angestellten- und Beamtenverbände

Quelle: Zitiert nach: Materialien – nicht nur zum Antikriegstag, DGB-Bundesvorstand Düsseldorf, S. 19.

[133] Robert Ley besetzt Zentrale des ADGB Berlin – und niemand wehrt sich. Bürgerkrieg?

Susanne Leonhard, politische Emigrantin unter Stalin, war zur Beteiligung an Barrikaden- und Straßenkämpfen im Mai 1933 bereit. Ihren Sohn Wladimir* suchte sie alsbald im Ausland sicher unterzubringen.
Susanne Leonhard über den 1. Mai in Berlin:
Am 2. Mai aber, „schlagartig um 10 Uhr wurden im ganzen Reich die Freien Gewerkschaften übernommen"; Robert Ley selbst „übernahm die Zentrale des ADGB in Berlin" und ließ die Gewerkschafsführer „vorsorglich in Haft nehmen"**. SA besetzte überall die Gewerkschaftsräume, die Kassen wurden beschlagnahmt, und niemand wehrte sich.
Trotzdem glaubte ich an den Kampfeswillen der Nazigegner und hielt durchaus für möglich, daß es – bei Zusammenfassung aller Kräfte des Widerstandes – noch zu einer bewaffneten Auseinandersetzung mit den braunhemdigen Söldnern kommen könnte. Aussichten auf einen Sieg hatten wir allerdings nicht, aber auch eine Niederlage wäre noch ein Beweis für das Vorhandensein freiheitlicher Regelungen im deutschen Volke gewesen. Was an mir lag, so war ich jedenfalls bereit, mich wieder an Barrikaden- und Straßenkämpfen zu beteiligen wie in den ersten Jahren des revolutionären Aufschwungs.
In der Erwartung eines Bürgerkrieges hatte ich mich, gleich nachdem Hitler zur Macht gekommen war, dazu entschlossen, meinen Sohn Wladimir ins Ausland zu schicken. Wir wohnten in der Künstlerkolonie am Laubenheimer Platz; Wolodja war als Pionier weit über den Umkreis des Künstlerviertels hinaus bekannt. Schon kamen Prügeleien zwischen Nazijungen und Kindern aus dem „Roten Block" vor, und außerdem war mein Sohn Halbjude. Keinesfalls wollte ich ihn in ein Nazi-Gymnasium schicken.

---

* Wladimir Leonhard ist nach dem 2. Weltkrieg als Wolfgang Leonhard in der Öffentlichkeit bekannt geworden: Mit der „Gruppe Ulbricht" kam er am 30. April 1945 aus Moskau mit dem Flugzeug in die sowjetische Besatzungszone, floh am 25. März 1949 über Jugoslawien in die Bundesrepublik. In zahlreichen Publikationen setzte er sich kritisch mit Ideologie, Regierungstheorie und Regierungspraxis der Volksdemokratien, besonders der UdSSR, auseinander. Sein Buch „Die Revolution entläßt ihre Kinder" erregte 1955 bemerkenswertes Aufsehen.

** Robert Ley im „Völkischen Beobachter".

Dazu kam noch, daß meine wirtschaftliche Lage sich sehr verschlechterte. Hitler verfügte die „Gleichschaltung der Presse". Das bedeutete praktisch: Berufsverbot für alle antinationalsozialistischen Schriftsteller und Journalisten. Der „Schutzverband deutscher Schriftsteller", der – obwohl er dem ADGB nicht angehörte – eine „Gewerkschaft" war, wurde aufgelöst. Mitglieder unserer revolutionären Gruppe im SDS verloren auch das Anrecht auf ihre Wohnungen in dem von unserer Schriftstellergewerkschaft erbauten Block; in die Wohnungen der meisten Exmittierten wurden gleich bekannte Nazijournalisten einquartiert. Der neue „Reichsminister für Volksaufklärung und Propaganda" erhielt den Auftrag, eine Reichsschrifttumskammer, eine Reichspressekammer und so weiter* als Körperschaften des öffentlichen Rechts zu „errichten". Wir „linken" Schriftsteller waren nun arbeitslos und mußten stempeln gehen.

Quelle: Susanne Leonhard: Gestohlenes Leben, Schicksal einer politischen Emigrantin in der Sowjetunion, Stuttgart 1959, S. 12.

*[134] Lokales Beispiel: Heilbronn am Neckar** „Melden Sie alle, die nicht zum Festzug gehen!" Widerstand und Anpassung*

...

Weniger begeistert erinnert sich Emma Thoma an den Festzug. „Es war doch so", schreibt sie im Juli 1981, „daß zu diesem Festzug befohlen wurde. Natürlich gingen viele freiwillig und begeistert mit. Aber praktisch war es so, daß befohlen wurde!"

Amt für Amt, Betrieb für Betrieb, Innung für Innung marschiert Heilbronn.

Die Mutter von Emma Thoma ist damals Obermeisterin („Aber nicht von 3. Reichs Gnaden!"). „Melden Sie alle", wird ihr befohlen, „die nicht zum Festzug gehen!"

---

* Reichskulturkammergesetz vom 22. Sept. 1933; Schriftleitergesetz vom 4. Oktober 1933

** Heilbronn/Neckar, Württemberg, hatte 1933 ca. 60000 Einwohner.

Die Obermeisterin, deren eigenes Verhalten ebenfalls überwacht wird, wendet sich mit der „dringenden Bitte“ an alle Mitglieder: „Kommt zum Festzug!“
...

Quelle: Uwe Jacobi, Die vermißten Ratsprotokolle, Heilbronn 1981, S. 46.

[135] Inge Deutschkron – „Ich trug den gelben Stern“ – erinnert sich:

...
Die politischen Parteien und Gewerkschaften waren zerschlagen, ihre Führer verhaftet. Widerstand Einzelner gegen die Übermacht des Staates schien sinnlos zu sein. Der Massenrausch der Sieger hielt an. Der 1. Mai 1933 war für uns besonders schwer zu ertragen. Gewaltige Marschblöcke von HJ, SA, SS zogen durch Berlin. Spielmannszüge begleiteten sie mit Marschmusik. Immer wieder von neuem brandete Gesang auf: „Es zittern die morschen Knochen...“ oder „...wenn's Judenblut vom Messer spritzt, dann geht's noch mal so gut...“. Wir schlossen an diesem 1. Mai die Fenster, um nicht zu hören, wie dieser Tag von den neuen Machthabern politisch verwandelt und geschändet wurde. ...

Quelle: Inge Deutschkron: Ich trug den gelben Stern, Köln 1978, S. 17ff.

[136] Beispiel: Widerstand in Dresden

In der Nacht zum 1. Mai 1933 wurden vor den Großbetrieben Dresdens Flugzettel verstreut oder über Zäune und Fabrikmauern geworfen. Für die Gestapo war es ein leichtes, das Zentrum der Aktion aufzudecken, was schließlich zur Festnahme von annähernd 100 Mitgliedern führte.

Quelle: Ger van Roon, Widerstand im Dritten Reich, München 1979, S. 72.

[137] Gefährdeten helfen –

Die NS-Politik forderte auch Randgruppen zum Widerstand heraus, so die Religiöse Gesellschaft der Freunde (Quäker). Zur Gründung einer Jugendgruppe in Berlin heißt es in einem Protokoll vom 4. Mai 1933 – und man kann sich schlecht vorstellen, daß da nicht auch der NS-„Feiertag 1. Mai" seine Wirkung getan hatte – ganz abgesehen von den weltanschaulichen Zielsetzungen der Quäker:
Toleranz gegenüber jedermann, Abbau von Rassen- und Klassenunterschieden –:
Wir beschließen, uns persönlich bekannte gefährdete Menschen, wie etwa Sozialisten oder von den Rassebefehlen Betroffene, regelmäßig zu einem geschlossenen Teeabend einzuladen." (4. 5. 1933)

Quelle: Anna Sabine Halle, Die Gedanken sind frei... Eine Jugendgruppe der Berliner Quäker 1935–1941. Beiträge zum Widerstand. Informationszentrum Berlin 1980, S. 3.

[138] Widerstand und Anpassung bei den verfolgten Konsumgenossenschaften.*

Die „roten" Konsumgenossenschaften – verbrauchergenossenschaftliche Selbsthilfe – zählten, als eine Säule der Arbeiterbewegung, genauso wie die Gewerkschaften zu den verfolgten Institutionen am 2. Mai 1933. Abgesehen von belegbarer opportunistischer Anpassung in einigen Fällen, gelang der NSDAP, vertreten durch ihre Gliederungsorgsanisation „Deutsche Arbeitsfront" das „Umdrehen" und Bekehren (zur NS-Weltanschauung) bei vielen gestandenen Genossenschaftern nicht. Bereits vor der „Machtergreifung" ging der Kampf in zwei Richtungen: Zugleich gegen die kommunistische → RGO und gegen die nationalsozialistische → NSBO.
...
Eine große Anzahl überzeugter Genossenschafter arbeitete freilich in den Zentralen und in den Konsumgenossenschaften* weiter, andere wollten nicht mit den Nationalsozialisten

---

* Heute firmieren die Konsumgenossenschaften weltweit meist unter „co op" mit unterschiedlicher Rechtsform (Genossenschaften/Aktiengesellschaften).

zusammenarbeiten und gingen. Diejenigen, die blieben, mußten zwar mit den Nationalsozialisten kooperieren, aber die meisten von ihnen wurden nicht Nationalsozialisten. In vielen Fällen haben sie die Ortsbeauftragten überspielt und das Heft in der Hand behalten, jedenfalls was die Geschäftsführung angeht, oft haben sie auch Gegner des Nationalsozialismus unter den Mitarbeitern vor der Entlassung bewahren können. Unter den nationalsozialistischen Ortsbeauftragten gab es viele, die einfach nicht fähig waren, die Geschäftsführung wirklich zu kontrollieren. Sie wurden deswegen nicht selten ausgewechselt, während die alten Geschäftsführer auf ihren Posten blieben und die Kontinuität der Geschäftsführung sicherten. Natürlich haben wohl die meisten der bleibenden Geschäftsführer zunächst einmal an ihre eigene Existenz gedacht, aber ganz zweifellos hat bei vielen von ihnen zugleich auch der Wille eine Rolle gespielt, von dem konsumgenossenschaftlichen Werk zu retten, was zu retten war. Selbst die, die unter dem Zwang der Verhältnisse der NSDAP oder einer ihrer Hilfsorganisationen beigetreten sind, haben sich damit nur selten dem Nationalsozialismus verschrieben. Nur wenige Konsumgenossenschafter sind wirklich zum Gegner übergegangen, auf der anderen Seite hat es auch unter den beauftragten Nationalsozialisten einige gegeben, die versucht haben, den Konsumgenossenschaften im Kampf um die Existenz wirklich zu helfen. Der Kampf um das Fortbestehen der Konsumgenossenschaften war ja mit der konsumgenossenschaftlichen Gleichschaltung keineswegs beendet.

...

Aber die konsumgenossenschaftlichen Versammlungen wurden überwacht, sowohl von der Polizei wie von nationalsozialistischen Dienststellen. Immer wieder liefen bei der Staatspolizei Beschwerden der überwachenden Spitzel über staatsfeindliche Äußerungen, Mangel an Begeisterung für den Führer Adolf Hitler, „marxistische Einstellung", Unterlassung des „deutschen Grußes" usw. ein. Entlassungen konsumgenossenschaftlicher Mitarbeiter, ja sogar Verhaftungen waren nicht selten die Folgen. Trotzdem haben sich in den Konsumgenossenschaften Kerne des Widerstandes gegen die nationalsozialistische Gewaltherrschaft gehalten. Es konnte nur ein passiver und ein verborgener Widerstand sein, aber dieser Widerstand war trotzdem spürbar. Die Nationalsozialisten spürten ihn, ohne ihn recht fassen zu können. Die Konsumgenossenschaften waren für sie ein Fremdkörper im nationalsozialistischen Staat, ihre Verkaufsstellen waren, wie die Staatspolizeistelle in Dortmund in einem Schreiben an die Geheime Staatspolizei in Berlin am 15. November 1934 feststellte, „oft geradezu marxistische Zellen"*. Auch die Einstellung nationalsozialistischer Mitarbeiter und die Entlassung von Mitarbeitern, die früher der SPD angehört hatten, konnte daran nicht viel ändern. Zu einer „durchgreifenden Säuberung der Konsumvereine durch die Arbeitsfront unter Hinzuziehung der Polizeibehörden", wie sie von der Staatspolizei Dortmund in dem erwähnten Schreiben für „unumgänglich notwendig" gehalten wurde, ist es nicht gekommen. Auch in den höchsten Organen der Konsumgenossenschaften haben sich alte Genossenschafter halten können, wenn ihre Reihen sich auch in den zwölf Jahren nationalsozialistischer Herrschaft immer mehr gelichtet haben.

Quelle: Erwin Hasselmann, Geschichte der deutschen Konsumgenossenschaften, Hamburg, Stuttgart 1971, S. 465ff.

Die Behandlung der einzelnen Konsumgenossenschaften** oder Verbrauchergenossenschaften, wie sie jetzt genannt wurden, durch die Nationalsozialisten stand zwar in der Grundtendenz einheitlich unter negativem Vorzeichen, aber sie war doch von Ort zu Ort unterschiedlich. Die Gleichschaltung führte zwar überall zu einer gröblichen Verletzung der demokratischen Verfassung*** der Konsumgenossenschaften, ja praktisch zu ihrer Aufhebung. Denn die eingesetzten nationalsozialistischen Beauftragten besaßen nicht das Vertrauen der Mitglieder, sie waren nicht satzungsmäßig gewählt (oder wenn sie nach der Einstellung noch durch die Organe der Genossenschaften bestätigt wurden, so war diese Entscheidung nicht frei, sondern nur die Folge einer Erpressung). Sie waren nicht einmal Genossenschafter. Aber was nun diese Beauftragten aus ihrer Machtposition machten, die ihnen praktisch eine absolute Befehlsgewalt in den Konsumgenossenschaften gab, das hing von vielen Dingen ab – nicht zuletzt auch davon, was es für Menschen waren.

---

* Kuno Bludau, Nationalsozialismus und Genossenschaften, S. 207.

** Bericht der Konsumgenossenschaft Stuttgart.

*** Zum Selbstverständnis der Konsumgenossenschaften zählten die Grundsätze der genossenschaftlichen Selbsthilfe: Mitbestimmung und Mitverantwortung in „Konsumladen und Konsumbetrieb".

Aber auch wenn der Vorstand nun ganz und gar von den Nationalsozialisten beherrscht wurde, so war damit noch nicht die ganze Verbrauchergenossenschaft nationalsozialistisch geworden. Viele Mitglieder haben dem Genossenschaftsgedanken die Treue gehalten. Und nicht nur die Mitglieder. Die Vertreterversammlungen waren zwar praktisch ausgeschaltet – in den uns vorliegenden Geschäftsberichten werden sie überhaupt nicht mehr erwähnt –, aber der Aufsichtsrat sorgte dafür, daß sich das „Führerprinzip" in der Genossenschaft nicht allzu breit machen konnte. Er bestand auf seinem Mitwirkungsrecht. Mochten die Nationalsozialisten ihn auch verkleinern und den Vorsitzenden stellen – Adolf Saur hieß er –, so gab es doch noch eine Reihe von alten Genossenschaftern im Aufsichtsrat, die den Genossenschaftsgedanken keineswegs abgeschrieben hatten.

[139] Ende des Nationalsozialismus und konsumgenossenschaftlicher Wiederaufbau

Im Jahre darauf* verschwand der Versorgungsring nationalsozialistischer Prägung, seine äußere Form blieb noch einige Jahre erhalten – als Übergangserscheinung. Der ganze Konzern „Gemeinschaftswerk" zerbrach, seine Stabsleiter und Amtsleiter, und was es sonst noch an nationalsozialistischen Beauftragten und Befehlsträgern gab, waren in alle Winde verweht, alle Konzernfäden zerschnitten. Was sollte nun werden, was konnte man tun im Chaos des Zusammenbruches? Für die Konsumgenossenschafter gab es keine Zweifel. Ihre Aufgabe hieß: wiederaufbauen!

Quelle: Erwin Hasselmann, ... und trug hundertfältige Frucht. Ein Jahrhundert Konsumgenossenschaftliche Selbsthilfe, Stuttgart 1964 S. 131 ff.

* 1945, dem Jahr des Kriegsendes in Deutschland/Europa.

„Aber“, frage ich, „gab es denn niemanden, der das ganze Elend, das sich abzeichnete, durchschaute?“

Wo war die Arbeiterbewegung?

Mein Opa gibt sich große Mühe, mir diese Frage möglichst klar zu beantworten. Er erinnert sich an die ersten Tage im Mai 1933, denn daran lasse sich einiges verdeutlichen: „Der 2. Mai 1933 war ein Schreckenstag für die Gewerkschaften und die gesamte deutsche Arbeiterbewegung. Schlagartig stürmten ab 10.00 Uhr vormittags in ganz Deutschland SA-Horden sämtliche Gewerkschaftshäuser, verhafteten die Gewerkschaftssekretäre, setzten an ihre Stelle Nazi-Kommissare und nahmen das gesamte Gewerkschaftsvermögen und sonstige Wertgegenstände in ihren Besitz. Die Gewerkschaftsfunktionäre wurden verprügelt, Büroeinrichtungen zerstört. In Duisburg z. B. wurden vier Gewerkschaftssekretäre im Keller des Gewerkschaftshauses in viehischer Weise totgeschlagen und in einer Grube außerhalb der Stadt verscharrt.

Gegen Mittag wurde im Radio verkündet, daß die ‚marxistischen Gewerkschaften‘ (Zitat: Hitler) gleichgeschaltet, das heißt der NSDAP unterstellt worden wären. Dieser brutale Gewaltakt löste weit über die Kreise der Gewerkschaftsmitglieder hinaus in allen Teilen der Bevölkerung panikartige Angst und Schrecken aus. Das um so mehr, als die Nazis tags zuvor einen alten Kampffeiertag der Arbeiterbewegung, den 1. Mai, als ‚Nationalfeiertag der Arbeit‘ aufgezogen hatten.
Betriebsbelegschaften wurden zu gewaltigen Demonstrationsmärschen gezwungen, den Sieg des ‚nationalen Sozialismus‘ zu feiern, der die Ehre der deutschen Arbeiter wieder hergestellt hatte (Hitler).
Diese raffinierte Taktik war ausgeklügelt worden, um einen Tag später den Vernichtungsschlag gegen die Gewerkschaften um so unerwarteter für die Bevölkerung durchführen zu können.“
„Wie war das möglich?“
„Es ist notwendig zu wissen, daß die Millionen Mitglieder der Gewerkschaften diesen brutalen Gewaltakt ohne ernsthaften Widerstand über sich ergehen ließen. Dafür gibt es eine Reihe gewichtiger Gründe. Da waren vor allem die katastrophalen

Auswirkungen der Weltwirtschaftskrise mit über 6 Millionen Arbeitslosen. Die Gewerkschaftsführung unterschätzte lange Zeit den wahren Charakter des Nazismus (‚Die kochen auch nur mit Wasser‘).

1932 erwarteten und forderten noch viele Gewerkschaftsmitglieder die Aufnahme des entschlossenen Kampfes – nach dem Beispiel des Generalstreiks beim Kapp-Putsch 1920. Dazu sahen sich die Gewerkschaften 1932 nicht in der Lage. In dem Gefühl völliger Ohnmacht herrschte 1933 in den Betriebsbelegschaften kaum aktive Widerstandsbereitschaft. Resigniert und zum Teil auch verunsichert fügten sich die Belegschaften. Nur wenige aufrechte Gewerkschafter blieben dem streng befohlenen Antreten zum geschlossenen Aufmarsch am 1. Mai fern."

„Die Führung des ADGB empfahl den Gewerkschaftsmitgliedern, an dieser Maifeier teilzunehmen, weil sie glaubte, mit einem Stillhalten gegenüber den neuen Machthabern wenigstens die Gewerkschaftsorganisation retten zu können und – wie unter dem Sozialistengesetz und vor dem Ersten Weltkrieg – ‚überwintern‘ zu können. Doch ihre Auffassung, die inneren Widersprüche im Nationalsozialismus seien so groß, daß dieser ‚Spuk‘ bald vorbei sein werde, erwies sich bald als unbegründet."

Auch wenn der antifaschistische Widerstand im Schulunterricht „vergessen" wird, Opa zeigt mir auf, daß es ihn doch gab.

„Der Widerstandswille vieler Antifaschisten war ungebrochen. Es hat während des Nazireiches immer Widerstand gegeben. Von der Arbeiterschaft bis hin zu den Männern des 20. Juli 1944, auch wenn es ihnen nicht gelang, das deutsche Volk von innen heraus zu befreien. Es gab allein bis Kriegsanfang politische Verfahren gegen 225000 Widerstandskämpfer, in den Kriegsjahren 1943 und 1944 wurden in Deutschland über 11000 Widerstandskämpfer hingerichtet."

„Ich habe immer gedacht, es gab keinen Widerstand!" – „Siehst Du Rolf, andere dagegen fragen einfach: Warum haben die Menschen sich das alles gefallen lassen und sich nicht gewehrt?

Weder Deine Behauptung, noch die naive Frage umfassen die tatsächliche Situation damals. Wir müssen begreifen, daß der Widerstand im Faschismus besondere Formen hatte. Beispiele

gab es: 1933 gab es noch Demonstrationen gegen Hitlers Machergreifung.
Trotz Verfolgung, Verhaftung und Ermordung vieler Nazigegner gab es illegale Zeitungen, Flugblätter und Treffen. Zum Beispiel findet man in einem als Werbebroschüre für ein Waschmittel aufgemachten Mini-Handbuch die Anleitung für die Arbeit im Untergrund. Anderes Beispiel: ‚Sportler' treffen sich zufällig zur gemeinsamen politischen Beratung.
Dies alles sind Belege dafür, daß es ideenreiche Kämpfer gab, die auch anderen Mut machten. Vor allem gab es viele solidarische Unterstützungen der Arbeiter untereinander. Ob Unterschlupf gewährt wurde oder der letzte Bissen Brot geteilt wurde: Das alles stärkte auch trotz der täglichen Niederlagen den Mut vieler bewußter Arbeiter, um weiter zu kämpfen, weil sie das Gefühl hatten, nicht allein zu sein, sondern Mitstreiter zu haben."
Ich wende ein: „Aber die meisten Menschen haben nichts gemacht."
„Du hast recht, Rolf. Dazu muß man wissen, daß neben dem Terror eine Reihe von Mitteln gewirkt haben, die auch dazu führten, daß sogar innerhalb einer Familie der eine dem anderen nicht mehr traute.
Mißtrauen, Angst, Enttäuschung waren Helfer der nazistischen Unterdrückung. Wenn z. B. Spitzel bewußt sagen: ‚Die Nazis machen viel Mist' und man reagierte entsprechend und wurde anderntags verhaftet, dann führte das eben dazu, daß man mit seinen besten Freunden nicht mehr offen redete. Oder, wenn man beim Abendrot zu Hause Hitler kritisierte und der Sohn das am anderen Morgen unbewußt im Schulunterricht äußerte und dann die Gestapo vor der Tür stand, konnte man auch zu Hause nicht mehr ehrlich reden; einfach um sich selbst zu schützen. Hinzu kam, daß die Arbeiterparteien über die richtige Taktik gegen die NSDAP sich derart zerstritten, daß ein gemeinsames Vorgehen gegen den Faschismus unmöglich war. Zum Teil noch nach 1933 gaben SPD und KPD sich gegenseitig die Schuld an der Machtergreifung der Nazis. Aufgrund dieser langjährigen Auseinandersetzungen fand man trotz Verbot und Verfolgung erst langsam zueinander. Oft erst im KZ."
Ich überlege, was Opas Aussagen heute für uns bedeuten. Ich frage ihn, ob er der Meinung ist, daß in der Bundesrepublik wieder ein Regime entstehen könnte, das dem Nazireich und

seinem Terror gleicht, das die Demokratie abschafft und die Arbeiterbewegung zerschlägt?
„Ich bin der Auffassung, daß sich die Geschichte nicht wiederholen wird, aber einige Entwicklungen bedrücken mich. Die gegenwärtige wirtschaftliche und politische Krise in der Bundesrepublik führt auch heute bei vielen dazu, daß sie sich gegen den Abbau demokratischer Grundrechte nicht wehren, Neo-Nazigruppen nicht behindern. Ihnen ist die Bewältigung unserer Vergangenheit gleichgültig. Aber wir müssen solche Entwicklungen aufhalten."
Ich frage mich, woran es liegt, daß ich mich bisher so wenig mit solchen Fragen beschäftigt habe? Ob es anderen wohl ähnlich geht? Wer interessiert sich schon für die aktuelle Politik? Geschweige denn für die Vergangenheit? Mit meinen Freunden und Bekannten kann ich fast nur über Fußball, Motorrad oder die Freundin sprechen. Aber über politische Zusammenhänge? Null! Nichts!
Für heute reicht es mir allerdings auch an politischem Nachhilfeunterricht. Ich bin geschafft. Ich verabschiede mich von Opa, bedanke mich für sein „Lehrstück" und sage, daß ich wiederkommen werde, wenn sich mir neue Fragen stellen. Er freut sich: „Wer, wenn nicht wir Alten, die wir doch dabei gewesen sind, könnte Euch die Geschichte vernünftig vermitteln? Ich halte es für ungemein wichtig, der Jugend heute über die Vergangenheit zu berichten, damit sie ihre Lehren für die Zukunft daraus ziehen kann."
Das Gespräch mit Opa läßt mich lange nicht mehr los. Oft muß ich an all das denken, was er mir erzählt hat. Und ich muß auch daran denken, daß sich niemand darum kümmerte, wenn Opa seine etwas eigenartigen Kommentare zu „Tagesschau" und Zeitungsmeldungen machte. Ich hatte immer gedacht: Naja, das ist halt ein alter Mann.

Quelle: DGB-Bundesvorstand, Abt. Jugend, Materialien – nicht nur zum Antikriegstag, Düsseldorf o. J., S. 15–17.

[141] Zur Spannung Kirche/Staat am 1. Mai 1933. Ärger an nationalen Feiertagen.

Daß Pfarrer Widerstand gegen die NS-Hitlerherrschaft geleistet haben, ist bekannt und viel weniger umstritten als die Haltung der Amtskirchen gegenüber der NS-Reichsregierung.

...

Andere Pfarrer wurden von der Politischen Polizei angeklagt wegen der Weigerung, Gottesdienste am Tag der Arbeit* und am Erntedank im Sinne der Partei zu halten, wegen Verweigerung des Hitlergrußes und Nichterhebens des rechten Armes beim Absingen des Deutschlandliedes.

Auch Kurioses findet sich dabei: abfällige Äußerungen beim Einsammeln von Spenden für das Eintopfgericht an nationalen Feiertagen. Zahlreiche Anklagepunkte, das muß gesehen werden, gingen auf persönliche Zerwürfnisse zwischen Pfarrer und Bürgermeister oder Pfarrer und Lehrer zurück. Für das Bischöfliche Ordinariat war das Vorhandensein solcher Zerwürfnisse der Anlaß, echte politische Konfrontationen zu entschärfen und besonders gefährdete Pfarrer unter einem nicht politischen Vorwand zu versetzen. Bei einer gründlichen Untersuchung dieser Fälle wird man sich fragen müssen, ob das Herunterspielen der wahren Gründe dem Ansehen der Kirche nicht eher geschadet hat.

...

Quelle: Thomas Schnabel (Hrsg.), Die Machtergreifung in Südwestdeutschland, Stuttgart 1982, S. 279–280.

[142] mächtig enttäuscht...

Willi Bleicher, von 1926 an Jugendleiter des Stuttgarter Ortsvereins der Metallarbeiter, in der NS-Zeit zwei Jahre Emigration und mehr als neun Jahre Gefängnis und KZ, erinnert sich als Augen- und Zeitzeuge:

...

Dabei waren sie (die Nazis) in ihrer Propaganda hemmungslos. Da waren die „Dolchstoßlegende“ und der Versailler Vertrag, der Deutschland angeblich in „Schmach und

---

* 1. Mai.

Schande“ zerrte. Das alles waren solche Parolen, die zum Teil verfingen. Hinzu kam natürlich die Massenarbeitslosigkeit. Es waren über sechs Millionen Arbeitslose, in der Regel Dauerarbeitslose. Von dort her war es schon verständlich, daß die Nationalsozialisten immer mehr Anhänger gewannen. Der Faschismus wurde von fast allen unterschätzt, man erkannte seine Gefahren nicht.

Nach dem 30. Januar war ich natürlich mächtig enttäuscht, und zwar nicht deshalb, weil der Faschismus in dieser Form seine Machtergreifung bewerkstelligt hatte, sondern einfach darum, weil die Arbeiterschaft, die Arbeiterklasse als Klasse sich so rasch den neuen Verhältnissen anpaßte. Da hingen gestern noch die roten Fahnen mit Hammer und Sichel oder mit den drei Pfeilen – dem Symbol der Kommunisten bzw. der Sozialdemokraten –, und am anderen Tag kamen anstelle dieser Fahnen die Hakenkreuzfahnen zum Vorschein. Das war für mich das Enttäuschendste.

Quelle: Bettina Wenke, Interviews mit Überlebenden, Hrsg.: Landeszentrale für politische Bildung Baden-Württemberg, Stuttgart 1980, S. 99.

[143] Die DAF säubert die gleichgeschalteten Verbände

Organisationsamt der „Deutschen Arbeitsfront“, Berlin, 27. Juni 1933
An alle
Deutsche Arbeitsfront- und NSDAP-Dienststellen
„Sonderrundschreiben bezüglich der Sicherung der Verbände der Deutschen Arbeitsfront gegen versteckte marxistische Sabotage.“
Es ergehen nachstehende Anordnungen:

1. Das Organisationsamt der „Deutschen Arbeitsfront“ stellt eine „Liste der Geächteten“, gültig für das ganze Reich auf, auf die alle Namen derjenigen marxistischen Gewerkschaftsbonzen gesetzt werden, die in der Vergangenheit und auch jetzt noch den wütendsten Kampf gegen den Nationalsozialismus geführt haben und weiter im geheimen führen. Wer auf der „Liste der Geächteten“ steht, bekommt in Zukunft keine Arbeit mehr. Alle Organisationen, die in lebendiger Verbindung mit der deutschen Wirtschaft stehen, erhalten diese gedruckte Liste, so daß keiner von diesen Arbeiterverrätern auf Schleichwegen wieder in die Betriebe kommt, um ihre Aufwiegelung etwa fortzusetzen.

2. Kein Hauskassierer (oder ähnlich geartete) der Verbände darf mehr Marxist sein, da diese am ehesten die Möglichkeit haben, illegale Kerntruppen aufzuziehen. Dauernde Beobachtung verdächtiger Hauskassierer, die natürlich auch trotz entzogenen Beitragseinziehungsrechts ihre bisherige Tätigkeit fortsetzen können, ist eine Selbstverständlichkeit.
3. Die Verbandsortsgruppen sind baldigst mit den gleichgeschalteten Mitgliedern anderer Verbände bzw. Gruppen (Christliche, ehemalige Gelbe, evangelische und katholische Arbeitervereine usw.) aufzufüllen, damit der bisherige geschlossene Block der „freien" Verbandsmitglieder durchsetzt ist.

gez. Muchow
Leiter des Organisationsamtes der DAF

Quelle: Helmut Esters/Hans Pelger, Gewerkschafter im Widerstand, Hannover 1967, S. 94.

[144] Kritik am Allgemeinen Deutschen Gerwerkschaftsbund (ADGB).
Uns bekommt niemand zur Nazi-Maiparade.

1. Mai – Prüftag – auf wen war noch Verlaß?
Am 2. Mai 1933 gab es die Quittung für diese Verhandlungsbereitschaft: Alle Gewerkschaftshäuser in Deutschland wurden besetzt und die Organisationen der Arbeiter, Angestellten und Beamten „gleichgeschaltet". Es gab aber auch einzelne Beispiele für Widerstandshaltungen: so zum Beispiel verhinderte der DMV-Bevollmächtigte persönlich das Hissen der Hakenkreuzfahne auf dem Gewerkschaftshaus in Eisenach.

Die Zeichen der Kapitulation vor den Nazis wirkten auch 1934 unter den Kollegen der Firma „Kreiselgeräte" noch deprimierend nach, und immer wieder gab es Diskussionen unter vier Augen am Arbeitsplatz oder auf dem Heimweg. Inzwischen kannten sich eine ganze Anzahl von Kollegen; sie vertrauten sich gegenseitig. „Uns bekommt niemand zur Nazi-Partei oder gar zur Nazi-Maiparade. Wir gehen zwar zum Sammelplatz, aber dann verduften wir", war die Parole, die bald von Mund zu Mund ging. An jenem 1. Mai 1934 konnten wir erneut prüfen, auf wen Verlaß war. Wir lernten wiederum eine Menge: Dem einen konnte man mehr anvertrauen als dem anderen, und die „Schlappen", wie wir sie nannten, entpuppten sich bei diesen Anlässen bald. Kurzum: unsere Gruppe formierte sich im Untergrund des Betriebs – freilich ohne Uniform und Abzeichen.

...

Der 1. Mai 1934 kam heran. Wenige alte Gewerkschaftler waren, wie sich in Gesprächen herausstellte, im Vorjahr auf dem Tempelhofer Feld gewesen. In jenem Jahr hatte Hitler den 1. Mai zum „Tag der nationalen Arbeit" erklärt. Anstatt nun aber klare Grenzen zu ziehen, forderte der Allgemeine Deutsche Gewerkschaftsbund (ADGB), die Spitzenorganisation der freien Gewerkschaften, zur Teilnahme an dieser Nazi-Maikundgebung auf. Man gab sich der verhängnisvollen Illusion hin, der Nazistaat sei nur von kurzer Dauer und auf die großen gewerkschaftlichen Organisationen könne man nicht verzichten. Die Führung glaubte, daß es möglich sei, mit den neuen Machthabern Abmachungen zu treffen, die eine Existenz der Gewerkschaften auch im „Dritten Reich" sichern würde.

...

Quelle: Walter Uhlmann, Metallarbeiter im antifaschistischen Widerstand, Beiträge zum Widerstand, Heft 21 des Informationszentrums Gedenk- und Bildungsstätte Stauffenbergstr. 14, Berlin 1982, S. 4.

[115] Stimmung der Landwirtschaft zum 1. Mai 1934

Die Bauern verstanden sich als ein Berufsstand und eine Sozialschicht eigener Art. Sie waren trotz der NS-„Blut und Boden"-Ideologie kaum mit dem Arbeiterstand zu solidarisieren. Die Bauern fühlten sich weit mehr im Christentum verankert als im deutschen Faschismus. Dies trifft in besonderem Maße vor und in der Zeit nach der Machtübernahme durch die NSDAP zu.
Hier ein Stimmungsbild aus einem schlesischen Dorf. Es zeigt, daß die Harmonisierung der sogenannten Faust- und Geistesarbeiter dort ganz und garnicht gelang. Der Staatsfeiertag 1. Mai führte vielmehr zur „Klassenscheidung".
„Die Bauern sind nicht nationalsozialistisch. Der 1. Mai verlief sehr mäßig. Man kann schon von einer richtigen Klassen-

scheidung im Dorf reden: auf der einen Seite stehen die NSDAP-Mitglieder und Amtswalter, also der Amts- und Gemeindevorsteher, die Beamten, die Arbeiter, auf der anderen Seite die Bauern, besonders die größeren. Die Anmaßung der Nationalsozialisten empört die Bauern immer aufs neue. Ein Beispiel: Eine Bauerstochter hatte der Eintopfsammlerin auf ihren Hitlergruß geantwortet: ‚Ach Gott, ich kann mich an den Quatsch noch immer nicht gewöhnen.' Sie wurde denunziert und vor den Amtsvorsteher gerufen. Dieser drohte ihr Verhaftung an, wenn sie nicht Mk. 20,– für die NS-Volkswohlfahrt gebe, wozu sie sich schließlich auch bequemen mußte. Die Folge war eine erregte Stimmung im Dorf gegen die Nazis."

Quelle: „Deutschland-Bericht der Sopade", Erster Jahrgang 1934, Frankfurt/M. 1982.

[146] Ein Betroffener: „Der Sinn illegaler Arbeit"

Ernst Fraenkel, in der Weimarer Republik Syndikus des Deutschen Metallarbeiterverbandes, stand nach Hitlers Machtübernahme unter doppeltem Druck: als Jude und als Sozialdemokrat. Unter dem Pseudonym „Fritz Dreher" erschien von ihm ein Aufsatz im Dezember 1935 in der Auslandszeitschrift des ISK, „Sozialistische Warte", als Brief eines in Deutschland illegal Arbeitenden. Auszug:
Das also ist der Sinn der illegalen sozialistischen Arbeit im Dritten Reich: den Arbeitenden Kraft, den Schwankenden Vertrauen, den Leidenden Hoffnung und den Herrschenden Furcht einzuflößen. Hat die illegale Arbeit einen Sinn? – Was wäre Deutschland ohne illegale Arbeit? Wer sich dieses Bild ausmalt, der weiß, daß kein Opfer vergebens ist. „Und setztet Ihr nicht das Leben ein, nie wird Euch das Leben gewonnen sein!"

Quelle: Landeszentrale für politische Bildungsarbeit Berlin (Hrsg.), Beiträge zum Thema Widerstand: Ernst Fraenkel, Der Sinn illegaler Arbeit, Berlin 1979, S. 10.

Unser erste Mai — trotz alledem!

Der 1. Mai ist und bleibt das Glaubens- und Kampfesfest des internationalen Sozialismus. An diesem Tage bekennen wir uns zu den hohen Zielen der sozialistischen Bewegung aller Länder. Wir wollen die Befreiung der arbeitenden Menschen aus der Sklaverei und Anarchie des Kapitalismus. Wir kämpfen für den Sieg einer sozialistischen Ordnung der gewaltigen Produktivkräfte, die bei gemeinwirtschaftlicher Führung und Verteilung die Menschen in aller Welt mit Reichtümern überschütten würden. Wir ringen um die Befriedung aller Völker der Erde durch die Vernunft sozialistischer Kultur.

Unsere Ziele umschließen Wünsche, Forderungen und Zielsetzungen höchster Menschlichkeit, die tief verwurzelt sind in der technischen und ökonomischen Entwicklung unseres Jahrhunderts und in dem Sehnen der Menschheit nach Fortschritt und Freiheit, nach Vollendung und Erlösung, nach Frieden und Gemeinschaft. Ein Sehnen, das in den Besten aller Zeiten lebte und Kerker und Galgen und alle Tyrannen siegreich überdauerte.

Der 1. Mai als Symbol der ewigen Auferstehung ist das Bekenntnis zur permanenten Revolution als der Umwandlung und Veredelung alles Bestehenden. Wir erneuern an diesem Frühlingstage gemeinsam mit allen Kämpfern, mit allen Bedrückten und allen Gemeuchelten, mit unseren unvergeßlichen Freunden in der Gefangenschaft und im Exil unseren Willen, uns nie und nimmer mit der kapitalistischen, faschistischen und kriegerischen Barbarei dieses Zeitalters abzufinden, sondern es durch sozialistische Aktionen zu überwinden.

*

Heute ist in Deutschland die rote Fahne durch das Hakenkreuz geschändet. Während einst die Aufmärsche am 1. Mai die trotzige Auflehnung der Arbeiterklasse gegen Unfreiheit und Unrecht waren, sind sie nun Zwangsparaden, die nur unter dem Druck einer feindlichen Staatsgewalt möglich sind. Die wissenden Teile des Arbeitsvolkes haben mit diesen theatralischen Veranstaltungen nichts zu tun, auch wenn sie ihnen, von der Hungerpeitsche bedroht, nicht aus dem Wege gehen können.

Heute wird in Deutschland durch die Nationalsozialisten täglich und stündlich der Sozialismus geschändet. In zwei Jahren unerhörtester Machtanhäufung, wie sie nie ein Monarch und nie ein Kanzler in Deutschland gehabt hat, ist von Hitler nicht das Geringste zu irgendeiner sozialistischen Maßnahme unternommen worden. Ungehindert sitzen die feudalen Großgrundbesitzer auf ihren Gütern und genießen die Entschuldungen und hochschutzzöllnerischen Subventionen. In vollem Maße ist der schwerindustrielle Traum in Erfüllung gegangen: die Rüstungsindustrie hat Hochkonjunktur und scheffelt ihre privaten Gewinne. Ungehemmt behaupten Banken und Börsen ihre Machtpositionen. Und die Herren Hitler, Ley, Göring, Göbbels und wie die Herzöge und Fürsten der NSDAP alle heißen, sind im Laufe weniger Jahre aus bettelarmen Schluckern schwerreiche Leute geworden. »Gemeinnutz geht vor Eigennutz!«

Den arbeitenden Massen aber ist nirgends auch nur in der Theorie zugestanden worden, was der Sozialismus praktisch anstrebt: die gemeinnützige Enteignung der jetzt eigennützig ausgebeuteten großen Produktionszweige in Stadt und Land und die gemeinwirtschaftliche Organisation und Verwaltung der Erzeugung und Verteilung materieller Lebensgüter. Das allein ist Sozialismus. Nur wenn die materielle sozialistische Ordnung Hand in Hand geht mit der sozialistischen Schulung der Massen, kann das entstehen und wachsen, was das höchste und leuchtendste Ziel menschlicher Gedanken ist: die nationale und die internationale Gemeinschaft sozialistischer Kultur.

*

Heute werden in Deutschland die Kämpfer des wahren Sozialismus in das Dunkel der Illegalität gezwungen, aber trotzdem werden wir uns am 1. Mai in den geheimen Zusammenkünften und Gruppenfeiern abseits vom lärmenden Gepränge der braunen Zwangsveranstaltungen von neuem des Daseins eines unbezwingbaren Kerns sozialistischer Freiheitskämpfer bewußt werden. Wir sind stolz darauf, dieser Kerntruppe anzugehören. Sie ist nur eine Minderheit, aber eine Minderheit, die nicht nur innerlich die charakterlose Gleichschaltung ablehnt, sondern darüber hinaus für das Fortleben und die Verbreitung freiheitlicher sozialistischer Ideen sorgt. In ihr wirkt ein letzter Rest des Ansehens, das Deutschland vor Hitler in der Welt besessen hat. Ohne die Illegalen würde das Dritte Reich der Welt als eine Anhäufung von Zuchthäusern und Kasernen erscheinen, deren Reglement ein ganzes großes Volk freiwillig angenommen hat, oder sich ihnen doch sklavisch fügt. Die illegale sozialistische Bewegung ist der einzige Beweis dafür, daß in Deutschland noch die ewig revolutionären Gedanken der Freiheit und des Rechts für alle leben.

Hitler und seine Kumpane beschimpfen uns als Wahnsinnige und Verbrecher. Ihre Verleumdungen treffen uns nicht. Wir wissen, daß in Wahrheit Hitler und die Seinen die volle Verachtung aller Kulturvölker auf sich herabgezogen haben. Wenn die Welt sich fragt, ob es in diesem Deutschland Hitlers, das wie einst das Reich Wilhelms II. mit gepanzerter Faust plump und roh sich Feinde und nur Feinde schafft, noch Menschen gibt, die höher zu denken vermögen als in Divisionen und Geschwadern, so gibt unsere illegale Arbeit darauf die Antwort. Wir sind das neue Deutschland.

Freilich ist in dieser Antwort ein bitterer Unterton, denn manches wäre in Deutschland anders gelaufen, wenn die großen westeuropäischen Demokratien der Republik von Weimar das Leben nicht allzu sauer gemacht hätten. Vielleicht denken auch die Russen und ihre kommunistische dritte Internationale einmal daran, wie fest wohl heute die demokratische Republik in Deutschland stünde, wenn das bolschewistische Rußland und die deutschen Kommunisten soviel Verständnis für die deutsche Republik und die sie stützenden Parteien aufgebracht hätten, wie es jetzt gegenüber den kapitalistischen Regierungen von Frankreich und England, gegenüber dem Völkerbund und auch gegenüber Hitlerdeutschland zeigt.

*

Wir wollen uns jedoch am Tage der Maifeier nicht in rückschauende Betrachtungen verlieren, sondern wir richten den Blick auf Gegenwart und Zukunft. Eine große Aufgabe steht vor der Arbeiterklasse der ganzen Welt, unter welchen Bedingungen immer sie ihren Kampf zu führen gezwungen ist: der Sozialismus. Jeden Tag erleben wir, daß alle Versuche, den kranken und erschöpften Kapitalismus mit Pfuschereien aller Art zu heilen, scheitern. In mehr als 120 Nachkriegskonferenzen hat er der Welt weder Frieden noch auch nur die bescheidenste wirtschaftliche Ordnung bringen können, und gerade die Gewaltkur des deutschen Hitlerregimes hat in ihrer Brutalität und Verbohrtheit die ökonomischen und geistigen Beziehungen der Völker noch mehr verwirrt. Die Welt muß aus dem anarchistischen Kapitalismus zur sozia-

Die Stimme der Freiheit

I.

Ich rufe Euch, die ihr in Not und Grauen
Geboren seid und lebt: Ihr sollt mich schauen!
Ich rufe, Mann, dich, der mit eherner Kraft
Verhungernd Glück und Glanz dem Reichen schafft —
Laß ab die Hand vom Werk! Dich ruft mein Schrei:
Erwache! Folge mir! — und du bist frei!
Und du, der du mich einst so heiß begehrt,
Du hast im Dienst der Lügner dich verzehrt:
Ich rufe dich — sei mein! Von morgen an
Bist unter Freien du ein freier Mann!
Und dich, du Weib, du sahst in Not und Gram
Die Kinder sterben — weißt du, wie es kam? ...
Ich will es stürzen, jenes feile Gold,
Dem ihr verkauft seid: folget mir und wollt!

II.

Ich rufe nach Euch allen, die gebückt
Am Schein des Glückes ihr vorbei Euch drückt!
Warum habt ihr gelitten, daß verbannt
Ich flüchtend irren muß von Land zu Land?
Ach, ihr verstießet Euer eigenes Glück —
Ich will bei Euch sein. Auf, ruft mich zurück!
Bei Euch, die ich geliebt! Gebt Liebe mir,
Haß Euren Feinden, und ich bin bei dir,
Mein Volk, das ewig bis zum heutigen Tag
In Schmerz und Knechtschaft tief entwürdigt lag!
Ich rufe heute nicht zum letzten Mal:
Ermanne dich! Nach allzu langer Qual
Nimm in die Hand dir Fahne, die mein Zeichen,
Laß flattern sie, und Alle werden weichen,
Die dich und mich gebannt, verfolgt, entehrt —
Und zu Euch wieder sich mein Antlitz kehrt.
Wenn über allem Volk ihr sie entrollt,
Dann bin ich bei Euch! Zaudert nicht und wollt!

III.

Was zögert ihr? Ich will Euch alles geben:
Glück und Gerechtigkeit, Frieden und Leben.
Nur wollt! Ruft mich, und morgen bin ich da!
Was habt ihr zu verlieren? Ich bin nah
Und stehe wartend schon — seid ihr bewehrt?
Ist Euer Herz gestählt, gezückt das Schwert?
Tod oder Leben gibt es zu gewinnen —
Was laßt ihr nutzlos Tag auf Tag verrinnen?
Tod ist das Leben, das bis jetzt Euch brach,
Und Leben ist das Glück, das ich versprach!
Doch eh' ihr nicht die fluchbeladene Welt,
Die Euch betrog, bis auf den Grund gefällt,
Kann ich nicht kommen! — Hört ihr, wie sie tollt,
Indessen — ihr verschmachtet? Auf und wollt!

John Henry Mackay.

[147] Der Maigruß als Informations- und Kommunikationsinstrument

Die illegalen Reichsleitungen der Gewerkschaftsverbände funktionierten als zentrale Widerstandszentren. Die alljährlichen Reichs-Rundfunkausstellungen in Berlin gaben bis zum Sommer 1936 den Bekleidungsarbeitern den äußeren Rahmen der geheimen Zusammenkünfte.

...

Die Internationale Bekleidungsarbeiter-Föderation war persönlich durch einen Kollegen aus Amsterdam vertreten. Es handelte sich um eine typische Konferenz der illegalen Reichsleitung der Bekleidungsarbeiter mit ihren Vertrauensleuten aus dem gesamten Deutschen Reich.

Aus einem zeitgenössischen Bericht, der aus Berlin über Amsterdam nach New York gelangte, erhellt, daß Ohlenmacher für Schlesien zuständig war und wegen Krankheit durch Wenner ersetzt werden mußte. Gleichwohl blieb er in loser Verbindung: „Seit dieser Zeit erhielt ich nur noch alljährlich zum 1. Mai einen Maigruß Berliner Freunde, etwa 1½ Dutzend bekannte und unbekannte Namen."

...

Quelle: Gerhard Beier, Die illegale Reichsleitung der Gewerkschaften 1933–1935, Köln 1981, S. 59 und 60.

[148] Illegaler Klebezettel

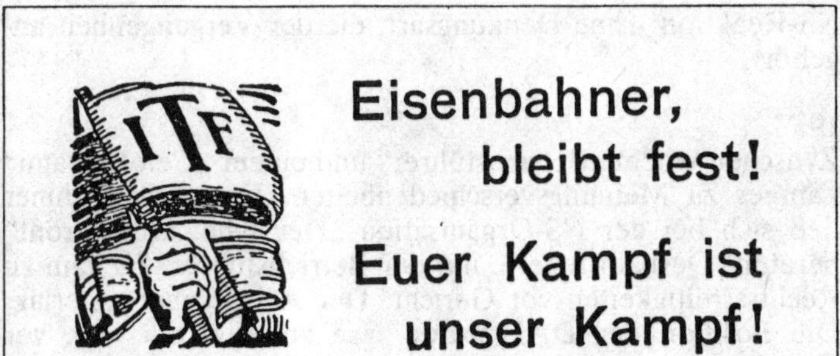

Illegal tätige Eisenbahner „feiern" den 1. Mai 1937: Trotz alledem!

Am Morgen des 1. Mai entdeckten Mitglieder des Bahnschutzes zu ihrem Schrecken an zahlreichen Orten und noch zahlreicheren Wagen Zeichnungen, die klar und deutlich ein am Galgen aufgehängtes Hakenkreuz zeigten. Das Fahrpersonal erhielt eiligst den Auftrag, die Zeichnungen abzuwaschen. Doch man hatte eine ätzende Farbe benutzt, die sich tief in das Material eingefressen hatte. Die Aufregung der diensttuenden Bahnschutzleute wuchs, als Reisende ihnen zeigten, daß die gleiche Zeichnung auch an den Wänden der Abteile und der Gänge, auf den Klapptischen und in den WCs prangte. Als sich herausstellte, wie solide die Illegalen gearbeitet hatten, wurde in einigen Zügen versucht, die Zeichnungen an der Außenwand zu überkleben. Dadurch wurden die Kollegen und das Publikum auf den Bahnhöfen erst recht neugierig. Es blieb nichts anderes übrig, als diese wirksam verzierten Wagen aus dem Verkehr zu ziehen. Es sprach sich schnell herum, daß die illegalen Eisenbahner auf ihre Art den 1. Mai gefeiert hatten.

Quelle: Zitiert nach Helmut Esters/Hans Pelger: Gewerkschafter im Widerstand, Hannover 1967, S. 174.

[149] Auflehnung eines Arbeitgebers gegen die DAF.

NS-Reaktion: Eine Denkungsart, die der Vergangenheit angehört.

1937

Zwischen einem „Betriebsführer" und einem „Gefolgsmann" kam es zu Meinungsverschiedenheiten. Der Arbeitnehmer ließ sich bei der NS-Organisation „Deutsche Arbeitsfront" beraten. Deshalb feuerte ihn der Betriebsführer. Es kam zu Rechtsstreitigkeiten vor Gericht. Der Arbeitgeber unterlag. Die Position der DAF wurde, wie zu erwarten war, vor Gericht unterstützt.

Bewertung des Rechtsstreits durch den NS-Kurier,
– Auszug –

„Eine Denkungsart, die der Vergangenheit angehört: gekündigt, weil er zur DAF ging! Schwerer Verstoß gegen das Gesetz zur Ordnung der nationalen Arbeit."

Quelle: NS-Kurier, Stuttgarter Ausgabe, vom 27. 4. 1937, S. 5.

[150] Illegale Maiplaketten. Lokales Beispiel.

Lagebericht der Staatspolizeileitstelle Karlsruhe über die marxistische Bewegung für September 1938. – Auszug –

... Karlsruhe, 1. Oktober 1938

Wegen Betätigung für die illegale SAP [...] wurden im Laufe der weiteren Ermittlungen folgende Personen festgenommen und wegen Vorbereitung eines hochverräterischen Unternehmens dem zuständigen Richter vorgeführt, der gegen sämtliche Personen richterlichen Haftbefehl erlassen hat.
1–14 (Namen und Sozialdaten)
Die von Ziffer 1 bis 6 aufgeführten Personen waren Mitglieder der illegalen Ortsgruppe der SAP* in Mannheim. Burkhardt hat gegen Bezahlung illegale Druckschriften, insbesondere „Das Fanal", und auch *Maiplaketten* auf fotographischem Wege hergestellt, die z[um] Teil an die Mitglieder abgegeben und zum andern Teil öffentlich vertrieben wurden. Hofmann war Zellenleiter einer Dreiergruppe in Mannheim-Friedrichsfeld bis zum Mai 1938. Jaisle, Riegraf, Freimüller und Engel gehörten zur illegalen SAP-Gruppe Heilbronn. Jaisle war Zellenkassier und Anlaufstelle für Druckschriftenmaterial. Riegraf war Zellenleiter und hat Schulungsabende abgehalten. Engel war Verbindungsmann zwischen der Zentrale Mannheim und der Gruppe Heilbronn. Gleichzeitig lieferte er die Beitragsgelder der Heilbronner Gruppe an die Zentrale Mannheim ab. *Die illegale Tätigkeit der unter Ziffer 7 bis 14 aufgeführten Personen erstreckt sich bis Ende 1936.*
Die Zahl der in der SAP-Angelegenheit festgenommenen Personen beträgt im ganzen bis jetzt 47.

Quelle: Stadtarchiv Mannheim BDdW 81 und Bundesarchiv Koblenz R 58/446. Zitiert nach „Verfolgung und Widerstand unter dem Nationalsozialismus in Baden", Stadtarchiv Mannheim (Hrsg.), Bearbeitung Jörg Schadt, Stuttgart 1976.

---

* Sozialistische Arbeiterpartei, eine kleine Parteigruppe, die sich schon vor 1933 von der SPD abgespaltet hatte.

[151] „Kampf gegen international gebundene Kräfte“

Wie unsicher die NS-Partei 1938 bezüglich der solidarischen Verbundenheit von Arbeitern mit der Internationalen war, zeigte eine parteiamtliche Anweisung über die Zielsetzung und Aufgabe der Partei.

Die Partei als weltanschauliches Erziehungsinstrument muß das Führerkorps des deutschen Volkes werden.
Dieses Führerkorps ist für die restlose Durchdringung des deutschen Volkes im nationalsozialistischen Geiste und für die Überwindung der im Volk zum Teil noch wurzelnden Abhängigkeit von international gebundenen Kräften verantwortlich.

Quelle: Organisation a.a.O. S. 13.

Solidarität gegen den Nazismus

Illegales sozialistisches Flugblatt (Original), um 1941.

Quelle: Archiv der sozialen Demokratie, Bonn 1981.

[152] „Der 1. Mai naht! Der Sieg soll unser sein!"

Zu den wenigen Widerstandsgruppierungen, die bis zum Ende der NS-Herrschaft in der Illegalität wirkten, zählten die Kommunisten, auch wenn viele unter ihnen zu den ersten zählten, die am 1. Mai 1933 die rote Fahne der Kommunisten mit der Hakenkreuzfahne der Nationalsozialisten vertauschten.
Wenn es darum ging, der kommunistischen Ideologie zur Macht zu verhelfen, attackierten und kooperierten KP-Leute gegen und mit Imperialisten und Kapitalisten. Der Zweck rechtfertigte und heiligte die Mittel.
Nachstehend ein Auszug aus dem „Berliner Rundbrief Nr. 4 der Berliner KPD-Organisation" „Ist der Sieg des deutschen Monopolkapitals unerschütterliche Gewißheit?" vom 18. April 1941. Verfasser ist Kurt Staffelbauer.

...

Wieder kündet sich die wirtschaftliche Schwäche Deutschlands an, wieder zeigen sich die Verbündeten nur mit Deutschlands Hilfe fähig, und wieder wirkt sich das amerikanische Gewicht aus! Die Lage ist recht verschieden in Einzelheiten – tragisch für Hitlerdeutschland in der Ähnlichkeit der großen Linien! Nur ist es diesmal fraglich, ob in der letzten Schlacht der englisch-amerikanische Imperialismus siegen wird oder ob die Völker, geführt von der Arbeiterklasse, den Ausgang des Krieges entscheiden. 1918 hätten die Proletarier Deutschlands auch ihre letzte Schlacht gewinnen können, aber die Mehrheit der Arbeiterschaft vertraute noch auf Ebert* [...]
So kam das Kompromiß mit der Bourgeoisie, und Ebert und Noske** riefen reaktionäre Freikorps zur Niederschlagung der revolutionären Arbeiterschaft. Ein neues 1918 darf sich nicht wiederholen. Denken wir daran, ziehen wir die richtigen Lehren daraus, um uns zur letzten Schlacht vorzubereiten.
Heilig ist die letzte Schlacht! Hört ihr nicht alle unser letztes Kampflied? Der 1. Mai naht! Der 1. Mai ist der Tag der internationalen Solidarität der Arbeiterklasse in der ganzen Welt. Legen wir den Schwur ab:

---

* Gemeint ist hier der Sozialdemokrat Friedrich Ebert, Reichspräsident von 1919–1925. Die Kommunisten attackierten rechtsstehende Sozialdemokraten als Sozialfaschisten, die nach ihrer Einschätzung als Konterrevolutionäre agierten.

** Der Sozialdemokrat Gustav Noske war Mitglied des Rats der Volksbeauftragten in der Novemberrevolution.

Der Sieg soll unser sein. Wir wollen die letzte Schlacht gewinnen!

Quelle: Wolfgang Ruge und Wolfgang Schumann (Hrsg.), Dokumente zur deutschen Geschichte, Frankfurt/Main 1977, S. 62.

[153] KZ Dachau, 1. Mai 1944
Als Christenmensch unter Herrenmenschen

2. Mai 1944

Es sind wieder furchtbare Angriffe auf Berlin und Leipzig gemeldet worden. Der arme Wallmann: möglich, daß er schon wieder ausgebombt ist! Nein, sie mögen sagen, was sie wollen: auf die Dauer wirken diese Bomben tödlich. Ein unwiderstehliches Kriegsmittel: die Elefanten des Hannibal. Am 1. Mai war frei: er wurde gefeiert und mit Recht; ist es nicht ein höheres Fest als der Freitag des Gehenkten?

Gleich am Samstagnachmittag, kaum daß ich auf dem Block war, legte ich meinen Kopf auf den Arm und tat einen tiefen Schlaf, von dem ich erst zur Vesperzeit wieder erwachte. Und dies wiederholte sich an jedem der beiden folgenden Tage.

Der Sigambrer wundert sich darüber, daß ich in einem solchen Bienenkorbe noch Ruhe zum Schlafen finde und preist mich eine glückliche Natur. Und bin ich nicht glücklich zu preisen? In meinem ganzen Leben erinnere ich mich nicht, eine einzige schlaflose Nacht gehabt zu haben, selbst nicht im KZ. Ich konnte in jeder Lage einschlafen, wenn ich mich müde fühlte, es mochte nun im Eisenbahnabteil sein oder im Kölner Dom oder in der Sofienmoschee zu Konstantinopel.

4. Mai 1944

Freund Reger ist endlich aus dem Bunker entlassen worden; 4 Wochen war er dringesessen, 2 Tage dunkel und einen Tag hell ohne Decken; sein Aussehen ist nicht schlechter als sonst. Pakete durfte er bekommen. Den Kirchencaptain Niemöller sah er flüchtig bei der Aufnahme; er grüßte ihn von weitem und ein bißchen zurückhaltend.

Quelle: K. A. Gross, Zweitausend Tage Dachau, Erlebnisse eines Christenmenschen unter Herrenmenschen und Herdenmenschen. München o. J., S. 209–210.

[154] Thomas Manns Rundfunkansprache am 1. Mai 1944

Deutsche Hörer!

Das Wort zu der bevorstehenden „Versklavung des deutschen Volkes", mit dem die Nazi-Propaganda arbeitet, und in das falsche Freunde Deutschlands auch draußen klagend einstimmen, ist ganz danach angetan, das neue Schlagwort zu bilden für die nationalistische Revanche und die Rolle zu spielen, die nach 1918 die Wörter „Dolchstoß" und „Schandfrieden" spielten, also ein neuer Ausdruck zu werden für die grundfalsche Auffassung von der „Wiederherstellung der deutschen Ehre", die Deutschland in diesen Krieg und in die erneute Niederlage geführt hat.

Die Drohung mit der Versetzung des deutschen Volkes in den Sklavenstand ist eine Lüge. Keines Volkes Versklavung kann das Ziel der Völkerkoalition sein, die das hirnverbrannte Nazi-Regime gegen sich zusammenzuschmieden verstanden hat. Das Kriegsziel der Alliierten ist die Sicherung des Friedens, ist ein weltweites System kollektiver Sicherheit, in das ein freies und demokratisches Europa eingeschlossen ist. Und in diesem Europa wiederum soll ein freies und demokratisches Deutschland eines Tages seinen verantwortlichen und geachteten Platz einnehmen.

Ich sage: „Eines Tages", und mir ist klar, wie es euch klar sein muß, daß dieser Tag nicht morgen und nicht übermorgen sein kann. Herr Goebbels, nicht blind für das Bevorstehende, ruft heute: „Die Menschheit ist ohne Deutschland undenkbar!" Sie ist wohl denkbar, und mit Vergnügen denkbar, ohne ihn; und das Schlimme ist, daß Deutschland gedacht hat, es selbst sei denkbar ohne die Menschheit, ohne Anerkennung des Menschenrechts; daß es die Menschheit versklaven wollte und Europa tatsächlich versklavt hat. Alles kommt darauf an, daß es aufhört, in den unseligen Kategorien von Herrschaft und Sklaverei zu denken, und daß es nicht in der Befreiung Europas, in der Wiederherstellung der Würde und nationalen Gesundheit der von ihm unterjochten Völker und in Deutschlands pflichtschuldiger Mithilfe an dieser Wiederherstellung seine eigene Versklavung sieht.

Die Nazis haben euch Deutschen viel von „Europa" gesprochen und behaupten auch heute, mit dem europäischen Boden die europäische Kultur zu verteidigen – sie, die Schinder und Henker der Völker Europas. Um Europa aber, um seine mißhandelten Völker, um die Rekonstruktion des Erdteils und seine Sicherung gegen erneuten Angriff wird es sich nach dem Kriege vor allem handeln, und nicht in erster Linie um Deutschland, seine Freiheit und Wiederherstellung. Wenn aus diesem Kriege ein zur Besinnung gekommenes Deutschland hervorgeht, ein Deutschland, das die grauenhaften Untaten an anderer Völker Gut und Blut erkennt und tief bereut, zu denen es von seinen verruchten Machthabern angehalten worden ist, so wird es begreifen, daß die Wiederherstellung Europas ein Vorrecht hat vor dem Wohle Deutschlands, und es wird aus eigenem Antriebe, eigenem Gerechtigkeitsgefühl vor allem dazu beitragen wollen, diese Untaten gutzumachen, soweit sie überhaupt wieder gutzumachen sind, auch wenn dadurch seine eigene Erholung sich verzögert. Das ist keine „Versklavung“ sondern es ist Befreiung aus den Klauen eines verhängnisvollen Superioritätswahns, in den die Deutschen durch falsche Lehrer hineingeschwätzt worden sind. Es ist die Ernüchterung aus einem verderblichen Rausch von Vorrang und Recht zum Unrecht. Die deutsche Kultur ist nicht die höchste und einzige, sondern sie ist eine unter anderen, und Bewunderung war immer ihr tiefster Impuls; am Dünkel stirbt sie. Nicht um Deutschland dreht sich die Welt; es ist nur ein kleiner Teil dieser weiten Erde, und größere Fragen sind an der Tagesordnung als die Probleme der deutschen Seele. Der deutsche Mensch ist kein Teufel, wie manche behaupten, aber er ist auch kein Erzengel, blondgelockt, im arischen Silberharnisch, sondern ein Mensch wie alle; und als Mensch und Bruder seiner Mitmenschen muß er wieder zu leben lernen. Nichts anderes meint das Wort, das wir Deutsche zu lange töricht verachteten, das Wort „Demokratie“.

Quelle: Zitiert nach: Karl Hirtler (Hrsg.), Wir sind gewarnt, Bad Godesberg 1965, S. 117 u. 118.

[155] KZ Dachau, 1. Mai 1945

Im Lager viel Unruhe. Feier des 1. Mai. Man trägt Transparente und Fahnen. Jede Nation marschiert geschlossen auf. Die Amerikaner sind auf dem Appellplatz. Der Colonel, der zur Zeit das Lager leitet, grüßte die Fahnen alle.

Es war auch eine deutsche Gruppe für ein neues Deutschland vertreten. Auch diese Fahne wurde gegrüßt. Ansprachen wurden gehalten, vom Colonel sowie von den Vertretern der Nationen.
Von unseren sechstausend abmarschierten Kameraden immer noch keine Nachricht. Man befürchtet, daß sie zum größten Teil umgebracht wurden.
Es gibt eine Nachricht, daß ein Kanadier ein zerrissenes Papier in der Kommandantur fand und es zusammensetzte. Es entpuppte sich als eine Order Himmlers, die besagte, daß kein Häftling Dachau lebend verlassen darf.
Das wird ergänzt: Es sei überhaupt Order gegeben worden, alle unterwegs befindlichen Transporte aufzuhalten und die Häftlinge niederzumachen. Daher wohl die vielen Massakrierten auf dem Wege der Befreier.
Nun kommt auch die Nachricht, daß in der Nacht vom 28. zum 29. April einige Kilometer vom Lager entfernt, man sagt zwei Kilometer, achttausend Mann SS standen, die den Auftrag hatten, uns hier niederzumachen. Die Amerikaner waren unsere Rettung. Die SS wurde zerstreut, sammelte sich aber wieder, und der Rest dieser Truppe versuchte in der Nacht vom 29. zum 30. April einen Angriff auf das Lager. Das war wohl jenes Gefecht, das ich damals hörte und das ich so gefahrdrohend empfand. Man könnte noch nachträglich eine Gänsehaut bekommen, wenn man sich ausmalt, in welch grauenvoller Gefahr wir damals schwebten.

Seltsam und wunderbar ist überhaupt unsere Befreiung, nämlich wie sie sich zugetragen haben soll: Angeblich sollten die amerikanischen Truppen plangemäß erst vier Tage später hier sein. Auf irgend eine Weise muß jedoch die Nachricht zu ihnen gelangt sein, daß die Häftlinge des Lagers Dachau in ernster Gefahr schwebten. Daraufhin bildete sich eine Gruppe Freiwilliger und kam uns zu Hilfe. Es war im wahrsten Sinne des Wortes Hilfe in letzter Stunde, denn man sagt, wenn die Amerikaner auch nur zwei Stunden später gekommen wären, so wäre es schon zu spät gewesen.

Wer mag uns diesen Dienst geleistet haben? Wer die Hilfe gebracht? Und ist es nicht wundervoll zu denken, daß es Menschen gab, die uns zu Hilfe eilten, die ihr Leben wagten und zum Teil wohl auch verloren, um uns zu befreien?
Man sagt, Goebbels habe sich und seine Familie umgebracht,

Ribbentrop und Ley seien unauffindbar, Göring in die Schweiz geflüchtet und Hitler tot.
Ob das den Frieden bringt?

Quelle: Edgar Kupfer-Koberwitz: Die Mächtigen und die Hilflosen. Als Häftling in Dachau. Stuttgart 1960, S. 260 u. 261.

[156] Das Ende der NS-Herrschaft. Selbstmord des Führers und Reichskanzlers Adolf Hitler in der Nacht zum 1. Mai.

Das NS-Herrschaftssystem ist nicht durch innerdeutschen Widerstand ausgelöscht worden. Dies soll nicht heißen, daß parteiliche Opposition nicht auch zur Befreiung von nationalsozialistischer/faschistischer Diktatur beigetragen hat.
Alliiertes Militär hat die Deutsche Wehrmacht besiegt und das Deutsche Reich besetzt. Der Untergang Großdeutschlands findet mit dem Selbstmord des Führers und Reichskanzlers am 30. April und der Kapitulation am 7./8. Mai 1945 seinen Abschluß.
Prognose und Widerstand der Arbeiterbewegung hatten sich als richtig erwiesen: Hitler bedeutete Krieg; der Nationalsozialismus hinterließ Chaos, Not und Elend.
Aufzeichnungen (vermutlich) von Korvettenkapitän
Walther Lüdde-Neurath, Adjutant des Oberbefehlshabers der Kriegsmarine
über die Ereignisse am 30. April und 1. Mai 1945

> Durch den Entschluß des Führers, im Falle der Einschließung Berlins dort zu bleiben, trat eine vollständige veränderte Situation ein. Es war, als die Nachrichtenverbindungen nach Berlin immer schlechter wurden, die Frage aufgetaucht, ob die dem Großadmiral erteilten Vollmachten nunmehr in Kraft getreten seien oder nicht. Die Beurteilung dieser Frage wurde noch schwieriger, als der Feldmarschall Keitel und der Generaloberst Jodl aus Berlin herausgingen und den militärischen Oberbefehl im Nordraum im Rahmen ihrer bisherigen Funktionen weiter ausübten [...].
> Klarheit brachte der Funkspruch des Sekretärs des Führers, Reichsleiter Bormann, an Großadmiral Dönitz vom 30. 4. 1945.
> Der Sekretär des Führers teilte mit, anstelle des bisherigen Reichsmarschalls Göring habe der Führer den Großadmiral als seinen Nachfolger eingesetzt. Schriftliche Vollmacht sei unterwegs. Ab sofort solle der Großadmiral sämtliche Maßnahmen verfügen, die sich aus der gegenwärtigen Lage ergäben.

Die in dem Funkspruch angekündigte schriftliche Vollmacht ist nicht eingegangen.
Am 1. Mai 1945 funkte der Großadmiral an den Führer, seine Treue zu ihm sei unabdingbar. Er werde alles versuchen, um Berlin zu entsetzen. Wenn das Schicksal ihn dennoch zwänge, als der vom Führer bestimmte Nachfolger das Deutsche Reich zu führen, werde er den Krieg so zu Ende führen, wie es der einmalige Heldenkampf des deutschen Volkes verlange.
Am 1. 5. 1945, 15.18 Uhr ging folgender Funkspruch ein: „FRR Großadmiral Dönitz:
Führer gestern, 15.30 Uhr, verschieden. Testament vom 29. 4. überträgt Ihnen das Amt des Reichspräsidenten, Reichsminister Dr. Goebbels das Amt des Reichskanzlers, Reichsleiter Bormann das Amt des Parteiministers, Reichsminister Seyß-Inquart das Amt des Reichsaußenministers. Das Testament wurde auf Anordnung des Führers an Sie, an Feldmarschall Schörner und zur Sicherstellung für die Öffentlichkeit aus Berlin herausgebracht. Reichsleiter Bormann versucht noch heute, zu Ihnen zu kommen, um Sie über Lage aufzuklären. Form und Zeitpunkt der Bekanntgabe an Öffentlichkeit und Truppe bleibt Ihnen überlassen. Eingang bestätigen. Goebbels-Bormann."
Weder Reichsleiter Bormann noch Dr. Goebbels sind in Plön angekommen. Der Feindnachrichtendienst hat gemeldet, daß Bormann, Dr. Goebbels mit Frau und seine 6 Kinder in Berlin tot aufgefunden worden seien.
Der Tod des Führers wurde durch den Rundfunk am 1. Mai 1945, 22.30 Uhr, dem deutschen Volk bekanntgegeben. Am gleichen Tage sprach Großadmiral Dönitz zum deutschen Volk und zu den Soldaten der deutschen Wehrmacht. In einem Tagesbefehl wandte er sich besonders an die deutsche Wehrmacht. Am 2. 5. 45 ernannte der Großadmiral den Reichsminister Graf Schwerin von Krosigk zum Reichsaußenminister. Bei einer Aussprache des Großadmirals mit Graf Schwerin von Krosigk und Staatssekretär Wegener wurde festgestellt, daß die militärische Lage hoffnungslos sei und es im gegenwärtigen Stadium das Hauptziel der Regierung sein müsse, möglichst viele deutsche Menschen vor der Vernichtung durch den Bolschewismus zu retten, soweit die Anglo-Amerikaner die Erreichung dieses Zieles erschwerten, müsse auch gegen sie weitergekämpft werden.

Quelle: Dieter Schuster, Die Deutsche Gewerkschaftsbewegung, Bonn-Bad Godesberg 1976, S. 70f.

Widerstand: Das personale Beispiel

Vorbemerkung

Die Zeit der NS-Herrschaft in Deutschland und vom Zweiten Weltkrieg 1939 an über Deutschland hinaus in den von Hitler-Deutschland besetzten Kriegsgebieten innerhalb und außerhalb Europas war für die Arbeiterbewegung und damit für die Gewerkschaften eine Zeit der Unterdrückung, der Entrechtung und der Verfolgung, d. h.: Verhaftung – Mißhandlung – Folterung – KZ – Hinrichtung – Ermordung. Eine große Anzahl von Gewerkschaftern fiel der nationalsozialistischen Diktatur zum Opfer. Die Zahl ist zu groß, um alle hier nennen zu können.

Zwei Beispiele stehen für viele.

1. Beispiel:
Am 2. Mai 1933 erschlugen die Nationalsozialisten in Duisburg vier Gewerkschaftsfunktionäre:

- Julius Birk, Bezirksleiter des Gesamtverbandes der Arbeitnehmer der öffentlichen Betriebe, Sektion Binnenschiffer
- Emil Rentmeister, Funktionär des Zentralverbandes der Angestellten (ZdA)
- Michael Rodenstock, Sekretär des Gesamtverbandes der Arbeitnehmer der öffentlichen Betriebe
- Jean Schlösser, Bezirkssekretär des Deutschen Metallarbeiterverbandes

2. Beispiel:
*Wilhelm Leuschner**
Der Gewerkschafter und Politiker

Zu den Gewerkschaftern und Politikern der Weimarer Republik, die ihrer tiefverwurzelten politischen Überzeugung von der sozialen Demokratie bis zum Tode solidarisch treu geblieben sind, zählte der Sozialdemokrat und Gewerkschafter → Wilhelm Leuschner. Seine Haltung bedeutete viel, sehr viel in der Zeit der NS-Herrschaft, die in Wilhelm Leuschner einen politischen Gegner sah, den es auszuschalten, und das heißt buchstäblich zu vernichten galt.

---

* Lebensdaten im Überblick → Lexikon Personenregister → Leuschner, S. 347.

Aus der Biographie

Als siebzehnjähriger Holzbildhauer kam der am 15. Juni 1890 in Bayreuth geborene Leuschner nach Darmstadt. Sein Interesse galt der politischen Arbeit: Er engagierte sich in der Arbeiterbewegung. Seine bewährte Arbeit erwarb ihm das Vertrauen von Partei und Bevölkerung. 1919* wurde er in den Rat der Stadt gewählt und schließlich 1924** in den hessischen Landtag. Beruflich arbeitete er von 1926*** an für die Gewerkschaften als Sekretär. Nach vierjähriger Parlamentsarbeit erhielt er das Vertrauen als Mitglied der Landesregierung und zwar im Amte des Innenministers. Dieses Amt bedeutete direkte politische Auseinandersetzung mit extremen rechten und linken Positionen der Weimarer Republik: den Nationalsozialisten/deutschen Faschisten und den Kommunisten (→ Dokument Nr. 157, S. 286).

Für Leuschner war Gewerkschaftspolitik und Parteipolitik selbstverständlich kein Gegensatz sondern vielmehr Dienst an einer demokratisch-sozialen, parlamentarischen Regierungsweise an zwei verschiedenen Arbeitsplätzen. Die Freien Gewerkschaften waren mit der Sozialdemokratie verflochten. Diese hatten sich von Anfang an mit der Weimarer Republik identifiziert.

Der Verfolgte

Die NS-„Machtergreifung" erlebte Wilhelm Leuschner als stellvertretender Vorsitzender des → Allgemeinen Deutschen Gewerkschaftsbundes (ADGB) in Berlin. Anläßlich der organisatorischen/finanziellen/persönlichen Zerstörung der Gewerkschaften durch die Nazis am 2. Mai 1933 geriet Leuschner in die Gewalt der NS-Sturmabteilungen. Beim Sturm auf die Gewerkschaftshäuser verhaftete und verhörte der NS-Organisationsleiter → Dr. Robert Ley den Stv. ADGB-Vorsitzenden. Im Keller des Antikriegsmuseums in der Parochialstraße in Berlin war Leuschner mehrere Tage und Nächte rohen Mißhandlungen der SA/NSDAP ausgeliefert. Danach wurde er nach Berlin-Plötzensee in den Zellenbau, nahe der Hinrichtungshalle, überführt. Überraschend erfolgte seine Freilassung.

* 1919–1928 Stadtrat.
** 1924–1933 MdL.
*** 1926–1928 Gewerkschaftssekretär.

Gemäß der NS-Strategie, die Gewerkschaften „umzudrehen“, suchten die Nazis dies an einem international anerkannten und geachteten Gewerkschaftsführer zu praktizieren. Unter Zwang fuhr er mit Robert Ley nach Genf. Dort, auf der Internationalen Arbeiterkonferenz, sollte Leuschner sich zur → Deutschen Arbeitsfront bekennen, um den „Anspruch auf den deutschen Sitz für die ‚Arbeitsfront‘ berechtigt erscheinen zu lassen,“* den dann der Nationalsozialist Ley einzunehmen bestrebt war. Leuschner nahm jedoch auf der Versammlung nicht das Wort. Er schwieg. Und dieses mutige Schweigen beeindruckte tief. Jeder wußte, Leuschner stand dort und blieb dort, wo er immer gestanden hatte. Dies kostete, kennt man die NS-Verfolgungspraxis, natürlich seinen Preis. Auf der Rückfahrt nach Deutschland wartete an der Grenze die geheime politische Polizei auf ihn. Leuschner überlistete sie fürs erste durch einen Zugwechsel. Er stellte sich jedoch, als er feststellte, daß an seiner Stelle ein anderer Passagier irrtümlich verhaftet worden war. Zwei Jahre KZ waren die Rache der Nazis für seine Haltung in Genf.

Der Widerstandskämpfer

Trotz KZ blieb Leuschner seiner Gesinnung treu. Sein Sohn Wilhelm (Jahrgang 1910) unterstützte ihn dabei. Nach der Haftentlassung 1934 gelang es ihm zusammen mit Hermann Schlimme, „die Anträge von etwa 7000 Angestellten des ADGB auf Zahlung ihrer Gehaltsansprüche zu verfolgen“.**

Zur Erfüllung dieser Aufgabe vermochte er die alten Verbindungen zu Gewerkschaftskollegen zu reaktivieren. Er, der als ehemaliger Innen- und Polizeiminister die NS-Praktiken genau kannte und auch selbst erleiden mußte – die geheime Staatspolizei ließ ihn nicht aus den Augen –, entwickelte und betrieb seine eigene Widerstandsstrategie. Er und seine Freunde lehnten das Verteilen von Flugblättern und Zeitungen als Waffe gegen die Nazis ab. Diese Einschätzung wurde von der Tatsache bestätigt, daß häufig Urheber politischer Flugschriften allzu leicht von der GeStaPo gefaßt und ausgeschaltet werden konnten. Darüber hinaus erschien ihm das

* Zitiert nach Annedore Leber, Das Gewissen steht auf, Berlin/Frankfurt a. M. 1954, S. 97.

** Zitiert nach Richard Löwenthal/Patrick von zur Mühlen (Hrsg.), Widerstand und Verweigerung in Deutschland 1933 bis 1945, Bonn 1982. S. 47.

alte, ehrenwerte Kampfmittel nicht geeignet, die Nazis, die im Bewußtsein eines großen Teils der arbeitenden Bevölkerung als die Befreier von der Arbeitslosigkeit galten, wirksam zu schwächen, geschweige denn, sie aus der Regierungsmacht zu vertreiben. Sein Widerstandskonzept war anders angelegt. Leuschner arbeitete sich in die illegale Reichsleitung der Arbeiterbewegung ein. Beruflich baute er sich zusammen mit politisch Gleichgesinnten eine wirtschaftlich unabhängige Existenz auf, eine kleine Fabrik für Bierzapfhähne. Patente über korrosionsbeständige Verschraubung von Leichtmetallarmaturen machten ihn gar für Hitlers Rüstungsindustrie interessant, ja unentbehrlich. So waren ihm Türen geöffnet, so waren Reisen ermöglicht, um Widerstandsaktivitäten ins Werk setzen zu können.
Sie durften damit bei höchsten Wehrmachtsstellen ein- und ausgehen, ohne sich verdächtig zu machen. Dergestalt konnten Leuschner, Maaß und Schneppenhorst sowohl die alten Kollegen in Biergärten, Cafés und Restaurants, als auch die Generäle in Kasernen und Ministerien „rein geschäftlich" aufsuchen und alles Notwendige besprechen. So paradox das klingen mag: Die illegale Reichsleitung der Gewerkschaften in Berlin fußte seit Mitte der 30er Jahre organisatorisch und wirtschaftlich auf den besonderen Möglichkeiten wehrwirtschaftlichen Unternehmertums im Dritten Reich.
Leuschners Arbeitsweise an der Spitze von Führerkreis und Reichsleitung glich dem der emsig und lautlos schaffenden Spinne in einem weitgespannten, unsichtbaren Netz, die ihre Haltefäden ausspannt, die feineren Verbindungen zieht, Signalfäden unter Kontrolle hält und Beschädigungen ausbessert, in der Gewißheit, daß ein Erfolg nicht ausbleibt, wenn sie sich von der Ungeduld nicht hinreißen läßt.
Das große Netz des gewerkschaftlichen Widerstandes blieb unentdeckt, obwohl Leuschner im Zentrum Berlins an der Bismarckstraße 84 in seiner Fabrik leicht zu beobachten, den Behörden längst bekannt und auch immer wieder verdächtig war, ohne daß ausreichende Beweise vorlagen.*
Bei Kriegsbeginn, 1939, sperrten die Nazis Leuschner wieder ins KZ und zwar zusammen mit Carlo Mierendorff (1897–1943), Julius Leber (1891–1945), Paul Löbe (1875–1967), Carl

* Quelle: Zitiert nach Löwenthal/P. von zur Mühlen, Widerstand und Verweigerung, a.a.O. S. 47 u. 48.

Severing (1875–1952) u. a. Unter den Verhafteten waren auch Gustav Noske (1868–1946) und Lothar Erdmann (1884–1939). Erdmann, der als engster Mitarbeiter Leiparts die Politik der Anpassung 1933 mit konzipiert hatte, wurde kurz nach seiner Verhaftung ermordet*.

Durch die Kriegswirtschaft bedingt, gelang es Leuschner, für seine Firma freizukommen. Krieg, das war seine Überzeugung, führte zum Ende der NS-Herrschaft. Jetzt galt es zusammenzuarbeiten, um unsägliches Leid zu vermeiden (→ Dokument Nr. 158, S. 286). Seine konspirative Tätigkeit war auf die Zukunft ausgerichtet, auf die Neuordnung eines demokratischen Deutschlands nach der Nazi-Herrschaft. Um dieses Ziel zu verfolgen, suchte Wilhelm Leuschner Kontakt und Verbindung mit den Nazi-Gegnern. Er scheute sich, dieses Ziel vor Augen, nicht, Verbindungen zur DAF und Offizieren der Deutschen Wehrmacht einzusetzen, was bei der illegalen Arbeiterbewegung als „Pakt mit dem Teufel" gewertet wurde. Als früherer Innenminister, dem die Polizei unterstand, kannte er die Methoden und Praktiken konspirativer Arbeit. Mit dem illegalen Apparat der Arbeiterbewegung schloß sich Leuschner der Widerstandsgruppe um → Goerdeler an. Durch die Angliederung wurde diese personell und ideell auf eine breitere Basis gestellt. In einer neuen Reichsregierung mit Generaloberst Ludwig Beck, als Repräsentanten der Militärs, mit dem Bürgerlichen, Dr. Karl Friedrich Goerdeler, Oberbürgermeister a. D. von Leipzig, und dem Gewerkschafter Wilhelm Leuschner, hätten sich Soldaten, Bürgertum und Arbeiterschaft vertreten gewußt, mit ihr hatten sich breite Schichten des Volkes identifizieren können. Besonders wichtig waren für Leuschner und seine Freunde auch die Verbindungen zu den christlichen Arbeitnehmern. Im Nach-Hitler-Deutschland sollte eine starke sozialistische und christliche Einheitsgewerkschaft ein für allemal verwirklicht werden, hatte doch die Zersplitterung der Gewerkschaften nicht zuletzt zu Hitlers Machtgewinnung beigetragen. Der Kontakt zu Goerdeler war auch von → Jakob Kaiser aus dem Kreis der früheren christlichen Gewerkschaften vermittelt worden. Zusammen mit Goerdeler und den Männern der Verschwörung zum 20. Juli 1944 plante Leuschner den Sturz

* Zitiert nach: R. Löwenthal / P. von zur Mühlen, Widerstand und Verweigerung, S. 48.

Hitlers und den Wiederaufbau eines demokratischen Deutschlands. Realistisch einschätzend, daß Hitlers NS-System im Innern nur durch das Militär zu stürzen war, und mit dem Ziel, erneute Blutopfer der Arbeiterschaft zu verhindern, stellte er die Rolle der Gewerkschaften im Widerstand, wie folgt, klar: „Wir haben Hitler nicht in den Sattel gehoben und auch diesen Krieg, der über kurz oder lang zu einer Katastrophe führen muß, nicht angefangen. Wir werden uns auch nicht, um Hitler zu beseitigen und den Krieg zu beenden, in irgendwelche Abenteuer stürzen, bei denen wir obendrein noch damit rechnen müssen, daß die Generäle auf die Arbeiterschaft schießen lassen, wenn wir sie zum Generalstreik aufrufen“*.

Ihm ging es in erster Linie um die Mit- und Aufbauarbeit nach Hitlers Sturz; dann war die Stunde der Gewerkschaften gekommen. In den Konzepten der Verschwörer gegen Hitlers NS-Herrschaft war Leuschner für ein hohes Staatsamt, als Reichspräsident, bzw. Vizekanzler vorgesehen.

Die Hinrichtung – letzte Botschaft

Als der Anschlag des Widerstandskämpfers Oberst Claus Graf Schenk von Stauffenberg auf Hitler am 20. Juli 1944 fehlgeschlagen war und die Verschwörer enttarnt worden waren, war Wilhelm Leuschners Ende gekommen. In den Verhören schilderte er noch sein Programm der Einheitsgewerkschaft „Deutsche Gewerkschaft“, betonte er noch die Leitsätze der illegalen Reichsleitung der Gewerkschaften: „Wiederherstellung der sozialen Republik als Rechtsstaat; Aufbau einer freiheitlich sozialistischen und christlichen Einheitsgewerkschaft; gesellschaftliche, wirtschaftliche und soziale Neuordnung auf der Basis demokratischer Selbstverwaltung“**.

Der Volksgerichtshof sprach sein Urteil über die Widerstandskämpfer. Für Wilhelm Leuschner lautete es: Tod am Galgen.

Vor der Vollstreckung des Urteils in Berlin Plötzensee am 29. September 1944 richtete er eine letzte Botschaft an die Kollegen: „Morgen werde ich gehenkt, schafft die Einheit!“***

---

* ** *** Zitiert nach: R. Löwenthal/P. von zur Mühlen, Widerstand und Verweigerung, a.a.O., S. 50.

[157] „So kämpfen wir für ein arbeitsfähiges Parlament" Wilhelm Leuschner über den Wahlkampf vor den Neuwahlen zum hessischen Landtag am 30. Mai 1932

„Der Wahlkampf wird von den Nationalsozialisten mit den Methoden der Verleumdung, der Beschimpfung und Verdächtigung, aber nicht als geistige Auseinandersetzung geführt werden. Wir verlangen mehr Wahrhaftigkeit, höhere Moral und höhere Intelligenz von unseren Führern und Volksvertretern als die Nationalsozialisten und Kommunisten.
Unser Kampf gilt ebenso den Kommunisten wie den Nationalsozialisten, da ohne ihre Spaltungspolitik der Nationalsozialismus nicht die Rolle in Deutschland spielen könnte. Wir wollen wieder die gesamte Arbeiterschaft in einer einigen Partei zusammenführen. So kämpfen wir gegen Faschismus und gegen Kommunismus für ein arbeitsfähiges Parlament in Hessen, für eine starke Sozialdemokratie!"

[158] „Um unsägliches Leid zu vermeiden, zusammenarbeiten." → Ludwig Bergsträsser begegnete während des Zweiten Weltkrieges Wilhelm Leuschner

Während des Krieges bemühte sich Leuschner mit verstärkter Kraft, gemeinsam mit den Gewerkschaftern der verschiedenen Richtungen und mit Vertretern der verschiedenen früheren politischen Gruppierungen, jene Aufgaben vorzubereiten, die „am Tage danach" zu lösen sein würden. Gemeinsam mit Beck arbeitete er an einem Umsturz vor der äußersten Katastrophe. Gemeinsam mit Goerdeler bereitete er die Übergangsregierung vor, in der für ihn selbst das Amt des Vizekanzlers vorgesehen war.
Professor Dr. Ludwig Bergsträsser beschreibt Begegnungen aus jenen Tagen:
„Wenn man ihn in Berlin besucht hat, war man erstaunt, wie gut er über alles unterrichtet war. Man war ebenso erstaunt darüber, mit welcher Klugheit, Ruhe und Sachlichkeit er die Situation beobachtete und Schlüsse daraus zog. Während der Kriegsjahre sah er genau, daß sich nun die Lage erheblich zugespitzt hatte, und er wußte, daß der Krieg das Ende der Diktatur bedeuten würde. Sein harter Wille sagte ihm: schnell muß es geschehen, um unsägliches Leid zu vermeiden.

Dabei wuchs er hinaus – wenn er es nicht schon je gewesen war – über den engen Kreis nur parteimäßigen Blickfeldes. Das war auch für ihn ein Stück Realität, genau wie er den Gedanken hegte, daß die Vereinigung der Arbeiterschaft dadurch herbeigeführt werden müsse, daß nach dem Zusammenbruch der Hitlerregierung nicht wieder Gewerkschaften verschiedenster Art entstehen sollten.
So sehr er seinen Weg gemacht hatte in der SPD, war er doch davon überzeugt, daß nach diesem Unglück einer Diktatur, das über Deutschland gekommen war, alle, die guten Willens seien, für Freiheit, für Ehrlichkeit und Recht zu kämpfen, zusammenarbeiten müßten."

Quelle: Annedore Leber, Das Gewissen steht auf, Berlin/Frankfurt a. M. 1954, S. 978.

[159] ...fand sich sofort zur Widerstandsarbeit bereit

→ Jakob Kaiser*, Bundesminister a. D. für gesamtdeutsche Fragen über Wilhelm Leuschner:

...

Im Goerdeler-Kreis wurden auch die Pläne für das nach Hitler zu bildende Kabinett ausgearbeitet. Ich weiß aus meiner Teilnahme an diesen Besprechungen, wie sorgsam und gewissenhaft die Frage abgeklärt wurde, welche Männer nach dem Sturz Hitlers Verantwortungen übernehmen sollten, und zwar Verantwortungen im politischen, im militärischen und gewerkschaftlichen Sektor.
Von sozialdemokratischer Seite gehörten diesem engsten Kreis Wilhelm Leuschner und Julius Leber an. Leber war zwar dem Kreisauer Kreis um den Grafen Moltke zunächst enger verbunden, aber – als Mann von ausgesprochener Vitalität – suchte er neben der theoretischen Auseinandersetzung den praktisch politischen Willen zur Tat.
Wilhelm Leuschner, der schon 1932 als Nachfolger von Theodor Leipart zum Vorsitzenden der Freien Gewerkschaften gewählt worden war**, fand sich sofort nach Zerstörung der

* → Jakob Kaiser, katholische Gewerkschaft, gehörte innerhalb der Verschwörung gegen Hitlers NS-Herrschaft neben → Wilhelm Leuschner und Max Habermann (Deutschnationaler Handlungsgehilfenverband) zu den besonders aktiven Gewerkschaftsführern.

** Hier irrt Kaiser. Leuschner war Stellvertreter.

Gewerkschaften zu illegaler Widerstandsarbeit bereit. Zusammen mit Max Habermann und mir bildete er das gewerkschaftliche Dreimännerkollegium, das er auf der Basis aufzubauen bestrebt war, die schon vor der Zerstörung der Gewerkschaften für den Zusammenschluß gefunden war. Die führenden Christlichen, Hirsch-Dunckerschen und Freien Gewerkschaftler hatten sich nach 1933 zusammengefunden. Man glaubte damals, mit der geschlossenen Macht der Gewerkschaften Hitler wirksam entgegentreten zu können. Aber im April und Mai 1933 war es schon zu spät dafür. Auch die Gewerkschaften fielen der Zerstörung anheim.
Bevor es zu intensiver illegaler Zusammenarbeit kam, hatte Wilhelm Leuschner erst noch ein Jahr Konzentrationslager zu überstehen. Schließlich hatte er ja nicht nur zu den verantwortlichen Männern der Freien Gewerkschaften gehört, sondern er hatte als Hessischer Innenminister jahrelang in hartnäckiger Abwehr gegen den wachsenden Nationalsozialismus gestanden. Aber sein Wille, an der Erneuerung einer deutschen Arbeiterbewegung mitzuarbeiten, blieb in den Lagern, von denen er mehrere zu durchlaufen hatte, ungebrochen. ...

Quelle: Bundeszentrale für Heimatdienst (Hrsg.), 20. Juli 1944, Bonn, S. 17.

Schluß! Illegaler Aufkleber sozialistischer Herkunft.

Quelle: Ausstellungskatalog, 1933, Widerstand 1945, Archiv der sozialen Demokratie der Friedrich-Ebert-Stiftung, Bonn 1980, S. 112.

[160] „Im Namen des Deutschen Volkes – wird für Recht erkannt: ...
Ehrgeizzerfressene, ehrlose, feige Verräter...“

Im Angesicht des sinnlosen Massensterbens suchten Widerstandskämpfer gegen Adolf Hitlers Kriegsführung den Zweiten Weltkrieg möglichst schnell zu beenden. Innenpolitisch war dies, schätzte man Hitlers unumschränkte Machtposition realistisch ein, nur durch Beseitigung Hitlers, durch Tyrannenmord, zu erreichen.
Im Bewußtsein des verlorenen Krieges, des eigenen Untergangs wütete die NS-Justiz gegen Widerstandskämpfer mit haßerfüllten Beschimpfungen und dem Strafurteil: „Sie werden mit dem Tode bestraft. Ihr Vermögen verfällt dem Reich.“
Nachstehender Auszug aus dem Urteil des Volksgerichtshofs gegen Wilhelm Leuschner aus der Widerstandsgruppierung um den Leipziger Oberbürgermeister a. D. Dr. Karl Goerdeler ist hierfür exemplarisches Dokument.

Abschrift. – Auszug –

1 L 316/44
0 J 17/44 g Rs.

Im Namen des Deutschen Volkes!
In der Strafsache gegen
1.) Dr. Goerdeler, Karl
2.) *Leuschner, Wilhelm*
3.) Wirmer, Joseph
4.) von Hassel, Ulrich
5.) Dr. Lejeune-Jung, Paul
sämtlich zur Zeit in dieser Sache in Staatspolizeihaft wegen Verrats hat der Volksgerichtshof, 1. Senat, auf die am 5. September 1944 eingegangene Anklage des Herrn Oberreichsanwalts in der Hauptverhandlung vom 7./8. Sept. 1944, an welcher teilgenommen haben als Richter:
Präsident des Volksgerichtshofes Dr. Freisler, Vorsitzender,
Senatspräsident Nebelang, Ersatzvorsitzender,
Volksgerichtsrat Dr. Kochler,
General der Infanterie Reinecke,
Gartentechniker und Kleingärtner Kaiser,
Bürgermeister Ahmels,
Ersatzbeisitzer:
Bäcker Winter, Ingenieur Wernecke,

als Vertreter der Anklage:
Oberreichsanwalt Lautz, Oberreichsanwalt Dr. Görisch,
als Protokollführer:
Amtsrat Thiele,
wird für Recht erkannt:
Ehrgeizzerfressene, ehrlose, feige Verräter sind Karl Goerdeler, Wilhelm Leuschner, Joseph Wirmer und Ulrich von Hassell.
Sie verschworen sich – Goerdeler sogar als politischer Kriegsspion für unsere Feinde – mit einer Gruppe eidbrüchiger Offiziere, die unseren Führer ermorden wollte,
als Minister einer feindhörigen Verräterregierung unser Volk in dunkler Reaktion zu knechten und unseren Feinden auf Gnade und Ungnade auszuliefern.
Auch Lejeune-Jung ist ein für immer ehrloser Verräter: er stellte sich der Verräterregierung als Minister zur Verfügung. Statt mannhaft wie das ganze deutsche Volk, dem Führer folgend, unseren Sieg zu erkämpfen verrieten sie – wie niemals je in unserer Geschichte – mitten im Daseinskampf das Opfer unserer Krieger, Volk, Führer und Reich, alles, wofür wir leben und kämpfen.
Sie werden mit dem Tode bestraft.
Ihr Vermögen verfällt dem Reich.

Gründe.

...
Ein für immer ehrloser Verräter ist auch Paul Lejeune-Jung. Er war bis Anfang der dreißiger Jahre deutschnationaler Abgeordneter und beschäftigte sich vor allem mit Wirtschaftspolitik. ...
Er kannte von früher Habermann. Der vermittelte ihm nach Stalingrad eine Besprechung mit dem ihm bis dahin nur oberflächlich bekannten Goerdeler. Diese Besprechung behandelte Fragen der Wirtschaftspolitik, ging zu der Feststellung über, ein erträglicher Friede sei nur zu erreichen, wenn man mindestens die Desnalinie halten könne, und endete mit der Verabredung, sich noch einmal zu besprechen.
Nach einer Kur Lejeune-Jungs in Altheide kam Habermann wieder zu ihm und bat ihn, seine Anschauungen einmal in kleinem Kreis vorzutragen. Er tat das in seiner Wohnung vor Kaiser und Leuschner. Bald darauf sprach er noch einmal auf Habermanns Bitte vor Graf Schulenburg, Josef Wirmer und Graf Schwerin. Angesichts des weiteren ist nicht wahrscheinlich, mag aber sein, daß er nicht wußte, damit sein Examen vor dem „Vizekanzler“* und dem Gewerkschaftskreis und vor dem nächsten Mitarbeiter Goerdelers und dem Grafenkreis abgelegt zu haben.

---

* Gemeint ist hier Wilhelm Leuschner.

Danach kam Goerdeler wieder zu ihm, sagte ihm, nach Besprechungen, die er mit Beck und Olbricht gehabt habe, seien innere Unruhen, insbesondere Aufstände ausländischer Arbeiter möglich, man müsse deswegen mit der Verhängung des großen Belagerungszustandes rechnen, und dann solle der vollziehenden militärischen Gewalt ein ziviles Kabinett zur Seite gestellt werden. Ob er in ihm Wirtschaftsminister zu werden bereit sei. Lejeune-Jung bejahte. ...

Wir sind also fest überzeugt, er wußte: dieses Angebot ist hochverräterisch. Und das mitten im Kriege! Ihm war klar, welche Erschütterung vor allem jetzt ein solcher, natürlich nur gewaltsam durchführbarer Versuch für unsere Kampfkraft bedeuten, wie er unseren Kriegsfeinden helfen würde!

...

So haben also alle fünf wie die schon gerichteten Verräter der Offiziersverschwörung so wie niemand je in unserer Geschichte das Opfer unserer gefallenen Krieger, Volk, Führer und Reich verraten, alles, was wir sind, die deutschen Geschlechter vor uns und die nach uns, alles, wofür wir leben und kämpfen. Während sie doch die Pflicht hatten wie wir, alle treu unserm Führer mit aller Kraft für unseren Sieg zu kämpfen!

Dieser vollendete Verrat macht sie zu Aussätzigen unseres Volkes. Er sprengt die Engen vorher ausdenkbarer Straftaten des Gesetzes, erfüllt mehrere, viele zugleich. Er ist nicht nur Hochverrat, Defaitismus und Hilfe für unsere Kriegsfeinde, nicht nur darüber hinaus wie bei den vier Ersten Mord am Führer und wie bei Goerdeler obendrein mehrfache Kriegsspionage. Er ist Verrat schlechthin!

Dieser Verrat ist weit schlimmer als jenes Terrorverbrechen in den Monaten der Auferstehung unseres Volkes, das unser Reich veranlaßte, für besonders gemeine Taten die Strafvollstreckung durch den Strang vorzusehen.

Auf diesen Verrat kann es nur die Todesstrafe geben, vor ihm verblaßt zu nichts alles, was der einzelne Verräter vielleicht früher einmal Ordentliches geleistet hat. Denn dieser Verrat hat die Ehre des Täters, damit seine Persönlichkeit und seine Leistungen zu einem Nichts atomisiert.

gez.: Dr. Freisler gez.: Dr. Koehler

Quelle: Archiv der sozialen Demokratie der Friedrich-Ebert-Stiftung, Bonn.

[161] Todesurteil, weil Kenntnis von Umsturzbestrebungen. Geheime Reichssache! – Auszug von der Abschrift –

Abschrift.
1 L 519/44
O J 59/44 Rs

IM NAMEN DES DEUTSCHEN VOLKES
in der Strafsache gegen
den ehemaligen Regierungspräsidenten a. D. und Handelsvertreter Ernst von Harnack aus Berlin-Zehlendorf, geboren am 15. Juli 1888 in Marburg a. d. Lahn,
zur Zeit in Haft,
wegen Landesverrats,
hat der Volksgerichtshof, 1. Senat, auf die am 23. Dezember 1944 eingegangene Anklage des Herrn Oberreichsanwalts, in der Hauptverhandlung vom 1. Februar 1945, an welcher teilgenommen haben
als Richter:
Präsident des Volksgerichtshofs Dr. Freisler, Vorsitzer,
für Recht erkannt:
Ernst von Harnack wußte von Umsturzbestrebungen Goerdelers und auch von solchen Lebers und Leuschners.
Er meldete das nicht nur nicht, sondern stellte sich Leber sogar – wenn er gebraucht wurde – zur Verfügung!
Sein Tun erklärt sich aus dem ihn beherrschenden Gemisch liberaler und marxistischer Anschauungen und aus seinem Verzweifeln am Sieg.
Das ändert aber nichts an seinem Hochverrat mitten im Kriege.
Dadurch hat er sich für immer ehrlos gemacht. Er wird daher mit dem Tode bestraft.

Quelle: Archiv der sozialen Demokratie der Friedrich-Ebert-Stiftung, Bonn.

[162] Leuschner und von Hassell ließ er nicht ausreden. Beschimpfung: „Würstchen".

Kritisches Urteil des NS-Reichsjustizministers Thierack über die Verhandlungsführung vor dem Volksgerichtshof durch Präsident → Dr. Freisler. Schreiben an den Sekretär des Führers:

Fernschreiben
Der Reichsminister der Justiz

Berlin, den 8. September 1944

An den
Sekretär des Führers
Herrn Reichsleiter
Bormann
Führerhauptquartier

Sehr verehrter Herr Reichsleiter!
Ich übersende Ihnen...
Die Verhandlungsführung des Vorsitzers war bei den Angeklagten Wirmer und Goerdeler unbedenklich und sachlich, bei Lejeune-Jung etwas nervös. Leuschner und von Hassell ließ er nicht ausreden. Er überschrie sie wiederholt. Das machte einen recht schlechten Eindruck, zumal der Präsident etwa 300 Personen das Zuhören gestattet hatte. Es wird noch zu prüfen sein, welche Personen Eintrittskarten erhalten haben. Ein solches Verfahren in einer solchen Sitzung ist sehr bedenklich. Die politische Führung der Verhandlung war sonst nicht zu beanstanden. Leider redete er aber Leuschner als Viertelportion und Goerdeler als halbe Portion an und sprach von den Angeklagten als Würstchen. Darunter litt der Ernst dieser gewichtigen Versammlung erheblich. Wiederholte längere, nur auf Propagandawirkung abzielende Reden des Vorsitzers wirkten in diesem Kreise abstoßend. Auch hierunter litt der Ernst und die Würde des Gerichts. Es fehlt dem Präsidenten völlig an eiskalter, überlegener Zurückhaltung, die in solchem Prozeß allein geboten ist...
Heil Hitler!
Ihr
Dr. Thierack

Quelle: Walter Theimer, zitiert nach 20. Juli 1944, Bundeszentrale für Heimatdienst (Hrsg.), Bonn, S. 237.

[163] „Die deutsche Jugend zu Menschen erziehen" Aus Wilhelm Leuschners Ideen in einem anderen Deutschland. Von Walter Theimer

...
Vor dem 20. Juli kam es noch einmal zu einer längeren Aussprache mit Leuschner. Leuschner stimmte der Ansicht zu, daß es nunmehr auch einer Goerdeler-Regierung nicht mehr möglich sei, durch einen Staatsstreich gegen Hitler einen Verhandlungsfrieden zu erwirken. Aber er hoffte, daß der

bevorstehende Staatsstreich eine schnelle Beendigung und Liquidation des Krieges durch eine Übergangsregierung herbeiführen werde und daß ihm dann noch eine Möglichkeit beschieden sei, seine eigenen Ideen und Pläne in einem anderen Deutschland zu verwirklichen.
Nachdem er diese an der Hand seiner Notizen auseinandergesetzt hatte, erinnerte er an ein früheres Gespräch und machte den Vorschlag, späterhin mit ihm zusammen am Aufbau einer neuen Arbeiter-Jugendorganisation zu wirken. Er sprach über die Notwendigkeit, die Zeit der Volksschulen um mindestens ein Jahr zu verlängern und das System der Berufsschulen wesentlich auszubauen, um der werktätigen Jugend einen Bildungsstand zu ermöglichen, der sie davor bewahren sollte, sich je wieder durch agitatorische Versprechungen betören zu lassen. Dabei wurde zum erstenmal deutlich, daß es Leuschner nicht um die Durchsetzung eines erneuerten SPD-Programms zu tun war. Er sprach mit Wärme und Liebe von der Aufgabe, „die deutsche Jugend in erster Linie zu Menschen zu erziehen". Seine Notizen hatte er auf einem karierten Blatt vor sich, wie wir es alle aus unseren Schulheften kennen. Er sprach über die deutsche Jugend wie ein sorgenvoller Vater über die Zukunft seiner Kinder. Auf diese Zukunft und nicht auf die Abrechnung mit der Vergangenheit waren seine Gedanken gerichtet. ...

Quelle: Walter Theimer, a.a.O., S. 239.

10. Abschnitt:

Auf dem Wege zu einem neuen Deutschland mit freien Gewerkschaften. 1. Mai – ohne Hakenkreuze. Bedingungen und Ansätze.

[164] Das Ende der NS-Herrschaft

Mai 1945. Die Nationalsozialistische Deutsche Arbeiterpartei, die 1920 gebildet wurde, 1933 die Regierungsherrschaft erreichte und 1939 den Zweiten Weltkrieg begann, ist am Ende.

Die deutschen Militärstreitkräfte kapitulieren bedingungslos. Das von Führer und Reichskanzler Adolf Hitler verkündete Groß-Deutschland ist von alliierten Truppen besetzt. Über Deutschland herrscht der Alliierte Kontrollrat, die Militärregierung der vier Hauptsiegermächte: der Vereinigten Staaten von Amerika (USA), der Union der Sozialistischen Sowjetrepubliken (UdSSR), des Vereinigten Königreichs von Großbritannien und Nordirland und der provisorischen Regierung der Französischen Republik.

Deutschlands Städte sind zerstört. Hunger, Not, Wohnungselend, Ratlosigkeit und Mutlosigkeit kennzeichnen die Lage des durch Hitlers Politik geschlagenen deutschen Volkes. Die Währung „Reichsmark" ist wertlos geworden. Fabrikruinen dokumentieren die hoffungslose Wirtschaftssituation.

Von den Nazis Verfolgte und Unterdrückte schöpfen Hoffnung auf ein neues, demokratisches Deutschland in Frieden und Freiheit, nachdem die Alliierten die NSDAP aufgelöst und verboten haben.

Wo immer die alliierten Sieger und Befreier einzelnen Gewerkschaften und Gruppen der Arbeiterbewegung die Chancen zu neuem Beginnen eröffnen, treffen sich die alten Kollegen, um nun den Wiederaufbau einer Gewerkschaftsorganisation in Angriff zu nehmen. Dazu gehört: der 1. Mai – ohne Hakenkreuz, ohne Furcht und Angst. Erneut, wie für die Gewerkschaftsväter auf dem Gründungskongreß der zweiten Internationale 1889, gilt es, die Tradition eines internationalen Kampf- und Feiertages der Arbeitnehmerschaft aufzugreifen und sowohl mit traditionellen als auch mit neuen Ziel- und Inhaltssetzungen fortzuführen: Niemals mehr Faschismus, für Aufbau, Fortschritt, Demokratie und Freizeit, für internationale Arbeitersolidarität!

Gesetz Nr. 3
Auflösung der Nazi-Partei

Um in den besetzten Gebieten der von der nationalsozialistischen Partei errichteten Herrschaft der Willkür, des Terrors und der Unmenschlichkeit ein Ende zu bereiten, wird durch das vorliegende Gesetz folgendes verordnet:

1. Die Nationalsozialistische Deutsche Arbeiterpartei und die nachstehend verzeichneten Ämter, Organisationen und Einrichtungen werden aufgelöst und sind verboten in dem vollen Umfang, in dem diese ihre Tätigkeit in dem besetzten Gebiet ausgeübt haben. Jegliche Tätigkeit seitens der Partei der folgenden Ämter, Organisationen und Einrichtungen, vorbehaltlich der in § 5 getroffenen Ausnahmen, ist untersagt:

1. Parteikanzlei,
2. Kanzlei des Führers der NSDAP,
3. Auslandsorganisation,
4. Volkstum für das Deutschtum im Ausland,
5. Volksdeutsche Mittelstelle,
6. Parteiamtliche Prüfungskommission zum Schutze des NS-Schrifttums,
7. Reichsorganisationsleiter der NSDAP,
8. Reichsschatzmeister der NSDAP,
9. Beauftragter des Führers für die Überwachung der gesamten geistigen und weltanschaulichen Schulung und Erziehung der NSDAP,
10. Reichspropagandaleiter der NSDAP,
11. Reichsleiter für die Presse und Zentralverlag der NSDAP. (Eher-Verlag),
12. Reichspressechef der NSDAP,
13. Reichsamt für das Landvolk,
14. Hauptamt für Volksgesundheit,
15. Hauptamt für Erzieher,
16. Hauptamt für Kommunalpolitik,
17. Hauptamt für Beamte,

18. Beauftragter der NSDAP für alle Volkstumsfragen,
19. Rassenpolitisches Amt der NSDAP,
20. Amt für Sippenforschung,
21. Kommunalpolitisches Amt der NSDAP,
22. Außenpolitisches Amt der NSDAP,
23. Reichstagsfraktion des NSDAP,
24. Reichsfrauenführung,
25. NSD-Ärztebund,
26. Hauptamt für Technik,
27. NS-Bund Deutscher Technik,
28. NS-Lehrerbund,
29. Reichsbund der Deutschen Beamten,
30. Reichskolonialbund,
31. NS-Frauenschaft,
32. NS-Reichsbund Deutscher Schwestern,
33. Deutsches Frauenwerk,
34. Reichsstudentenführung,
35. NSD-Studentenbund,
36. Deutsche Studentenschaft,
37. NSD-Dozentenbund,
38. NS-Rechtswahrerbund,
39. NS-Altherrenbund der Deutschen Studenten,
40. Reichsbund Deutsche Familie,
41. Deutsche Arbeitsfront,
42. NS-Reichsbund für Leibesübungen,
43. NS-Reichskriegerbund,
44. Reichskulturkammer,
45. Deutscher Gemeindetag,
46. Geheime Staatspolizei,
47. Deutsche Jägerschaft,
48. Sachverständigenbeirat für Bevölkerungs- und Rassenpolitik,
49. Reichsausschuß zum Schutze des deutschen Blutes,
50. Winterhilfswerk,
51. Hauptamt für Kriegsopfer,
52. NSKOV (NS-Kriegsopfer-Versorgung).

2. Die nachstehend verzeichneten militärähnlichen Organisationen und ihre Ämter, Werbestellen, Ausbildungsanstalten und die zugehörigen Lagerhäuser werden baldmöglichst aufgelöst werden. Befehle betreffend Personal und dessen Ausrüstung werden von den alliierten Behörden erlassen werden.

Bis zum Erlaß dieser Befehle haben alle Offiziere und Mannschaften auf ihren Posten in ihrer Organisation zu verbleiben. Anwerbungen haben zu unterbleiben.

1. SA (Sturmabteilungen) einschließlich der SA-Wehrmannschaften,
2. SS (Schutzstaffeln) einschließlich der Waffen-SS, des Sicherheitsdienstes und aller Ämter, die gleichzeitig Befehlsgewalt über die Polizei und die SS ausüben,
3. NSKK (NS-Kraftfahrerkorps),
4. NSFK (NS-Fliegerkorps),
5. HJ (Hitlerjugend) einschließlich ihrer verschiedenen Unterorganisationen,
6. RAD (Reichsarbeitsdienst),
7. OT (Organisation Todt),
8. TN (Technische Nothilfe).

3. Alle Amtsstellen der NS-Volkswohlfahrt in den besetzten Gebieten werden geschlossen. Ihre soziale Tätigkeit wird durch den Bürgermeister ausgeübt vorbehaltlich anderweitiger Weisungen der Militärregierung.

4. Jede Tätigkeit irgendeiner durch die Militärregierung aufgelösten oder vorläufig aufgehobenen Organisation, ihrer Leiter oder Mitglieder und jeder Versuch, eine solche Tätigkeit in irgendeiner Form wieder aufzunehmen, ist verboten.

5. Alles Vermögen und Eigentum und alle Vorräte, Schriftstücke und Archive sämtlicher in diesem Gesetz erwähnten Organisationen müssen unberührt erhalten bleiben und sind auf Anforderung der Militärregierung auszuliefern oder zu übertragen. Im Hinblick hierauf müssen alle Schriftstücke, Gegenstände und Archive zum Zweck der Einsicht und Überprüfung zur Verfügung gehalten werden. Jeder Beamte und jede andere für diese Gegenstände verantwortliche Person, ebenso das Verwaltungspersonal bleibt bis auf neuen Befehl auf seinem Posten und ist der Militärregierung gegenüber verantwortlich für die Ergreifung aller Maßnahmen, um die erwähnten Gegenstände, Schriftstücke und Archive unversehrt und unbeschädigt zu erhalten und die Weisungen der Militärregierung in Bezug auf die Beschlagnahme und Überwachung der Güter zu beachten.

6. Jeder Verstoß gegen das vorliegende Gesetz wird nach Schuldigsprechung des Täters durch ein Gericht der Militärre-

gierung mit den gesetzlich vorgesehenen Strafen einschließlich der Todesstrafe geahndet.

7. Dieses Gesetz tritt mit seiner Verkündung in Kraft.

Im Auftrage der Militärregierung.

Quelle: Mitteilungen der Militärregierung für den Stadtkreis Stuttgart, Nr. 1, vom 1. Juni 1945 s. o.

[165] Noch im Exil. Willy Brandt am 1. Mai 1945. *– Auszug –*

Am Abend des 1. Mai 1945 war unsere Internationale Gruppe gemeinsam mit schwedischen Freunden zu einer Feier versammelt; nachmittags hatten wir in zwei Zügen an der traditionellen Demonstration der Stockholmer Gewerkschaften und Sozialdemokraten teilgenommen. Die Festansprachen hielten Sigurd Hoel, der norwegische Schriftsteller, Vilmos Böhm, fast schon ungarischer Nachkriegsbotschafter, und Professor Gunnar Myrdal. Oscar Hansen, der dänische Arbeiterdichter, bei dem ich 1933 in Kopenhagen untergekommen war, hatte den Prolog geschrieben.

Zum Schluß trug ich eine Resolution vor, in der es hieß: Wir, die sozialistischen Flüchtlinge und Gewerkschafter aus Dänemark und Norwegen und aus einigen kontinental-europäischen Ländern, möchten der schwedischen Arbeiterbewegung und dem schwedischen Volk Dank sagen für die Gastfreundschaft, die wir gefunden hatten. Wir wollten auch für das danken, was von schwedischer Seite getan wurde, um den Opfern des Krieges zu helfen.

Doch noch war der schreckliche Krieg nicht zu Ende. Bevor ich am Abend jenes 1. Mai die Veranstaltung für beendet erklären konnte, wurde mir eine Agenturmeldung heraufgereicht, die mich veranlaßte, den gebannt auf das Rednerpult schauenden Versammelten zu sagen: „Liebe Freunde, jetzt kann es sich nur noch um Tage handeln. Hitler hat sich durch Selbstmord der Verantwortung entzogen.“ Wir gingen in tiefer Bewegung auseinander.

Quelle: Willy Brandt, Links und Frei, Hamburg 1982, S. 375.

[166] 1. Mai 1945 – Ich war froh wie nie zuvor...

Wer von den Mitmenschen in Deutschland konnte dies am 1. Mai 1945 von sich sagen? Häftlinge, Todeskandidaten? Wer den Heimatkrieg überlebt hatte, wer dem Krieg an der Front entrinnen konnte, mochte wohl befreit aufatmen; war doch für die meisten fast nicht mehr glaubhaft gewesen, daß das Sterben ein Ende haben sollte.
Die Mehrheit aller Deutschen, Soldaten in Kriegsgefangenschaft, Arbeiter vor zerstörten Fabrikanlagen, Hausfrauen ohne stabiles Geld in leeren Geschäften, Schüler ohne Lehrer, um hier nur einige Schlaglichter aufzuzeigen, sie alle gingen mit Unsicherheit in den nächsten Tag. Sorge und Angst bedrückten nicht zuletzt auch Nationalsozialisten, die nicht wußten, wie die alliierten Siegermächte richten würden.
Froh zu sein – das war ganz gewiß die große Ausnahme an diesem 1. Mai. Um so mehr muß man aufmerken, wenn jemand berichtet: „Ich war froh, wie nie zuvor..."
Wolfgang Leonhard:
Am nächsten Morgen – es war der 1. Mai 1945, ein schöner Frühlingstag – war ich so froh wie nie zuvor. Endlich wieder in Deutschland! Noch gab es nichts, was mich bedrückte. Noch wußte ich nichts von all dem, was sich in diesen Tagen und Stunden in Deutschland abspielte. Ich war in Deutschland und gleichzeitig auch nicht. Von Deutschland hatte ich bis zu diesem Morgen nur schöne Straßen, schmucke Häuser und befreite Ausländer und eine gastfreundliche Kommandantur gesehen. Sonst nichts.
Gleich am Morgen wurden wir zusammengerufen. Ein Offizier händigte jedem ein Schreiben aus. Schon der erste Blick überzeugte mich, daß es ein gewichtiges und wertvolles Dokument war. Unterzeichnet vom Chef der politischen Verwaltung der Armee Shukows, General Galadshijew, besagte es, daß Wolfgang Leonhard in den von den Armeen der I. Bjelorussischen Front* besetzten Gebieten für die politische Hauptverwaltung tätig ist.
Dann wurden wir in das Offizierskasino der politischen Hauptverwaltung eingeladen. Auf den uns ausgehändigten Talons erkannte ich, daß wir die Verpflegung eines Sowjet-

* Dies war die offizielle Bezeichnung für die unter dem Oberkommando Marschall Shukows stehenden Armeen.

majors erhielten. Gleichzeitig bekam jeder von uns ein großes Paket mit Zigaretten, und ein Offizier stellte sich freundlich als Beauftragter des politischen Stabes für die Erfüllung unserer praktischen Wünsche vor. „Genosse Ulbricht ist nach einer gestrigen Abendbesprechung mit General Galadshijew bereits heute früh nach Berlin gefahren und wird erst gegen Abend zurückkehren. Einige der engsten Mitarbeiter von General Galadshijew möchten sich jedoch gerne noch mit Ihnen unterhalten und würden sich freuen, Sie heute um 4 Uhr sprechen zu können", wurde uns gesagt.
So blieb uns der Vormittag zur Verfügung. Vom Frühstück zurückkommend, ging ich in mein neues Zimmer. Kurz darauf klopfte es. Schüchtern und etwas verängstigt trat eine ungefähr 30jährige Frau ein. „Ich soll hier alles sauber und in Ordnung halten. Darf ich jetzt bei Ihnen aufräumen?" fragte sie.
„Recht schönen Dank, aber das ist wirklich nicht nötig. Ich bin gewohnt, alles allein zu machen."
Als sie hörte, daß ich fließend Deutsch sprach, schaute sie mich erstaunt an.
„Setzen Sie sich doch ein wenig, ruhen Sie sich aus", lud ich sie ein, in der Hoffnung, nun endlich in ein Gespräch mit einer „richtigen Deutschen" zu kommen.
Sie schien nicht zu begreifen, was in der Welt vor sich ging: Da kommen Deutsche plötzlich in Autos an, werden von sowjetischen Offizieren freundlich empfangen und im sowjetischen Offizierssaal verpflegt und wohnen in einem von der Sowjetarmee requirierten Hause. Mein Angebot schien sie erschreckt zu haben. Überhaupt machte sie einen verängstigten Eindruck und verließ sofort mein Zimmer. Unwillkürlich erinnerte sie mich an die Menschen in Moskau zur Zeit der Säuberung von 1936–1938.
Ich begriff nicht ganz. „Warum ist sie so verängstigt? Der Krieg ist bald zu Ende, und die schweren Zeiten sind vorbei. Sie mußte sich doch freuen", dachte ich. Von Plünderungen, Vergewaltigungen und anderen Dingen hatte ich noch nichts gehört.
An diesem ersten Vormittag in Deutschland ging ich mit Hans Mahle und Fritz Erpenbeck spazieren. Leider trafen wir fast ausschließlich sowjetische Offiziere. Plötzlich entdeckten wir jedoch unsere „Haushälterin" wieder, und diesmal gelang es uns, ins Gespräch zu kommen. Bald waren wir schon bei den

Fragen angelangt, die uns alle so brennend interessierten: die Nazis, der Krieg, das Kriegsende, die gegenwärtige Lage, die Russen und die Zukunft.
Von den Nazis und dem Kriege schien sie nichts zu halten. Sie war froh, erklärte sie, daß nun bald wieder Frieden sein würde. „Bloß, Sie müssen doch wissen, schließlich", sie begann etwas zu stocken, „haben wir ja in den letzten Wochen sehr viel Schreckliches durchgemacht..."
„Was haben denn die Nazis hier getan?" fragte einer von uns.
„Aber ... ich meine jetzt gar nicht die Nazis ... Sie müssen sich vorstellen, als die Russen hier einzogen..."
Dann begann ihre Schilderung. Schilderungen, wie ich sie in den nächsten Tagen und Wochen zu Dutzenden und Hunderten in allen Variationen und Abwandlungen immer und immer wieder hören sollte.
Inzwischen waren auch Maron und Winzer hinzugekommen, da offensichtlich auch sie auf der Suche nach „richtigen Deutschen" waren.
Sie fuhr mit ihrer Schilderung fort, und als sie von Vergewaltigungen zu sprechen begann, lief es mir kalt über den Rücken. Sollten wirklich solche Fälle vorgekommen sein? Ich war erschüttert, glaubte aber fest daran, daß es sich um eine bedauerliche Einzelerscheinung gehandelt haben müsse.
Bald hatte sich das Gespräch zu einer politischen Diskussion entwickelt. Es war eine eigentümliche Situation, als sich nun der spätere Generalintendant aller Rundfunksender der Sowjetzone, der zukünftige Generalinspekteur und Chef der Volkspolizei sowie der Chef der Präsidialkanzlei des Präsidenten trotz bester Argumente vergeblich darum bemühten, eine einfache deutsche Frau von der Richtigkeit unserer politischen Auffassungen zu überzeugen. Sie hörte sich alles geduldig an – es war der einzige Fall, daß solche Intensität der politischen Bearbeitung einer einzigen deutschen Hausfrau gewidmet wurde –, aber sie war nun einmal von ihren Gedanken, die aus ihren eigenen Erlebnissen resultierten, nicht abzubringen. „Sie brauchen mir doch nichts zu erzählen", sagte sie schon fast böse. „Daß die Nazis schlecht sind, weiß ich doch selbst. Aber wissen Sie, mit den Russen, das ist auch nicht das richtige. Sie werden es schon noch merken." Einige von uns schmunzelten.
Beim Rückweg zum Mittagessen diskutierten wir über ihre Schilderung. Die Meinungen waren unterschiedlich. „Reine

Nazi-Propaganda. Sie ist bestimmt eine aktive Faschistin, wahrscheinlich gehört sie sogar der Nazi-Untergrundbewegung an", meinte einer von unseren Hunderfünfzigprozentigen. „Vielleicht ist sie nicht eine aktive Faschistin, sondern einfach eine dumme Hausfrau, die der faschistischen Greuelpropaganda erlegen ist", schwächte ein anderer von unserer Gruppe ab.

Mich stimmte das Gespräch sehr nachdenklich. Ich glaubte ihr und hatte mich innerlich damit abgefunden, daß sie tatsächlich die Wahrheit gesprochen hatte. Es ist immerhin möglich, so versuchte ich mich zu beruhigen, daß nach all den Erlebnissen dieses grauenvollen Krieges einzelne Rotarmisten in einzelnen Truppenteilen sich so benommen haben.

Am Nachmittag waren wir bei einigen hohen Offizieren der politischen Hauptverwaltung eingeladen. Das Gespräch bewegte sich auf einer hohen politischen Ebene. Die politischen Offiziere waren zweifellos in Moskau für ihre Aufgabe sorgfältig ausgebildet worden. Sie kannten die deutsche Geschichte besser als viele Deutsche. Vor allem waren sie über die jüngste Vergangenheit genau unterrichtet: über die Parteien der Weimarer Republik, die Zusammensetzung der Parlamente, die Fraktionsstärke der Parteien, die Wahlergebnisse seit 1918 und, natürlich, die Geschichte der KPD. Aber kannten sie die jetzige Stimmung der Deutschen? Wußten sie, wie die deutsche Bevölkerung dachte und fühlte? Ich weiß es nicht – denn davon wurde in unserer stundenlangen Unterhaltung nicht gesprochen. Wir sprachen über die Politik der Partei in der Vergangenheit, über die Brüsseler und Berner Konferenz der KPD, über das Nationalkomitee und – vor allem – über die Notwendigkeit, die „bürgerlich-demokratische Revolution von 1848 zu vollenden", und die voraussichtliche zukünftige Entwicklung Deutschlands.

Mir kam jedoch der Gedanke, daß unsere Diskussionen sich oft im luftleeren Raum bewegten und mit der Wirklichkeit nur wenig oder gar nichts zu tun hatten.

Abends kam Ulbricht zurück. Er hatte den ganzen Tag in Berlin verbracht, aber er erzählte nur wenig. „Ihr werdet es ja selbst sehen", meinte er.

Als wir anschließend zusammensaßen, erklärte Ulbricht uns endlich unser Vorhaben: „Es wird unsere Aufgabe sein, die deutschen Selbstverwaltungsorgane in Berlin aufzubauen. Wir werden in die verschiedenen Berliner Bezirke fahren und dort

aus den antifaschistisch-demokratischen Kräften jene heraussuchen, die sich für den Aufbau der neuen deutschen Verwaltung eignen. Es wird das beste sein, wenn wir uns verteilen und jeder einen bestimmten Berliner Bezirk übernimmt. Abends werden wir dann zusammenkommen, wobei jeder über seinen Bezirk Bericht erstattet."
„Wann sollen wir mit dieser Arbeit beginnen?"
„Morgen", antwortete Ulbricht kurz und knapp.
Morgen – das war der 2. Mai 1945.
An diesem Tage kapitulierte die Wehrmacht in Berlin.
Am gleichen Tag begann die Tätigkeit der „Gruppe Ulbricht".

Quelle: Wolfgang Leonhard, Die Revolution entläßt ihre Kinder, Berlin 1955, S. 345 ff.

[167] Neubeginn freier demokratischer Gewerkschaften in Deutschland

Zu den politischen Grundsätzen der alliierten, Besatzungspolitik gegenüber dem besiegten und befreiten Deutschland gehörte – im Rahmen einer allmählichen Demokratisierung – die Zulassung von freien Gewerkschaften und politischen Parteien.
In den Besatzungszonen genehmigten die Militärregierungen zu unterschiedlichen Zeitpunkten die Zulassung von demokratischen Gewerkschaften mit lokalen und regionalen Ebenen.
Auf der POTSDAMER KONFERENZ, 17. Juli bis 2. August 1945, setzen die Alliierten Sieger* des Zweiten Weltkrieges „Politische und wirtschaftliche Grundsätze" (fest), „deren man sich bei der Behandlung Deutschlands in der Anfangsperiode der Kontrolle bedienen muß".
In den „politischen Grundsätzen" dieses „POTSDAMER ABKOMMENS" wurde die Gründung freier Gewerkschaften

* Konferenzteilnehmde Staatsmänner:
Harry S. Truman, Präsident der USA, J. W. Stalin, Generalissimus, Vorsitzender des Rates der Volkskommissare der UdSSR; Winston S. Churchill, Premierminister Großbritanniens (17. 7.–25. 7. 1945); Clement R. A. Attlee, Premierminister Großbritanniens (Konferenzteilnehmer vom 28. 7.–2. 8. 1945).

im besiegten Deutschland vorgesehen und dazu bezüglich der Gründung in § 10 des Abkommens bestimmt:

... „Die Gründung Freier Gewerkschaften, gleichfalls unter Berücksichtigung der Notwendigkeit der Erhaltung der militärischen Sicherheit, wird gestattet werden."
Es war den Nationalsozialisten nicht gelungen, allen gewerkschaftlichen Widerstand voll aufzudecken und zu zerstören. Auf den Erfahrungen mit dem deutschen Faschismus gründeten Gewerkschafter ihre Arbeit für ein neues Deutschland. Wilhelm → Leuschner, der Repräsentant der Gewerkschaften im Widerstand gegen Hitlers NSDAP, hatte die „Einheit" aus Hitlers Machtübernahme von 1933 als neue Zielsetzung abgeleitet: „Morgen werde ich gehenkt, schafft die Einheit". Die Leitsätze des Programms lauteten: Wiederherstellung der sozialen Republik als Rechtsstaat; Aufbau einer freiheitlichen sozialistischen und christlichen Einheitsgewerkschaft; gesellschaftliche, wirtschaftliche und soziale Neuordnung auf der Basis demokratischer Selbstverwaltung*.

Teilzusammenfassung: Der Mai-Gedanke von internationaler Solidarität und Völkerfrieden als Symbol des Arbeiterwiderstandes.

1.
Zur Verwirklichung der NS-Ideologie und zur Erhaltung der NS-Herrschaft duldete der Nationalsozialismus nach Hitlers „Machtergreifung", die auch Machtübertragung war, in Deutschland keine politischen Gegner. Der Begriff des politischen Gegners war dem Nationalsozialismus nicht einmal geläufig, er kannte nur den Feind und das Ziel, diesen Feind auszuschalten, zu vernichten.

2.
Jede, wie auch immer geartete Opposition gegen Hitlers Weltanschauung und Herrschaftspraxis wurde im NS-Staat rücksichtslos im Keim erstickt, jedwedem Widerstand begeg-

* Quelle: Gerhard Beier, Die illegale Reichsleitung der Gewerkschaften 1933–1945, Köln 1981, S. 83.

neten staatliche Institutionen und NS-Organisationen mit brutalem Terror.

3.
In den Reihen der unter diesen Umständen tätigen Widerstandsbewegungen standen Mitglieder der aufgelösten und verbotenen Arbeiterparteien und der zerschlagenen Gewerkschaften. Nicht auf die spezifischen Formen illegaler Tätigkeit und das rücksichtslose Vorgehen der Nazis vorbereitet, stießen die Widerstandskämpfer auf schier unüberwindliche Schwierigkeiten. Bei unterschiedlichen Vorstellungen von Zielen und Taktiken bildete die gemeinsame Partei- und/oder Gewerkschaftszugehörigkeit ein einendes Band. Weit höher als die Zahl der aktiven Widerständler liegt die der „gemeinschaftlichen Verweigerer", und nicht meßbar ist die Anzahl derer, die sich in weltanschauliche „innere Emigration" flüchteten. So unterschiedlich die Motive der Gegnerschaft zu Hitlers NSDAP sein mochten, so einig waren sich die dem Gewerkschafts- und Genossenschaftsgedanken verpflichteten Arbeitnehmer in der Einschätzung, daß die neuen Machthaber Demokratie, Rechtsstaatlichkeit und Freiheit in Deutschland abgeschafft hatten. Einmütig sahen die im Widerstand Tätigen voraus, daß Hitlers Politik im Krieg enden mußte.
Die Gedankenwelt des Nationalsozialismus, die Ideologie von der scheinharmonisierten Volksgemeinschaft statt Austragung von Interessenkonflikten mit gewerkschaftlichen Mitteln widersprach ihrem Selbstverständnis. *„Arbeiter der Stirn und der Faust"*, gleichgeschaltet und uniformiert, erschienen ihnen nicht als Überwinder des Klassenkampfs. Nationalismus, Rassen- und Kriegshetze waren ihrer Ideenwelt geradezu entgegengesetzt.
Die Widerstandskämpfer aus der Arbeiter- und Gewerkschaftsbewegung standen treu zu ihren Idealen der Lösung von sozialen Fragen durch weltweite Solidarität der Arbeitnehmer und der Verwirklichung des Weltfriedens. Für eine neue Welt – nach Hitler – riskierten sie Arbeitsplatz, Freiheit und Leben, nahmen sie Verfolgung und Sippenhaft in Kauf.

4.
Der 1. Mai als Symbol für die Internationalität der solidarischen Arbeiterbewegung war immer wieder einmal Anlaß zu Widerstandsaktionen „vereint gegen Krieg und Faschismus",

vor allem natürlich angesichts der Besetzung des Kampf- und Feiertags der Arbeiterschaft durch Nazi-Ideologie und seiner Verfälschung zum Nationalfeiertag.

5.
Gewerkschafter im Widerstand, zusammen mit Sozialdemokraten, Kommunisten, Christen, Militärs, bezahlten teuer für intellektuelle Opposition und Umsturzversuch, für den Widerstand im Dritten Reich und in den durch nationalsozialistische Gewaltherrschaft besetzten Gebieten Europas. Männer wie Julius Leber und Wilhelm Leuschner, Repräsentanten des Widerstandes aus der Arbeiterbewegung, wurden vom Volksgerichtshof dem Henker ausgeliefert.

6.
Gegen die übermächtige Organisation der NSDAP, gegen die der NS-Führung gehorchende deutsche Wehrmacht, war der Widerstand, auch der einer Arbeiterbewegung, zum Scheitern verurteilt. Zentrales Ziel blieb, im In- und Ausland sichtbar zu machen, daß es eine Opposition gegen das Nazi-Regime, daß es das „andere Deutschland" gab. Die Unterstützung Verfolgter, die Betreuung von deren Angehörigen, die Diskussion von Plänen für einen demokratischen Neuanfang gehören zu den Widerstandsaktivitäten, die über dem erfolglosen Umsturzversuch nicht in Vergessenheit geraten dürfen.

7.
Die alliierten Siegermächte setzten der NS-Herrschaft ein Ende. Sie lösten die NSDAP mit ihren Organisationen, Ämtern und Einrichtungen auf und verboten sie.

8.
Mit Zustimmung und Unterstützung der militärischen Besatzungsmächte gründeten in den Besatzungszonen demokratische Gewerkschafter Gewerkschaften in Deutschland.

Eine Chronologie von 1932 bis 1945

– Machtgewinnung, Herrschaft und Zusammenbruch des Nationalsozialismus. Demokratischer Neubeginn in Deutschland. –

Deutschland / Weimarer Republik / NS-Herrschaft

1932

Herbst: Gründung der → „Eisernen Front" aus → ADGB (Allgemeiner Deutscher Gewerkschaftsbund), → SPD, → „Reichsbanner Schwarz-Rot-Gold" und anderen Arbeiterzusammenschlüssen zur Verteidigung der Republik; Gegenwehr zur rechtsgerichteten → „Harzburger Front" (→ NSDAP → DNVP, Stahlhelm).
Demonstrationen für „Frieden, Freiheit, Sozialismus".
6. 11.: Reichstagswahlen. NSDAP 11,7 Millionen Stimmen = 33,5% = 196 Sitze von insgesamt 647 Sitzen im Deutschen Reichstag.

1933

Arbeitslose in Deutschland: 6013612*
30. 1.: → Adolf Hitler, der Führer der NSDAP, wird vom Reichspräsidenten → Paul von Hindenburg zum Reichskanzler ernannt. Dringender Appell von Gewerkschaftern zum Aufbau einer einheitlichen Gewerkschaftsfront gegen den deutschen Faschismus. „Organisation – nicht Demonstration: das ist die Parole der Stunde" → Theodor Leipart (→ ADGB).
Bildung der Koalitionsregierung Hitler – von Papen – → Hugenberg (NSDAP/DNVP).
1. 2.: Auflösung des Reichstags.
20. 2.: Rede Hitlers vor Industriellen bringt 3 Millionen RM Wahlhilfe.
24.2.: → SA/ → SS als Hilfspolizei eingesetzt.
27. 2.: Reichstagsbrand.
28. 2.: „Verordnung zum Schutz von Volk und Staat" setzt zentrale Grundrechte außer Kraft, eröffnet die → Schutzhaft.

Freie, Christliche und Hirsch-Dunckersche Gewerkschaften einigen sich auf die Bildung eines „Führerkreises der Vereinigten Gewerkschaften".
5. 3.: Reichstagswahlen. NSDAP: 288 Sitze, DNVP: 52 Sitze.
20. 3.: → KZ Dachau.
23. 3.: „Gesetz zur Behebung der Not von Volk und Reich" ermächtigt die Regierung, Gesetze zu beschließen – auch von der Verfassung abweichend. Mehrheit von NSDAP, DNVP, Zentrum und bürgerlichen Mitte-Parteien gegen SPD, bei Ausschaltung der KPD durch die NSDAP.
März/April: Die Länder werden mit dem Reich durch Gesetze gleichgeschaltet. Hitler und Wirtschaftsminister Hugenberg verkünden den → Vierjahresplan zur Rettung des deutschen Volkes.
April: NS-Führungsclique beschließt die Zerstörung der Gewerkschaften am 2. Mai und ihre Eingliederung in die → Deutsche Arbeitsfront/NSDAP (DAF).
11. 4.: Reichsgesetzblatt veröffentlicht „Gesetz über die Einführung eines Feiertags der nationalen Arbeit"/→ 1. Mai. Aus dem Kampf- und Feiertag der internationalen Arbeiterklasse wird eine nationale Großveranstaltung der NSDAP. Für Angestellte und Beamte wird die Teilnahme an den Kundgebungen Pflicht.
Ein „Führerkreis der vereinigten Gewerkschaften" bereitet eine Fusion der drei Spitzenorganisationen (ADGB, → Christl. Gewerkschaften, Hirsch-Duncker'sche → Gewerkvereine) vor, zu der es nicht mehr kommt. Der Vorsitzende des Allgemeinen freien Angestelltenbundes, Aufhäuser, legt als einziger Gewerkschaftsfunktionär sein Amt nieder, aus Protest gegen Hitlers NSDAP.
Der ADGB erklärt, die Erhebung des 1. Mai zum Feiertag der nationalen Arbeit sei zu begrüßen und empfiehlt seinen Mitgliedern die Teilnahme an den Kundgebungen, in der trügerischen Hoffnung, die Gewerkschaftsorganisation zu retten.
1. Mai: Erste von Reichspropagandaminister Dr. → Joseph Goebbels inszenierte NS-Massen-Maikundgebung in Berlin. → Führer und Reichskanzler Adolf Hitler funktioniert in seiner Rede den „Kampf der Arbeiter", um in einen „Kampf für Freiheit, Vaterland und Ehre". Er pflanzt eine „Hindenburg-Eiche", die wenig später von unbekannten „Tätern" gefällt wird. Trotz des ADGB-Aufrufes nehmen nur wenige

Gewerkschaftsmitglieder an den NS-Veranstaltungen teil. Nach Berliner Vorbild finden verkleinerte NS-Kundgebungen auf lokaler Ebene überall im Reich statt. An einigen Orten Gegendemonstrationen.
2.5.: Die NS-Organisationen SA und SS besetzen schlagartig Gewerkschaftshäuser. Mißhandlungen und Verhaftungen von Funktionären. Gewerkschaftsvermögen wird beschlagnahmt. In Duisburg werden vier ADGB-Funktionäre ermordet.
Spontan formieren sich Widerstandsgruppen, die nicht auf illegale Tätigkeit eingerichtet sind und angesichts der NS-Erfolgswelle wirkungslos bleiben.
10. 5.: Offizielle Gründung der DAF durch → Dr. Robert Ley. Goebbels inszeniert Bücherverbrennungen.
19. 5.: Gesetz über „Treuhänder der Arbeit“, die vom Reichskanzler ernannt werden, „um an Stelle der Vereinigungen von Arbeitnehmern, einzelner Arbeitgeber oder der Vereinigung von Arbeitgebern den Abschluß von Arbeitsverträgen zu regeln und für die Aufrechterhaltung des Arbeitsfriedens zu sorgen“. Das bedeutet: Streikverbot in Deutschland.
Verbot der Gewerkschaften (ADGB, HD).
Überführung der Arbeitgeberverände in die DAF/NSDAP.
Angriffe auf die → Konsumgenossenschaften mit dem Ziel der Übertragung auf die DAF/NSDAP.
Inhaftierter ADGB-Vorstand beauftragt → Wilhelm Leuschner mit der Nachfolge → Leiparts.
23. 6.: Verbot der SPD. Befohlene Selbstauflösung der Christlichen Gewerkschaften. NSDAP einzige Partei in Deutschland.
22. 7.: Konkordat des Vatikans mit Hitler.
Errichtung der „Moorlager“ im Emsland.
September: Zwangsvereinigung der Bauernverbände.
Enteignung der Arbeiter- Angestellten- und Beamtenbanken.
November: Gründung der NS-Gemeinschaft → „Kraft durch Freude“ (KdF).
Umfassende Beeinflussung und Steuerung der Freizeit.
Boykotte gegen Juden.
1933–1935: Der Arbeitsdienst → (RAD) wird in den Pflicht-Reichsarbeitsdienst umgewandelt.

1933

Internationale Aspekte

Februar: Tagung des Generalrats des → IGB (Internationalen Gewerkschaftsbundes) ohne deutsche Vertreter. Beratungen über Boykottaktionen gegen Deutschland.

30. 4.: Kurz vor der Besetzung durch die → Nazis wird das IGB-Büro von Berlin nach Paris verlegt.

Mai/Juni: Arbeitskonferenz des IGB in Genf. Richtlinien zur gewerkschaftlichen Sozialpolitik werden beschlossen. Der stv. Vorsitzende des zerschlagenen ADGB, → Wilhelm Leuschner, soll auf dieser Konferenz den Anspruch der DAF auf einen Sitz (für Dr. Ley) vertreten, weigert sich jedoch und schweigt. Verhaftung auf der Heimreise.

Juni: In Prag bildet sich der Exilvorstand der SPD (SOPADE).

August: Entscheidung des IGB für einen allgemeinen Boykott Deutschlands.

1934

Arbeitslose: 3830000 (Rüstungsausgaben: 5,5 Milliarden RM)

DAF: 14 Millionen Mitglieder.

20. 1.: „Gesetz zur Ordnung der nationalen Arbeit". In einer „Betriebsgemeinschaft" – Unternehmer als „Betriebsführer", Arbeitnehmer als treue „Gefolgschaft" – wird eine Scheinharmonie hergestellt. Eine Arbeitnehmervertretung im Sinne der Gewerkschaften existiert nicht mehr.

27. 2.: „Gesetz über die Feiertage". Der 1. Mai wird dadurch vom „Feiertag der nationalen Arbeit" zum (11. 4. 1933) „Nationalen Feiertag des deutschen Volkes" umfunktioniert. Das Wort „Arbeit" fehlt nunmehr.

1. Mai: Beim „nationalen Feiertag" wird der Kampf der Arbeiterklasse verunglimpft und „völkisches" Brauchtum zum Frühlingsanfang herangezogen.

Die DAF ersetzt die Nationalsozialistische Betriebszellenorganisation (→ NSBO), die noch aus der Zeit vor 1933 her existiert.

Alle Arbeiter in der Landwirtschaft haben bei ihren Betrieben zu bleiben. Wechsel wird genehmigungspflichtig.

10. 6.: Wilhelm Leuschner nimmt nach KZ-Entlassung Kontakt mit Funktionären der Gewerkschaft auf.

Oktober: Verkündung der DAF-Verfassung, der Arbeitnehmer und Arbeitgeber gleichgeschaltet angehören; Abschaffung der Tariffreiheit.
Dezember: Gelernte Metallarbeiter brauchen Genehmigung zum Arbeitsplatzwechsel.
2. 8.: Tod des Reichspräsidenten von Hindenburg. Hitler konzentriert das Amt des Reichspräsidenten und das des Reichskanzlers auf seine eigene Person. Er vereidigt die Reichswehr auf sich. (= Auf Hitler und nicht mehr auf die Verfassung.)

1935

Arbeitlose: Ca. 3000000. Rüstungsausgaben: 9,5 Mrd. RM = 16% des Volkseinkommens.
Gesetzliche Liquidierung von Verbrauchergenossenschaften.
Einführung eines Arbeitsbuches für die Arbeitnehmer – zur wirksameren Kontrolle des Arbeitsmarktes.
1. 3.: Angliederung des Saargebietes an das Deutsche Reich nach Volksabstimmung.
16. 3.: Wiedereinführung der allgemeinen Wehrpflicht.
April: Für den 1. Mai wird ein Lied mit dem Titel: „Volk ans Gewehr!“ vorbereitet, das überall zum Nationalfeiertag gesungen werden soll.
11./12. 4.: Vertrauensmännerwahlen in den Betrieben. Mehr als 25% stimmen gegen die DAF oder enthalten sich der Stimme.
1. Mai: An der Maifeier in Berlin-Tempelhof nehmen in diesem Jahr 1000000 Arbeiter teil.
Illegale Maifeiern von ca. 50 Sozialisten, die danach verhaftet werden.
20. 6.: Überführung des Arbeitsdienstes in den Pflicht-Reichsarbeitsdienst (RAD) beendet. ½jährige Arbeitsdienstpflicht für alle Männer zwischen 18 und 25 Jahren.
15. 9.: Judenbekämpfendes „Reichsbürgergesetz“: Juden sind keine deutschen Staatsbürger mehr. Rassengesetz „zum Schutze des deutschen Blutes und der deutschen Ehre“ (→ Nürnberger Gesetze).

1935

Internationale Aspekte

Juli: Vertreter illegaler Reichsleitung, gewerkschaftlicher Emigration und der IGB treffen sich auf geheimer Konferenz in Reichenberg (CSR).

Unter Leitung von Heinrich Mann beraten in Paris Antifaschisten über die Gründung einer deutschen Volksfront im Exil.

1936

Arbeitslose: 2500000. Rüstungsausgaben weiter gestiegen auf 13,5 Mrd. RM = 21% des Volkseinkommens.

Stundenlohn hält mit Steigerung der Lebenshaltungskosten nicht Schritt (Inflation).

Vertrauensleutewahlen in den Betrieben werden auf 1937 verschoben.

Zur Wehrertüchtigung wird der Betriebssport eingeführt.

Ein Drittel aller schulpflichtigen Arbeiterkinder muß neben der Schule her arbeiten.

29. 3.: Reichstagswahlen bringen 99% Ja-Stimmen für Hitlers Politik.

Juni: Illegale Konferenz der Bekleidungsarbeiter in Berlin fliegt auf.

Juli: KZ Sachsenhausen bei Berlin errichtet.

September: Zweiter Vierjahresplan zur Aufrüstung wird von Adolf Hitler auf dem Nürnberger Reichsparteitag verkündet. (Dadurch soll die deutsche Wirtschaft kriegsfähig, die deutsche Wehrmacht einsatzfähig werden.)

Dezember: „Hitler-Jugend“ (→ HJ) wird Staatsjugend durch Gesetz.

1936

Internationale Aspekte

IGB-Kongreß in London: Die Verbesserung der Weltwirtschaftslage wird überschattet von politischen Bedrohungen. Entschließungen gegen Faschismus und Rüstung.

Die „Internationale Transportarbeiter-Föderation“ (ITF) unter Edo Fimmen unterstützt Widerstandsaktivitäten in Deutschland.

1937

Arbeitslose: 800000. Rüstungsausgaben steigen auf 16.5 Mrd. RM = 22% des Volkseinkommens.
Januar: Wilhelm Leuschner übernimmt Leitung der illegalen Reichsleitung der Gewerkschaften.
1. Mai: Im Untergrund wirkende „Illegale Eisenbahner" bringen mancherorts Zeichnungen an, die ein am Galgen aufgehängtes Hakenkreuz zeigen.
Gründung der „Reichswerke → Hermann Göring", eines NS-Konzerns der Stahl-, Rüstungs- und Automobilindustrie.
Der 8-Stunden-Arbeitstag wird abgeschafft. Überstundenlohn wird erst ab der 11. Stunde gezahlt.
Ausdehnung der Genehmigungspflicht für Arbeitsplatzwechsel auf Bauarbeiter und Ungelernte.
KZ Buchenwald eingerichtet.
„Wehrsteuergesetz": Sondersteuer für die nicht einberufenen Jahrgänge ab 1914.
Die auf 1937 verschobenen Betriebsratswahlen werden ganz abgesagt.

1937

Internationale Aspekte
September: Gründung des „Schutzverbands deutsch-amerikanischer Schriftsteller" in USA; Ehrenvorsitzender: Thomas Mann.

1938

Arbeitslose: ca. 500000. Rüstungsausgaben nunmehr 26 Mrd. RM = 32% des Volkseinkommens.
Registrierungspflicht für alle Schulabgänger.
Arbeitsämter führen in Zusammenarbeit mit DAF und HJ die Berufsberatung durch.
In einer öffentlichen Rede fragt Göring: „Wollt ihr Butter oder Kanonen?"
Februar: Einführung der Arbeitsdienstpflicht für Frauen.
12. 3.: Einmarsch deutscher Wehrmacht in Österreich; nunmehr: „Großdeutschland".
Mai: Hitlers Befehl zur Zerschlagung der Tschechoslowakei.
Frauen-KZ Ravensbrück eingerichtet.
Sommer: KZ Mauthausen/Österreich.

September: Auf der Münchener Konferenz (Hitler, Mussolini – Italien, Chamberlain – Großbritannien, Daladier – Frankreich) erpreßt Hitler die Einverleibung der sudetendeutschen Gebiete ins „Großdeutsche Reich".
9. 11.: → Judenpogrom „Reichskristallnacht". NS-Parteigliederungen organisieren: Brandlegung in Synagogen, Zerstörung jüdischer Geschäfte, Schändung jüdischer Friedhöfe, Mißhandlungen und Verhaftungen von Juden; Morde. Zahlreiche Anschluß-Terrormaßnahmen gegen Juden.

1938

Internationale Aspekte
Der IGB erkennt, daß er die Sowjetgewerkschaften nicht integrieren kann, da diese nicht die Arbeitnehmer vertreten, sondern Teil des Staatsapparates sind.

1939

Arbeitslose: 34000, Rüstungsausgaben auf 37 Mrd. RM gestiegen = 34% des Volkseinkommens.
Alle Deutschen können zu zwangsweiser Arbeit herangezogen werden.
Berufswahl, Arbeitsplatzwahl wird stark eingeschränkt.
Lohnabzug für „Winterhilfe" und „NS-Volkswohlfahrt".
Januar: Hitler prophezeit vor dem Reichstag die „Vernichtung der jüdischen Rasse in Europa".
März: Deutsche Wehrmacht besetzt restliche Gebiete der Tschechoslowakei.
Mai: 300000 politische Häftlinge in KZ/Zuchthäusern.
Juli: Keine Arbeitslosen mehr.
1. 9.: Der Zweite Weltkrieg (1939–1945) beginnt mit Hitlers Überfall auf Polen. W. Leuschner vorübergehend wieder in Haft.
Zwangsarbeitslager für die jüdische Bevölkerung im besetzten Polen.
Die Treuhänder der Arbeit müssen die Arbeitsverhältnisse dem Krieg anpassen. Lohnerhöhungen werden durch Strafandrohung verhindert.
Judendeportationen aus Österreich und der Tschechoslowakei nach Polen. Ghettos in Lodz und Warschau.

1939

Internationale Aspekte

Sommer: Ständige Warnungen des IGB vor Kriegsgefahr ineffizient, da keine einmütige Einschätzung der Lage.

September: Beginn der Rundfunkpropaganda über Auslandssender für Gegner des Hitler-Regimes in Deutschland und Österreich.

Aufruf Heinrich Manns, daß nur die geeinte Arbeiterklasse die Macht ist, die Deutschland vom Faschismus befreien kann.

1940

Rüstungsausgaben: 49 Mrd. RM = 43% des Volkseinkommens.

„Umsiedlungsverträge" Hitlers mit Stalin.

April: Besetzung von Dänemark und Norwegen.

1. Mai steht ganz im Dienst der Kriegshetze.

Mai: Angriff auf Holland, Belgien, Luxemburg und Frankreich.

Gewerkschaftlicher Widerstand nach London und Stockholm verlagert.

KZ-Vernichtungslager Auschwitz.

Oktober: Judendeportationen aus Baden und der Pfalz nach Gurs/Frankreich.

Verlängerung der Vollmacht Görings für den Vierjahresplan auf vier weitere Jahre.

1940

Internationale Aspekte

Verlegung des IGB-Sekretariats von Paris nach London angesichts des deutschen Vormarsches im Westen. Archiv fällt der → GeStaPo in die Hände*.

1941

Rüstungsausgaben: 71 Mrd. RM = 58% des Volkseinkommens.

Illegale sozialistische Flugblätter, z. B.: Langsamer arbeiten!

---

* Hierdurch erklärt sich der Mangel an Quellenmaterial über die Geschichte der Gewerkschaften.

W. Leuschner baut Netz illegaler Reichsleitung aus. Kontakte zu militärischem und kirchlichem Widerstand (1941/42).
März: Masseneinsatz von Auschwitz-Häftlingen in Industriebetrieben.
Mai: 3000000 ausländische Arbeitskräfte im Arbeitseinsatz in Deutschland.
Juni: Deutsche Wehrmacht greift UdSSR an.
31. 7.: Hitlers Befehl zur „End- und Gesamtlösung der Judenfrage".
KZ Majdanek/Polen errichtet.
3. 10.: Zwangsarbeit für Juden im Reich.

1941

Internationale Aspekte
„Atlantik-Charta", von F. D. Roosevelt (US-Präsident), W. Churchill (brit. Premierminister) ausgehandelt: Forderung nach Selbstbestimmungsrecht der Völker, dauerndem Frieden, einem Leben, frei von Not und Furcht für alle Menschen.

1942

Rüstungsausgaben: 86 Mrd. RM = 68% des Volkseinkommens.
Albert Speer wird zum Rüstungsminister ernannt; er ist für die zentrale Planung der Wirtschaft zuständig.
März: Hitler setzt Gauleiter Sauckel als Generalbevollmächtigten für den Arbeitseinsatz ein.
Verordnung über „Entjudung".
Durch Göring wird den Unternehmen verboten, dem Frieden dienende Planungen zu erstellen oder Produkte zu entwikkeln.
1. Mai: Der nationale Feiertag des deutschen Volkes wird auf den Sonntag verlegt, um Unterbrechung des Arbeitseinsatzes zu vermeiden und Kosten zu sparen.
Dezember: Etwa ⅔ aller ausländischen Arbeitskräfte in Deutschland sind Kriegsgefangene.

1943

Rüstungsausgaben: 91 Mrd. RM = 69% des Volkseinkommens.
Verstärkter Widerstand gegen NS-Kriegspolitik.
Januar: Befehl des Generalbevollmächtigten für den Arbeits-

einsatz, Sauckel, daß sich alle Männer von 16 bis 65 Jahren und alle Frauen von 17 bis 45 Jahren für Verteidigungszwecke registrieren lassen müssen. Die Altersgrenze für Frauen wird kurz danach auf 50 heraufgesetzt.
Wannsee-Konferenz organisiert die End- und Gesamtlösung der Judenfrage durch Eichmann.
Deutsche Kapitulation vor Stalingrad; Wende des Krieges an der Ostfront.
18. 2.: Minister für Reichspropaganda und Volksaufklärung, Dr. Joseph Goebbels fordert auf Kundgebung im Berliner Sportpalast den „totalen Krieg". 20000 stimmen begeistert zu. Totaler Krieg wird erklärt.
März: KZ Belzek.
April/Mai: KZ Bergen-Belsen.
Mai/Juni: KZ Sobibor.
Juni: Generalplan Ost: Deportation „Nichteindeutschungsfähiger" nach Osten/Ural.

1943

Internationale Aspekte
14. 1.: Konferenz der Alliierten von Casablanca fordert bedingungslose deutsche Kapitulation.
November/Dezember: Auf der Konferenz der Alliierten von Teheran vereinbaren Roosevelt (USA), Churchill (Großbritannien) und Stalin (UdSSR) Zusammenarbeit in und nach dem 2. Weltkrieg, sowie eine Kommission zur Teilung Deutschlands.

1944

Rüstungsausgaben: 91 Mrd. RM = 68% des Volkseinkommens.
Häftlingsaufstände in einigen KZ; keine Änderung der NS-Vernichtungsstrategie.
Zahl der ausländischen Zwangsarbeiter in Deutschland ist auf 7500000 angewachsen.
Juni: Invasion der West-Alliierten in der Normandie/Frankreich.
20. 7.: Aufstand gegen die Hitler-Diktatur. An der Planung, die an dem mißglückten Attentat des Obersten Claus Graf Schenk von Stauffenberg auf Hitler scheiterte, waren neben hohen Militärs auch Politiker bürgerlicher Parteien und füh-

rende Gewerkschafter wie → Jakob Kaiser und Wilhelm Leuschner beteiligt.
→ Volksgerichtshofprozesse: Todesurteil und Hinrichtung für zahlreiche Widerstandskämpfer.
September: US-Truppen erreichen westliche Reichsgrenze.
29. 9.: Wilhelm Leuschner, vom Volksgerichtshof zum Tode verurteilt, in Berlin-Plötzensee durch den Strang hingerichtet.

1944

Internationale Aspekte
Die „Charta von Philadelphia" wird zur Grundlage für die Verfassung der Internationalen Arbeiterorganisation (IAO), die nach dem Kriege reorganisiert werden soll.
Da nicht an Hitlers endgültiger Niederlage gezweifelt wird, konzentriert sich die Arbeit des IGB auf Nachkriegsplanung.
Roosevelt und Churchill einigen sich bei einer Konferenz in Quebec/Kanada auf den Morgenthau-Plan*, demzufolge Deutschland nach dem Kriege in einen Agrarstaat umgewandelt werden soll.

1945

22. 1.: Sowjetische Truppen stehen an der Oder.
18. 3.: Gründung der ersten deutschen Gewerkschaft nach der NS-Diktatur in Aachen** nach Genehmigung durch die örtliche US-Besatzungsbehörde.
30. 4.: Führer und Reichskanzler Adolf Hitler verübt Selbstmord.
1. Mai: Maifeiern in befreiten Konzentrationslagern.
7./8. 5.: Ende des Zweiten Weltkrieges in Europa nach totaler deutscher Kapitulation. Deutschland ist von den alliierten Siegermächten besetzt und wird von ihnen regiert.
Befreiung Deutschlands vom Nationalsozialismus.
Reichsleiter der DAF, Dr. Robert Ley verübt Selbstmord während des Nürnberger Prozesses.
17. 7.–2. 8.: Auf der „Potsdamer Konferenz der Alliierten" wird die Zulassung von Gewerkschaften beschlossen. Gewerkschafter engagieren sich für die Wiedergründung freier Gewerkschaften und für den Wiederaufbau der Demokratie aus Not und Elend.

---

* Morgenthau: US-Finanzminister.
** Aachen wurde im Oktober 1944 von US-Militär besetzt.

1945

Internationale Aspekte

Februar: Konferenz der Alliierten von Jalta/Krim/UdSSR befaßt sich u. a. mit Aufteilung Deutschlands, Reparationen, Gebietsabtretungen.

Konferenz verschiedener Gewerkschaftsgruppierungen mit dem Ziel, einen Weltgewerkschaftsbund zu gründen*.

* Der Weltgewerkschaftsbund zerbrach 1949, als die westlich-demokratischen Gewerkschaften sich von den Staatsgewerkschaften sozialistischer Prägung abgrenzten, den WGB verließen und den Internationalen Bund Freier Gewerkschaften (IBFG) gründeten.

Anhang: Lexika

Lexikon 1: Sachregister
Lexikon 2: Personenregister

Das folgende Lexikon „Sachregister“ und „Personenregister“ soll als Nachschlageverzeichnis Einblick ermöglichen in das NS*-Herrschaftssystem; Auskunft erteilen über Organe, Gremien und ihre Führer in – wie die NS-Führung differenzierte –: *Partei, Staat und Wehrmacht.* Personen sind im Personen-Register, Organe im Sachregister kurz beschrieben und erläutert. In Einzelfällen ist eine Bewertung vermerkt. Dabei wird immer wieder die Sprache der Nationalsozialisten mitverwendet. Sie ist für den Leser gekennzeichnet durch *Kursivschrift.* Die Zitate im Sachregister sind der NS-Literatur entnommen, in der Regel dem „Organisationsbuch der NSDAP“, 1938, Herausgeber: Der Reichsorganisationsleiter der NSDAP, Zentralverlag der NSDAP, Franz Eher Nachfolger, München 1938. „Nachdruck, auch auszugsweise, (war) streng verboten.“ „Dieses Buch darf im freien Handel nicht verkauft werden“ – stand im Impressum angefügt. Damit wird für den Leser eine Original-Quelle der Nationalsozialisten verwendet, die Einblick in die geplante und auch tatsächlich realisierte Macht- und Herrschaftsstruktur der Nationalsozialisten ermöglicht. Die exakte Benennung von Funktions-, Amts- und Dienstbezeichnungen zum Beispiel hilft der Einschätzung und Bewertung der Funktionsträger in der Führer-Diktatur.

Die Sprache der braunen Herrscher, die Organisation von paramilitärischen Gruppen, soll zugleich für die Gegenwart und Zukunft sensibilisieren: wo dieselben oder ähnliche Texte Eingang in die politische Sprache finden, wo mit Nazisymbolen gearbeitet wird, ist Nazismus und/oder Gefahr der faschistischen Diktatur im Anmarsch, obwohl Faschismus „anpassungsfähig“ ist und immer wieder ein anderes Gesicht zeigt.

Die Lexika Sach- und Personenregister – so sind sie angelegt – dienen dabei speziell der besseren Erschließung des NS-„Feiertags der Nationalen Arbeit / Nationalen Feiertag des deut-

* NS: Abkürzung für → Nationalsozialismus.

schen Volkes". Nur wer weiß, was und wer hinter den Organisationen, Maßnahmen und Funktionsträgern der NSDAP stand, vermag einigermaßen nachzuvollziehen, warum Adolf Hitlers Gewaltherrschaft 1933–1945 möglich war, warum die ideologische Besetzung breiter Arbeiterschichten funktionieren konnte. Zu diesem Zwecke wurde auch der Mai-Feiertag der Arbeiter mißbraucht.

Zeugen aus dieser Zeit werden naturgemäß seltener. Wo sie noch leben und darüber sprechen können, sollte man sie hören, sie befragen, mit ihnen diskutieren: so gut es geht – natürlich rational, auch wenn dabei Irrationales wirkt und Betroffenheit erzeugen muß.

Nicht um ihrer selbst willen soll, ja muß nationalsozialistische *Weltanschauung* ständig erkennbar bleiben, sondern: um daraus für die Gegenwart und für die Zukunft sensibilisiert zu lernen.

Lexikon Sachregister

ADGB, Abkürzung für: Allgemeiner Deutscher Gewerkschaftsbund. Der ADGB wurde 1919 Nachfolgeorganisation der „Generalkommission der Gewerkschaften Deutschlands" als Spitzenorganisation der größten Gewerkschaftsgruppierung Deutschlands auf dem Boden der sozialistischen Weltanschauung gegründet. Vorsitzender → Carl Legien (1919–1920), Nachfolger → Theodor Leipart (1920–1933). Der ADGB suchte 1933 durch Anpassung an die NS-Herrschaft die Organisation zu retten, bis am 2. Mai die → SA, → SS, → NSDAP die Gewerkschaftshäuser besetzten, die verbliebenen Funktionäre verhafteten mit dem erklärten Ziel, die Organisation der Gewerkschaften zu zerschlagen und ihre Mitglieder zu korrumpieren.

AfA-Bund, Allgemeiner freier Angestelltenbund; gegründet 3. 10. 1921; Vorläufer seit 1913: Arbeitsgemeinschaft freier Angestelltenverbände – Organisationsvertrag mit dem → ADGB u. dem Allgemeinen Deutschen Beamtenbund – unter Wahrung der Autonomie der drei Vertragspartner gleiche gewerkschaftspolitische Einstellung zur allgemeinen Arbeitnehmersolidarität.

Christliche Gewerkschaften, gegründet 1894, erster Kongreß 1899, neben den Freien Gewerkschaften und in Konkurrenz zu diesen entstanden, in der Tradition der evangelischen sozial-ethischen Vorstellungen von Bischof Ketteler und der Sozialenzyklika „rerum novarum“ (kath. Kirche). Sie versuchten, die soziale Frage in Zusammenarbeit mit den Arbeitgebern unter Verzicht auf den Klassenkampf zu lösen. Trotz formeller parteipolitischer Neutralität waren sie eng mit der Zentrumspartei und dem Volksverein für das katholische Deutschland verbunden. 1908 beteiligten sie sich führend an die Gründung der „Allgemeinen Christlichen Internationale“. 1918 schlossen sie sich mit anderen, jedoch ohne die Freien Gewerkschaften, zum Deutschen Demokratischen Gewerkschaftsbund zusammen. Die Christlichen Gewerkschaften erreichten 1921 mit 1,1 Millionen Mitgliedern ihre Höchststärke. Am 23. Juni 1933 verfügte der Führer der → DAF → Dr. Robert Ley, ihre Auflösung sowie die Ächtung ihrer Führer. – Neugründung 1945.

DAF, Abkürzung für *Deutsche Arbeitsfront,* die am 10. Mai 1933 in direktem Anschluß an die gewaltsame Zerschlagung der → Gewerkschaften (→ ADGB) als NS-Gliederung gegründet wurde, mit dem Ziel, Arbeitnehmer und Unternehmer gleichgeschaltet –, gemeinsam im Sinne der NS-Politik auszurichten. Die DAF hatte den Arbeitsfrieden zu sichern, d. h. den Streik unmöglich zu machen, weltanschauliche Erziehung, Durchführung von Leistungs- und Berufswettkämpfen sicherzustellen. Diese größte NS-Sonderorganisation (1934 14 Mill., 1942 25 Millionen DAF-Mitglieder) war in Fachämter (Textil,- Bau-, Holz- usw.) gegliedert und präsentierte NS-Betriebsgemeinschaften, besonders jeweils am 1. Mai. Außer dem 1933 von den Gewerkschaften kassierten Vermögen besaß die DAF mehrere Wirtschaftsunternehmen, wie z. B. das Volkswagenwerk. Gesamteinnahmen betrugen 1939 ca. 540 Mill. RM. Leiter der DAF war → Dr. Robert Ley. Zusammen mit den anderen NS-Organisationen erfolgte Verbot und Auflösung durch Alliierte Militärregierung 1945.

Der Führer und Reichskanzler war Dienstbezeichnung/ Titel für Adolf Hitler nach dem Tode des Reichspräsidenten von Hindenburg und der Übernahme der Funktion als neues Staatsoberhaupt (2. August 1934). „Gesetz über das

Staatsoberhaupt des Deutschen Reiches." Im innerdeutschen Dienstverkehr verfügte Hitler vom 26. Juni 1943 an die Amtsbezeichnung *Der Führer,* im Auslandsverkehr die Bezeichnung *„Der Führer des Großdeutschen Reiches"*. „Führer" bezog sich auf die → NSDAP; „Reichskanzler" auf das (politische) Staatsamt. Das → Dritte Reich bezeichneten die → Nazis auch als *„Führerstaat"*.

DEUTSCHE GEWERKVEREINE, auch Hirsch-Duncker'sche Gewerkvereine, (HD), gegründet 1868/69 von Dr. Max Hirsch und Franz Duncker, daher auch Hirsch-Duncker'sche G. – Vorbilder: Englische Trade Unions, Business-Unions – Ziele: Gleichberechtigung, Vereinbarung, Schiedsgericht, Streik nur allerletztes Mittel.

Die Gewerkvereine verstehen sich als „reformistische Korrekturorgane innerhalb des Kapitalismus und wollen dessen Fehlentwicklungen durch ökonomische Gegenmacht ausschalten". Die liberalen Gewerkvereine hatten 1913 100000 Mitglieder und standen im Wettbewerb mit den → Freien (sozialistischen) Gewerkschaften und einer → Christlichen Gewerkschaft. → Gewerkschaften.

DIKTATUR meint die totale Herrschaft einer Person (Diktator) oder Personengruppe (Gleichgesinnter), z. B. Familie oder Partei, über einen Staat.

DNVP, Abkürzung für „Deutschnationale Volkspartei". Im November 1918 gegründet als bürgerliche Rechtspartei – monarchistisch – nationalistisch – völkisch – antisemitisch. In der DNVP waren repräsentiert: Adel, Beamtentum, Offiziere, gehobenes Bürgertum, Agrarier und gewerblicher Mittelstand. Die DNVP bekannte sich zur Monarchie, „Volksgemeinschaft", „nationaler Ehre" und einem autoritären Staat. Die DNVP lehnte die Weimarer Reichsverfassung ab, war aber in der Weimarer Nationalversammlung vertreten. Zusammenarbeit mit anderen Parteien der Rechten; sie bildete 1931 die → Harzburger Front. Die DNVP ermöglichte im Januar 1933 die Regierung Hitler – von Papen – Hugenberg (DNVP). Als Deutschnationale Front (ab Mai 1933) am 27. 6. 1933 von Hitlers NSDAP zur Auflösung gezwungen, obwohl sie ihr zur Regierungsmacht verholfen hatte, wie die DNVP überhaupt mit ihrer antiparlamentarischen Grundeinstellung und ihren sozialreaktionären Zielen der Weimarer Republik großen Schaden zugefügt hat.

Drittes Reich, Als *Drittes Reich* wird die Regierungszeit der nationalsozialistischen Diktatur (→ *NSDAP/Führerstaat*) 1933–1945 in Deutschland bezeichnet. Die Bezeichnung leitet sich ab: Erstes Reich = Heiliges Römisches Reich deutscher Nation (962–1806), Zweites Reich (auch Kaiserreich) 1871–1918.

Eiserne Front, am 11. Oktober 1931 gebildet aus → Reichsbanner Schwarz-Rot-Gold, Gewerkschaften, SPD, Arbeitersportverbänden. Sie bildete die Gegengruppierung zu der am 11. 10. 1931 organisierten → „Harzburger Front" (NSDAP, DNVP, Stahlhelm und „Vaterländische Verbände").

„Eisern die Front – Eisern die Hand – Republikanisch das ganze Land." Die Eiserne Front meldete sich auch zu den Maifeiern zu Wort, so 1932 mit einer „Maifeier-Kampfschrift". Im März 1933 wurde die Eiserne Front von den Nazis verboten.

Feiertag der nationalen Arbeit, → Gesetz über ... vom 10. April 1933, Dokument Nr. 7, S. 35. Siehe auch → Gesetz über die Feiertage vom 27. Februar 1934, in dem das „Gesetz über die Einführung eines Feiertags der nationalen Arbeit" vom 10. 4. 1933 novelliert wurde. Nunmehr: Nationaler Feiertag des deutschen Volkes. → 1. Mai.

Freie Gewerkschaften. Während des Sozialistengesetzes (1878–1890) wurden auch die Gewerkschaften ob ihrer Zustimmung und Anlehnung an den Sozialismus in die Illegalität gezwungen. Die sozialistischen Freien Gewerkschaften waren nach dem Berufsprinzip organisierte Zentralverbände. 1890 schlossen sie sich in der Generalkommission der Gewerkschaften Deutschlands zusammen (1913: 2,5 Millionen Mitglieder) Vorsitzender bis 1920 → Carl Legien, anschließend → Theodor Leipart bis 1933. Die Freien Gewerkschaften waren nach Ideenrichtung und Handlungspraxis sozialistische Richtungsgewerkschaften, ideologisch und personell mit der → SPD verbunden, wobei Einflüsse wechselseitig wirkten. Aus der Generalkommission entstand 1920 der → ADGB, der die Theorie von der Wirtschaftsdemokratie entwickelte, bis die Nazis, vom 2. Mai 1933 an, die Freien Gewerkschaften vernichteten und die SPD am 22. Juni 1933 verboten.

Gaue / Gauleiter. Deutschland war in NS-„Gaue" eingeteilt. *„Innerhalb seines ‚Hoheitsbereiches' ist der Gauleiter für die* *gesamte politische, kulturelle und wirtschaftliche Gestaltung aller Lebensäußerungen nach nationalsozialistischen Grundsätzen verantwortlich"*, lautete die Aufgabenbeschreibung. Die Gauleiter unterstanden unmittelbar → Adolf Hitler; der Führer ernannte sie.

GESTAPO, Abkürzung für *Geheime Staatspolizei*. 1933 von Ministerpräsident Göring in Preußen als geheime politische Polizei geschaffen mit dem Auftrag, alle politischen Gegner der → *NSDAP*, des NS-Staates und → Adolf Hitlers zu verfolgen und zu beseitigen. Die GeStaPo hatte schrankenlose Macht und bediente sich bedingungsloser, willkürlich angewandter Gewalt („GeStaPo-Methoden"). GeStaPo und Sicherheitsdienst des *Reichsführers-SS (SD)* arbeiteten engstens zusammen und hatten ab 1939 in der Spitze als integriertes Hauptquartier das *Reichssicherheitshauptamt* (RSHA) mit Sitz in der Reichshauptstadt Berlin. Das immer wieder umorganisierte RSHA gliederte sich in
1. GeStaPo mit geheimem Staatspolizeiamt,
2. Sicherheitsdienst (SD)
3. Reichskriminalpolizeiamt (RKPA).

Eine Sonderabteilung der GeStaPo bei der SS war speziell zur Judenverfolgung und Judenvernichtung geschaffen; Hauptwaffe waren die → Konzentrationslager (KZ/KL).

GEWERKSCHAFTEN sind aus verschiedenen politischen Ideenrichtungen der Arbeiterbewegung im Zeitalter des Kapitalismus hervorgegangen und durch freien und solidarischen Zusammenschluß (Koalition) der Mitglieder entstanden. Interessenvertretung der Arbeitnehmer, insbesondere ihrer Mitglieder (Gewerkschafter), besonders gegenüber Arbeitgeber und Staat. Voraussetzung für ihre legale Bildung war die Gewährung der Koalitionsfreiheit 1861 in Sachsen und 1869 beim Norddeutschen Bund. 1865 Konstitution des Deutschen Zigarrenarbeiter-Verbandes, 1866 folgte der Deutsche Buchdrucker-Verband, der 1873 den ersten Tarifvertrag für das ganze Reichsgebiet abschloß. Ferdinand Lassalle bremste die Gewerkschaftsbewegung, indem er den Allgemeinen Deutschen Arbeiterverein gründete, große Unterstützung dagegen durch die von Marx und Engels 1864 gegründete Internationale Arbeiterassoziation und die unter Bebel und Liebknecht entstandene → SPD. Funktion der Arbeitnehmerverbände ist, sich um die Sicherung und Verbesserung der sozialen und wirtschaftlichen

Stellung aller abhängig erwerbstätigen Gesellschaftsschichten zu bemühen (Interessensvertretungen).
Nach *„Machtergreifung"* durch → Adolf Hitlers → NSDAP kam das Ende für die Gewerkschafts- und Arbeiterbewegung in Deutschland. Die Nazis zerstörten und verboten die Freien (sozialistischen), liberalen, Christlichen und kommunistischen Gewerkschaften. Heute DGB in der Bundesrepublik Deutschland, FDGB in der DDR.

GEWERKSCHAFTSRING, Deutscher Arbeiter-, Angestellten- und Beamtenverbände; gegründet 27./29. Nov. 1920 – Richtung „freiheitlich-national" – grundsätzliches Bekenntnis zur Reichsverfassung von Weimar – Staat und Gewerkschaft werden nicht als Gegensätze gesehen – Ziel: Selbsthilfe und Selbstverwaltung unter starker Autorität des Staates.

GEWERKVEREINE, Hirsch-Duncker'sche (HD) wurden von dem Sozialpolitiker Dr. Max Hirsch in Zusammenarbeit mit Franz Gustav Duncker am 28. 9. 1868 auf einer von Hirsch einberufenen Arbeiterversammlung in Berlin gegründet.
Im Gegensatz zu den → Freien → Gewerkschaften, die von der Gründungsidee her den systemimmanenten Klassengegensatz (Lösung der Probleme erst nach Auflösung des Kapitalismus) vertraten, verstanden sich die liberalen Hirsch-Duncker'schen Gewerkvereine als „reformistische Korrektivorgane innerhalb des Kapitalismus", wollten dessen „Fehlentwicklungen" durch ökonomische Gegenmacht ausschalten, die Lage verbessern, innerhalb der Ordnung. Gegenüber den Freien und Christlichen Gewerkschaften blieben sie zahlenmäßig unbedeutend (1910 – 122000, 1922 ca. 230000, 1931 ca. 149000).
Zusammen mit den übrigen Gewerkschaften wurden sie im Mai 1933 in der → *Deutschen Arbeitsfront* gleichgeschaltet.

HAKENKREUZ, war von Anbeginn der → *Nationalsozialistischen Deutschen Arbeiterpartei* Kennzeichen und Symbol des Nationalsozialismus, von 1920 bis 1933 auf dem Weg zur Macht und von 1933 bis 1945 für die Herrschaftspraxis. Die NS- → „Hakenkreuzler" wählten ihr Symbol als Ausdruck der *„Verbundenheit mit dem germanisch-nordischen Ahnengut des deutschen Volkes"*. Als Heilszeichen ist das H. seit etwa 4000 vor Chr. in Nord- und Mitteleuropa, Vorderasien, Indien, China und Japan verbreitet.

Seit 1900 wurde es immer wieder einmal als judenfeindliches Symbol benutzt. → Adolf Hitler, der an dem Entwurf für eine NS-Fahne mitarbeitete, deutete die Hakenkreuzfahne: *Im Rot sehen wir den sozialen Gedanken der Bewegung, im Weiß den nationalistischen, im Hakenkreuz die Mission des Kampfes für den Sieg des arischen Menschen und zugleich mit ihm auch den Sieg des Gedankens der schaffenden Arbeit, die selbst ewig antisemitisch war und antisemitisch sein wird.* (Zitiert nach: Hitler, Mein Kampf, S. 557).

Von 1935 an wurde die Hakenkreuzfahne durch das Reichsflaggengesetz im Rahmen der → Nürnberger Rassen-Gesetze zur alleinigen Reichs- und Nationalflagge erklärt. Wo immer der Nationalsozialismus in Erscheinung trat und tritt (Neo-Nazis), wird das H. zum Darstellungs-, Ausdrucks- und Massenbeeinflussungssymbol.

HAKENKREUZLER, volkstümliche Bezeichnung für „Nationalsozialist", „Nazi".

HARZBURGER FRONT, Bezeichnung für den Zusammenschluß der rechtsgerichteten sogenannten „Nationalen Opposition": → NSDAP (→ Hitler), → DNVP (→ Hugenberg), Stahlhelm (→ Seldte), Alldeutsche und Vaterländische Verbände. Auf einer Tagung in Bad Harzburg am 11. 10. 1931 forderten die „Rechten" den Rücktritt der Regierung Brüning und Neuwahlen. Sie erklärten die Bereitschaft zur Regierungsübernahme. Der H. F. fehlte ein gemeinsames politisches Konzept. Sie diente Hitler dazu, über eine Rechts Koalition die Regierungsgewalt zu erreichen. Eine politische Gegenbewegung organisierte sich im → Reichsbanner Schwarz-Rot-Gold.

HIRSCH-DUNKER'SCHE GEWERKVEREINE → Gewerkvereine.

HITLER-JUGEND, abgekürzt HJ, war die 1926 gegründete Jugendorganisation der → NSDAP, von 1936 (HJ-Gesetz vom 1. 12. 1936) Staatsjugend. Die HJ war gegliedert in

- die Hitler-Jugend (Jungen von 14–18 Jahren)
- das Deutsche Jungvolk in der HJ (Jungen von 10–14 Jahren)
- den Bund Deutscher Mädel (BDM) in der HJ (14–21 Jahre)
- Deutsche Jungmädel in der HJ (10–14 Jahre).

Damit begann eine frühe Erfassung und Schulung junger Menschen im Sinne des NS-Herrschaftssystems: *(...) die*

gesamte deutsche Jugend in die nationalsozialistische Weltanschauung einzuführen. In der HJ soll dann diese Jugend zu echten, starken Nationalsozialisten herangebildet ... und die Grundlage zu wahrem Führertum gelegt werden. Erziehung zu erbbiologischem und rassischem Denken.
Der Pflichteintritt von 10jährigen in die Hitlerjugend war an die Bedingung „arisch" und „erbgesund" gebunden. Der *Jugendführer des Großdeutschen Reiches* nahm die Stellung einer Obersten Reichsbehörde mit Sitz in Berlin ein und war *unmittelbar dem Führer und Reichskanzler unterstellt.* Im 2. Weltkrieg *„Wehrertüchtigung"*, Einsatz als Luftwaffenhelfer und in der *„Panzerdivision Hitler-Jugend"*.

HOLOCAUST, (griech. für „großes Brandopfer") = Völkermord; H. steht für die Vernichtung der europäischen Juden unter der NS-Gewaltherrschaft. Der Name H. kam 1979/82 mit dem Titel des gleichlautenden Fernsehfilmes in das Bewußtsein der breiteren Öffentlichkeit in der Bundesrepublik Deutschland und löste Betroffenheit aus. → Judenpogrome.

IGB/IBFG, Abkürzung für: Internationaler Gewerkschaftsbund/Internationaler Bund Freier Gewerkschaften, ging 1913 auf der Weltgewerkschaftskonferenz in Zürich aus dem Internationalen Sekretariat hervor. Ihm gehörten 19 Landesgewerkschaften an, → Carl Legien war der erste Präsident. Den weiteren Ausbau unterbricht der 1. Weltkrieg (1914–1918). Der IGB setzt sich nach dem Krieg für Abrüstung ein; während des 2. Weltkrieges (1939–1945) Unterstützung von Widerstandsaktivitäten in Deutschland; sozialpolitische Planungen für die Zeit nach dem Kriege. Nach 1918 Aufspaltung der Arbeiterbewegung in eine sozialdemokratische und eine kommunistische Richtung. Bildung eines sozialdemokratisch orientierten Dachverbandes „Amsterdamer Internationale" und einer „Revolutionären Gewerkschaftsinternationale" (RGI, auch „Moskauer Internationale" genannt); außerdem, ebenfalls 1920 Bildung des „Internationalen Bundes christlicher Gewerkschaften". 1945 Mitgliedschaft des IGB im „Weltgewerkschaftsbund (WGB) nach dessen Spaltung 1949 Gründung des IBFG: Internationaler Bund Freier Gewerkschaften, in dem die Gewerkschaften der USA und die sozialdemokratischen Gewerkschaften dominieren, während im WGB die unter staatlicher Lenkung stehenden Gewerkschaften der

Ostblockländer, die kommunistisch orientierten Gewerkschaften Westeuropas und der Dritten Welt zusammengefaßt sind. Christliche Gewerkschaften seit 1967 im „Weltverband der Arbeitnehmer" (WVA).

INTERNATIONALER MILITÄRGERICHTSHOF IN NÜRNBERG, „NÜRNBERGER PROZESSE": 1945/46
Zur Verfolgung und Bestrafung führender Nationalsozialisten haben die Sieger des Zweiten, von Hitler begonnenen Weltkrieges (1939–1945) von 1945–1946 einen internationalen Militärgerichtshof in Nürnberg eingerichtet; Richter und Ankläger aus den Staaten USA, UdSSR, Vereinigtes Königreich von Großbritannien und Nordirland sowie der provisorischen französischen Republik.
Anklagepunkte waren:

1. Gemeinsamer Plan oder Verschwörung.
2. Verbrechen gegen den Frieden.
3. Kriegsverbrechen.
4. Verbrechen gegen die Menschlichkeit.

Auch die NS-Organisationen und NS-Gruppierungen, den die als Hauptkriegsverbrecher Angeklagten zugehörten, waren einbezogen in die Anklagen wegen: „Verbrechen gegen den Frieden, Kriegsverbrechen, Verbrechen gegen die Menschlichkeit" (Mord, Massenmord).
Die Hauptkriegsverbrecher wurden zum Tode (12) oder zu langjährigen Freiheitsstrafen (7) verurteilt und (3) als „nichtschuldig" erklärt.
Dem Nürnberger Hauptprozeß schlossen sich weitere Verfahren gegen Ärzte, Juristen, Generale und Wirtschaftsführer vor Militärgerichten an.

JUDENPOGROM, POGROM, der POGROM, russisch: „Verwüstung", eine mit Plünderung und Gewalttaten verbundene Hetze, besonders gegen die Juden. (Quelle: Brockhaus Enzyklopädie, Fa. Brockhaus, Wiesbaden, 1970.)
Pogrome wurden mit Billigung des Zaren in vielen Teilen Rußlands gegen Ende des 19. Jahrhunderts gegen die Juden betrieben. Sie wurden aus ihren Wohnungen vertrieben und mißhandelt, ihr Eigentum wurde zerstört. Das russische Wort Pogrom heißt Zerstörung und bezeichnet seitdem die Judenverfolgungen in aller Welt.
Auch die Verfolgungen anderer Menschen, z. B. nationaler oder rassischer Minderheiten, können als Pogrome bezeich-

net werden. (Quelle: H. Kammer, E. Bartsch: „Jugendlexikon Politik", Rowohlt, Hamburg, 1974.)
Dazu auch → Holocaust.
Judenpogrom siehe: Heinz Lauber, Judenpogrom „Reichskristallnacht" November 1938 in Großdeutschland, Bleicher Verlag, Gerlingen 1981.

KdF, Abkürzung für NS-Gemeinschaft *„Kraft durch Freude"*, die im November 1933 gegründet wurde, als Sonderorganisation innerhalb der → DAF, mit der Zielsetzung, für DAF-Mitglieder Freizeit und Erholung zu planen und zu organisieren. Mit dieser gelenkten Freizeit- und Erholungsgestaltung sollten Arbeiter *„der Stirn und der Faust"* nicht von der Arbeit weggeführt, sondern vielmehr zu verstärkter Leistungssteigerung für das → NS-System aktiviert werden. Als materielle Grundlage für die KdF-Aktivitäten dienten Gelder, Häuser und Heime der früheren Gewerkschaften, die im Zusammenhang mit deren Zerschlagung im Mai 1933 von den → Nationalsozialisten kassiert worden waren. Siehe Abschnitt DAF/KdF, S. 91ff.

KONSUMGENOSSENSCHAFTEN/COOP – Wirtschaftsunternehmungen, heute in der Rechtsform von Aktiengesellschaften bzw. Genossenschaften mit dem Ziel, als Verbrauchereinrichtungen dem Kunden die Vorteile organisierten Großeinkaufs und eigener Produktion zukommen zu lassen.
Aus der Geschichte: 1845 Gründung des ersten deutschen Konsumvereins in Chemnitz, 1894 Gründung der Großeinkaufs-Gesellschaft Deutscher Konsumgenossenschaften (GEG), 1903 Zentralverband deutscher Konsumgenossenschaften (ZdK) gegründet. Aufgrund ihres Selbstverständnisses – Selbsthilfe, Selbstbestimmung – durch Vertreterversammlungen mit demokratischen Wahlen des Vorstandes, Beschlußfassung über die Bilanz etc. – 1933 Zugriff durch die → Nazis: Beseitigung des ZdK und des Reichsverbandes deutscher Konsumvereine („Kölner Richtung") durch Überführung der Spitzenverbände und ihrer Warenzentralen in den „Reichsbund der deutschen Verbrauchergenossenschaften". 1935 Wiederverselbständigung der GEG; 1941 Auflösung der Verbrauchergenossenschaften und ihrer Zusammenschlüsse: Vermögen und Einrichtungen übernahm das „Gemeinschaftswerk der → Deutschen Arbeitsfront". Nach 1945 Wiedergründungen von Konsumgenossenschaften auf lokaler Ebene. Oftmals Umwandlung

in AGs, um Wettbewerbsnachteile abzubauen; ebenso Umfirmierung in „coop“.

KPD, Abkürzung für „Kommunistische Partei Deutschlands“. Zur Geschichte: 1918/19 gegründet, 1933 durch → NSDAP verfolgt und verboten, Wiedergründung 1945, in der Sowjetischen Besatzungszone 1946 mit der → SPD zur „Sozialistischen Einheitspartei Deutschlands“ (SED) verschmolzen; 1956 auf Antrag der Bundesregierung vom Bundesverfassungsgericht wegen Verfassungswidrigkeit verboten und aufgelöst. Bei der Bundestagswahl 1953 fiel die KPD mit 2,2% der Stimmen unter die Fünfprozentklausel. Seit 1968 sind die Kommunisten in der Bundesrepublik Deutschland in der DKP (Deutsche Kommunistische Partei) sowie in Splitterparteien (KBW, BWR, KABD etc.) organisiert.

Kraft durch Freude → KdF.

KZ, auch KL. Abkürzung für Konzentrationslager. Von den Nazis im *Dritten Reich* seit 1933 *„polizeilich bewachtes Unterkunftslager für Volksschädlinge aller Art, die hier zu nutzbringender Arbeit angehalten werden“*, so der offizielle NS-Jargon. In Wahrheit isolierte und tyrannisierte der NS-Staat politische Widerstandskämpfer, zu Staatsfeinden erklärte Juden, Zigeuner, politische Geistlichkeit unterschiedlicher Nationalität u. a. unter unvorstellbaren unmenschlichen Bedingungen. In speziellen Vernichtungslagern wie Auschwitz, Maidanek, Belzec, Chelmno, Treblinka, Sobibor wurden Häftlinge planmäßig getötet, allein in Auschwitz zwischen 1941 und 1944 zwei Millionen Opfer der Nazis.

Alliierte Militärstreitkräfte befreiten 1944/45 die Überlebenden aus den deutschen Konzentrationslagern.

Lehrpläne, auch Bildungspläne, sind verbindliche Vorgaben für Unterricht und Erziehung in der Schule. Sie enthalten nach Schuljahren/Schulstufen gegliederte Lernziele und Lerninhalte, Empfehlungen und Hinweise für die Unterrichtsgestaltung, sowie die Stundentafeln. Lehrpläne basieren auf Schulgesetzen.

Marxismus. Die von → Karl Marx (zusammen mit Friedrich Engels) entwickelte Lehre enthält als Kernstück: den dialektischen und historischen Materialismus, die politische Ökonomie der Arbeiterklasse und den wissenschaftlichen Sozialismus als eine Theorie der Arbeiterklasse.

Die marxistische Lehre übt(e) einen starken Einfluß auf das gesellschaftliche Denken aus – „die Klassengegensätze zwischen Bourgeoisie und Proletariat sind unversöhnlich" – und propagiert den Klassenkampf, um die Gesellschaft zu revolutionieren.

NATIONALSOZIALISMUS, die von → Adolf Hitler und seiner Führungsclique begründete und propagierte Weltanschauung der NSDAP. *Führer, Gefolgschaft und Volksgemeinschaft* sind darin höhere Werte als der Einzelne und der Staat. Arische Rasse, Blut und Boden, Gemeinnutz vor Eigennutz sind die Höchstwerte. Die NS-Weltanschauung steht in unversöhnlicher Feindschaft gegen Liberalismus und Marxismus; sie beanspruchte Alleingültigkeit im NS-Herrschaftsbereich und suchte jedermann von Kindheit an total zu vereinnahmen. Mit dem absoluten Führerprinzip des N. wurden Parlamentarismus, Mehrparteiensystem und Pluralismus bekämpft. Nach der NS-Ideologie waren in der *Führer- und Volksgemeinschaft* Klassen- und Standesgruppierungen auch im Wirtschaftssystem versöhnt und aufgehoben. Ein NS-Programm mit 25 Punkten und Hitlers Buch „Mein Kampf" bildeten eine Art Staatsverfassung, die für die Hauptträger des N. Partei NSDAP mit interessenausgerichteten Gliederungen → SA, → SS, → NSKK, → HJ und angeschlossenen Verbänden wie z. B. die → DAF, NS-Volkswohlfahrt, NS-Lehrerbund richtungsweisend und maßgebend für Befehlsgebung und Befehlsvollzug im Dritten Reich waren.

NATIONALSOZIALISTISCHE BETRIEBSZELLENORGANISATION → NSBO.

NS – ... in Zusammensetzungen: Nationalsozialistisch (-er, -e, -es).

NSBO, Abkürzung für die Nationalsozialistische Betriebszellen-Organisation. In der NSBO waren die → Politischen Leiter der → NSDAP in der → DAF zusammengefaßt.

Mit der NSBO suchten die Nazis in den Betrieben und an den Arbeitsplätzen als Gegengewerkschaft die NSDAP zu etablieren. Während der *„Kampfzeit"* (NS-Jargon) von 1920–1933 betätigte sich die NSBO als NS-Stoßtrupp in den Betrieben.

Die Politischen Leiter hatten die weltanschauliche Ausrichtung der DAF im Sinne der nationalsozialistischen Idee zu gewährleisten. Die Aufgaben und Zuständigkeiten der NSBO sind dann in die DAF übergegangen.

NSDAP, Abkürzung für „Nationalsozialistische Deutsche Arbeiterpartei“, auch Nazi-Partei. Die NSDAP ging 1920 aus der 1919 in München gegründeten „Deutschen Arbeiterpartei“ hervor. Parteiprogramm vom 25. 2. 1920 mit 25 Punkten. Nach Hitlers Umsturz-Versuch (9. 11. 1923) Parteiverbot. Wiedergründung 27. 2. 1925. Unter der Führung von → Adolf Hitler, Mitglied Nr. 7, wurde die NSDAP einzige und herrschende Partei in Deutschland von 1933 bis 1945. Die NSDAP verstand sich als Führerorden des deutschen Volkes und beherrschte diktatorisch das gesamte öffentliche Leben; jedermann sollte durch militärische Parteigliederungen (→ SA, → SS, → DAF, → HJ usw.) total erfaßt und nach dem Führerprinzip (Befehl von oben nach unten, kritikloser Gehorsam von unten nach oben) als Kämpfer für die NSDAP ausgerichtet gegen Juden, Freimaurer, Marxisten, politische Geistlichkeit die Führerbefehle befolgen. Als Prinzip galt: *Der Führer hat immer recht. Du bist nichts, dein Volk ist alles!* 1945 lösten die alliierten Siegermächte die NSDAP auf und verboten sie.
Das gefährliche Gedankengut der NS-Herrschaft wird immer wieder illegal zu aktivieren versucht, auch als Neofaschismus und Neonazismus, siehe auch → Nationalsozialismus.

NS-Kurier, Stuttgart, bezeichnete sich als *Gauorgan der NSDAP mit Regierungs-Anzeiger! Tageszeitung für Politik, Wirtschaft, Kultur. Amtsblatt für Stadt und Kreis Stuttgart.*

Nürnberger Gesetze. Partei-Führer und Reichskanzler Adolf Hitler verkündete am 15. September 1935 auf dem *Reichsparteitag der Freiheit* in Nürnberg die antijüdischen Rassengesetze: Das *Gesetz zum Schutz des deutschen Blutes und der deutschen Ehre* und das *Reichsbürgergesetz.* Damit wurden in Deutschland lebende Juden zu „Untertanen“ und „Ausländern“ degradiert: Deutsch-jüdische Mischehen oder geschlechtliche Beziehungen zwischen Deutschen (Ariern) und Juden wurden verboten; Juden wurde die Staatsbürgerschaft aberkannt.

Nürnberger Prozess → Internationaler Militärgerichtshof in Nürnberg.

PG, Abkürzung für *Parteigenosse in der NSDAP.* Jeder *unbescholtene Angehörige des deutschen Volkes, der deutschblü-*

tiger Abstammung war und keiner Freimaurerloge oder ihrer Nachfolgeorganisation angehörte und das achtzehnte Lebensjahr vollendet hatte, konnte Mitglied werden. Auswahlkriterien: *Kampfbereitschaft, Opferbereitschaft, Charakterstärke.* Treuegelöbnis: *Ich gelobe meinem Führer, Adolf Hitler, Treue. Ich verspreche, ihm und den Führern, die er mir bestimmt, jederzeit Achtung und Gehorsam entgegenzubringen.*

PG verstanden sich als Soldaten der NS-Freiheitsbewegung. Rechte und Pflichten waren in Richtlinien festgelegt, z. B.: Kaufe nicht bei Juden! Es war ihnen untersagt, außenpolitische Gespräche mit Ausländern zu führen. *Als Mitglied von Parteiorganisationen (→ SA, → SS, → HJ, NSKK = Nationalsozialistisches Kraftfahrerkorps etc.)* war ihnen das Tragen von NS-Uniformen gestattet, ja vorgeschrieben. *Ein „wahrer Nationalsozialist tritt niemals freiwillig aus, weil für ihn der Nationalsozialismus Lebenszweck und Lebensinhalt ist“.*

RASSISMUS, Herrschaft oder angestrebte Herrschaft einer „Rasse“ mit dem Ziel, Angehörigen anderer Rassen deren politische Rechte vorzuenthalten, sie zu verfolgen, ja zu vernichten. → Holocaust.

REICHSARBEITSDIENST (RAD); eine Untergliederung der NSDAP. Zielsetzung war: *„Der RAD soll die deutsche Jugend im Geiste des Nationalsozialismus zur Volksgemeinschaft und zur wahren Arbeitsauffassung, vor allem zur gebührenden Achtung der Handarbeit erziehen.“* Es waren *„gemeinnützige Aufgaben, ohne dafür Lohn zu erhalten“*, durchzuführen. Dadurch wird die deutsche Jugend *„zu der Erkenntnis geführt, daß der eigentliche Sinn der Arbeit nicht in dem Verdienst liegt, sondern in der Gesinnung, mit der sie geleistet wird ... Soldatische Haltung, Bodenverbundenheit, Arbeitsgesinnung und der Gemeinschaftsgeist bilden die Hauptmerkmale der Arbeitsdiensterziehung“.*

Diese *„Erziehung“* ging *„in geschlossenen Lagern außerhalb der Städte in soldatischer Form vor sich“*. Von 1935 an allgemeine Arbeitsdienstpflicht für die gesamte männliche und weibliche Jugend vom 18. bis zum 25. Lebensjahr bei ½jähriger Dienstzeit; von 1941 an für *„Arbeitsmaiden“* einem 6monatigen Kriegshilfsdienst angeschlossen. (Reichsarbeitsdienstgesetz vom 26. Juni 1935, Neufassung vom 9. September 1939, RGBl. I S. 1747.)

Mit der Einführung der (Zwangs-)Arbeitsdienstpflicht für Deutsche beiderlei Geschlechts hat der NS-Staat hauptsächlich zwei Dinge erreicht: Senkung der Arbeitslosenziffern und Beschaffung billiger Arbeitskräfte (Ausbeutungsmethode).

REICHSBANNER „SCHWARZ-ROT-GOLD", eine Selbstschutzorganisation, am 22. 2. 1924 von 6 Magdeburger Sozialdemokraten und je einem Mitglied der DDP und des Zentrums gegründet. Es hatte sich zur Aufgabe die Verteidigung der Republik gegen ihre inneren Feinde gestellt. 1931 Zusammenschluß mit anderen Organisationen ähnlicher Zielsetzung zur → Eisernen Front.
Beide Gegengruppierungen zur rechtsgerichteten → Harzburger Front wurden von den → Nationalsozialisten im März 1933 verboten.

REICHSBERUFSWETTKAMPF, *„Berufswettkampf aller schaffenden Deutschen"*, ab 1934 von → DAF und → HJ auf Orts-, Gau- und Reichsebene durchgeführt, zur Förderung von Berufsleistungen mit Prüfung weltanschaulicher und körperlicher Tüchtigkeit. Von 1938 an Einbeziehung der Erwachsenen. Sieger wurden am 1. Mai bekanntgegeben, Reichssieger am *Tag der nationalen Arbeit* vom Führer in Berlin empfangen.

REICHSBETRIEBSWETTKAMPF, seit 1937 jährlicher Leistungswettkampf der Betriebe. *„Betrieben, in denen der Gedanke der NS-Betriebsgemeinschaft im Sinne des Gesetzes zur Ordnung der nationalen Arbeit und im Geiste der → DAF vom Führer des Betriebes und seiner Gefolgschaft auf das vollkommenste verwirklicht ist, kann die Auszeichnung „NS-Musterbetrieb" verliehen werden."* (Führerverordnung vom 1. September 1936.) Der auf ein Jahr ausgezeichnete Betrieb war berechtigt, die *„Flagge der DAF mit goldenem Rad und goldenen Fransen zu führen"*.

REICHSKULTURKAMMER, in ihr hatte der Reichsminister für Volksaufklärung und Propaganda *„die Angehörigen der Tätigkeitszweige, die seinen Aufgabenkreis betreffen*, in Körperschaften des öffentlichen Rechts zusammenzufassen" (Reichskulturkammergesetz vom 22. September 1933, RGBl. I S. 661). Nr. 1 war eine *„Reichsschrifttumskammer"*, Nr. 6 eine *„Reichskammer der bildenden Künste"*.
Mit dem Institut Reichskulturkammer kontrollierte und beherrschte die NSDAP das kulturelle/künstlerische Leben

in Deutschland. Jüdische Künstler und Künstler, die dem → Nationalsozialismus gegenüber kritisch/ablehnend eingestellt waren, mußten in der Regel ihre Stellungen aufgeben. Betroffen davon waren vor allem Sänger, Schauspieler, Schausteller, Tänzer, Maler, Bildhauer, Schriftsteller u. a.

REICHSLEITUNG / REICHSLEITER. Die oberste Leitung der NSDAP war die Reichsleitung, die sich aus dem Führer Adolf Hitler und den Reichsleitern zusammensetzte. Reichsleiter hatten „parteieigene Aufgaben" durchzuführen.

REICHSSTATTHALTER, Amt und Funktion wurden durch das „Zweite Gesetz zur Gleichschaltung der Länder mit dem Reich" geschaffen. Die R. hatten im Auftrag der NS-Reichsregierung unter dem Führer und Reichskanzler → Adolf Hitler in den Ländern deren Gleichschaltung mit dem Reich zu überwachen und die zentrale NS-Lenkung sicherzustellen. R. ernannten Mitglieder der Landesregierungen und Beamte. Mit dem „Gesetz über Neuaufbau des Reiches", 1934 (30. 1.) – erhielten R. die Vollmacht, in ihren Zuständigkeitsbereichen Träger der Reichsgewalt zu sein (u. a. Verkündung der Landesgesetze).

REVOLUTIONÄRE GEWERKSCHAFTSOPPOSITION → RGO.

RGO: Abkürzung für „Revolutionäre Gewerkschaftsopposition". Diese kommunistische Gewerkschaftsgruppierung zielte auf Spaltung der Gewerkschaften. Die RGO attakkierte massiv die Gewerkschaftsführer und mobilisierte Belegschaften durch eine Serie regionaler, lokaler und betrieblicher Streiks, deren Aussichtslosigkeit von Anfang an feststand.

Die RGO hat sich in der neueren Zeit (1978) reorganisiert und unterstützt die verbotene KPD.

SA, Abkürzung für die 1921 gegründete braununiformierte nationalsozialistische Gliederungsorganisation: *Sturm-Abteilungen*. Auf Weisung Hitlers und nach dem Selbstverständnis der Sturm-Abteilung war sie *Ausbildungs- und Erziehungsinstrument der Partei zur weltanschaulich-soldatischen Haltung, (...) als das freiwillige politische Soldatentum* (ist die SA) *der Garant der nationalsozialistischen Bewegung, der nationalsozialistischen Revolution und des deutschen Volkes Erhebung*. Die SA agierte als eine Art politische Volksarmee; als politische *Ordner und Kampftruppe* bei Saal- und Straßenschlachten. Bis zur Organisation der *vor- und nachmilitärischen Wehrerziehung* war die SA ein wichtiges Instrument der NSDAP zur Machtgewinnung und Machterhaltung von 1921 bis 1945.

Bei Hitlers *„Machtergreifung"* (NS-Jargon) 1933 zählte die SA ca. 400000 Mann und erreichte einen Mitgliederstand von 4,5 Millionen.

Oberster Führer der SA, seit 2. 9. 1930 war → Adolf Hitler. Für Wehr- und Kriegsdienst bestand die Organisationseinheit SA-Standarte Feldherrnhalle. Von 1944 an war SA am Bewachungsdienst der KZ und Gefangenenlager beteiligt. Bei den Aufmärschen und Kundgebungen zum 1. Mai spielte die SA eine Führungsrolle. In der Reihenfolge der NS-Parteigliederungen marschierte sie an erster Stelle. Der örtlich zuständige höchste SA-Führer war mit der Vorbereitung und Durchführung der Aufzüge am *Staatsfeiertag 1. Mai vom Hoheitsträger* verantwortlich beauftragt.

SCHUTZHAFT. Getarnte Bezeichnung einer NS-Polizeimaßnahme – Polizeihaft aus politischen Gründen –, um Menschen, die anläßlich von Ausschreitungen angeblichen Angriffen ausgesetzt waren, durch sogenannten *„sicheren Gewahrsam"* zu schützen. Nicht selten bedeutete *„Schutzhaft"* Einlieferung in ein → KZ/KL. Sogenannte „Schutzhaftbefehle" beendeten die richterliche Überprüfung jeder Verhaftung durch die Geheime Staatspolizei (→ GeStaPo).

SOZIALISTISCHE ARBEITER-INTERNATIONALE (SAJ) 1889 Gründung der II. Internationale und Sozialistischen Arbeiterinternationale 1923–1940. Neukonstituierung der SAJ 1951 in Frankfurt/M. → IGB.

Die SAJ sucht die Solidarität gemeinsamer wirtschaftlicher, sozialer, beruflicher und arbeiterorientierter weltpolitischer Interessen international wahrzunehmen, zu vertreten und auszuüben. Dabei besonders Konflikt sowohl mit Kapitalismus als auch mit Kommunismus in Ideologie und in politisch-ökonomischer Strategie bei Wahrung des Weltfriedens, Entspannung als Höchstziel.

SPD, Abkürzung für „Sozialdemokratische Partei Deutschlands". Aus Arbeiterbildungsvereinen in den Dreißiger-Jahren des 19. Jahrhunderts geht 1863 in Leipzig der „Allgemeine Deutsche Arbeiterverein" unter Ferdinand Lassalle (1825–1864) hervor. Unabhängig davon entsteht aus Arbeiterbildungsvereinen 1869 in Eisenach die „Sozialdemokratische Arbeiterpartei" unter Führung von August

Bebel (1840–1930) und Wilhelm Liebknecht (1826–1900), 1875 Vereinigung in Gotha zur „Sozialistischen Arbeiterpartei Deutschlands“ mit 25000 Mitgliedern. 1878–1890 durch Sozialistengesetz und dann wieder 1933–1945 durch → Hitlers → NSDAP verboten. Ideengut der SPD bleibt erhalten, Sozialdemokraten bewähren sich im Widerstand gegen die NS-Diktatur. Nach der Wiedergründung 1945 erhält SPD Parlamentssitze in unterschiedlicher Stärke, sowie in Bund und Bundesländern Regierungsposition. 1969–1974 stellt sie den Bundespräsidenten Gustav Heinemann), 1972–1982 den Bundeskanzler (Willy Brandt, Helmut Schmidt). In Staat und Gesellschaft wendet sie sich sozialen Fragen/Problemen zu und sucht den Sozialstaat nach den Grundsätzen des demokratischen Sozialismus zu verwirklichen. Die Politik der SPD ist an dem Grundsatzprogramm vom 15. November 1959 orientiert.

SPRUCHKAMMER. Nach einer Direktive des Alliierten Kontrollrats zur Verfolgung von Kriegsverbrechern und Nationalsozialisten vom 12. Oktober 1946 wurden Spruchkammern eingerichtet, um den Grad der Verantwortlichkeit von Nazis festzustellen. Für die Beurteilung der Verantwortlichkeit und für die Heranziehung zu Sühnemaßnahmen wurden folgende Gruppen gebildet: 1. Hauptschuldige, 2. Belastete (Aktivisten, Militaristen, Nutznießer) 3. Minderbelastete (Bewährungsgruppe), 4. Mitläufer, 5. Entlastete (Personen der genannten Gruppen, die vor einer Spruchkammer nachweisen konnten, daß sie nicht schuldig waren).

SS, Abkürzung für die schwarzuniformierten „Schutzstaffeln“/SS in der → NSDAP. Von Hitler 1925 als Elite-Organisation der SA gegründet, um *für den Schutz des Führers zu sorgen*. Um Hitlers Auftrag: *Das Reich im Innern zu sichern,* auszuführen, wurde *eine festgefügte und weltanschaulich zusammen verschworene Kampfgruppe geschaffen, deren Kämpfer aus bestem arischem Menschentum ausgesucht wurden*. Hitler: *„SS-Mann, Deine Ehre heißt Treue!“* Bei bedingungslosem Gehorsam *bekämpft der SS-Mann offen und schonungslos die gefährlichsten Feinde des Staates**; Staats- und Ur-Feind Nummer eins waren die Juden.

---

* Organisationsbuch der NSDAP, a.a.O. S. 418

Die SS war als selbständige Organisation im Rahmen der NSDAP in folgende Formationen gegliedert: Die *Allgemeine SS* hatte 1939 240000 Mitglieder, die einen Zivilberuf ausübten und in der Freizeit *SS-Dienst* taten; die *SS-Verfügungstruppe* war ein aktiver, kasernierter und militärisch-bewaffneter SS-Teil. Die *SS-Totenkopfverbände,* kaserniert und auf zwölf Dienstjahre verpflichtet, wurden von 1933 an für die Bewachung der KZ eingesetzt. Die *Waffen-SS* rekrutierte sich vor allem aus der *SS-Verfügungstruppe, den Totenkopfverbänden,* Kriegsfreiwilligen aus fast allen europäischen Ländern und war ab 1940 im Kriegsfronteinsatz.

Mädchen wurden im SS-Helferinnen-Korps erfaßt. Die Waffen-SS erreichte eine Stärke von bis zu 594000 Mann. → Himmler gliederte die Polizei 1936 in die SS ein. Der → *Sicherheitsdienst (SD)* diente als *„politische Nachrichtenstelle" von NSDAP und Staat.* Bei der Judenverfolgung und Judenvernichtung verkörperte die SS eine besonders herausragende Rolle an Unmenschlichkeit. Die *SS* wurde vom *Reichsführer SS und Chef der deutschen Polizei* → H. Himmler geführt, der aus Deutschland einen SS-Staat konstruierte. Oberster SS-Führer war seit 2. 9. 1930 Adolf Hitler.

Bei der Bekämpfung der Gewerkschaften und bei der Besetzung der Gewerkschaftsbüros am 2. Mai 1933 war die SS zusammen mit der SA führend tätig. (Von 1933 bis 1945 erfolgten immer wieder einmal Änderungen in der Organisationsstruktur der SS.)

VIERJAHRESPLAN von → Adolf Hitler 1936 verkündet. Der *Vierjahresplan* war eine Organisationsform der wirtschaftlichen Kriegsvorbereitung und umfaßte die Ernährungs- und Rohstoffwirtschaft, das gewerbliche Wirtschaftsleben, den Außenhandel, die Geld- und Devisenwirtschaft sowie das Finanzwesen mit dem Ziel, Deutschland in Rohstoffen (z. B. Benzin, Gummi) und Lebensmitteln vom Ausland weitgehend unabhängig zu machen. Die Methode war: Forcierung der Eigenproduktion, Entwicklung von Ersatzstoffen.

Schuljugend und HJ mußten beitragen: Sammeln von Altmaterial, Altpapier, Stanniol etc.

Generalbevollmächtigter des Vierjahresplanes: Reichsminister und Generalfeldmarschall → H. Göring.

Völkischer Beobachter, *„Kampfblatt der nationalsozialistischen Bewegung"*, das aus dem 1887 gegründeten „Münchener Beobachter" hervorging und 1920 von der → NSDAP erworben wurde. Ab 1923 erschien der V.B. als Tageszeitung, nach kurzer Verbotszeit 1924/25 ausgebautes politisch-propagandistisches Massenblatt, 1944 Gesamtauflage 1,76 Mill. Letztes Erscheinen des NS-Blattes am 27. 4. 1945.

Volksgerichtshof, als Sondergericht 1934 zur Aburteilung in Hochverratssachen eingerichtet. 1936 wurde der V. ordentliches Gericht. Gegen die Entscheidungen des Vs. war kein Rechtsmittel zulässig. Gefürchtet war Präsident Dr. Freisler (1942), unter dessen Vorsitz sich die Zahl der Todesurteile sprunghaft erhöhte (1943: 1662). Der Bevölkerung besonders bekannt geworden ist der V. mit der Verurteilung der am Attentat auf Führer und Reichskanzler → Adolf Hitler beteiligten Widerstandskämpfer.

Vorwärts, als Zentralorgan der → SPD 1876 von Wilhelm Liebknecht und Wilhelm Hasenclever gegründet. Aus der Geschichte: von 1878 bis 1890 war das „Organ der Sozialdemokratie Deutscher Zunge" durch Bismarcks Sozialistengesetz verboten. An seiner Stelle erschien in Zürich (zuletzt in London) der „Sozialdemokrat". Die Nazis verhängten ebenfalls Verbote über den „Vorwärts" (3. 2. 1933, zunächst zeitlich limitiert), parallel wurden im April Volkshäuser und Druckereien der SPD besetzt und enteignet. Wiedergründung nach dem Ende des → Dritten Reiches 1945. 1982/83 kommt die Wochenzeitung in wirtschaftliche Schwierigkeiten (zu hoher Zuschußbedarf) bei einer Auflage von knapp 40000 (bei über 900000 SPD-Mitgliedern). – Herausgeber Egon Bahr – Vorwärts Verlag, Bonn-Bad Godesberg. –

Wilhelm-Leuschner-Medaille. Zum Verfassungstag in Hessen (= 1. Dezember 1946) werden Frauen und Männer, die sich laut Stiftungserlaß von Ministerpräsident Georg-August Zinn „aus dem Geist → Wilhelm Leuschners hervorragende Verdienste um die demokratische Gesellschaft und ihre Einrichtungen erworben haben", mit einer Wilhelm-Leuschner-Medaille ausgezeichnet.

Lexikon Personenregister

BERGSTRÄSSER, LUDWIG; * 1883, † 1960, Prof. Dr., Hochschullehrer für politische Wissenschaften.

BRANDT, WILLY; * 18. 12. 1913 Lübeck, Journalist, Vorsitzender der SPD, 1933/47 journalistische und politische Betätigung in Skandinavien. 1945/47 Berichterstatter skandinavischer Zeitungen in Deutschland, Pressemitarbeiter der norwegischen Vertretung in Berlin. 1958/62 Vorsitzender der Berliner SPD; seit 1964 Vorsitzender der SPD. Seit 1950 Mitgl. des Berliner Abgeordnetenhauses, 1955/57 dessen Präsident. 1957/66 Regierender Bürgermeister von Berlin. – Dez. 1966 bis 1969 Stellvertreter des Bundeskanzlers und Bundesminister des Auswärtigen. Oktober 1969 bis Mai 1974 Bundeskanzler, 1971 Friedensnobelpreis, seit 1976 Präsident der Sozialistischen Internationale.

DUNCKER, FRANZ GUSTAV; * 4. 2. 1822, † 18. 6. 1888, Politiker und Gewerkschaftsführer. Duncker gehörte zu den Gründern des Deutschen Nationalvereins (1859) und der Fortschrittspartei (1861). 1867 bis 77 MdR. D. leitete ab 1865 den Berliner Handwerkerverein und gründete mit M. Hirsch die Deutschen → Gewerkvereine → Hirsch-Duncker'sche Gewerkvereine. Nach Niederlegung seines Abgeordnetenmandates 1877 widmete er sich ausschließlich der Gewerkschaftsarbeit.

ERKELENZ, ANTON; * 10. 10. 1878 Neuß, † 25. 4. 1945 Berlin, Schlosser und Dreher, Politiker.
Ab 1902 Sekretär bei den Hirsch-Duncker'schen → Gewerkvereinen in Düsseldorf.
1918 Mitglied des Arbeiter- und Soldatenrats in Neuß.
1919 Mitglied der Weimarer Nationalversammlung (DDP), 1920–1930 Mitglied des Reichstags. Bei der Umorientierung der DDP nach rechts (1930) trat Erkelenz der → SPD bei und bekämpfte die → NSDAP. Bei Kriegsende ermordet.

FREISLER, DR., JUR., ROLAND; * 1893, † 1945; NS-Politiker. Am 20. 8. 1942 zum Präsidenten des → Volksgerichtshofes ernannt, praktizierte F. eine brutale Terrorjustiz, ganz besonders in den Prozessen gegen die Verschwörer des 20. Juli 1944.

GOEBBELS, DR., JOSEPH; * 29. 10. 1897 in Rheydt/Rheinland, † 1. 5. 1945 in Berlin. Germanist, Reichsminister, 1922

Mitglied der NSDAP, 1926 *NS-Gauleiter* von Berlin, 1928 *Reichspropagandaleiter der NSDAP,* seit 1933 *Reichsminister für Volksaufklärung und Propaganda* und als Leiter des *Reichsministeriums für Volksaufklärung und Propaganda u. a. zuständig für alle Aufgaben der geistigen Einwirkung auf die Nation,* bis 1945 zugleich Präsident der von ihm gegründeten *Reichskulturkammer* und des *Reichskultursenats.*

Goebbels war maßgebend an der inhaltlichen und organisatorischen Vorbereitung der Kundgebungen zum 1. Mai beteiligt. Er sorgte für die Schaueffekte zur Verführung der Massen bei Hitlers Auftritten. Mit Kurzansprachen eröffnete er die Maikundgebungen in der Reichshauptstadt, die über alle deutschen Rundfunkstationen übertragen und auf Ortsebene von den Partei- und Betriebsorganisationen befehlsgemäß gehört wurden. Die Sitzungen der Reichskulturkammer zum 1. Mai standen unter seiner Regie. Gegen Kriegsende Reichsverteidigungskommissar und, nach Hitlers Selbstmord, durch dessen Testament vom 30. 4. bis 1. 5. 1945 Reichskanzler. 1. 5. 1945 Selbstmord mit Frau und 5 Kindern in Hitlers Bunker in Berlin.

GOERDELER, KARL FRIEDRICH; * 1884 in Schneidemühl/Westpreußen, † 2. Februar 1945 (Hinrichtung in Berlin Plötzensee); Oberbürgermeister a. D., Widerstandskämpfer, Mitglied der Deutschnationalen Partei bis 1932.

1920 zweiter Bürgermeister von Königsberg, Oberbürgermeister von Leipzig, 1931–1934 Reichskommissar für die Preisüberwachung, ab 1936 in Opposition zum Führer und Reichskanzler → Adolf Hitler. Zusammenarbeit mit Robert Bosch, Kontakt zu leitenden Militärs und Diplomaten. Goerdeler und seine Gruppe warnten vor Hitler und seiner Politik aus konservativ-nationaler Gesinnung. Goerdeler verfaßte Denkschriften. Von 1943 an plante die Goerdeler-Gruppe zusammen mit anderen einen Staatsstreich. Verhaftung am 10. August 1944, am 8. September 1944 Verurteilung zum Tode, am 2. Februar 1945 Hinrichtung.

Zur Goerdeler-Gruppe gehörte auch → Wilhelm Leuschner, dem Goerdeler in der Gründung einer Einheitsgewerkschaft für alle Arbeiter zustimmte.

GÖRING, HERMANN; * 12. 1. 1893 in Rosenheim, † 15. 10. 1946 (Selbstmord im Nürnberger Gefängnis). NS-Politiker, Stellvertreter des → Führers und Reichskanzlers → Adolf

Hitler; Reichsminister und Reichsmarschall; 1922 Hitlers erster *SA-Führer,* 9. November 1923 bei Hitlers Putschversuch in München schwer verwundet, 1932 Reichstagspräsident, 1933 Reichsminister der Luftfahrt und preußischer Ministerpräsident, 1934 Reichsforst- und Reichsjägermeister, 1935 Oberbefehlshaber der Luftwaffe, 1936 Beauftragter Hitlers für den → Vierjahresplan, 1938 Generalfeldmarschall, 1939 Vorsitzender des Ministerrats für Reichsverteidigung, 1940 Reichsmarschall, 1941 zum Nachfolger Hitlers bestimmt.

Als Beauftragter für die Durchführung des Vierjahresplans verfügte er über außergewöhnliche Maßnahmen, um die Wirtschaft möglichst unabhängig vom Ausland umzufunktionieren. Zum Abbau deutscher Erzvorkommen bei Salzgitter wurden 1937 die staatlichen *„Reichswerke Hermann Göring" „als die gewaltigsten industriellen Werksanlagen der Zeit"* gegründet. Die NS-Wirtschaftspolitik war zunehmend mit Rüstungs- und Kriegswirtschaft beschäftigt. Zum 1. Mai wendet Göring sich in Ansprachen an Arbeiter und Soldaten, um NS-Selbst- und Feindbilder zu propagieren und um für die Vierjahresplan-Politik zu werben. Im → Nürnberger Prozeß gegen deutsche Kriegsverbrechter gehört Göring zu den Hauptangeklagten. „Göring war der Leiter des Sklavenarbeitsprogramms und der Urheber des Unterdrückungspogroms gegen die Juden."

HINDENBURG, PAUL, VON BENECKENDORFF; * 2. 10. 1847 in Posen, † 2. 8. 1934 Neudeck/Westpreußen; Generalfeldmarschall und Reichspräsident.

Durch Siege im 1. Weltkrieg bei Tannenberg und an der Masur volkstümlicher Heerführer. 1925 nach dem Tode Eberts zum Reichspräsidenten gewählt. 1932 gegen Hitler und den KP-Führer Thälmann wiedergewählt, berief er von Papen, dann Schleicher und im Januar 1933 Adolf Hitler zum Reichskanzler. Von Hindenburg war zuvor über die Angriffe der Nazis sowohl gegen die Juden als auch gegen die Gewerkschaften in ausführlichen Schriftsätzen informiert und gebeten worden, dem NS-Terror Einhalt zu gebieten. Für die NS-Maikundgebung 1933 ließ er sich z. B. als Redner einspannen.

Nach dem Tode von Hindenburg vereinigte Hitler das Amt des Reichspräsidenten und das des Reichskanzlers in seiner Person.

HIRSCH, MAX; * 30. 12. 1832, † 26. 6. 1905. Bei einer Reise nach England lernte er die Trade Unions kennen und gründete nach deren Vorbild ab 1868, zusammen mit → Duncker → Gewerkvereine, die sich 1869 als → Hirsch-Duncker'sche Gewerkvereine konstituierten. H. lehnte staatliche Interventionen im Wirtschaftsleben ab, stand der Sozialpolitik skeptisch gegenüber und bemühte sich um den Ausbau der Selbsthilfe der Arbeiter.

HITLER, ADOLF; * 20. 4. 1889 Braunau/Österreich, † 30. 4. 1945 (Selbstmord im Führerbunker in Berlin). Kunstmaler, Führer der NSDAP (ab 1921) und Reichskanzler (1933–1945). 1919 Mitglied (Nr. 55) der antisemitischen Deutschen Arbeiterpartei und 7. Mitglied des Parteiausschusses. Nach erfolglosem Staatsstreichversuch 1923 in München Prozeß mit Verbot der NSDAP und Inhaftierung in Landsberg/Lech; Hitler verfaßte „Mein Kampf", in dem eine Rassenlehre mit Judenhaß der Idee vom germanisch-völkischem Führertum als Kern der NS-Politik dargestellt wird. Hitler erreicht 1932 mit der Ernennung zum Regierungsrat die deutsche Staatsangehörigkeit. 30. 1. 1933 Ernennung durch von Hindenburg zum Reichskanzler einer Rechtskoalition. Nach dem Tode von Hindenburgs vereinigte Hitler Regierungs- und Staatsamt in sich: *Führer und Reichskanzler* des → Dritten Reiches; vereidigte Reichswehr auf seine Person. Hitler ist verantwortlich für die Verführung der Massen, auch anläßlich der Massenkundgebungen zum 1. Mai, für den 2. Weltkrieg (1939–1945) für KZ und Völkermord. Einem Attentat (20. 7. 1944) im Führerhauptquartier in Ostpreußen entkam er mit leichten Körperverletzungen. Heirat mit Eva Braun am 29. 4. 1945. Der Verantwortung für seine Verbrechen entzog er sich am 30. 4. 1945 durch Selbstmord.

Als Kundgebungsredner am 1. Mai verteufelte Hitler den Klassenkampf als jüdisch-bolschewistische Erfindung und suchte die Zerstörung der Gewerkschaften/Arbeiterbewegung zu rechtfertigen; dabei beschwor er in seiner NS-Heilslehre die Einheitsfront von *„Arbeitern der Stirn und der Faust"* zu Höchstleistungen am Arbeitsplatz. Nach wirtschaftlicher Scheinblüte endete Hitlers NS-Wirtschaftspolitik in Rüstungs- und Kriegswirtschaft, bis das *Dritte Reich*, durch die alliierten Siegertruppen besetzt, bedingungslos kapitulierte.

Hugenberg, Alfred; * 19. 6. 1865 in Hannover, † 12. 3. 1951 in Külkenbruch/Rinteln. Wirtschaftsführer, altdeutscher Politiker. 1919 Mitglied der Weimarer Nationalversammlung, ab 1920 M. d. Reichstags → (DNVP), 1928 Parteivorsitzender. Hugenberg war Gegner des parlamentarischen Systems der Weimarer Republik. Er kooperierte 1929 mit → Hitlers NSDAP und anderen Rechtsgruppierungen, auch in der → Harzburger Front. In Hitlers Regierung übernahm er am 30. 1. 1933 das Reichswirtschafts- und Ernährungsministerium; Rücktritt am 26. 6. 1933 nach Vertretung Deutschlands auf der Weltwirtschaftskonferenz in London. Bis 1945 M. d. Reichstags, jedoch ohne Einfluß. Nach dem Zusammenbruch der NS-Herrschaft in Deutschland (Mai 1945) Verhaftung, jedoch keine Verurteilung.

Kaiser, Jakob; * 1888, † 1961; Buchbinder, christlicher Gewerkschaftsführer, Politiker, Bundesminister; gehörte 1933 dem Deutschen Reichstag an (Zentrum) und stand danach als christlicher Gewerkschafter zusammen mit → Wilhelm Leuschner und anderen im aktiven Widerstand gegen Hitlers NS-Herrschaft. Kaiser zählte zu den Männern der ersten Stunde beim Wiederaufbau der Bundesrepublik Deutschland; 1949 MdB, Bundesminister für gesamtdeutsche Fragen bis 1957; stellvertretender Vorsitzender der CDU.

Leber, Julius; * 1891 in Biesheim, Oberelsaß, † 5. Januar 1945 (Hinrichtung in Berlin-Plötzensee). SPD-Politiker und Widerstandskämpfer. 1910–1912 Stipendiat der Oberrealschule Freiburg, Studium der Volkswirtschaft und Geschichte in Freiburg und Straßburg; 1914 Kriegsfreiwilliger, Frontoffizier, beteiligte sich als republikanischer Offizier an der Kapp-Putsch-Niederwerfung; Promotion Dr. rer. pol.; Schriftleiter des „Lübecker Volksboten"; Führer der Lübecker SPD; Mitglied der Bürgerschaft; MdR 1924–1933; aktiver Widerstandskämpfer am 20. Oktober 1944 vom Volksgerichtshof zum Tode verurteilt. „Das große Ziel", so Leber, „bleibe…: dem arbeitenden Menschen eine bessere Zukunft zu bauen auf den festen Fundamenten von Gerechtigkeit und Freiheit."

Legien, Carl; * 1. 12. 1861 in Marienburg, † 26. 12. 1920 in Berlin. Drechsler, Gewerkschaftsführer. 1885 Mitglied der SPD und seit 1886 aktive Beteiligung an der Gewerkschaftsbewegung; Sekretär der Vereinigung der Drechsler,

1890 Vorsitzender der auf der Berliner Gewerkschaftskonferenz errichteten Generalkommission der Gewerkschaften; 1913 Vorsitzender des → ADGB; von 1893 bis 1898 und von 1903 bis 1920 Mitglied des Reichstags. 1903 Sekretär des Internationalen Gewerkschaftssekretariats, ab 1913 Präsident des → IGB.

Legiens besondere Verdienste liegen in der Koordination der Sonderinteressen der Einzelgewerkschaften; Ausbau der sozialistischen Freien Gewerkschaftsbewegung zu starker Organisation und Tarifpartner der Unternehmer. Legien organisierte 1920 den erfolgreichen Generalstreik gegen den Kapp-Putsch, als dieser die Weimarer Republik bedrohte. Reichspräsident Friedrich Ebert bot Legien das Amt des Reichskanzlers an, doch dieser lehnte ab.

LEIPART, THEODOR; * 17. 5. 1867 in Neubrandenburg, † 23. 3. 1947 in Ost-Berlin. Drechsler, Gewerkschaftsführer. Leipart kam frühzeitig zur Gewerkschaftsbewegung und zur → SPD. In den Vorstand des Deutschen Drechslerverbandes wurde er 1886 gewählt. 1890 wurde Leipart Redakteur der „Fachzeitung für Drechsler", 1901 Vorsitzender des Drechslerverbandes und im Anschluß an die Fusion 2. Vorsitzender des Deutschen Holzarbeiterverbandes. 1919 bis 1920 württembergischer Arbeitsminister. Von 1921 an leitete Leipart als Nachfolger von → Carl Legien den → ADGB (Allgemeinen Deutschen Gewerkschaftsbund), ab 1922 Vizepräsident des → IGB.

1933 wurde er von den Nazis verjagt.

LERSCH, HEINRICH; * 1889, † 1936, schrieb Gedichte über die Arbeit, den Krieg, Kameradschaft, („Deutschland muß leben, und wenn wir sterben müssen") – ferner Romane.

LEUSCHNER, WILHELM; * 1890 in Bayreuth, † 29. September 1944 (Hinrichtung in Berlin-Plötzensee). → Dokument Nr. 160, Holzbildhauer, hessischer Innenminister, Widerstandskämpfer gegen die NS-Herrschaft. Leuschner kam als 17jähriger Holzbildhauer nach Darmstadt. 1919–1928 Stadtrat in Darmstadt, 1924–1933 MdL (SPD) in Hessen, 1926–1928 Gewerkschaftssekretär in Hessen. 1926–1933 Delegierter auf dem internationalen Gewerkschaftskongreß in England und der internationalen Arbeitskonferenz in der Schweiz, 1928–1932 Innenminister des Volksstaates Hessen, ab April 1933 stv. Vorsitzender des Allgemeinen Deutschen Gewerkschaftsbundes (→ ADGB) in Berlin.

Am 2. Mai 1933 beim Sturm der Nazis auf die Gewerkschaften von der SS verhaftet, vom Führer der → DAF/NSDAP Dr. Ley 1933 zur internationalen Arbeitskonferenz nach Genf beordert, wo er jedoch nicht als Vertreter der DAF auftrat, sondern schwieg; blieb nach seiner anschließenden Verhaftung bis 1934 im KZ Lichtenburg. Leuschner war Leiter des illegalen gewerkschaftlichen Widerstandskreises (illegale Reichsleitung). Wiederholt in Haft: Zuchthaus Butzbach; KZ Lichtenburg, Moorlager Papenburg, KZ Ravensbrück und Tegel. Nach dem Attentat auf Hitler vom 20. Juli 1944 vom NS-Volksgerichtshof am 9. 9. 1944 zum Tode verurteilt und nach Folterungen hingerichtet am 29. 9. 1944. In einer Reichsregierung unter dem Widerstandskämpfer → Goerdeler war Wilhelm Leuschner als Vizekanzler vorgesehen.

1964 stiftete der Hessische Ministerpräsident die Wilhelm-Leuschner-Medaille.

LEY, ROBERT, DR.; * 1890, † 1945 (Selbstmord), Chemiker, 1924 Mitglied der NSDAP, 1925 Gauleiter, 1930 Mitglied des Reichstags, 1932 Reichsleitung der NSDAP, Stabsleiter für politische Organisation, 1933 gründete er die Deutsche Arbeitsfront (DAF) und wurde deren Leiter; er war auch Gründer der NS-Organisation *„Kraft durch Freude“*. Er schrieb u. a.: *„Durchbruch der sozialen Ehre“*. Alljährlich erließ er einen Aufruf zum 1. Mai.

Dr. Ley war an der Zerstörung der Gewerkschaften 1933 führend und entscheidend beteiligt. 1945 zählte Ley zu den Angeklagten wegen Verbrechens gegen Frieden und Humanität vor dem Alliierten Gerichtshof in Nürnberg. Am 25. Oktober 1945 Selbstmord durch Erhängen im Nürnberger Gefängnis.

MARX, KARL; * 1818, † 1883, Theoretiker und Revolutionär, entwickelte zusammen mit Friedrich Engels die Ideologie vom → Marxismus, eine weltverändernde, revolutionäre Weltanschauung.

NAPHTALI, FRITZ; * 1888 in Berlin, Wirtschaftspolitiker, Minister im Staate Israel. F. N. war zwischen 1927 und 1933 der Leiter der gemeinsam von SPD und ADGB getragenen Reichsforschungsstelle für Wirtschaftspolitik. Er zählt zu den Vätern der Wirtschaftsdemokratie, der Mitbestimmung in Deutschland. 1933 Auswanderung nach Palästina, Mitarbeit beim Aufbau einer sozialistischen Wirtschaft: 1937 im

Vorstand der israelischen Gewerkschaft Histadrut, 1949–1959 Mitglied der Knesset (Parlament), 1952 Landwirtschaftsminister, 1959 Wohlfahrtsminister.
DGB und Histadrut gründeten gemeinsam 1965 die „Fritz-Naphtali-Stiftung".

SCHEMM, HANS; * 1891, † 1935; Gründer und Leiter des NS-Lehrerbundes (1929); NS-Gauleiter der *Bayerischen Ostmark,* 1933 bayerischer Kultusminister.

SCHUMACHER, KURT; * 13. 10. 1895 in Kulm/Westpreußen, † 20. 8. 1952 in Bonn, Dr. rer. pol., Nationalökonom, sozialdemokratischer Politiker. 1914 Kriegsfreiwilliger, 1918 Mitglied des Arbeiter- und Soldatenrats in Berlin. Von Dezember 1920 an arbeitete Schumacher als politischer Redakteur bei der „Schwäbischen Tagwacht" in Stuttgart. Er ist Mitbegründer (1924) des → Reichsbanners Schwarz-Rot-Gold. 1924–1931 MdL in Württemberg, 1930–1933 Mitglied des Reichstags. Schumacher war bekannter Redner gegen die → NSDAP, wurde verhaftet (6. 7. 1933) und war in mehreren Gefängnissen und → KZ-Folterungen und Dunkelhaft ausgesetzt, 1943 schwerkrank entlassen. Nach Kriegsende war der Politiker führend am Wiederaufbau der SPD beteiligt, wandte sich gegen eine Vereinigung mit der → KPD und war ab Mai 1946 Parteivorsitzender. Als Mitglied des Parlamentarischen Rates, als MdB und als Fraktionsvorsitzender kämpfte er leidenschaftlich für Demokratie und die Wiedervereinigung Deutschlands.

SELDTE, FRANZ; * 1882, † 1947. Stahlhelmführer, Reichsarbeitsminister. Als Hauptmann der Reserve gründete er 1918 den Wehrverband „Der Stahlhelm, Bund der Frontsoldaten". Dieser rechtsextremistische Verband (republikfeindlich-nationalistisch) kooperierte mit der → Harzburger Front und zählt zu den Wegbereitern von Hitlers NSDAP.
Ab April 1933 befürwortete S. die Überführung der Stahlhelm-Mitglieder in die → SA.
NS-Karriere: 1933 bis 1945 MdR, Reichsarbeitsminister. Nach Kriegsende im Nürnberger Prozeß unter Anklage, starb S. in Haft.

Für Ihre Notizen

Für Ihre Notizen